曹操高陵

河南省文物考古研究院 编著

中国社会科学出版社

图书在版编目（CIP）数据

曹操高陵／河南省文物考古研究院编著 . —北京：
中国社会科学出版社，2016. 10（2022.10 重印）

ISBN 978 – 7 – 5161 – 9108 – 8

I. ①曹… Ⅱ. ①河… Ⅲ. ①曹操（155～220）—
墓葬（考古）—发掘报告—安阳 Ⅳ. ①K878. 85

中国版本图书馆 CIP 数据核字（2016）第 252827 号

出 版 人	赵剑英	
责任编辑	郑 彤	
责任校对	冯英爽	
责任印制	李寡寡	

出　　版	中国社会科学出版社	
社　　址	北京鼓楼西大街甲 158 号	
邮　　编	100720	
网　　址	http：//www. csspw. cn	
发 行 部	010 – 84083685	
门 市 部	010 – 84029450	
经　　销	新华书店及其他书店	

印　　装	北京君升印刷有限公司	
版　　次	2016 年 10 月第 1 版	
印　　次	2022 年 10 月第 2 次印刷	

开　　本	880×1230　1/16	
印　　张	24. 5	
字　　数	860 千字	
定　　价	328. 00 元	

THE TOMB OF WEI WU EMPEROR CAO CAO

HENAN PROVINCIAL INSTITUTE OF CULTURAL RELICS AND ARCHAEOLOGY

CHINA SOCIAL SCIENCES PRESS

前　言

2005 年年底，河南省安阳市安阳县安丰乡西高穴村一座大墓被盗掘。消息传出后，引起了河南省文物考古研究所（今河南省文物考古研究院）潘伟斌研究员的关注。他立即前往实地调查，结果发现，该墓葬为一座东汉末期王侯级的大型墓葬，结合史料记载，判断其极有可能和曹操高陵有关，甚至就是曹操墓。此后，该墓葬又接连多次被盗，为了抢救地下文化遗产，经请示河南省文物局和国家文物局，2008 年 12 月，我院成立考古队，进驻被盗墓地现场，对该墓进行抢救性发掘。经过一年多的发掘和紧张工作，至 2009 年年底，发掘出大量珍贵文物，寻找到了认定该墓葬为曹操墓的关键证据。

该发现引起了国家文物局的高度重视，2009 年 12 月 13 日，国家文物局组织各方面专家，成立专家组，对该墓葬进行综合论证。会上大家一致认为，安阳西高穴二号大墓（M2）就是魏武王曹操的陵墓，从而破解了这一学术界的千古之谜。2009 年 12 月 27 日，河南省文物局在北京召开新闻发布会，发布了这一重大消息。曹操高陵被考古发现的消息一经公布，立即在社会上引起了巨大轰动和热烈反响，也引起了人们的极大关注，在学术界激起了对三国文化的新一轮研究热潮，但也引起了一些人的质疑。

引起这种质疑的原因是多方面的。一方面是因为一般群众对考古基础知识欠缺，对科学考古的过程缺乏了解，缺乏判断能力；另一方面是由于曹操墓相关历史资料相对贫乏，人们对文献不熟悉，受到相关曹操墓的历史传说的影响而引起误会，甚至有的学者古今地理知识欠缺，引起判断失误，更存在有地方利益的纷争，由于受到当前大的社会风气影响，过分追逐名利，看重其蕴藏的社会效益，甚至有人出于其他目的，借此故意炒作，故意误导群众，加上一些媒体记者缺乏社会责任感，为了赚取眼球，不负责任，故意寻找新闻点而进行歪曲报道。因此负面新闻不断，一时间，诸多疑问潮水般向我们涌来，让我们应接不暇，压力很大。

但是，更多人关心的是确认该处两座墓葬（M1 和 M2）为曹操高陵的相关证据。他们热切地希望知道曹操高陵到底有何重大发现，是不是和所记载的历史文献相符；为什么会在安阳县西高穴村发现，其位置与故邺城有何关系，是不是有文献资料做支撑；它又是如何被发现的，我们的发掘过程又是怎样的，是不是科学的；它的发现对学术界有何影响，具有怎样重要的学术价值；等等。

曹操墓的社会影响和它在学术界引起的反响超出了我们的想象，自消息公布后的几年里，先后有数万人前来参观，全国各地的考古学专家和历史学家纷至沓来，对曹操墓进行考察和交流学习，各种论证会不断。可以说，曹操墓经历了全国所有考古项目中最严格的审查，得到了业界高度认可，因此，曹操墓的发现是科学可靠的，其结论毋庸置疑。

由于曹操墓经历过多次被盗，文物损坏严重，经过我们几年的整理，修复出土文物上千件，具备了向大家系统汇报的条件，因此，在这里我们向读者做一详细报告。需要说明的是，本书所言"高陵"，均指 M1 和 M2；所言"曹操墓"，则专指 M2。

目 录

第一篇 发现

第二篇　二号墓

第三篇　二号墓出土文物

第四篇 一号墓与寝园

第五篇 初步研究与结论

插图目录

彩版目录

第一篇　发现

曹操高陵所在地西高穴村，位于河南省最北端的漳河南岸，河南、河北两省的交界处，行政关系隶属于河南省安阳市安阳县安丰乡，南距安阳约15公里，东距西门豹祠7.5公里，北距故邺城遗址约15公里（图一）。

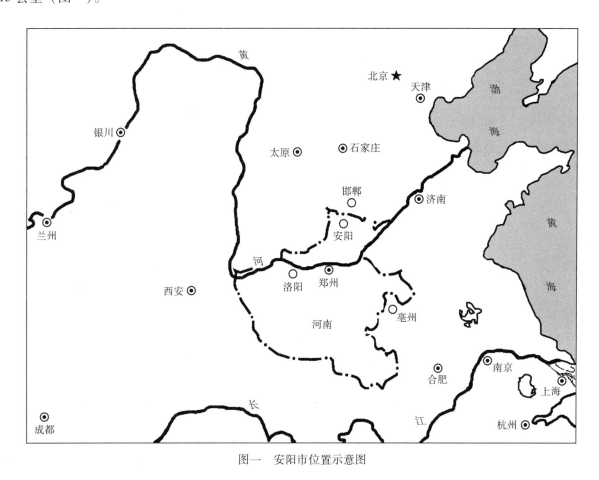

图一　安阳市位置示意图

为了让读者更好地了解曹操高陵，了解曹操高陵的历史，本书首先简要介绍一下曹魏政权历史。

第一章 曹魏政权概况

曹魏政权分为两个阶段，第一个阶段为汉诸侯国——魏国，开国国王魏王曹操，以丞相身份执政东汉政权，历两代。曹操死后，其儿子曹丕继任魏王，代领汉丞相一职。第二个阶段为魏朝，为魏王曹丕代汉后所建立的政权。公元220年，曹丕经过禅让制代汉自立，建立魏朝，此后不久，盘踞在蜀地的刘备与江南的孙权相继称帝，从此之后，北方的魏朝与江南的孙吴、西南的蜀汉三国鼎立，中国历史进入短暂的分裂时期，史称"三国时期"。直至公元280年西晋灭吴，重新统一全国，三国鼎立局面才告结束。

第一节 魏国概况

东汉末年，外戚和宦官轮番专权，造成朝政腐败，政治黑暗，社会矛盾激化，加之自然灾害频仍，百姓民不聊生。经过长期酝酿，汉灵帝光和七年（184），终于爆发了全国性的农民大起义——黄巾军起义，对东汉政权造成沉重打击。在镇压农民起义的过程中，各地出现了大量地方军阀，他们为了争夺地盘和权力，尔虞我诈，相互征伐，更是将东汉政权推入到风雨飘摇之中。

中平六年（189）汉灵帝去世，点燃了统治阶级内部的权力斗争。外戚与阉党矛盾不可调和，执政的外戚大将军何进被杀，地方军阀董卓乘机窃取政权，独揽朝政，施行更加残暴的统治。各地军阀趁机蜂拥而起，他们以讨伐董卓的名义，相互之间开始大规模兼并战争，更是将孱弱的东汉政权推向灭亡的边缘。

在各地军阀的相互兼并战争中，曹操脱颖而出，表现出了杰出的政治才能和军事才能。在政治上，他尊奉汉朝皇帝，消灭地方割据势力。他力排众议，迎汉献帝迁都许昌，从此控制了东汉政权，取得了征伐各地诸侯、统一全国的政治优势。于是，曹操开始挟天子以令诸侯，开展了一系列统一全国的战争。他赶跑了盘踞在汝州的杨奉、韩暹，受降了盘踞在南阳的张绣，消灭了控制徐州一带的悍将吕布，逼死背叛汉朝、桀骜不驯的袁术，赶跑了叛将刘备，迅速消灭了许昌周围威胁京师安全的地方军阀，巩固了风雨飘摇的东汉政权。在军事上，经过著名的官渡之战，以少胜多，击败了实力最为雄厚的军阀袁绍，夺取冀州，统一了黄河以北的广大地区。此后，曹操将冀州作为自己的根据地，开展了更大规模的统一战争。他先后消灭了袁绍的余部——盘踞在青州的袁谭、幽州的袁熙、并州的高干。远征辽西，消灭乌桓。消灭荆州的刘表和关中的马腾、韩遂以及汉中的张鲁等割据势力，统一北方广大地区，使东汉政权得以残喘数十年，表现出了卓越的军事才能和政治才能。

在统一北方的过程中，曹操在朝中的权威不断膨胀。建安十七年（212）春正月，天子授予他赞拜不名、入朝不趋、剑履上殿等特权。建安十八年（213）五月，因为战功卓著，曹操被汉献帝策命为魏公，加九锡，魏国正式建立，都邺城，从此开始在邺城置百官，建魏国社稷宗庙，魏国政权初步成型。

建安十九年（214）春三月，天子又命魏公曹操位在诸侯王上，改授金玺，赤绂、远游冠，曹操取得了至高无上的权力。同年十二月，天子命魏公曹操置旄头，宫殿设钟虡。建安二十一年（216）四月甲午日，天子进曹操为魏王。建安二十二年（217）四月，天子命魏王曹操设天子旌旗，出入称警跸。五月，作泮宫。冬十月，天子命魏王曹操冕十有二旒，乘金根车，驾六马，设五时副车，以五官中郎将曹丕为魏太子。从此，曹操取得了与汉天子相同的礼仪。

魏国领冀州之河东、河内、魏郡、赵国、中山、常山、巨鹿、安平、甘陵、平原，凡十郡，在当时各诸侯国中，其地盘最大，物产丰富。在曹操的治理下，魏国社会治安最好，老百姓得以过上安定生活，他也受到人民的拥戴。

建安二十三年（218）六月，曹操自感身体不适，遂下令曰："古之葬者，必居瘠薄之地。其规西门豹祠西原上为寿陵，因高为基，不封不树。周礼冢人掌公墓之地，凡诸侯居左右以前，卿大夫居后，汉制亦谓之陪陵。其公卿大臣列将有功者，宜陪寿陵，其广为兆域，使足相容。"（《三国志·魏书·武帝纪》）曹操开始为自己营造寿陵。

二十五年（220）年初，曹操远征汉中归来后，又不顾劳累，亲赴樊城，率军前往解救被关羽长期围困的曹仁。由于年事已高，常年劳顿，回到洛阳后不久，病情突然恶化。正月庚子日，曹操逝于洛阳，终年66岁。临终前，他留下遗令曰："天下尚未安定，未得遵古也。葬毕，皆除服。其将兵屯戍者，皆不得离屯部。有司各率乃职。敛以时服，无藏金玉珍宝。"在夏侯尚等亲信大臣的护卫下，曹操灵柩被运回邺城，汉献帝赠曹操谥号武王。二月丁卯，曹操被葬于高陵。

曹操去世后，太子曹丕随即宣布自己即魏王位，担任汉丞相。三月，改建安二十五年为延康元年。

延康元年（220）十月乙卯日，汉献帝宣布逊位于魏王曹丕，正式宣告东汉灭亡，魏朝建立。至此，魏国立都于邺城，前后延续八年。

第二节　魏朝概况

延康元年（220）十月，经过禅让制，曹丕逼迫汉献帝交出大权，代汉自立，建立大魏。由于它承继汉室，自认为正统，故称"魏朝"。曹丕随即改雒阳为洛阳，将都城从许昌迁往洛阳，改年号为黄初元年。公元221年，刘备闻听曹丕代汉建魏，随即于成都称帝，国号"汉"。公元229年，孙权在建邺称帝，国号"吴"。中国正式进入三国时代。

魏朝前后经历魏文帝曹丕、魏明帝曹睿、废帝齐王曹芳、高贵乡公曹髦、魏元帝曹奂五位皇帝。曹魏政权后期，朝政大权旁落，司马氏专权，先后三位皇帝被废，皇权一直不稳。咸熙二年（265），司马炎正式废掉魏末帝曹奂，改国号为晋，曹魏政权正式灭亡，前后共存续46年。

曹魏政权历高祖文皇帝曹丕、烈祖明皇帝曹睿、废帝齐王曹芳、高贵乡公曹髦和魏元帝曹奂，加上追尊皇帝高皇帝曹腾、太皇帝曹嵩、太祖武皇帝曹操三帝，计八位皇帝。

三国时期，曹魏政权在魏、蜀、吴三国之中，地盘最大，实力最强。鼎盛时期，其统治范围北至山西、河北及辽东，与南匈奴、鲜卑及高句丽相邻；东至黄海；东南与孙吴对峙于淮河和长江一带；西北至甘肃，与河西鲜卑、羌氏为邻；西南与蜀汉对峙于秦岭、汉江一带。疆域包括冀州、幽州、青州、并州、兖州、徐州、司州、雍州、梁州、豫州、扬州和荆州各一部分，共计八十七郡外加十二州，在籍户口66万户，人口443万。

曹魏后期，恢复了东汉时期在西域的统治权，在海头城（今新疆楼兰古城附近）设立西域长史府，进行管理，势力范围西抵新疆大部。毌丘俭征伐高句丽后，朝鲜半岛的北部并入了曹魏版图，朝廷在那里设立乐浪郡。其疆域东达辽东、朝鲜半岛北部，与扶余、乌桓、高句丽相邻；西拥河西、新疆大部，与鲜卑、氐、羌、西域东部接壤；南抵江、淮，与孙吴对峙；西南达汉中，与今天的缅甸、老挝为邻；北接大漠，与鲜卑、匈奴相拒。公元263年，魏攻灭蜀汉，将益州和南中纳入自己的版图，曹魏势力变得空前强大。

第三节　魏朝皇陵的分布

终曹魏一朝，严格施行薄葬制。早在建安二十三年（218），曹操在为自己预制寿陵时，就定下了"古之葬者，必居瘠薄之地。其规西门豹祠西原上为寿陵，因高为基，不封不树。周礼冢人掌公墓之地，凡诸侯居左右以前，卿大夫居后，汉制亦谓之陪陵。其公卿大臣列将有功者，宜陪寿陵，其广为兆域，使足相容"（《三国志·魏书·武帝纪》）。曹操去世时，遗令曰："天下尚未安定，未得遵古也。葬毕，皆除服。其将兵屯戍者，皆不得离屯部。有司各率乃职。敛以时服，无藏金玉珍宝。"

魏朝开国皇帝曹丕继承父亲的遗令，在薄葬方面有过之而无不及。据《三国志·魏书·文帝纪》记载，黄初三年（222）十月甲子，他表首阳山东为寿陵，作《终制》曰："礼，国君即位为椑，椑音扶历反。存不忘亡也。昔尧葬谷林，通树之，禹葬会稽，农不易亩，故葬于山林，则合乎山林。封树之制，非上古也，吾无取焉。寿陵因山为体，无为封树，无立寝殿，造园邑，通神道。夫葬也者，藏也，欲人之不得见也。骨无痛痒之知，冢非栖神之宅，礼不墓祭，欲存亡之不黩也，为棺椁足以朽骨，衣衾足以朽肉而已。故吾营此丘墟不食之地，欲使易代之后不知其处。无施苇炭，无藏金银铜铁，一以瓦器，合古涂车、刍灵之义。棺但漆际会三过，饭含无以珠玉，无施珠襦玉匣，诸愚俗所为也。季孙以玙璠敛，孔子历级而救之，譬之暴骸中原。宋公厚葬，君子谓华元、乐莒不臣，以为弃君于恶。汉文帝之不发，霸陵无求也；光武之掘，原陵封树也。霸陵之完，功在释之；原陵之掘，罪在明帝。是释之忠以利君，明帝爱以害亲也。忠臣孝子，宜思仲尼、丘明、释之之言，鉴华元、乐莒、明帝之戒，存于所以安君定亲，使魂灵万载无危，斯则贤圣之忠孝矣。自古及今，未有不亡之国，亦无不掘之墓也。丧乱以来，汉氏诸陵无不发掘，至乃烧取玉匣金缕，骸骨并尽，是焚如之刑，岂不重痛哉！祸由乎厚葬封树。'桑、霍为我戒'，不亦明乎？其皇后及贵人以下，不随王之国者，有终没皆葬涧西，前又以表其处矣。盖舜葬苍梧，二妃不从，延陵葬子，远在嬴、博，魂而有灵，无不之也，一涧之闲，不足为远。若违今诏，妄有所变改造施，吾为戮尸地下，戮而重戮，死而重死。臣子为蔑死君父，不忠不孝，使死者有知，将不福汝。其以此诏藏之宗庙，副在尚书、秘书、三府。"[1]

---

[1] （晋）陈寿：《三国志》卷二，中华书局1959年版。

此后，曹魏历代皇帝都严格遵守该项制度，从此开创了薄葬的新时代，晋承汉制，也继承了曹魏的薄葬制度，因此，薄葬制度直接影响到了西晋政权的丧葬礼制。

在立国的 46 年里，曹魏政权在位皇帝共有五位，他们分别是魏文帝曹丕、魏明帝曹睿、废帝齐王曹芳、高贵乡公曹髦和魏元帝曹奂。另有追尊皇帝高皇帝曹腾、太皇帝曹嵩、太祖武皇帝曹操三位皇帝。由于历史原因，其皇陵主要集中在三个地区（图二）。

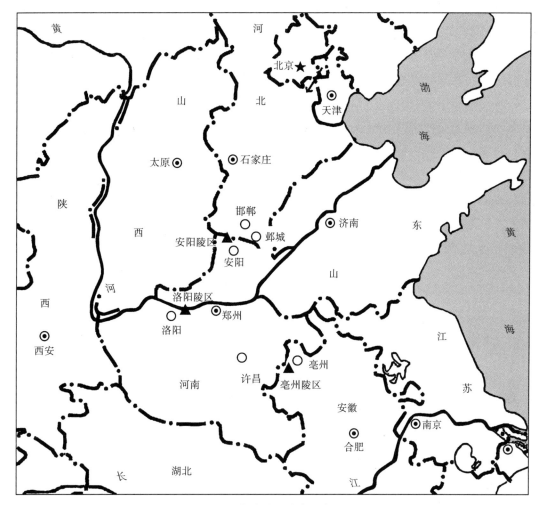

图二　曹魏陵区分布示意图

一　第一个陵区（亳州陵区）

第一个陵区位于其家乡谯郡，即今天的安徽省亳州市。具体位置在该市南部，今天的魏武大道两侧，南北长约 5 千米、东西宽 3—4 千米，面积十余平方千米，主要集中在马园村、元宝坑村、薛阁塔，以及市南郊的董园村一带，这里是曹操家族的祖茔。此陵区主要安葬的是曹魏追尊皇帝——高皇帝曹腾和太皇帝曹嵩，以及曹操发迹之前的绝大多数家族成员，其中有曹操长女曹宪。

史料记载，亳州曹氏家族墓的规模十分巨大。据《水经注》卷二三《阴沟水》记载："过水又东经谯县故城北……过水四周城侧，城南有曹嵩冢，冢北有碑，碑北有庙堂，余基尚存，柱础仍在。庙北有二石阙双峙，高一丈六尺，椽栌及柱皆雕镂云矩，上罘罳已碎。阙北有圭碑，题云：《汉故中常侍长乐太仆特进费亭候曹君之碑》，延熹三年立。碑阴又刊诏策，二碑文同。夹碑东西，列对两石马，高八尺五寸。石作粗拙，不匹光武隧道所表象马也。有腾兄冢。冢东有碑，题云：《汉故颍川太守曹君之碑》，延熹九年卒，而不刊树碑岁月。坟北有其元子炽冢。冢东有碑，题云：《汉故长水校尉曹君之碑》。历太中大夫、司马、长史、侍中，迁长水，年三十九卒，熹平六年造。炽弟胤冢。冢东有碑，题云：汉谒者曹君之碑，熹平六年立。城东有曹太祖旧宅，所在负郭对廛，侧隍临水。"①

经过调查，在这方圆十余千米的范围内，集中分布有曹四孤堆墓群、马园西墓群、董园村墓群和元宝坑村等墓群。经过考古发掘，在该陵区发现了史料上没有记载的曹腾族弟曹鼎、曹水、曹勋、曹鸾等人的墓葬。曹操祖父曹腾和父亲曹嵩、长女曹宪的陵墓也先后被发现。

1973 年，为配合农田基本建设，当地文物部门曾经对董园村一、二号墓进行考古发掘。其中的二号墓墓门朝东，为大型多墓室石室墓。墓室由甬道、前室、中室、后室、南北耳室、东西侧室等部分组成，整个墓室用千余块长 2 米的青石砌筑而成。甬道口出土有石雕羊头一对，为汉代圆雕工艺。甬道南、北两壁对称雕刻有神荼、郁垒 4 个人物画像，门额、门框、门扇均饰以画像石刻。各墓室石壁上均涂有一层薄白灰，白灰表面饰有彩色壁画。结合《水经注》上的有关记述，发现其符合东汉宦官"预作寿冢，石椁双阙，高广百尺，破人居室，发掘坟墓"的记载，故而专家认为，二号墓应为魏高皇帝曹腾的陵墓，董园村一号墓位于二号墓的北面，可能是魏太皇帝曹嵩的陵墓。

但是，关于曹嵩陵墓的位置，史籍中也有不同记载。如北宋乐史所著的《太平寰宇记》卷二三《沂州·沂水条》记载："曹嵩冢墓在县南一百二十五里。"据此有人认为，其应该位于山东沂水县南一百二十五里。再如，清末历史地理学家杨守敬和其弟子熊会贞所著的《水经注疏》，上面亦有同样的记载："会贞按：《寰宇记》曹嵩冢在沂水县南一百二十五里。《魏志》太祖父嵩避地琅琊，为徐州刺史陶谦所杀。遂葬于此。谯城南之冢，盖后改葬乎？《地形志》小黄（即今安徽谯县）有曹嵩墓，在今亳州南。"② 据此有人认为，董园村一号墓应该是曹嵩的迁葬墓。

经过考古发掘，目前知道，该陵区安葬的曹氏成员还有吴郡太守曹鼎墓、永昌郡太守曹鸾墓、山阳太守曹勋墓、豫州刺史曹水墓，以及上面提到的曹操长女曹宪墓等。目前，该陵区为国家级文物保护单位。

二　第二个陵区（邺城陵区）

第二个陵区为邺城陵区（又称安阳陵区），这里分布有太祖魏武帝曹操的高陵、魏元帝曹奂的陵墓和魏文帝曹丕皇后甄氏的朝阳陵。

高陵又称西陵，位于其封国都城邺城之西，即今天河北省临漳县邺城故城西的河南省安阳县安丰乡西高穴村，这里是追尊皇帝魏太祖武皇帝曹操的陵墓。根据史料记载，该陵区内还葬有曹操夫人卞太后和其爱子曹冲、魏明帝曹睿妃子虞氏等人。

根据《三国志·魏书·武帝纪》记载，曹操于建安二十三年（218）曾下令"规西门豹祠西原上为寿陵，因高为基，不封不树"③。根据该条文献我们知道，曹操为自己所规制的寿陵的位置在邺城西，西门豹祠附近的一块高地上。

据同书记载，建安二十五年（220）正月，曹操病逝于洛阳，时年 66 岁，二月丁卯日，安葬在高陵。

①　（北魏）郦道元：《水经注》，江苏广陵古籍刻印社 1998 年版。
②　杨守敬、熊会贞：《水经注疏》，科学出版社 1957 年版。
③　（晋）陈寿：《三国志》卷一，中华书局 1959 年版。

关于曹操安葬高陵这件事，《三国志》中还有多处记载，比如《三国志·魏书·贾逵传》记载："太祖崩洛阳，逵典丧事。……遂奉梓宫还邺。"[①] 又如《三国志·魏书·夏侯尚传》载："太祖崩于洛阳，尚持节，奉梓宫还邺。"[②] 再如《晋书·宣帝纪》记载："及魏武薨于洛阳，朝野危惧，帝（注：指晋宣帝司马懿）纲纪丧事，内外肃然。乃奉梓宫还邺。"[③]

我们所发现的西高穴墓葬的位置，正好与文献中所记载的曹操高陵位置相符。目前，该墓地已被列为国家级文物保护单位。

公元302年，曹魏末代逊位皇帝曹奂在邺城去世，被晋室追尊为魏元帝。但是，由于缺乏史料记载，其葬址具体位置不详，推测应该在邺城附近，极有可能位于高陵附近。

魏文帝曹丕皇后甄氏的朝阳陵，位于今天安阳县柏庄镇灵芝村。

魏明帝曹睿妃子虞氏，因为与毛皇后争宠失败，不得立为皇后，她因此抱怨，辱骂太皇太后卞氏，被黜还邺宫。[④] 推测其死后亦应安葬于邺城附近，但是具体葬址不详。

三　第三个陵区（洛阳陵区）

第三个陵区即洛阳陵区。具体位置为洛阳附近的首阳山上和洛阳以南45千米汝阳境内的霸陵山下。史料记载，这里主要分布有魏文帝曹丕和其夫人文德郭皇后的首阳陵、[⑤] 魏明帝曹睿的高平陵以及其夫人明元郭皇后的陵墓。[⑥]

根据史料记载，曹丕于黄初三年（222）冬十月甲子日，表首阳山东为自己的寿陵，作《终制》，在《终制》中，要求"其皇后及贵人以下，不随王之国者，有终没皆葬涧西，前又以表其处矣"[⑦]。

根据《魏书·文帝纪》记载，黄初七年（226）三月，曹丕病逝于洛阳嘉福殿内，时年40岁。"六月戊寅，葬首阳陵。自殡及葬，皆以终制从事"[⑧]。

曹丕的陵墓不置陵园，因山为体，无为封树，不立寝殿、造园邑、通神道。关于这一点，曹植在为其写的诔文中亦有明证："基为首阳，拟迹谷林，追尧慕唐，合山同陵，不树不疆，涂车刍灵，珠玉靡藏。"其中的"合山同陵，不树不疆"一句，从侧面印证了曹丕不置陵园这件事。

因为曹魏帝陵皆因山为体，不封不树，不置陵园，加上年代久远，故具体葬址绝大多数不明，从而达到了曹丕在《终制》中所追求的"故吾营此丘墟不食之地，欲使易代之后不知其处"的目的。

据史料记载，曹睿死后葬在高平陵，其位置在今洛阳市汝阳县大安乡茹店村东南。[⑨] 但是，如果该记载成立的话，魏明帝曹睿的高平陵在曹魏诸帝陵中应该是个例，因为其地面有高大的封土。对其

---

① （晋）陈寿：《三国志》卷十五，中华书局1959年版。
② （晋）陈寿：《三国志》卷九，中华书局1959年版。
③ （唐）房玄龄等：《晋书》卷一，中华书局1974年版。
④ 《三国志》卷五《明悼毛皇后传》载："初，明帝为王，始纳河内虞氏为妃，帝即位，虞氏不得立为后，太皇后卞太后慰勉焉。虞氏曰：'曹氏自好立贱，未有能以义举者也。然后职内事，君听外政，其道相由而成，苟不能以善始，未有能令终者也。殆必由此亡国丧祀矣！'虞氏遂绌还邺宫。"
⑤ 《三国志》卷五《文德郭皇后传》载："青龙三年春，后崩于许昌，以终制营陵，三月庚寅，葬首阳陵西。"
⑥ 《三国志》卷五《明元郭皇后传》载："景元四年十二月崩，五年二月，葬高平陵西。"
⑦ （晋）陈寿：《三国志》卷二，中华书局1959年版。
⑧ 同上。
⑨ 王璐：《魏明帝曹睿高平陵的考古调查与初步研究》，《黄河科技大学学报》2015年第1期。另见雷福祥、孙治鼎《洛阳县志》，1946年手稿本。

位置，历史上也有不同的说法，如《水经注·伊水》记载："又来儒之水出于半石之山，西南流径斌轮城北……昔魏文帝猎于此山，虎超乘舆，孙礼拔剑投虎于是山。山在洛阳南……山阿有魏明帝高平陵"。是说魏明帝高平陵在此山。

2010 年，在洛阳孟津宋庄乡三十里铺村的北邙山上，发现大司马曹休墓。曹休是曹操族子，三国名将。① 因此推测，高平陵应该距离曹休墓不远。

据史料记载，曹睿死后葬在高平陵，其位置在今洛阳市汝阳县大安乡工茹店村东南。② 但是，如果该记载成立的话，魏明帝曹睿的高平陵在曹魏诸帝陵中应该是个例，因为其地面有高大的封土。对其位置，历史上也有不同的说法，如《水经注·伊水》记载："又来儒之水出于半石之山，西南流径斌轮城北……魏文帝猎于此山，虎超乘舆，孙礼拔剑投虎于是山。山东洛阳南……山阿有魏明帝高平陵。"是说魏明帝高平陵在此山。

此外，据史料记载，在洛阳附近，还有废帝高贵乡公曹髦之陵墓和明帝毛皇后之愍陵等。③

毛皇后因与郭皇后争宠，被魏明帝曹睿赐死，葬于愍陵。④ 推测其应该在洛阳附近，目前其位置不详。

---

① 《曹休墓惊现洛阳邙山　历史定位意义很重大》，中国文化网，2010 年 5 月 21 日，http：//news. artron. net/20100524/n106616_4. html。另见刘战《曹休墓与曹休之死》，《中原文物》2014 年第 6 期。

② 据《洛阳县志》："魏明帝曹睿，高平陵，在茹店东二里许霸陵山下。"

③ 《三国志》卷四《三少帝纪》引《汉晋春秋》曰："丁卯，葬高贵乡公于洛阳西北三十里瀍涧之滨。"

④ 《三国志》卷五《明悼毛皇后传》："帝之幸郭元后也，后爱宠日弛。景初元年，帝游后园，召才人以上曲宴极乐。元后曰'宜延皇后'，帝弗许。乃禁左右，使不得宣。后知之，明日，帝见后，后曰：'昨日游宴北园，乐乎？'帝以左右泄之，所杀十余人。赐后死，然犹加谥，葬愍陵。"

第二章　曹操高陵周边环境与历史沿革

第一节　地理位置

　　安丰乡位于河南省安阳市北的河南省最北端，在漳河南岸，地处两省（河南省与河北省）三县（安阳县、磁县、临漳县）交界处。东与安阳县洪河屯乡接壤，西与安阳县伦掌镇相邻，北临漳河，隔河与河北省磁县相望。

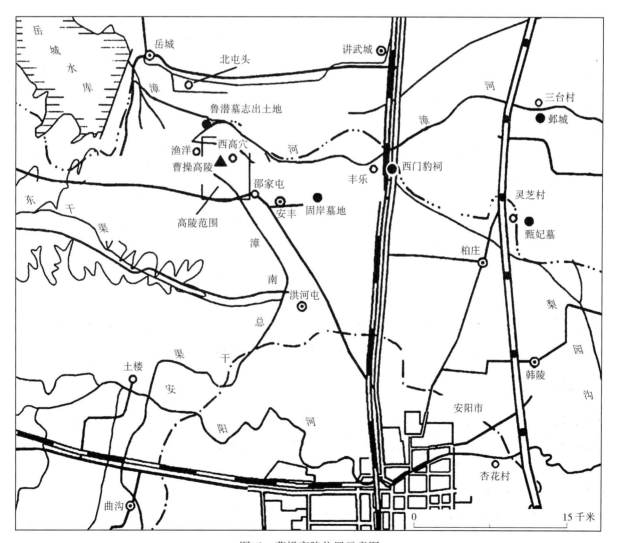

图三　曹操高陵位置示意图

　　曹操高陵（M1 和 M2）位于安丰乡西高穴村村南，安丰乡政府所在地邵家屯村西北的漳河南岸。地理坐标北纬 36°14′30.43″，东经 114°16′18.82″。南距安阳市区约 13 千米，鹤壁市 52 千米，省会郑州 157.52 千米；东北距磁县 15.27 千米，邯郸 37.92 千米；东距安丰乡政府 2.53 千米，距邺城故址 13.78 千米，距临漳县城境约 30 千米（图三）。

第二节　地形地貌和自然环境

一　地形地貌

　　曹操高陵（M1 和 M2）位于太行山东麓向东部平原过渡的丘陵边缘地带，向西不远处，冈峦起伏，遍布红色黏土，伴随着大量鹅卵石，土层深厚，土质瘠薄，无法种植庄稼。而高陵所处位置，为一黄土深厚的台地上，向东是一望无际的平原，土壤肥沃，为广阔的农田（彩版一）。

　　高陵所处的高台地，地面西高东低，海拔约 105 米，面积巨大。西北延伸至漳河岸边，被漳河水冲刷出一个高达 10 米左右的断崖。台地西面和北面沟壑环绕，台地北部有一条与漳河平行走向、呈东西流向的人工河——幸福渠，将台地北部边缘切开为南北两部分。漳河与幸福渠之间的台地形成自然堤岸，突兀高耸。台地正北和东北亦为较低的断崖，断崖北面即为西高穴村，该台地高出西高穴村街面 5 米左右（彩版二）。

　　台地地面平坦，发掘前为耕地，种植小麦和玉米。台地中部即高陵的西面，原有一条自南向北流的小河沟，因为窑厂取土的缘故，将河沟破坏，仅存南半部。台地东面有一条自北向南流的深沟，据传为西门豹治邺时所修十二支渠的总干渠闸门沟遗址，现已干涸，该河沟将高陵与东岸的东高穴村分隔开来，目前已经被填平。

　　该台地东部亦为断崖。断崖以东，地面平坦，但是向东海拔急剧降低。至东侧不远处的邵家屯村北地，海拔已降至 97 米；至距此地 7.5 千米的丰乐镇西门豹祠附近，海拔已降至 86 米；至邺城旧址，更降至 77 米。因此，该台地高出邺城所在位置约 28 米。

　　台地南面有一条西北至东南流向的现代引水渠，该渠西北连接岳城水库，向南至安阳市区附近。

　　因此，曹操高陵所在位置，西面不远处有巍峨的太行山脉，北面为滔滔漳河，南有高低起伏的南岭，可以说其背依太行，左携南岭，右揽大河，前踏闸门沟，为形胜之地（图四）。

二　自然环境

　　曹操高陵所在的安丰乡，地处北温带，属典型的大陆性气候，一年四季分明。春季升温快，多风，干旱少雨；夏季炎热多雨；秋季天高气爽，少雨干旱；冬季寒冷干燥，降雪较少，多西北风。年平均日照 2225.2 小时，全年太阳平均辐射指数为 114.8 千卡每平方厘米，年平均气温 14.1℃。最高气温在夏季 6 月，历史上绝对最高气温 41.5℃（1972 年 6 月 11 日）；最低气温在 1 月，历史上绝对最低气温是 −17.3℃（1971 年 12 月 28 日）。

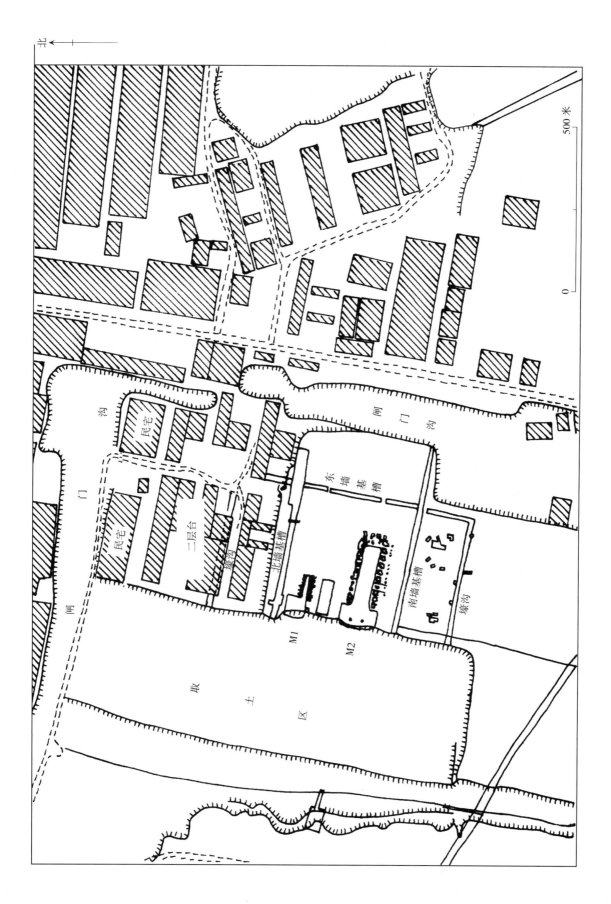

图四　曹操高陵周围地形图

第三节　周边人文环境与文化遗迹

　　曹操高陵西依太行，距离传说中的天宫寺、苍忙城不远。曹操高陵的西面与千年古镇渔洋接壤。渔洋村北临漳河，据传该村已有3000多年的历史，在村庄周围，仰韶、商代遗址遍布村野。中华人民共和国成立前，这里一直是华北名镇，至今村中还保存着大量清代建筑。这里自古又是交通要道，村北码头连接漳河南北，当年漳河河面上，千帆竞舸，商贾云集，"漳河晚渡"过去为安阳八景之一。村北的漳河南岸，至今尚存渡口遗址。相传这里也是当年项羽破釜沉舟之地。向西约6千米的漳河上游，为华北第一大水库——岳城水库，碧波万顷，风景怡人。

　　曹操高陵所在的西高穴村，北临漳河。村西北的漳河岸边，为西门豹所修的十二支渠和曹操当年修建的天井堰渠首之所在，与东面的干渠闸门沟相连，至今遗址犹存，轮廓和走向清晰可见（图五）。

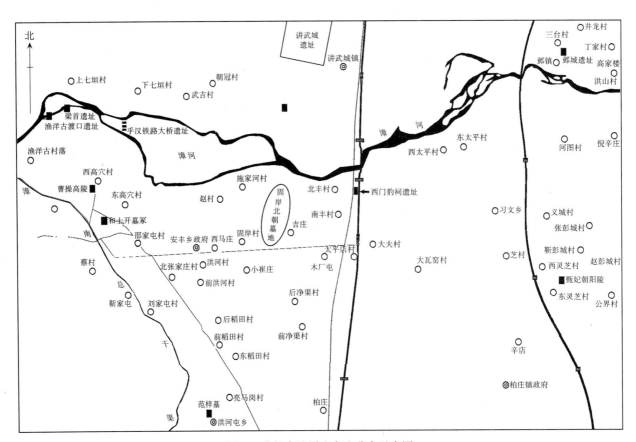

图五　曹操高陵周边古迹分布示意图

　　西高穴村村北的漳河河床内，有昔日平汉铁路（京汉铁路）所经过的漳河大桥。1957年前，平汉铁路从西高穴村经过，至今邵家屯村还保存着当年的火车站建筑遗址。后来由于铁路改线东移，京广铁路开通后，该桥被废弃，但是桥墩犹存，保存尚好，颇为壮观，成为当地一景。隔河相望的河北省磁县境内，有东魏静帝的天子冢、北齐兰陵王墓，以及讲武城遗址等遗迹。

　　墓东为一条乡间公路，北连西高穴村，南与丛峰公路相接。路东为东高穴村。墓东南不远处，为北齐宰相和士开的墓冢，该墓冢突兀高大，特别显眼。

墓东约 4.5 千米处有一条南北向的高岗，史称"野马岗"，自古被认为是风水宝地。高岗之上古墓云集，曾出土有北魏骠骑大将军徐州刺史和绍隆及夫人墓、东魏宁远将军太常博士博陵太守赵明度墓、北齐骠骑大将军开府仪同三司凉州刺史范粹墓、北齐车骑大将军贾进墓、北齐郑州刺史陆君夫人李氏墓、北齐文宣皇帝弘德夫人颜玉光墓、北周故襄威将军刘行墓，以及东魏骠骑大将军、隋代遂州刺史宋循墓。著名的国家级文物保护单位——固岸北朝墓地，坐落在该高岗的北部。

向东 7.5 千米处的北丰村，为西门豹祠所在地。西门豹祠目前夹在京广铁路和 107 国道之间，独成一景。

向东约 15 千米为邺城故址。故址以南的安阳县柏庄镇灵芝村，有曹丕皇后甄氏的朝阳陵。

向南不远处为丛峰公路，东西穿过台地南部边缘。路南是李家坡村，村南的寿安山上，有明代诸侯王赵简王朱高燧陵墓。

根据史料记载，安丰乡境内还有堰陵泽、东魏时期的天平渠、北齐时期的清河渠、后赵时期的梨园宫等遗迹。

高陵东侧有 107 国道、京珠高速和京广铁路南北而行，南有丛峰公路，交通十分便利。

第四节　历史沿革

曹操高陵所在地安丰乡，古代隶属冀州，为邺城之近郊，与邺城密不可分。商时属相，西周这里属卫国，春秋时期为晋国之地。齐桓公最早在此筑邺城。[①] 战国早期，这里属魏国，魏在此置邺县，战国晚期并入赵国。

秦代，这里为邯郸郡之邺县，邺城为邯郸郡的郡治所在地。西汉和新莽时期，这里属魏郡之邺县，邺城仍为魏郡治所之所在。

东汉时，这里仍属于魏郡。东汉末年，官渡之战前，邺城为冀州牧袁绍所据；官渡之战后，为曹操所占。建安十八年（213）五月，汉献帝封曹操为魏公，建立魏国，邺城成为魏国的国都。

三国时期，这里仍属冀州之魏郡，邺城是魏朝的陪都，为五都之一。西晋时，邺城属司州魏郡。建兴二年（314）为避晋愍帝司马邺之名讳，改邺城为临漳县。

十六国和南北朝时期，邺城先后隶属于后赵、冉魏、前燕、东魏、北齐，上述 6 个王朝先后立都于邺城，这里为都城京畿之地。北魏时，安丰乡属邺县静安里。[②] 东魏时，属邺都广平之崇义乡。[③]

北周灭北齐后，这里属相州临漳县所管辖，邺城为临漳县治所所在地。大象二年（580），隋公兼丞相杨坚消灭相州总管尉迟迥，为防止河北反杨势力死灰复燃，下令放火焚毁邺城，将相州、魏郡和邺县境内的居民一并南迁至安阳城。隋炀帝十年（590），于邺故都大慈寺置邺县。唐为相州邺郡，唐太宗贞观八年（634），始在邺城之南筑小城，恢复其为相州邺郡，为郡治所在地。隋唐两朝，安丰乡

① （北魏）郦道元：《水经注》卷十《浊漳水、清漳水》条，江苏广陵古籍刻印社 1998 年版。原文为"邺，本齐桓公所置。筑五鹿（大名东）、中牟（鹤壁市）、邺（临漳）以卫诸夏"。

② 贾振林：《北魏闾麟墓志》，《文化安丰》，大象出版社 2011 年版。

③ 贾振林：《魏故使持节侍中太保都督冀定瀛幽安五州诸军事骠骑大将军冀州刺史太尉公录尚书事魏郡开国任公墓志铭》，同上书。

属于魏郡邺县之高陵乡。[①]

五代时，这里先后隶属于后梁相州的招德军、后唐的天雄军，后晋、后汉、后周时期，隶属于相州彰德军。

北宋初，这里为相州邺县，熙宁五年（1072），裁邺县，并入临漳县，隶属于相州。金时属彰德卫，元属于彰德路，明属于彰德府。

民国初年，这里隶属河南省豫北道。民国三年（1914）豫北道改为河北道，道治在卫辉。安丰乡属河南省安阳县一区。民国十六年（1927）废道，实行省、县两级制，安丰乡属河南省安阳县第十区。

1947年4月，解放军占领安阳水冶，中国共产党在平汉铁路以东、冯宿桥以西的原临漳县漳河以南地区设置安东县。同年5月初，改安东县为邺县，县政府在河南安阳县辛店集，属太行第五专区。

新中国成立后，邺县治所在崇义村，崇义村位于安阳古城的东北隅，洹河南岸。1949—1952年，邺县属平原省安阳专区。以平汉铁路为界，安丰乡被分为东、西两部分，东部为邺县二区，西部为安阳县四区。[②] 1952年，平原省撤销，武安、涉县、临漳三县划归河北省，属河北省邯郸专署。故邺城遗址现归河北省邯郸市临漳县。

1954年9月，邺县合并到安阳县，邺县建制被撤销，将之并入河南安阳县白壁镇，所辖地区划为安阳新区管辖，治所在安阳市。安丰乡属河南省安阳县。

曹操高陵（M1和M2）所在地西高穴村，现属安阳市安阳县安丰乡所辖。

第五节　有关曹操墓的历史传说

长期以来，魏武王曹操被一些文学作品、戏剧和曲艺作品描绘成性格狡诈、自私、残暴无情之人，历史上广泛流传着有关他"宁我负人，毋人负我"的故事，其形象受到严重歪曲。受此影响，人们一直猜测，曹操可能怕自己死后遭人报复，于是，他生前对自己的葬处进行了精心安排，甚至实行秘葬，故而未被发现，成为千古之谜。其中最著名的就是罗贯中在《三国演义》第七十八回中所写："又遗命于彰德府讲武城外，设立疑冢七十二：'勿令后人知吾葬处，恐为人所发掘故也。'嘱毕，长叹一声泪如雨下。须臾，气绝而死，寿六十六岁。"描写得细致入微，十分形象，深入人心。

加上曹操的陵墓一直未被发现，因此，历史上有关他的墓葬的各种传闻都有。其中最典型的莫过于"七十二疑冢"之说。如潘光祖在《舆图备考》中云："考曹操疑冢在磁州凡七十二处。按：疑冢在彰德府讲武城外，凡七十二处，森然弥望，高者如小山，布列至磁州而止。"[③] 元代纳新所著的《河朔访古记》上更云："（讲武）城外高丘七十二，参错布置，垒然相望，世云曹操疑冢。初，操之葬以惑后人，不致发掘故也。冢间有曹公庙，殿屋甚华丽。"[④] 南宋罗大经在《鹤林玉露》中，也有"漳河上有七十二冢，相传云：'曹操疑冢也'"的记载。[⑤] 元人陶宗仪在《南村辍耕录》中，十分肯定地写

① 贾振林：《邺郡邺县故人君墓志铭并序》，同上书。
② 安丰乡志编纂委员会：《安丰乡志》，中州古籍出版社2010年版。
③ （明）李贤、彭时：《明一统志》卷二十八《彰德府志》，上海古籍出版社1987年版。
④ （元）纳新：《河朔访古记》，粤雅堂丛书，艺文印书馆印行，1969年版。
⑤ （宋）罗大经撰，孙雪霄校点：《鹤林玉露》丙篇卷三，上海古籍出版社2012年版。根据书中记载，"漳河上有七十二冢，相传云曹操疑冢也。北人岁增封之。范石湖奉使过之，有诗云：'一棺何用冢如林，谁复如公负此心。岁岁蕃酋为封土，世间随事有知音。'"

道："曹操疑冢七十二，在漳河上。"① 尤其是到了明代，罗贯中在其所著的《三国演义》里，对这件事进行了生动描述，更加深了人们对这个观点的认识。清代毛宗岗在其修订的《三国志通俗演义》中，对这个传说进一步强化。从此以后，矗立在漳河北岸的那些大墓，也就被误传为曹操的七十二疑冢。七十二疑冢之说一直流转到现代。由于这个传说由来已久，流传甚广，以讹传讹，许多人对它深信不疑。

但是，清末民国初年，由于天灾人祸，当地闹饥荒，许多人开始对漳河北岸相传为曹操"七十二疑冢"的那些大墓大肆盗掘。一些西方人也加入了盗墓行列，他们趁机掠夺我国的文化遗产，雇用一些人对这些墓葬进行肆无忌惮的盗掘，盗走大量文物，致使大量墓葬遭到破坏。

盗掘造成墓葬内大量文物流失，使人们开始对该墓葬的时代和性质有了新的认识。一些专家经过对盗掘出土的文物进行鉴定，发现它们并不是东汉时期的文物，全部为北朝晚期的遗物，据此判断，这些墓葬应该是北朝时期的贵族墓葬。

为了更加全面地了解这些墓葬的性质和准确数目，1971 年，河北省博物馆等单位对磁县境内的这些大墓进行了全面普查，共发现 134 座大墓。经过对个别墓葬进行考古发掘，发现它们全部是东魏至北齐时期的王公贵族墓葬。比如 1974 年，文物工作者在东陈村相继发掘了东魏尧氏赵君父子墓。② 1975 年，在东槐树村发掘了北齐皇族、故侍中假黄钺左丞相文昭王高润墓。③ 1979 年，发掘东魏茹茹公主墓。④ 1987—1989 年，在前湾漳村抢救发掘湾漳大墓，有专家推测，此墓极有可能是北齐文宣皇帝高洋的陵墓。⑤ 2007 年，为配合南水北调中线工程，又发掘出土了东魏皇族元祜墓。⑥ 经过调查，这里还有东魏静帝天子冢、北齐皇室兰陵王墓等。因此，根据这些资料，我们知道这里是东魏和北齐的皇陵区，从而彻底排除了它们是曹操疑冢的说法。

"七十二疑冢"只是有关曹操墓传说的一种，此外，历史上还有多种传说。

首先是漳河底说，即传说曹操的陵墓在漳河河床内。清人褚人获在《坚瓠续集》中记载："顺治初，漳河水涸，有捕鱼者见河中有大石板，旁有一隙，窥之黧然，疑其中多鱼，仍由隙入。数十步，得一石门，心怪之，出招诸捕鱼者入。初启门，见其中尽美女，或坐，或依，或卧，分列两行。有顷，俱化为灰也。内有一床，床上卧一人，冠服俨如王者。中立一碑，渔人中有识字者就之，则曹操也。众人因跪而斩之，磔裂其尸。诸美人盖生而殉葬者，地气凝结，故如生人。继而泄其气，故遽成灰。独操以水银殓，其肌肤尚未腐朽也。"这个故事虽然记述十分生动，却让人感到怪诞不经。

其次是许城城外说。如蒲松龄在《聊斋志异》中记载："许城外有水汹涌，近崖深黯，盛夏时有人入浴，忽然，若被刀斧，尸断浮出，后一人亦如之。转相惊怪，邑宰闻之，遣人闸断上流，竭其水，见崖下有深洞，中置转轮，轮上排利刃如霜，去轮攻入，有碑，字皆汉隶。细视，则曹孟德也。破棺，散骨，所殉金宝尽取之。"

① （元）陶宗义：《南村辍耕录》卷二十六《疑冢》条，中华书局 1959 年版。原文如下："曹操疑冢七十二，在漳河上。宋俞应符有诗题之曰：'生前欺天绝汉统，死后欺人设疑冢。人生用智死即休，何有余机到丘垄。人言疑冢我不疑，我有一法君未知。直须尽发疑冢七十二，必有一冢藏君尸。'"
② 朱全升：《河北磁县东陈村北齐尧峻墓》，《文物》1984 年第 4 期；磁县文化馆：《河北磁县东陈村东魏墓》，《考古》1977 年第 6 期。尧峻是尧赵氏三子。
③ 磁县文化馆：《河北磁县北齐高润墓》，《考古》1979 年第 3 期。
④ 朱全升、汤池：《河北磁县东魏茹茹公主墓发掘简报》，《文物》1984 年第 4 期。
⑤ 徐光冀、江达煌等：《河北磁县湾漳北朝墓》，《考古》1990 年第 7 期。
⑥ 朱岩石、何利群：《河北磁县北朝墓群发现东魏皇族元祜墓》，《考古》2007 年第 11 期。

再次是彭城说。民国期间，邓之诚在《骨董琐记全编》中云："壬戌（1922）正月三日，磁县乡民崔老荣于彭城镇西十五里丛葬中开井为茔，地圮（塌坏）为黑穴。继得石室，深广有加。入门者皆死。遂报县令陈希贤。督工投以硫磺。久之，始人。视室之四壁，涂垩如新，中置石棺，前有刻志石文，所叙乃魏武帝操也。前五十年发石室十余处，唯皆无棺。至是，真冢始现。志石今藏县署，不知文何若，他日当访之。"邓之诚据此认为，曹操墓应该在河北彭城，于是他在《骨董琐记全编》中写道，曹操墓在彭城镇西十五里地的圮石室中。

此外，《述异记》还记载，在魏武帝陵下，随葬有两个铜驼和两个石犬。还说其墓内有一泉水，名叫"香泉"。

除了上面的几种传说外，在曹操墓被发现之后，有学者根据《三国志·魏书·文帝纪》上有"甲午，军治于谯，大飨六军及谯父老百姓于邑东"和《亳州志》上所记载的"文帝幸谯，大飨父老，立坛于故宅前树碑曰大飨之碑"等史料记载以及亳州为曹操祖茔，其中安葬有曹操的祖父曹腾、父亲曹嵩、女儿曹宪等人这一情况，认为曹操死后也应当还葬故里，推测亳州曹氏祖茔中的一座大土冢可能就是曹操的高陵。[①]

因为这些说法都没有科学依据，更没有经过考古发掘来证明，缺乏证据支撑，因此都不足为据。

第六节　曹操墓的相关文献记载

关于墓葬选址，据《三国志·魏书·武帝纪》载："建安二十三年（218）六月令曰：古之葬者，必居瘠薄之地。其规西门豹祠西原上为寿陵，因高为基，不封不树。"开始为自己规划寿陵，选择葬址。

同书载，曹操于建安二十五年（220）正月去世，文中这样记载："庚子，王崩于洛阳，年六十六。遗令曰：'天下尚未安定，未得遵古也。葬毕，皆除服。其将兵屯戍者，皆不得离屯部。有司各率乃职。敛以时服，无藏金玉珍宝。'谥曰武王。二月丁卯，葬高陵。"

曹操去世后，关于后事的处理，《三国志》上也有零星记载，如《三国志·魏书·贾逵传》载："太祖崩洛阳，逵典丧事。……遂奉梓宫还邺。"《三国志·魏书·夏侯尚传》记载："太祖崩于洛阳，尚持节，奉梓宫还邺。"《晋书·宣帝纪》记载："及魏武薨于洛阳，朝野危惧，帝（注：指晋宣帝司马懿）纲纪丧事，内外肃然。乃奉梓宫还邺。"

曹丕亲自为父亲撰写了《武帝哀策文》，其文言："痛神曜之幽潜，哀鼎俎之虚置。舒皇德而咏思，遂腷臆以荏事。剡乃小子，凤遭不造，茕茕在疚，呜呼皇考。产我曷晚，弃我曷早。群臣子辅，夺我哀愿。猥抑奔墓，俯就权变。卜葬既从，大隧既通。漫漫长夜，窈窈玄宫。有晦无明，曷有所穷。卤簿既整，三官骈罗。前驱建旗，方相执戈。弃此宫庭，陟彼山阿。"

曹植为父亲写的《诔文（又名武帝诔）》言："於惟我王，承运之衰。神武震发，群雄殄夷。拯民于下，登帝太微。德美旦奭，功越彭韦。九德光备，万国作师。寝疾不兴，圣体长归。华夏饮泪，黎

---

① 原亳州市博物馆馆长李灿认为，位于亳州市区薛阁塔下面的观音山墓疑似曹操墓。《现代快报》2010 年 1 月 1 日，http：//news.sohu.com/20100102/n269341132.shtml。

庶含悲。神翳功显，身沈名飞。敢扬圣德，表之素旗。乃作诔曰：於穆我王，胄稷胤周……。弃离臣子，背世长终。兆民号咷，仰怨上穹。既以约终，令节不衰。既即梓宫，躬御缀衣。玺不存身，唯绋是荷；明器无饰，陶素是嘉。既次西陵，幽闺启路。群臣奉迎，我王安厝。窈窈玄宇，三光不入。潜闼一扃，尊灵永蛰。圣上临穴，哀号靡及。群臣陪临，伫立以泣。去此昭昭，于彼冥冥。永弃兆民，下君百灵。千代万乘，曷时复形。"他对曹操去世后人们的反应，以及安葬时的情景进行了描写。

虽然曹操实行不封不树，但是，其陵园在相当长的时间内，还是得以保存，位置非常清楚，至少到了唐代，人们还能够辨识出其具体位置。如南朝齐诗人谢朓（464—499），在其写的《同谢咨议咏铜雀台》中说："穗帷飘井干，樽酒若平生。郁郁西陵树，讵闻歌吹声。"诗中明确告诉我们曹操的西陵与铜雀台的位置关系。

《册府元龟》卷四十载："（贞观）十九年，（唐太宗李世民）将征辽。二月，次河阳，诏殷少师比干赠太师，自为文祭之。次邺经魏太祖墓，自为祭文。"《全唐文》卷十载有唐太宗的《祭魏太祖文》全文。

唐代的李吉甫在其编纂的《元和郡县图志》相州邺县条中记载："西门豹祠在县西十五里，魏武帝西陵在县西三十里。"唐代诗人刘商在其《铜雀妓》诗中写道："举头君不在，惟见西陵木。"此句话简要描写出了当时曹操陵园的样子。

此外，还有许多唐代诗人写了有关纪念曹操的诗篇，如李邕在其《铜雀妓》诗中写道："西陵望何及，玄管徒在兹。"沈佺期在《西陵》诗中写道："朝望西陵墓，夕望西陵墓，望望不复归，月明又十五。明月十五可奈何，更对空帐作歌舞。铜雀昂然飞不去，当时美人发垂素。我生不如陵上树，年年树根穿入土。"王勃在《铜雀妓》诗中写有："西陵松槚冷，谁见绮罗情。"刘长卿在《邺台怀古三首》第二首中写道："半空高栋翔金雀，玉宸穗帷尘漠漠。西陵老树暝色寒，建安残枝春情薄。"

刘禹锡的《魏宫词》中有："日映西陵松柏枝，下台相顾一相思。"的诗句。郭良骥在《邺中行》中写道："年去年来秋更春，魏家园庙已成尘。只今惟有西陵在，无复当年歌舞人。"诗人贾至在《铜雀台》中写有："日暮铜台静，西陵鸟雀归。"李咸用的《铜雀台》诗中，发出"但见西陵惨月明，女妓无因更相悦"的叹息。唐末五代诗人罗隐的《铜雀台二首》中有："只合当年伴君死，免教憔悴望西陵。"

宋代司马光在其编著的《资治通鉴》卷一九七中，也有相关记载。宋末元初胡三省的注《资治通鉴》中，也有"高陵，在邺城西。操遗令曰：汝等时时登铜雀台，望吾西陵墓田"的记载。

《宋史》卷一〇五《志第五十八》载："先代陵庙及录名臣后。建隆元年诏：'前代帝王陵寝，忠臣贤士丘垄，或樵采不禁，风雨不芘。宜以郡国置户以守，隳毁者修葺之。'……或陵墓虽存，不禁樵采。其太昊、炎帝、黄帝、高辛、唐尧、虞舜、夏禹、成汤、周文王、武王、汉高帝、光武、唐高祖、太宗，各置守陵五户，岁春秋祠以太牢。商中宗太戊、高宗武丁、周成王、康王、汉文帝、宣帝、魏太祖……各置三户，岁一享以太牢。"明确列出了被保护和祭祀的历代帝陵名单，其中就有魏武帝曹操的高陵。

《宋大诏令集》卷一五六载，乾德四年（966）十月癸酉颁布的《前代帝王置守陵户祭享禁樵采诏》："自古帝王，受天眷命。功侔造化，道庇生民。咸载简编，宜崇典礼。或庙貌犹在，久废牲牷；或陵寝虽存，不禁樵采。朕顺考古道，咸秩无文。方怀景慕之心，敢怠寅恭之意。其太皞葬宛丘，炎帝葬长沙，黄帝葬乔山，颛顼葬临河……魏太祖葬于邺……已上一十帝，各置守陵三户，每岁一享。"

更是强化了对包括魏太祖曹操高陵在内的历代帝陵的保护。

鉴于当时民间对曹操形象的歪曲和攻击，北宋政治家王安石写了《将次相州》，其文言："青山如浪入漳州，铜雀台西八九丘。蝼蚁往还空垄亩，骐骥埋没几春秋。功名盖世知谁氏，气力回天到此休。何必地中余故物，魏公诸子分衣裘。"辛辣讽刺那些对魏太祖曹操进行攻击的人，同时歌颂了曹操的历史功绩。

北宋乐史撰写的《太平寰宇记》卷五五《河北道四　相州安阳县》条中，亦有"三陵即魏武帝、文帝、甄皇后三陵"的记载。上面的这些记载说明，至少在北宋时，曹操高陵的位置还是明确的。

第三章　安阳曹操高陵的发现及发掘原因

第一节　考古调查

2005 年年底，曹操墓（M2）被盗，引起了正在附近固岸北朝墓地进行考古发掘的河南省文物考古研究院潘伟斌研究员的关注。他随即对该墓葬进行实地勘察。经过调查，确认其为一座东汉晚期诸侯王一级的大型墓葬，推测其可能是曹操墓或高陵中的一座墓葬，建议当地政府对它加强保护，并将这一情况及时向省文物局进行了汇报，呼吁进行抢救性发掘（彩版三、四）。

此后，潘伟斌研究员利用工作间隙，多次到曹操高陵周围进行调查，走访当地村民，了解情况，了解该墓地周围历年出土文物的情况。在当地文物爱好者龙振山家中，潘伟斌看到了其收藏品中从高陵附近采集到的文物（现已移交曹操高陵管理委员会），其中有一个大型板瓦、一个大型鎏金铜泡钉。这更加坚定了他对该墓葬时代和性质的认识（彩版五）。

在龙振山的引领下，潘伟斌亲自到现场察看这些文物出土的位置，了解周围地形地貌特征，并实地勘察了当年鲁潜墓志出土的地点，从而得出了该墓葬极有可能是曹操高陵或曹操高陵中的一座大型墓葬的结论。此后，潘伟斌撰写了有关论文，对其调查结果了进行总结和详尽论证。[①]

第二节　发掘原因与决策过程

此后，该墓葬又多次被盗，现场保护已经十分困难。2008 年 2 月，该墓再次被盗，被安丰乡派出所破获，从盗墓分子手中收缴了 3 块画像石。为了严惩盗墓分子，需要对他们的盗墓行为定性，急需文物部门派专家前往现场调查，对盗掘出土的文物进行鉴定。于是，安丰乡派出所将这一案件上报到河南省文物局。省文物局迅速组成专家组，前往安阳盗掘现场了解情况，负责对被盗掘出土的画像石进行鉴定（彩版六）。

调查发现，被盗出的画像石断裂为 3 块，实为一个个体，经过对其进行仔细观察和研究，确定该画像石的刻画内容为东汉晚期所流行的"七女复仇图"故事。从人物所着服饰和出行车辆看，均带有典型的东汉晚期特征。因此，专家组最后得出结论，认为该画像石为东汉晚期遗物。为了确认这块画像石是从该墓葬中出土的，专家组成员随即赶到西高穴村墓葬盗掘现场进行实地考察，通过对盗洞周

---

① 潘伟斌：《曹操高陵今何在》，台北《故宫文物月刊》2008 年第 9 期。

围遗痕进行观察，发现盗洞四壁有很深的摩擦痕迹。为了慎重起见，专家组成员亲自下到盗洞底部（未进入墓室内），对墓室内的情况进行观察，发现墓内有大量淤土，淤土表面有大量盗墓分子遗留下来的碎石块。由此专家组一致认为，该墓为东汉晚期的大型砖室墓。确认这些画像石的确是从该盗洞中盗出，为派出所出具了墓葬和文物盗掘鉴定书，为严惩盗墓分子提供了法律依据。

返回郑州后，专家组迅速将这一情况向河南省文物局有关领导进行了汇报。由于被盗画像石背后十分粗糙，周围留有白灰残痕，因而认为，这些画像石可能是镶嵌在墓壁上的建筑构件，它们的被盗出，极有可能会对墓室结构造成破坏，墓葬的稳定性会受到影响，如果任由其发展下去，不进行抢救性发掘，经过夏季的雨水浸泡，极易造成墓室坍塌，还会给盗墓分子继续盗掘、破坏古墓留下机会。考虑到该墓的重要性以及墓葬的安全问题，于是，建议尽快进行抢救性发掘。

专家组的建议引起了河南省文物局领导的高度重视，考虑到这座墓接连多次被盗，现场保护已经十分困难，为了最大限度地保护好地下文化遗产，省文物局决定上报国家文物局，申请对这座墓葬进行抢救性发掘。并责成河南省文物考古研究院迅速成立考古队，尽快进驻现场，对该墓葬进行抢救性发掘。

为了推进这项工作，潘伟斌将这一情况及时向当地的安阳县政府做了汇报，要求加强保护，并商讨对该墓进行抢救性发掘的具体事宜。与此同时，安丰乡政府也向安阳县政府做了详细汇报。

这件事引起了安阳县政府的高度重视，经过与安阳县政府协商，最终决定由地方政府出资，河南省文物考古研究院派出专业技术人员，与安阳县文化局组成联合考古队，对该墓葬进行考古发掘。

2008 年 11 月 7 日，河南省文物考古研究院组成了以潘伟斌研究员为领队和队长，由省文物考古研究所专家、安阳市考古队和安阳县文化局文物钻探队成员组成的联合考古队，负责对该墓葬进行抢救性发掘。考古队于当年 12 月 11 日进驻考古发掘现场，开始对该墓葬的考古发掘工作。

除省、市、县的考古业务人员外，在整个发掘工作过程中，先后参加发掘工作的单位还有郑州大学历史学院考古系实习学生、南京大学考古专业的有关人员。

该发掘项目得到了安阳县政府和安丰乡政府的高度重视和大力支持，为了促成考古队早日进驻工地开展工作，安阳县政府和安丰乡政府、安阳县文化局与考古队多次召开联席会议和专门会议，研究配合考古队的工作方案。

考虑到这座墓的时代特征和曹操墓这一学术问题在社会上的敏感性，我们在上报河南省文物局和国家文物局时，将考古项目的名称定为"安阳县西高穴汉魏墓地"。

第三节　考古钻探和发掘方案的制订

一　考古钻探

根据前期调查了解到的情况，我们知道该墓规模巨大，地下埋藏较深，学术价值较高，因此，必须制订出一个科学的考古发掘方案。为了做到心中有数，为发掘方案的制订提供依据，进驻工地后，我们首先对墓葬及其周边进行了考古钻探。

具体的钻探工作由安阳县文化局文物钻探队组织实施，考古队专家进行现场指导（彩版七）。

钻探工作于 2009 年 11 月中旬开始，至 2009 年 12 月 12 日结束。通过对钻探队提供的钻探资料和图纸进行研究，我们发现，该墓地的情况比我们之前预想的还要复杂。根据钻探图纸我们了解到，此墓葬坐西向东，深达 10 多米，仅墓道的长度就达 40 米左右，宽度近 10 米，墓道两边分布着许多遗迹，情况极为复杂。与此同时，在该墓的北面还发现一座墓葬，亦是坐西向东。但是令人不解的是，钻探资料显示，在北边那座墓的东面，南北并列着两条夯土带，当时认为，这极有可能是双墓道结构，其中靠南的那条墓道较短，而北面的那条墓道十分狭长，长度达 80 多米，一直延伸到墓地的最东部，而且其东端还向北扩展。这种现象有点不符合常理，当时考古队对此存疑，继续对东部进行复探，但是由于其北部延伸到居民家中，影响钻探，无法找到其北部边缘。

二　发掘方案的制订

（一）方案制订的背景

因为该墓地情况复杂，因此，钻探工作结束后，针对新发现的情况，我们开始制订相应的考古发掘方案。

由于我们提前预判到这座墓葬与曹操高陵可能会有一定关系，考虑到高陵内不可能只有这一座墓存在，判断还应有其他陪葬墓、陪葬坑，以及其他地面建筑遗迹，尤其是在钻探后，果真在其北面发现了另一座墓，更加印证了我们当初的这个推断，因此，在制订方案时更加慎重。

考虑今后的发掘工作，为以后进一步工作预留空间，我们决定，放弃原来只发掘这座墓的设想，将整个墓地纳入我们的考虑范围内，提前进行统一规划。经过综合考虑，我们在发掘之前就对这两座墓的编号问题进行了特别设计。

考虑到墓地北部紧邻村民的住宅，虽然推测这些住宅下面仍然有可能叠压有墓葬或其他遗迹，考虑到牵涉居民搬迁，短期内搬迁更属不易，工作难度相对较大，在今后相当长的时间内，在那里开展工作的可能性都比较小，以后的发掘工作方向，只能选择向工作难度相对较小的南方发展。而目前，我们工作的重点是当前发现的这两座墓，因此，为了将来资料记录方便和便于对以后发掘出土的墓葬进行排序，我们将北面新发现的那座墓葬的编号定为一号墓（M1），向南依次为二号墓（M2）。

（二）发掘方案

首先，由于这两座墓葬所涉及的面积特别巨大，加上适逢金融危机，经费紧张，工期有限，为了节省经费和时间，这次发掘不可能一下子将整个工地全部揭露出来。因此，我们决定采用虚拟探方的方法对整个墓地进行布方。

探方的布方原理和编号顺序是：T 代表探方，S 代表南，W 代表西，如最东北靠近坐标点的第一个探方，编号为 TS01W01，向南第二个探方的编号为 TS02W01、TS03W01，依次类推。每个探方面积均为 10×10 平方米。

应用到这两座墓葬的发掘中，具体的方法是：考虑到 M1 和 M2 北面和东面还有相当范围均为村民住宅区，现在无法进行发掘，而 M1 和 M2 南和西两个方向为空旷的田野，为我们以后的工作重点和方向，因此，我们选择以曹操墓东面那条通往西高穴村的南北小路为布方的东部边界，以 M1 北面村民宅院的南部边缘为布方的北部界线，将二线交会处的那个探方作为初始探方，编号为第 50 个探方。这样也就为墓地北面和东面各预留出 500 米的布方空间，还可以向周边无限扩展，为下一步的工作记录提供了极大方便。

根据 M1 和 M2 所涉面积的实际情况，向南、向西依次分别布方 9 个和 12 个，共计布了 108 个虚拟探方，实际发掘探方 52 个（图六）。

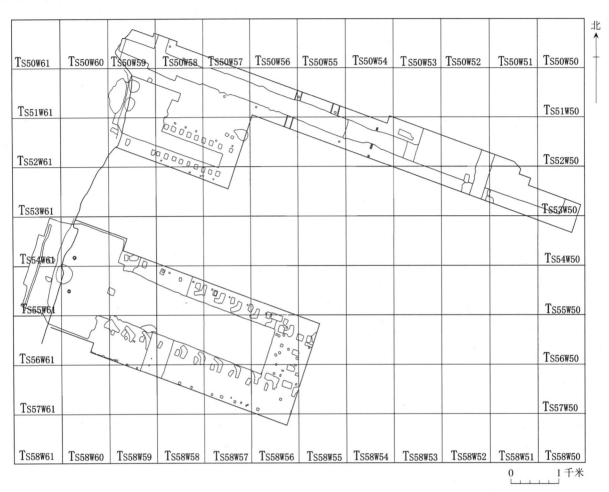

图六　曹操高陵虚拟布方图

这种方法非常适合大面积的考古发掘，好处是在发掘过程中可以更好地掌控全局，尤其是较大面积的遗址，在不影响记录的同时，可以一次性揭露出来，方便及时了解遗址全貌，进行工作调整。同时，在不违背现有田野考古规程的情况下，可以用最小的发掘面积，来处理重点遗迹区域的考古发掘工作，既不遗漏信息的采集，又省工省时，节约发掘经费。

这种布方的方法，可以在整个工地上形成一个巨大的网格状探方群，将一号墓和二号墓完全框在网格状的探方群内，便于测量和记录发掘过程中出土的各种遗迹现象和出土文物的位置，轻松标示出其三维坐标，准确绘制出位置图来。

在布完探方后，计划再逐层揭取叠压在墓葬上部的各代晚期地层，直至墓葬开口层位，等墓葬开口以及各种遗迹完全暴露出来，绘图、照相等工作结束后，根据实际情况，再决定和适当调整针对这两座墓葬本体的下一步发掘方案。

方案要求：一、在整个发掘过程中，必须严格按照田野考古操作规程进行，依照先晚后早的顺序进行考古发掘，按单元保存出土文物，详细记录各种遗迹现象和出土文物。二、在清理上部晚期地层时，重点观察墓葬的开口层位，作为判断墓葬建造年代的考古学依据。三、特别注意墓葬周边是否还有其他遗迹现象，如果有，弄清楚这些遗迹与墓葬的关系，重点关注它们相互之间的关系，如是否有打破关系、叠压关系等。四、特别留意观察墓葬上面有没有封土等迹象。

虽然地下考古有许多不可预知，需要根据出现的新情况，及时调整工作方案。但是为了做到有备无患，保证工作顺利进行，我们针对两座墓葬的不同特点，提前制订好了不同的考古发掘预案。

1. 一号墓（M1）的发掘预案

根据钻探结果我们知道，北部的 M1 也是一座坐西向东的墓葬，墓室的西半部上部填土被窑场取土坑所破坏，在墓室西部形成一个 5 米左右的深坑和断崖。断崖下面有一个特大型现代盗洞，其北部被另一个相对较小的现代盗洞所打破。该盗洞内填满了松软的煤渣等现代生活垃圾，由于雨水的长期浸泡和土壤的张力作用，在墓室顶部的地面上形成一个巨大裂缝，临近断崖处有明显的凹陷和向西坍塌迹象。在墓室的顶部靠西处，还有两个大型盗洞，西北部有一个小型盗洞，中部偏东处另有一个大型盗洞。

鉴于上述情况，为了保证工作人员的安全，确保发掘工作的顺利进行，我们决定，对此墓采取大揭顶的方式进行发掘。具体工作程序如下。

（1）先对上面的地层堆积进行清理，待整个墓葬开口暴露出来后，在不影响工作人员安全的情况下，首先有限度地清理各个盗洞，发现有坍塌危险时，要及时停止，加强支护，消除隐患。

（2）发掘工作先从墓道开始，寻找墓门的位置，在了解墓室填土情况后，再发掘墓室顶部的填土。

（3）如果在清理盗洞的过程中发现有塌方的危险，进一步清理的工作难度增大，不得不停止时，必须做好记录，将信息采集完之后，暂停对盗洞的清理工作，将工作重点转向清理墓室上部填土，以消除塌方隐患。但是，清理墓室上部填土的进度和深度，不得超过盗洞清理的深度，以保证将二者严格区分开来。当上部塌方隐患消除后或降到最小的情况下，再继续向下清理盗洞内的填土，以确保工作人员的人身安全。

（4）考虑到墓葬埋藏较深，地面开裂，随时都有塌方的危险，为了保证工作人员的安全，特别设置安全巡视员制度，抽调一名安阳县文化局配合考古队的工作人员，任工地安全巡视员，负责观察工地安全，时刻注意地层变化，发现有危险情况，要及时汇报，以便随时采取措施，进行处置。

由于安保制度比较完善，措施比较得当，在整个发掘过程中，虽然险情时常发生，但是始终没有出现伤亡事件，有力地保证了工作人员的安全和发掘工作的顺利进行。

2. 二号墓（M2）的发掘预案

经过前期调查和考古钻探，我们知道 M2 规模宏大，墓室结构保存基本完整，十分坚固，级别较高，最有可能是曹操的陵墓，学术价值极大，无论从学术方面考虑还是从将来展示方面考虑，保留其原始状态的意义十分重大，而且其为砖室墓，具有完整保存下来的先决条件，因此我们决定，对该墓采取保守的发掘方法。即放弃以往在发掘墓葬时所采用的那种大揭顶的发掘方式，采取先打开墓道，然后通过墓道和墓门进入墓室，对墓室内的淤土进行清理，以尽最大努力保护墓室的完整性。具体工作程序如下。

（1）首先揭取上部的晚期地层堆积，与此同时，铲除墓室西部断崖下地表堆积的现代扰土，清理出墓圹的西部边缘，搞清楚盗洞情况。待墓葬开口完全暴露出来后，进行测量、绘图、照相、录像等资料采集工作。

（2）信息采集完毕后，暂时不处理其他遗迹现象，首先从墓道处开始着手进行发掘，以摸清墓道填土情况。

（3）考虑到 M2 的发掘工作量大，耗费时长，发掘期间难免要经过雨季和严冬，根据我们过去发掘经验，经过酷暑暴晒，严寒冷冻，极易造成墓道两壁土层的崩裂和塌方。为了防止塌方，保证工作人员的安全和保护墓壁的原始状态，我们决定在清理墓道填土时，于墓道两边各留出一米宽的护墙。由于同样原因，不要将墓道一次性清理到底，当清理到墓道底部时，留下一层约 30 厘米厚的填土作为下部垫层，暂时不清理，以方便工作人员上下墓室和向外出土，避免对墓道底部原始面造成破坏。等墓室内的扰土清理结束后，再仔细清理这些预留部分的填土。

（4）为了保证工地和墓葬本体安全，工作不受恶劣天气的影响，必要时，建议县政府在上部搭建防雨保护棚。

（5）发掘墓道过程中，重点关注内部填土有无夯筑现象，如有夯筑，要详细记录夯层厚度，夯窝的形状和大小深浅，填土的土质、土色、成分以及硬度，注意提取夯层、夯窝标本。在清理墓道底部垫层时，要注意有没有二次葬痕迹，墓道底部有没有垫木遗痕存在。

（6）墓道清理结束后，不可匆忙打开墓门，要注意观察和记录封门情况，采集各种信息，然后向上级领导汇报，经上级领导同意后，再打开封门墙，通过墓门进入墓室，开始对墓室内的扰土进行清理。

（7）考虑到这座墓经历过多次盗扰，保存文物不多，且扰乱严重，因此为了弄清楚盗扰情况，在清理墓室内的扰土过程中，要尽量对墓室内的堆土做到分层清理，好厘清各次盗掘的早晚关系，尤其注意区分晚期扰土与早期淤土。对出土文物进行分层记录，分开保管。

（8）为防止墓室内光线太暗，出土土方量大，在发掘过程中，特别注意小件文物，防止因为工作疏忽，造成小件文物夹杂在扰土中丢失，对墓室内所有出土都要分层、分室进行网筛。

（9）由于发掘时间紧，工作量大，在注意发掘速度时，必须保证发掘质量。考虑到我们是第一次发掘如此大规模的墓葬，自己知识有限，经验不足，难免会出现某种误判，因此，此次发掘中，对各种遗迹的清理不要一步到位，不要试图将所有的遗迹细部一次性全部做出来，将那些暂时判断不清楚或由于赶工期暂时来不及做的工作，原则上暂时进行保护，放到后面去做，留待以后有时间再进行更加细致的工作，必要时对特别复杂的遗迹，请专家现场指导，进行会诊。这样做的好处是具有可恢复性，以便事后进行补救，避免考古发掘过程中出现无法挽回的失误，更便于今后有关专家学者对我们的工作进行检验和指导。

（10）通过对地面遗迹的清理，来确定当时的地面上是否有建筑遗迹存在，各种遗迹的相互关系，尤其要注意二次葬问题。

这个方案的优点是，在发掘过程中，不仅可以完整地提取墓葬的各种信息，同时又可以尽量保护好墓室结构，最大限度地保持墓葬本体的完整性，给世人留下一个重要的文物实体标本，以便事后向公众展示和专家进行科学研究，更好地发挥它的科研价值、社会价值和学术价值。

事后证明，我们的这个决定是非常正确的。发现曹操墓的消息公布后，果然吸引了许多专家学者和关心曹操墓的大批群众、媒体记者前来参观，上千人上下墓道，进出墓室。虽然我们事前特意在靠近墓道南部修建了供人上下的木质阶梯，但是由于参观人员实在太多，还是难以避免有的人不顾工作人员的提醒和阻拦，不走阶梯，而是直接通过墓道进出墓室。消息公布后，曹操墓经历了太多的风波，造成我们的工作长期停滞。虽然经过长达两年的踩踏，因为有了我们在墓道底层预留下的那 30 厘米的保护层，到了 2011 年我们处理完地面遗迹，进行第二次发掘，开始清理墓道底部填土时，清理掉这层保护层之后，我们发现，下面的遗迹仍然保存完好。

经过对保护层下面即墓道底部铲刮，终于在其最东端墓道开口处，发现了第一次安葬时所留下的墓道初始开口遗迹，结合发掘过程中发现的其他遗迹现象，可以肯定，该墓葬有被二次打开的现象，从而解决了该墓有二次葬这一重大学术问题，为辨别墓室内那位年长女性遗骨的准确身份，最终确认卞氏合葬高陵这个文献记载提供了有力的考古证据（彩版八至一二）。

第四节　工地管理

为了保障工地安全，保证工作顺利进行，我们对工地实施了规范化管理，制定了各项规章制度和严格纪律。比如发掘工作开始之前，我们便制定了《西高穴考古发掘工地驻地管理安全制度》《西高穴发掘工地安全防范和管理制度》《驻地安全巡防和负责人分工》《西高穴考古工地工作注意事项》和《西高穴考古队作息时间表》，等等。每天下班后，都要召集大家开工作总结会，布置第二天的工作，并设置专人负责，专门负责检查规定执行情况，督促提醒大家，注意严格遵守，发现问题随时解决。

为了提高士气，调动大家的工作积极性，在发掘开始之前，领队向考古队员介绍了自己对该墓葬的判断，其重要价值以及学术意义。工作过程中，每天的总结会上，考古领队都要向大家介绍自己对整个工地的新认识，以便鼓舞士气，使考古队员始终保持高昂的斗志和工作积极性。

考虑到这两座墓葬的敏感性，盗墓分子对它们的觊觎，保证出土文物和工地的安全，更为了避免外来因素对我们的工作造成不必要打扰，我们提前对考古工地进行了围护，施行封闭式管理，同时制定了如下严格的管理制度。

（1）在没有经过领队允许的情况下，一般工作人员不得随意拍照，更不允许将工地发掘现场的照片发布到网上。

（2）做好严格的保密工作，不许工作人员向外透露工地的任何信息，凡是有关该墓葬的消息，必须经过河南省文物局的同意，或由省文物局或安阳县政府统一发布，个人无权向外透露和发布任何信息。

（3）坚持每天工作结束后，召开工作情况通报会，探方负责人向领队汇报这一天的工作进展情况和工作中遇到的困难，检查有无工作疏漏和安全漏洞，让大家各抒己见，谈一谈对新出现遗迹的看法。之后，考古领队必须向大家介绍自己对整个工地的新认识，提出每个工作人员第二天的工作重点和注意事项。

（4）坚持领队带班，安全员全天驻守工地制度。安全员既要负责平时的安全检查，排除生产隐患，又要负责夜间工地的巡视。

（5）虽然晚上工地有专人值班，但是，为了保证工地的绝对安全，要求每个考古队员都要发扬在固岸工地的良好传统。将全体考古队员分为三个小组，夜间分班，轮流到工地进行安全巡视，以监督工地值班人员的工作，每班次两个小时，一直到天亮为止。

（6）规定每一名考古队员都是安全责任人，除了看管好自己负责的工作外，一旦发现有危险情况，要及时汇报，尤其是发现有外人进入工地时，要及时出面进行劝阻。

事后证明，我们的这个安全防护措施十分有效，保密工作非常成功，直到曹操墓的新闻发布会召开后，家住工地周围的村民才知道我们的工作情况，原来这一重大考古发现就发生在身边，他们对此惊讶不已。

第五节　新科技在发掘中的应用

从发掘工作启动时，我们就考虑到了新科技在考古工作中的应用，以增加研究的科技含量。在曹操墓考古发掘的整个过程中，根据不同的发展阶段和研究阶段，我们与多方科研机构合作，进行综合性研究，先后采用了以下新技术和新方法。

（1）在发掘之初，我们便与南京大学遥感测试中心合作，邀请中国科学院、教育部、国家文物局遥感考古联合实验室江苏遥感考古工作站站长、南京大学遥感测试中心主任黄建秋教授，带领其团队，亲自携带仪器，到发掘现场对曹操墓周边环境及地下遗迹进行遥感测试（彩版一三）。

（2）在布方阶段，我们采用 GPS 对墓地进行精确定位，结合传统纸质地图，确定其准确位置，进行标示，避免了传统测量中的误差。

（3）当墓葬上部的晚期地层清理结束，墓圹开口和各种遗迹完全暴露出来后，我们及时向单位领导汇报，调派航拍直升机和相关专家，对整个发掘现场进行航拍，取得了高陵及周边地区的航拍照片。同时调派测绘队来工地，用全站仪对出土的各种遗迹和墓地周边地形、地貌进行大面积测量，绘制出精确的地形、地貌和周边环境平面图和等高线图，为综合研究曹操高陵提供了准确的材料（彩版一四）。

（4）在发掘过程中，我们紧紧依靠本单位的科技考古室，适时邀请有关专家，对出土的遗迹现象进行及时处理。例如对发掘出来的墓道护墙内的木支架遗迹进行加固处理。对出土的木棺进行了加固处理，以便现场保护。对出土的漆木器进行现场加固，然后整体提取，运到实验室内，以便下一步进行更加细致的清理工作。对出土的大量画像石残块进行拼对粘接，现在部分画像石已经拼接成型，取得了很好的效果。对出土的瓷器进行精修复，复原其原来的样子。请有关专家对出土的铁器进行除锈试验，以便寻找更好的保护方案。

（5）人骨出土后，我们及时邀请中国社会科学院考古研究所的体质人类学权威专家到工地，现场进行年龄、性别鉴定（彩版一五）。

（6）铁器出土后，我们邀请国家博物馆文物科技保护部主任潘路先生到现场，亲自进行封护保护（彩版一六）。

（7）墓室清理工作结束后，我们及时邀请有关专家，对墓室的结构进行激光扫描，利用三维动漫技术进行数码重建，生动直观地还原了整个墓葬的结构特征。

（8）为了弄清楚重要铁器的内部特征，我们与武警河南总队医院放射科合作，对出土铁镜进行 CT 扫描，以确认其背后有无错金纹饰，在发现有错金纹饰后，及时进行了重点保存，并为下一步制订更加科学的保护方案提供依据。

（9）为了确定遗骨的性别和年龄，我们多次邀请中国社会科学院考古研究所和吉林大学的体质人类学专家，对出土遗骨进行分拣以及性别、年龄鉴定，并为下一步的复原和深入研究做好准备。

（10）我们和中国科学院研究生院合作，对曹操墓出土的画像石的雕刻技法进行综合研究；利用高科技，对出土玉珠、珍珠的钻孔技术进行深入研究（彩版一七）。相关研究成果已经在国外学术期刊上发表。

（11）我们还邀请南京大学的黄建秋教授到驻地，对出土文物进行微痕分析（彩版一八）。

（12）我们与郑州大学和上海福斐科技等科研单位合作，对曹操墓出土文物进行扫描资料和无损成分分析。

上述工作极大地促进了对曹操墓（M2）的综合研究。今后，我们还要与相关单位合作，增加科技含量，对曹操墓出土文物进行专题研究。例如，结合出土石牌上有关丝织品名称，对曹操墓出土的丝织品进行研究；对出土铁器的制作工艺、金相及锈蚀状况进行深入分析和研究，以求探索制作技术和寻找更佳的保护方案；对出土兵器进行综合研究，力求复原一批兵器，如铠甲、刀、剑等；对画像石的材质、产地、刻画内容、刻画技法进行综合研究；对出土瓷器的产地、制作工艺进行综合研究；对出土遗骨进行分拣、拼对，恢复3个个体，研究其生前食谱、体质特征、有无病症和检测其 DNA；联合古建筑方面的专家，对墓葬的建筑工艺、地面建筑进行深入研究。

经过严格的考古发掘，结合新的科学技术，我们对高陵（M1 和 M2）周围地貌和高陵地表遗迹有了更深入的了解（彩版一九、二〇）。

第四章　发掘经过

第一节　晚期地层的清理

2008 年 12 月 11 日，发掘工作正式开始，按照田野考古操作规程和我们制订的预案，布完探方后，开始逐层揭取墓葬上面的晚期地层。现将二号墓（M2）地层堆积情况介绍如下（图七；彩版二一、二二）。

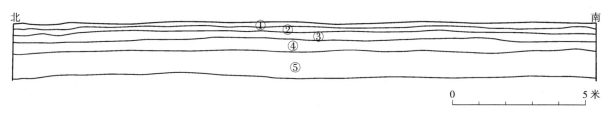

图七　M2 探方东壁剖面图

第 1 层：现代耕土层，厚 0.15—0.3 米。土色灰褐，土质疏松，主要包含物为植物根系和瓷片等现代生活遗物。

第 2 层：灰褐色土，土质稍硬，厚 0.25—0.35 米。主要包含物为碎砖瓦、陶片、瓷片，最晚包含物为清代。为明清文化层。

第 3 层，分为两个亚层。上层厚 0.25 米左右，土色浅黄，含沙较多，包含物极少。下层厚 0.25—0.35 米，土色深黄，土质较硬，包含物不多，多为宋元时期的瓷和砖瓦碎片，总厚度在 0.5—0.6 米之间。为宋元时期文化层。

第 4 层，土层厚度 0.4—0.5 米，土色棕红，质地坚硬，包含少量料礓石、隋唐时期的碎砖和陶片。为隋唐时期文化层。

第 5 层，厚 0.2—0.3 米，土质坚硬。有少数北朝和东汉建筑垃圾，为南北朝时期文化层。该层下面叠压的地层为东汉文化层。

至 2009 年 3 月 17 日，上部晚期文化层的清理工作基本结束。2009 年 3 月 18 日至 3 月 20 日，对暴露出来的遗迹进行拍照、绘图工作。

在清理上面晚期文化层的同时，我们抽调一部分人，开始清理 M1 和 M2 西部断崖下堆积的现代扰土层（图八、九）。至 2009 年 4 月 13 日，整个晚期地层的清理工作全部结束，墓葬平面开口完全暴露出来，各种遗迹现象也都一一呈现在我们面前。

然后，绘制遗迹总平面图，进行航拍，采集有关资料。

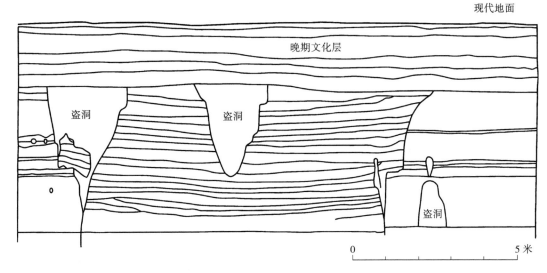

图八　M2 西部断崖剖面图

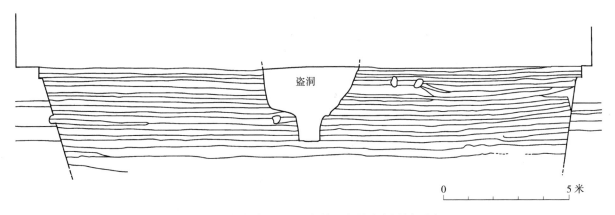

图九　西部断崖上 M2 上部填土夯层及盗洞剖面图

在清理 M2 的同时，M1 上部晚期地层的清理工作同步进行，其清理过程见后面关于 M1 的章节，里面有详细记述。M1 和 M2 西壁剖面参见彩版二三。

第二节　遗迹现象

一　一号墓地面遗迹

叠压在上面的晚期地层清理结束后，我们发现一号墓（M1）坐西向东，墓圹整体呈刀把形（彩版二四）。墓室为不规则的长方形，墓室东面靠南壁处，向东延伸出一个十分狭窄的墓道，与墓室整体上形成一个刀把形的平面结构。墓葬方向北偏东110°。墓室顶部有 5 个盗洞，清晰可见，依次将它们编号为 D1、D2、D3、D4、D5（图一〇）。

在墓室顶部正中位置，上下竖放着两块砖。

在墓道的南、北两侧，地面上分别各有一排长方形坑，北边计 9 个，南边共 11 个。北边的 9 个长方形坑，自西向东依次编号为 K60、K61、K62、K63、K64、K65、K66、K67、K68。南边

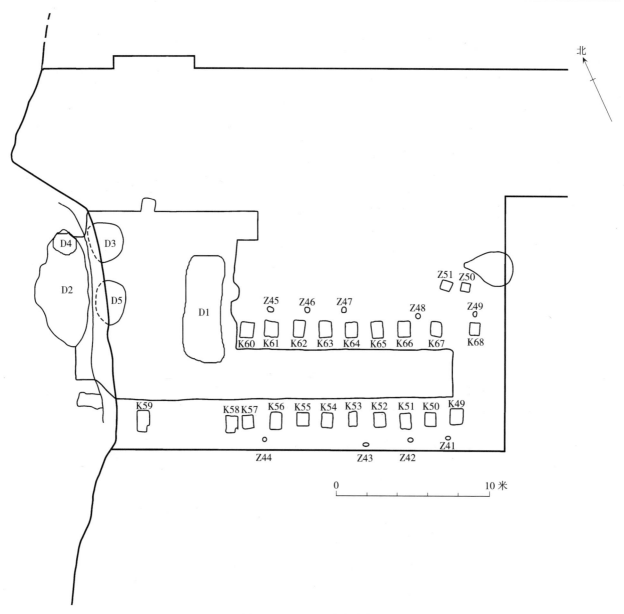

图一〇　M1 地面遗迹分布图

有 11 个长方形坑，自东向西依次编号为 K49、K50、K51、K52、K53、K54、K55、K56、K57、K58、K59。其中，K59 位于墓室的西南侧，与其东面的长方形坑在同一条直线上，但是，中间有较远的间隔。

分布在墓道两边的这两排坑，南北呈一一对应关系。具体对应关系为：墓道北边的 9 个长方形坑（K60—K68）与墓道南边靠东分布的 9 个长方形坑中的 K57—K49 呈一一对应关系。长方形坑的外侧，均分布有一排形状较小的圆形柱洞。但是，这些柱洞分布不均，间距不等。具体的分布情况为：墓道北面自东向西依次分布的位置，K68 与 K67 之间、K67 与 K66 之间、K64 与 K63 之间、K63 与 K62 之间、K62 与 K61 之间的外侧，各有一个柱洞，自西向东依次编号为 Z45、Z46、Z47、Z48、Z49，同时，在 Z49 的外侧（北侧）分布有两个长方形柱洞，分别编号为 Z50、Z51。

墓道南侧的柱洞分布的具体位置为：K49 与 K50 之间、K50 与 K51 之间、K52 与 K53 之间、K56 与 K57 之间的外侧，各有一个柱洞，自东向西依次编号为 Z41、Z42、Z43、Z44。

二 二号墓地面遗迹

二号墓（M2）开口平面呈"甲"字形，墓圹开口平面呈前宽后窄的不规则梯形（彩版二五、二六）。西面短边长19.5米，东面长边长22米，东西长18米，墓圹中部向东略微凸出。墓道平面为长方形，长近40米，宽近10米。墓葬坐西向东，方向110°（图一一）。

墓圹内的填土呈浅黄色，与周边的地层的颜色有明显区别。

在墓道南北两侧的地面上，分别各有一排与墓道平行、排列有序的磬形坑，这些磬形坑朝向墓室的方向。每个磬形坑的内弯处，各怀抱着一个不规则的长方形坑，形成一个组合。两边的磬形坑和长方形坑均南北两两对应，排列十分规整，每排的磬形坑之间的间距大致相同，其内弯之间的距离均为4米左右。

墓室前部，有一条南窄北宽的夯土带，该夯土带被墓道所打破。夯土带与墓道呈90°夹角，墓道以南部分的宽度为5米，墓道北面部分的宽度为12米，分别向南北延伸，南北均叠压在探方壁下，故长度不详。在该夯土带上，仅见长方形坑，未见磬形坑。

由于夯土带上仅见长方形坑，经测量，该长方形坑与相邻长方形坑之间的距离，与其他磬形坑怀抱中的长方形坑之间的间距相等，根据磬形坑间距相等、南北一一对应的排列规律，推测其相应的位置下面应该还有磬形坑存在，因此我们认为，这些磬形坑应该是被这条夯土带所打破，估计所揭露部分的磬形坑每排的数目应当为11个。

如上所言，墓道两边的磬形坑的数目分别为：南侧有11个，其中一个磬形坑被墓门前南北向的夯土带所打破，直接暴露出来的共计10个，自西向东依次编号为K27、K30、K32、K35、K37、K39、K41、K43、K45、K47。北侧有11个，其中3个磬形坑被墓门前同一夯土带所打破，直接暴露出来的有8个，自东向西依次编号为K72、K10、K13、K15、K17、K19、K21、K25。其中，最东面的对应的两个磬形坑（K47、K72）均露出一半，另一半叠压在东面的探方壁下，但是，它们的朝向与其他磬形坑的方向正好相反，分别朝向东南和东北。因为东部未发掘，估计还应该有，但是向东延伸的长度和具体数目目前不详。

墓道东端南北相对应的那两个磬形坑（K43、K13），分别被墓道南北两边所打破；其东面相邻的两个磬形坑（K30、K10）西部，分别被两个较大的方形坑所打破。北边那排磬形坑最西面那个（K72）北半部叠压在探方北壁下，没有完全揭露出来。

墓道南侧夯土带的表面上，在应该出现磬形坑的部位上，有一个长方形坑，打破夯土带，编号为K33。墓道北侧夯土带上，应该出现磬形坑的地方，有3个不规则的长方形坑，打破夯土带。

墓道东北的那个磬形坑（K13）的北半部，又被一个面积较大的东西向长方形坑所打破，该长方形坑形状规则，方向与墓道平行，编号为K1。

墓道北面暴露出来的那排长方形坑数量共计10个，自东向西依次编号为K73、K7、K14、K16、K18、K20、K69、K22、K23、K24，其中，K24被一个圆形柱洞所打破，该柱洞编号为Z17。墓道北边部分长方形坑的外侧，对应一个圆形小柱洞，共计7个，自东向西依次编号为Z11、Z12、Z13、Z14、Z15、Z17、Z18。

墓道南边的那排长方形坑，数目亦为10个，自西向东依次编号为K28、K29、K31、K33、K34、K36、K38、K40、K42、K44，其中，长方形坑K28、K29、K31旁边分别各有一个大小不一的方形柱洞，编号分别为Z16、Z19、Z20。

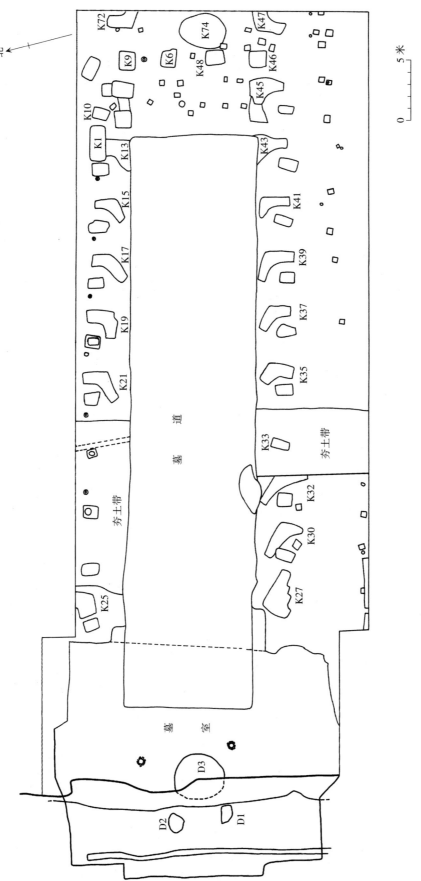

图一一　M2 地面遗迹分布图

墓道东面、正对墓道中间部位的地面上，有一个大型圆形坑，编号为 K74。K74 与墓道之间的地面上，有大量南北向排列的柱洞，面积有大有小，均为方形。

在 K74 南、北两侧各有一个圆形柱洞，其西面的地面上有一排 4 个呈南北向排列的柱洞，该排柱洞的西侧，有一组南北向均匀排列的 4 个大型方坑，自南向北依次编号为 K46、K48、K6、K9。其他柱洞的排列情况，参见图一一。

墓道南侧靠近探方南壁的地面上，有一排东西向排列的方形柱洞，排列十分整齐。

在墓室顶部的中间部位，正对着墓道南北两壁内侧，各有一个砖砌竖洞（彩版二七）。在这两个砖砌竖洞之间，有一个大型盗洞，盗洞开口的西半部被断崖破坏，在断崖壁上形成一个巨大的喇叭形开口，该盗洞开口于第 5 层之下，编号为 D3。

断崖下的地面上，南北各有一个盗洞，自南向北依次编号为 D1、D2，其中南面盗洞即为现代盗洞（彩版二八）。

经过对墓室西部断崖之下的起土坑进行清理，在坑内地面上发现了墓圹的西部边沿，其与墓圹南北两壁向西延伸部分相衔接，从而可以清楚地看出墓坑四壁的边圹和形状。

另外，在墓葬前室上部填土的表面，有一条明显的南北向分界线，其内部的填土与墓室上部填土的颜色略有不同。该分界线与墓道南、北壁相连接，形成一个完整封闭，判断应为墓道向西延伸部分，该分界线应该是墓道的西部边缘。从这一现象看，墓道西部越过墓门，向西略有延伸，打破了墓葬前室顶部的封土。

三 发掘方案的调整及专家对考古方案的论证

已揭露出来的遗迹现象与我们以前预先的判断有出入，情况更加复杂，引起了我们的高度重视，在对出现的这些遗迹现象进行航拍、绘图、照相、录像等工作结束后，我们及时对先前的发掘方案做了调整，调整后的新方案大体上沿袭了原来方案的发掘思路，个别地方略作修改。

由于 M1 西部断崖下盗洞较多，比较集中，纠缠在一起，相互打破，而且盗洞巨大，对上部的填土造成破坏。在清理过程中，墓室顶部有开裂现象，而且裂缝不断扩大，随时都会有向西坍塌的可能。因此，我们坚持原来的方案，对该墓葬采用大揭顶的方式进行考古发掘，以保证发掘过程中工作人员的安全。鉴于裂缝已经开始变大，暂停该墓葬的清理发掘工作，而是采取支架支护，进行加固处理。

按照预先方案，M1 的清理工作首先从墓道开始。由于已经进入 4 月，雨季即将来临，为了避免发掘墓道造成填土塌方，确保工作人员的安全，墓室东部的盗洞暂时不预清理，采用支架支护。决定在夏季雨季来临之前，集中力量清理断崖下的那几个现代盗洞。墓室东部稍早的那个盗洞放在后面，等到防护大棚搭建好之后，再行清理。

调整后的 M2 发掘新方案如下。

（1）考虑到该墓土方量大，在墓葬周边需要一定的工作场地，因此，决定打破常规发掘方法，在清理完上部晚期地层堆积后，先不清理地面发现的遗迹，而是将工作重点放在墓葬本体的发掘上。因此，在搞清楚各种遗迹形状和相互关系的情况下，首先进行测量、绘图、拍照等信息采集工作。等绘制好遗迹平面图和信息采集工作完成后，暂时封存，用土填埋保护，计划在上面普遍铺垫一层厚约 30 厘米的保护层，以减缓碾压和人员走动对它们所造成的影响。然后，转入清理墓道内的填土。原则上，地面发现的所有遗迹，无论早晚，全部都放在最后处理，等墓室的清理工作彻底结束后，再进行仔细清理。

（2）对西部断崖进行取直解剖，原则上不做大的动作，以免影响下面墓室的安全。通过对断崖的裁直解剖，来了解墓圹的结构、形状以及内部填土状况和夯层分布情况。然后，结合对盗洞内填土和盗洞四壁断面，来了解整个墓室上部填土情况，以及墓室的结构、修筑方法、建造工艺和程序，以期全面了解墓葬的各种信息，同时可以避免对墓葬造成二次破坏。

新方案确定的发掘顺序为：清理墓道→打开墓门→清理墓室→处理盗洞→清理地面遗迹。也就是说，先处理墓室本体和内部，等这些工作全部完成后，再集中力量清理上面盗洞和地面遗迹。

之所以依照这样的工作顺序，主要考虑的还是墓葬的本体安全和今后的展示效果问题。因为地面上遗迹较多，分布十分密集，尤其是墓道两侧的磬形坑、长方形坑，而且柱洞相距较近，如果先发掘地面遗迹，必然会影响对墓道和墓室的清理工作。因为墓道规模大，墓道内的填土太多，发掘需要较大的活动场地和作业空间，加上墓室内的扰土也非常多，在这一发掘过程中，向外运输土方的重型车辆走动时，产生的震动，势必会对地面所清理出来的晚期遗迹造成影响和破坏，影响将来的展示效果。在不违背发掘规程的情况下，最好先将其保留下来，等上述工作全部完成之后，再处理地面上的那些遗迹，将之完整地保存下来，效果会更好。同时，这样的安排可以留出足够的工作空间，便于向发掘区外运送土方，有效避免车碾人踩踏对地面遗迹造成破坏。

之所以将盗洞的清理工作也放在后面，是因为考虑到当时还没有搭建起保护棚，其位置低下，开口在西面起土坑内，低于地面5米左右，如果先将它们清理出来，一旦进入雨季，保护不好，大量雨水有可能倒灌进墓室，会对下面的文物、工作人员以及墓结构造成破坏。

（3）因为马上就要进入夏季，为了保护发掘现场，防止因为雨季造成停工，影响工作进度，耽误发掘工期，建议安阳地方政府尽快搭建起保护棚。

新方案制订好之后，需要有关专家进行论证和指导，更因为雨季在即，必须未雨绸缪，我们需要尽快搭建起保护大棚。因此，需要召开一次会议，对我们的新方案进行论证，对搭建大棚的工作进行协调，推进以上的工作尽快开展。于是，在考古队的建议下，2009年4月7日，在安阳宾馆召开了第一次专家座谈会。

参加会议的人员有我们邀请的专家和安阳市、安阳县和安丰乡的领导，在会议上，专家们和各级领导充分肯定了我们前一段时期的工作成绩，一致同意我们调整后新的发掘方案，并提出了许多有益的建议，对考古队的工作提出了有建设性的指导，同时，强调对盗掘文物的追查力度，建议安阳市地方政府尽快搭建保护大棚，并特别强调了要加强对周围相关遗迹的考古调查，决定在情况尚不明朗的情况下，加强管控和保密工作，避免其他因素影响考古工作的顺利进行。

在M2墓室清理过程中，随着重要文物的不断出土，墓主人的身份日渐明朗，许多证据将其身份指向了魏武王曹操，特别是刻有魏武王石牌的出土，更是为我们提供了直接证据，凸显了这座墓葬的重要性。针对出土石牌直接将该墓葬墓主人身份指明为曹操这一新发现，2009年11月19日，又及时召开了第二次专家座谈会，听取了我们的工作汇报，研讨了我们的考古新发现与成果，提出了许多好的建议。并为我们的发掘方案提出了许多建议。

这两次论证会的召开，为我们的发掘工作提供了指导性意见，对我们的科学发掘、所取得的成果具有重要意义。

第三节　二号墓发掘过程回顾

一　墓道清理

2009 年 4 月 8 日，对二号墓（M2）墓道的清理工作正式开始。前期的发掘工作进展顺利，然而，搭建保护棚的工作仍然没有着落。7 月之后进入雨季，果然如我们所料，7 月 9 日开始阴雨连绵，连降几场大雨，墓道内积水严重，对发掘现场造成极大影响，因此只好暂时停工，等待搭建大棚。

7 月 28 日，保护大棚终于搭建完成，发掘工作得以继续进行。

有了大棚的保护，经过雨水的长期浸泡，原来在墓道两边预留的 1 米宽保护层开始松动，为了更好地观察墓道两边的形状，防止将来墓道清理完后，再清理墓道两边预留的 1 米厚的保护层工作难度较大，甚至在清理过程中不慎落下来的土块砸坏墓道底部，威胁下面的工作人员的安全，于是，决定首先清除这层保护层。保护层清理完后，墓道两边的原始状态终于露出了真容。我们发现，墓道两边呈台阶状，并逐级内收，上下共计有 7 级台阶（图一二）。

由于西部墓道底部距地面较深，为了增加墓壁的强度，防止墓道两壁将来塌方，危及下面发掘人员的安全，在清除墓道两边预留保护层时，我们在墓道的中部偏西接近墓门处的安全部位，南、北两壁各保留出了几个夯筑安全柱，其中，南侧留出 2 个，北侧留出 1 个。这几个关键柱，不仅可以用来增强对墓道壁的支撑，同时，还可以为将来的展示留下墓道内填土的夯层标本，方便专家和学者观察墓道内填土的上下夯土层分布以及填土情况。它们与墓门上部夯土层的层位进行相互对照，也可以给将来前来参观的群众留下一个观察曹操墓墓道内填土、了解夯层分布情况，认识曹操墓夯筑技术一个直观立体的空间，以更好地为普及公共考古知识服务（彩版二九）。

为了更好地向前来参观的群众展示夯层厚薄、夯窝的形状、结构、夯窝的排列状态和修筑方法，我们在南侧的安全柱上部，特意清理出来 3 层夯层，让它们分层依次呈阶梯状暴露出来，使每层的厚度和夯窝更加清楚地显现出来。

9 月 2 日，当清理到距离地面墓道开口深约 6.9 米的第 6 层台阶时，在靠近墓门的南北两壁下部各发现有一排横砖面，推测应该是砖砌护坡（彩版三〇）。砌砖沿着墓道方向东西排列，为小青砖单砖竖放对缝砌成，单砖长 30 厘米、宽 18 厘米、厚 6 厘米。

南壁下清到深约 7.5 米，至砖墙第 8 层深处时，在砖砌护坡内发现有横向延伸的空腔，空腔粗细不等，周壁粗糙，凹凸不平，十分不规整，空腔内有朽木残存。去除空腔内的浮土后，空腔周壁树皮和枝杈所留下的痕迹清晰可见，我们判断这是夹在护墙中的横木。同时，在南、北墙内均发现有几个竖直的空洞，南、北各有 5 个。

经过仔细清理，砖砌护坡终于全部揭示出来。我们发现，墙体通体高 3.6 米、东西长约 5 米。南壁护坡的上部砖层为单砖竖放、错缝垒砌，至横木以下，砖墙的砌法则变为一层立砖横放与一层双砖并排横放平铺交替砌成，个别地方出现一层双层横砖与一层立砖横放交替垒砌。横木以下共有砖 25 层，高约 3 米。

北壁砖砌护坡的上部，同样是单砖竖放错缝垒砌，层数同样是 8 层，下部为一层双层横砖与一层立砖横放交替垒砌，个别地方出现一层双层横砖与一层立砖横放交替垒砌。所不同之处在于，二者交界处没有横向空腔，没有横木。

　　经过对竖洞内部积土进行清理，发现其内壁之上保留有树皮和枝杈所留下的痕迹。据此认为，它们为镶嵌在砖墙内的原木，是为了加强支撑，作为砖砌护坡的"龙骨"的立木存在的，它们和南墙上部发现的横木一起，用来增加护墙的强度（彩版三一至三三）。

　　立木直径大小不一，经过测量，在0.20—0.37米之间。呈东西向等距离直线排列，由于木柱已经腐蚀，故在墙壁上形成5个空洞。从空洞的周壁残留下的树杈看，这些立木均为原木，粗细不等，未经加工取直，仍保持着原木的原始状态。为了增加其与砖墙的紧密度，在个别立木周边与墙体之间的缝隙里，填有一层或两层竖砖。

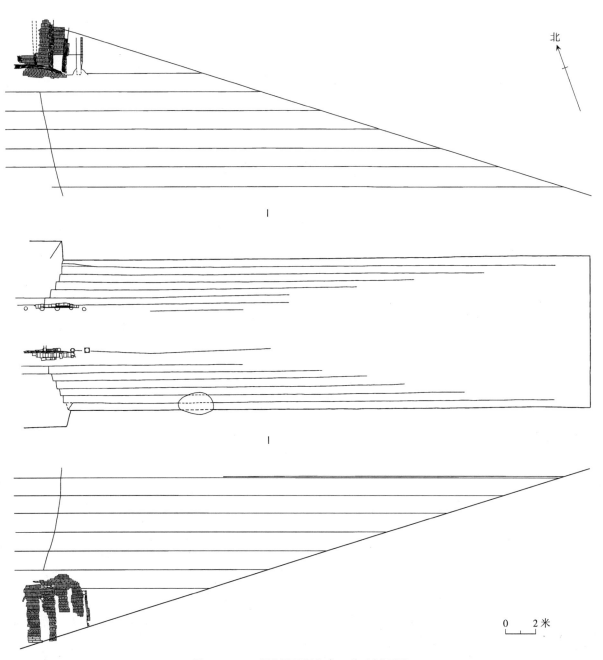

图一二　M2墓道平面图和南、北壁剖面图

9 月 3 日，当向下清理至深约 9 米处时，在靠近墓门的上部，填土忽然向下坍塌，露出一个大洞。通过洞口向下观察，可以清楚地看到墓门，发现封门墙早已经被盗墓分子从内部打开，在墓门前的墓道底部，盗出一个巨大盗洞，几乎将下面的填土全部挖空，我们的脚下呈悬空状态，对在上面的考古队工作人员造成巨大安全威胁。于是立即下令，让全部人员撤离现场，小心谨慎清理墓道两边的砖砌护墙。

9 月 4 日，在靠近墓门的墓道下部偏南、距离开口 8.5 米深处，清理出来一个铁铲。

中午，为了摸清楚墓室盗掘情况和墓道底部盗洞的高度和长度，评估继续工作的危险程度，好做到心中有数，采取适当对策，潘伟斌队长亲自带人再次通过盗洞进入墓室，进行调查。

进入墓室后，发现情况比第一次下到墓室内的情况严重得多，不仅土层增厚，堆土表面到处散落着新砸碎的铺地石残块，在后室靠近甬道处有一个长方形盗扰坑，侧室墓门几乎被扰土封平，人通过后甬道时，只能爬着过去。来到前室，发现盗墓分子不仅从墓室内侧砸开封门墙，而且在墓门外侧向东盗挖，在墓道底部挖出一个东西向长 1.8 米、南北宽 2.4 米、高约 2.5 米的巨大盗洞。不仅如此，我们发现，盗洞向墓道两边继续扩展，直接撬开墓道两边的砖砌护墙底部，向南北延伸，致使部分护墙底部悬空。由于墓道内的填土被盗进墓葬前室，前室内的扰土堆积如山，上面到处散落着被砸坏的封门砖和盗墓分子遗留下的矿泉水瓶、方便面袋，情况惨不忍睹。根据饮料瓶上标注的生产日期，最晚为 2008 年 6 月 28 日这一情况来判断，对这里的最后一次盗掘应该不会晚于 2008 年 7 月。

同时，我们发现盗洞内散落有陶耳杯、陶钵残块、陶罐残块。

摸清这一情况之后，我们迅速向上级进行了汇报。并且指示工作人员小心清除掉上面的夯层，消除了安全隐患，然后，开始清除掉该盗洞内的浮土。

9 月 15—19 日，在清理该盗洞内填土时，网筛出土部分灰陶残片、白灰碎块、少量青瓷片和较多的碎砖残块。

9 月 19 日，在墓道底部，距离墓门 2.35 米、深 10.4 米、距离墓道南壁 4.5 米处的填土中，又清理出一件铁铲。

至 9 月 20 日，墓道的清理工作基本结束。

二　墓室清理

9 月 21 日，开始清理墓室前甬道和前室内的上部扰土。

由于多次被盗扰，各室内均堆积有大量扰土和淤土。这些扰土，既有通过后室顶部现代盗洞掉下来的地面现代土，也有从墓道底部盗洞内倒进来的扰土，一部分是盗墓分子向下盗扰，破坏铺地石后，将铺地石下面的垫层翻上来的扰土，下部更有早期淤土，因此，多种土掺杂在一起，十分混乱。堆积更是高低不平，最厚处达 2 米以上，几乎将甬道、前后室和各个侧室的墓门封堵住（彩版三四、三五）。

面对如此复杂情况，我们坚持按照原来的预案，遵守田野操作规程，尽量采取分层清理。首先，清理掉最上部的那层最近几次盗掘所形成的最松软的扰土；然后逐层向下清理，尽量将不同时期盗墓所形成的扰土层按照早晚关系分开。在整个清理过程中，为了避免清理上层扰土时踩踏下面的早期淤土，对淤土层造成破坏，我们在墓室内架起木板，作为工作人员行走的通道和工作时的作业面。

为了便于日后观察，我们在清理每一层扰土和淤土时，将该层发现的文物尽量保存在原来的位置上，使其保持原来状态，等该层全部清理完毕后，再进行统一编号、记录、绘图、照相。然后，逐件进行起取，按照不同层位进行包装，分别保存。

通过对前室上部扰土的清理，基本搞清楚了扰土的堆积情况，然后，清理工作开始逐步向其他墓室推进，清理后室和各个侧室内的晚期扰土。

当整个墓室内的上部现代扰土清理完毕后，下面的早期淤土层完全暴露出来，早期淤积土的原始状态和被现代盗扰的情况也就彻底清楚了，然后，对淤土进行绘图、照相。

最后，全面清理最下层的原始淤土层。该项工作首先从后室主室开始，然后是后室的两个侧室，后室清理基本结束后，再去掉木板，逐步退回到前室，依次对前室主室和南北两个侧室进行清理。

墓室的清理工作，至 2010 年 5 月 11 日告一段落（彩版三六）。

2010 年 6 月 12 日，为配合文化遗产日，这天，中央电视台在发掘现场进行直播。我们继续对墓室内残存淤土进行清理，先后对前室底部的乱石堆积和前室北侧室底部扰土进行清理，在乱石堆下面和北侧室底部的扰土中，又发掘出一部分文物。至 9 月 24 日，前室北侧室的清理工作结束。

9 月 25 日，开始对前室北侧室北壁上那个横向盗洞内进行清理，发现少量文物，至 2010 年 9 月 29 日，整个墓室的清理工作全部结束。

三　地面遗迹清理

2010 年 4 月 29 日，在清理墓室的同时，抽调一部分工作人员开始清理 M2 地面上的各种遗迹。

首先，清理垫在遗迹上面的那层垫层；然后，对地面重新进行仔细铲刮，让垫层下面的各种遗迹全部显现出来，厘清各种遗迹的打破关系；最后，开始有选择地清理各类典型遗迹。

由于墓道东北角那个较大的长方形坑（K1）打破磬形坑（K13），墓道也打破同一磬形坑（K13），时代应该与墓道同一时期，为了了解其性质、内部结构，以及它与墓道的关系，我们首先选择对 K1 进行解剖。

1. K1　K1 为长方形坑，东西长 2.4 米、南北宽 1.17 米，经解剖发现，该坑深 1.1 米，平底。内部填以五花土，含有较多的料礓石，并且经过夯打。夯层厚度 11—15 厘米，夯窝直径约 0.1 米，夯窝为圆形圜底，夯层里伴有碎砖块和陶片。在清理至距该坑开口 1 米深时，发现周边和中间部位有一层排列有序的铁钉，周边铁钉均为帽向外、尖部向内横放。中部那些铁钉皆为帽向上、尖部向下竖放，排列十分规整。当清理至距开口深 1.1 米处时，又发现一层铁钉，中部铁钉的排列呈图案状，因此，推测其下部埋藏的是一只木箱，但是，令人奇怪的是，并未见到朽木残痕，底部更没有发现有任何遗物（图一三、一四；彩版三七、三八）。

由于后来在墓道东端发现残留有原始墓道痕迹，该长方形坑和现有墓道均打破同一磬形坑（K13），故判断，其形成的时间略晚于磬形坑和原始墓道，应该是在曹操安葬之后所形成的，极有可能和现有墓道同一时间形成，也就是说，是二次打开墓葬时所留下的遗迹，或许略早于现有墓道。由于它与墓道还有一定距离，并没有直接关系，因此推测，其可能与后期的祭祀活动有关。

为了了解磬形坑和不规则长方形坑的内部结构、性质和作用，2010年5月30日，我们选择解剖了 K15、K37 和长方形坑 K16、K36 等两组磬形坑和长方形坑。其中 K15、K16 为一组，位于墓道北侧；K37、K36 为一组，位于墓道南侧。

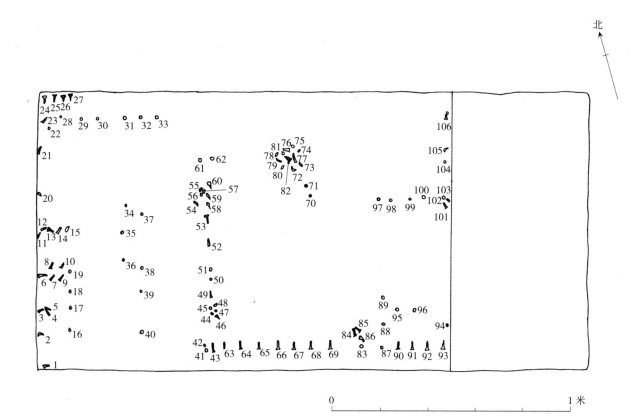

图一三　K1 开口 1 米处铁钉分布图

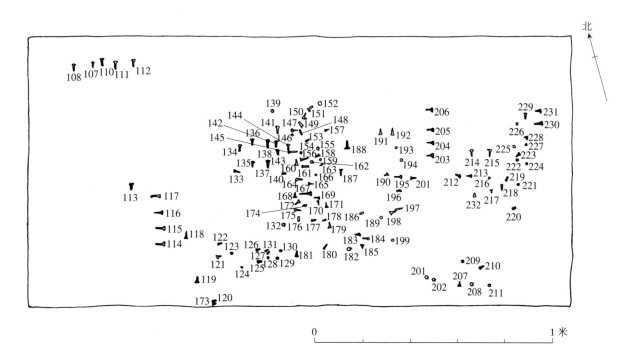

图一四　K1 开口 1.1 米处铁钉分布图

2. K15　磬形坑，长 2.5 米、两翼宽约 0.6 米、中间最宽处宽 1 米，深 1.25 米。斜壁内收，下部最窄处宽 0.32—0.42 米，平底。内部填土为五花土，内含少量料礓石和碎砖块，上部含有大量白灰颗粒，至 1.1 米深处，白灰颗粒消失。上下均经过夯打，土质坚硬，夯层厚 7—10 厘米。夯窝为圆形圜底，夯窝直径约 5 厘米。清理至距坑口 0.5 米时，在坑的中部平铺着一块砖，砖长 0.29 米、宽 0.15 米，呈东南—西北方向放置。下挖深至 0.85 米时，发现灰陶片一块。在其底部靠北位置发现一不规则椭圆形柱洞（图一五）。

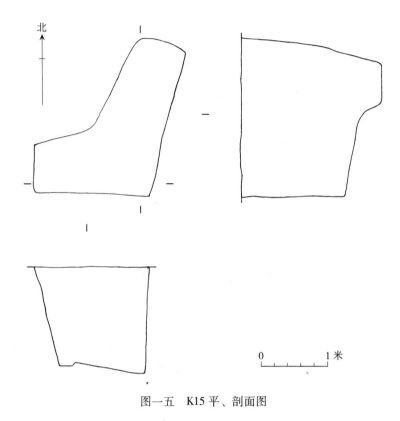

北

0　　　　　　　1 米

图一五　K15 平、剖面图

3. K16　长方形坑，南北向不规则长方形，东北角和西南角各缺一个角。长 1.5 米，最宽处宽 0.9 米，两端最窄处宽约 0.5 米，深 0.84 米。口大底小，平底，斜壁向内收，坑底长 0.38 米、宽 0.25 米。内部填土同样为五花土，内含少量料礓石，经过夯打，土质坚硬。夯层厚 9—11 厘米。夯窝为圆形圜底，夯窝直径 5 厘米。清理至距开口 0.68 米深时，在其北部发现一椭圆形柱洞，南北短径 0.16 米、东西长径 0.19 米、深 0.16 米（图一六）。

4. K36　长方形坑，南北长 1.4 米、宽 0.5 米、深 1.15 米。口大底小，斜壁内收。底部靠南有一生土台，南北宽 0.2 米、东西长 0.5 米、高 0.75 米。内部填土五花土，内含少量料礓石，经过夯打，土质坚硬。夯层厚 7—10 厘米，未见其他包含物（图一七）。

5. K37　磬形坑，长 2.7 米、两翼宽约 0.6 米、中间最宽处宽 0.7 米、深 1.4 米，平底。内部填五花土，内含少量料礓石、碎砖块、陶片，经过夯打，土质坚硬。夯层厚 8—10 厘米。清理至 1.15 米时，在磬形坑的中部，发现一个不规则小坑，长 0.51 米、宽 0.47 米（图一八）。

四　部分重要文物出土概况

9 月 4 日，在靠近墓门的墓道下部，清理出铁铲 1 件。

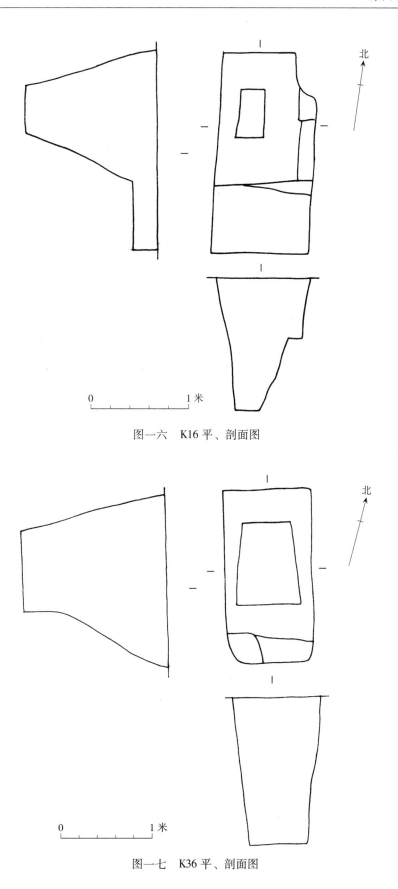

北

图一六　K16 平、剖面图

0　　　　　　　1 米

北

图一七　K36 平、剖面图

0　　　　　　　1 米

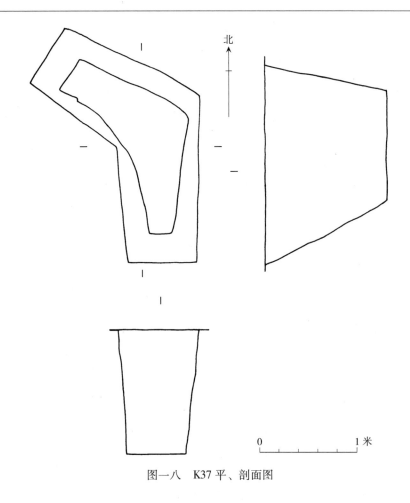

图一八　K37 平、剖面图

9月19日，在墓道底部距离墓门不远处，清理出铁铲1件。

9月21日，在前室扰土中，先后出土1个鎏金盖弓帽、1个银饰件和1把铁削，从这天开始，许多重要文物相继出土。

9月22日，在墓室内的上部扰土中，先出土虎雕1个，随后出土铁剑残块、鎏金盖弓帽、铜泡钉、铁镞、铁带扣、银饰件、铁刻刀、铁钉、骨器、云母片和漆木器等文物。

9月23日，在墓室内的上部扰土中，出土了鎏金盖弓帽、骨簪、各种铜饰件、铃铛状鎏银铜质张合器和圭形石牌上面的铜链等文物。

10月9日，在后室上部扰土中，出土五铢钱1枚。

10月12日，在前室靠近门道发现男性头骨1个，面部有残缺，但是保存相对较好（彩版三九）。

10月14日，在甬道出土圭形石牌上部残块1块，上面带有"……常所用……"文字。同日，在前室内的上部扰土中，出土铜盏、铁镞、残马衔、剪轮五铢各1件。在前室北侧室内上部扰土中，出土有圭形石牌下部残块，刻字内容为"……用挌虎大戟"等字，同时出土的还有鎏金盖弓帽、铁镞各1枚（彩版四〇）。

10月15日，在前室北侧室内上部扰土中，出土有银环、铜环、五铢钱、银铺首衔环、石质箱饰件、铜泡钉、铜饰件等文物。

10月17日，在前室南侧室内的上部扰土中，出土有金簧1个、骨簪数根、铜泡钉若干和1个陶砚。在前室上部扰土中，清理出铁质铠甲片64片、画像石残块若干。在前室北侧室上部扰土中，出土有铜带扣、铜泡钉、云母片、铁镞、人骨和陶鼎残块等遗物。

10月21日，在后室扰土中，出土了1块带有残"魏"字的石牌和部分金丝。

10月22日，在后室扰土中，出土残石璧数块。

10月23日，在后室扰土中，出土金纽扣1枚。

10月26日，在后室南侧室上部的扰土中，出土残石璧1块、铁帐架构件1个、画像石残块若干。

10月27日，在后室南侧室扰土中，发现刻有"木墨行清"完整六边形石牌1个。

10月27日，在后室南侧室扰土中，出土刻有"香囊卌双"和"绒二副"完整六边形石牌2个、银铺首衔环1个、铜泡钉和铜饰件若干。

10月30日，在后室北侧室扰土中，出土铜拴1枚、铜泡钉、棺钉若干。在后室南侧室扰土中，出土铁钉、铁衔环、画像石、人的残骨、铜泡钉等遗物。同时出土的还有"白练单帽""八寸机一、木墨敛二合"六边形石牌2个和圭形石牌残块2块。

10月31日，在后室北侧室扰土下部，发现棺木残块、棺钉、人骨残块、云母片和画像石残块等。

11月1日，在后室北侧室内的扰土下部，出土多枚铜泡钉。在前室南侧室，出土铁带扣、云母片、彩绘漆器残片。在前室北侧室扰土下层，出土"……用挌虎短矛"圭形石牌残块1块。

11月3日，在前室扰土中，出土铠甲片70片。

11月4日，在前室扰土中，出土黑色玛瑙珠1个、铠甲片71片和人骨残块若干块。

11月5日，在前室扰土中，出土铠甲片11片。

11月6日，在前室扰土中，出土铠甲片32片，以及画像石残块和人骨残块若干。

11月8日，在前室扰土中，出土圭形石牌残块2块，其中，一块残牌上刻有"魏武王常所用挌虎……"铭文。

11月9日，在前室扰土中，出土骨尺残块一块。

11月10日，在前室扰土中，出土圭形石牌残块1块，上刻写着"……大戟"二字，另外，出土的遗物有玉觿残块1块，铁带扣1个、铁蒺藜1个、铁镞1个，同时，出土的还有铜铆钉、铜环、鎏金盖弓帽、铁器和骨簪等文物。

11月11日，在前室下部淤土中，出土铠甲片90片、画像石残块、云母片和人骨残块若干，并出有金丝7根、叶状银箱饰件、铜柄各1个、小玛瑙珠、骨簪若干。

11月21日，在前室下部淤土中，出土铠甲片33片、铜衔环1个、小型菱形铜匕、玛瑙珠、人骨残块和铁钉等。在前室南侧室甬道下部淤土中，出土水晶珠1枚。

11月22日，在前室下部淤土中，出土鸟形铜钗1个、铠甲片8片。

11月23日，在前室下部淤土中，出土铠甲片23片、铜泡钉4个、玛瑙珠3个、圭形石牌残块2块，其中一个上刻"……挌虎短矛"铭文。

11月24日，在前室下部淤土中，出土完整玛瑙饼1块。

11月25日，在前室下部淤土中，出土铠甲片22片、人骨残块5块、在前室南侧室内，出土铁器5个、带铆钉弧形银饰件1个。

12月4日，在后室扰土中，出土六边形石牌1个，上刻字"镜臺（台）一"。

12月6日，在后室扰土中，出土玉璧残块1块、石圭的下部残块。

12月7日，在后室扰土中，出土铜印1方。

　　12月10日，在后室扰土中，出土铜泡钉4个、铜质伞帽1个、伞箍1个、圭形石牌残块1个，上刻文"王常所"字样。

　　12月12日，在前室南侧室淤土中，出土陶俑2个。在后室扰土下层，出土大量人骨残块和两个女性头骨。

　　12月13日，在后室扰土中，出土玉柄残块1块、残铜剑格1个。

　　12月14日，在后室淤土中，出土"墨画衣枷一"完整六边形石牌1个。

　　12月15日，在后室淤土中，出土"紫绡披衫、黄绡衿一"、"沐具一具"完整六边形石牌2个，穿孔珍珠1颗、铁镜1面。在南侧室，出土"勳（勋）二绛绯"完整六边形石牌1个（彩版四一）。

　　12月16日，在后室淤土中，出土铜铺首衔环1个和大量骨簪。

　　12月19日，在后室南侧室靠近甬道下部的淤土中，出土六边形石牌23块，刻铭的内容分别为"五尺涞（漆）薄机（几）一、食单一"，"文錡母一"、"涞（漆）唾壶一"，"白缣画卤薄、游观、食厨各一具"，"轩杆一"，"樗蒲床一"，"绛白复帱一"，"白练单衫二"，"紫臂褠一具"，"竹簪五千枚"，"墨画零状荐苹蒪簟一具"，"黄蜜金廿饼、白蜜银廿饼、億（亿）已钱五萬（万）"，"鐑（镘）莱薗一"、"涞（漆）唾壶一"，"渠枕一"，"黄豆二升、木轪机一"，"刀尺一具"，"墨表赤里书水椀（碗）一"，"胡粉二斤"，"长命绮複衫，丹文衿一"，"紫绮大襹一、刺補自副"，"木绳叉一"，其中绝大部分保存完整。另外，出土玉珠1个、铜泡钉1枚。

　　12月21日，在后室南侧室靠近甬道的下部淤土中，出土六边形石牌19块，刻铭内容分别为"广四尺、长五尺绛绢升帐一具、構自副"，"黄蜜金廿饼、白蜜银廿饼、億（亿）已钱五萬（万）"，"璧四"，"三尺五寸两葉（叶）画屏风一"，"丹绡襜襦一"，"绛文複袴一"，"冒一"，"文藻豆囊一具"，"白练练（袜）一量"，"□□繁一"，"绛标（桿）文绮四幅被一"，"竹翜一"，"书案一"，"一尺五寸两葉绛缘鐑（镘）屏风一"，"丹文直领一、白绮帱自副"，"绛疏披一"，"黄绮披丹绮缘一"，"黄绫袍锦领袖一"，"玄三早绯"，绝大部分保存完整。同时出土的文物还有石圭的上部、铁质帐架构件残块若干、三珠钗1件和大量陶器残块。

　　12月25日至26日，在后室南侧室和北侧室下部淤土中，分别发现木棺残痕。在后室底部靠近西部的铺地石上，发现6个方形凿痕，判断它们应该是用来标示石棺床位置的记号。

　　2010年1月7日，在后室南耳室下部淤土中，出土铁质帐架构件残块若干，完整六边形石牌3个，刻铭内容为"墨碎一"、"輀（辒）车上广四尺长一丈三尺五寸涞（漆）升帐構一具"、"绒手巾一"。

　　1月31日，在后室下部淤土中，出土完整六边形石牌1块，刻铭为"墨廉蘲函一"。

　　5月11日，在前室西北角的一块淤土的下部，清理出铜泡钉、鎏金盖弓帽、陶支架各1个，瓷器残片2片和一些漆木器残片。

　　5月24日，在后室东北角一块淤土的下面，清理出金丝12根、铜饰片1个以及陶片若干。

　　6月11日，在前室堆积的乱石板下面的淤土中，出土铁质铠甲片14片、铁器残块3块，另有陶器残片、瓷片、人骨残块、云母片、铁钉等文物出土。

　　2010年6月12日，在前室淤土中，清理出土铁质铠甲片8片、小玉珠2颗、圭形石牌残块1块，上面刻铭内容为"常所用长犀盾"。

　　9月20日，在前室北侧室下部扰土中，出土铜泡钉2个以及铠甲片、云母片、漆木器和陶器残片若干。

9 月 21 日，在前室北侧室下部扰土中，出土铁镢 2 枚、铁钉 1 个和部分陶器、漆木器残片。

9 月 23 日，在前室北侧室的门道下部扰土中，清理出土铜泡钉 1 枚、铜环 2 个、铜构件 2 个、圭形石牌残牌 2 块，其中一块上的铭文为"魏武王常所"，另一块的铭刻为"用挌虎短矛"，另有少许云母片、漆皮残块和陶器残块出土。

9 月 24 日，在前室北侧室盗洞口部的扰土中，清理出铁钉 3 枚、锈蚀铁器 2 件和人的肋骨残块 1 块，以及漆皮残片、陶器残块、云母片等若干。

9 月 25 日，在前室北侧室西南角的一块乱石板下的扰土中，清理出铜环 1 个。

9 月 26 日，在前室北侧室盗洞口部的扰土中，清理出锈蚀铁器 1 件，因为锈蚀严重，器形不明。

另外，在后室南部靠近南侧室墓门和后甬道的西部，分别发现两处木制家具残存。其中，靠近后室南侧室墓门的那处漆木器残存，因为叠压在铁镜之下，呈长条状，推测其极有可能是石牌中记载的镜台。后甬道西部那处漆木器，由于大部分被盗扰，仅剩下局部，因此，到底为何物已经很难辨别，但是，从其残存的保存相对完整的一角看，有可能是书案或屏风之类的家具（彩版四二至四六）。

第四节　曹操墓的论证

一　论证会

（一）第一次论证会

如前文所述，考古工作进入 2009 年 4 月之后，上部叠压的晚期地层已经揭露完毕，下面遗迹全部暴露出来，墓道的发掘工作已经全面展开。针对遗迹丰富、出土工作量巨大、墓室埋藏较深，考古方案需要调整。另外，面对即将到来的雨季，搭建保护大棚的工作已经迫在眉睫。但是，此时恰逢金融危机，安阳县财政紧张，搭建大棚的工作迟迟无法落实，因此，考虑到墓道太深，考古工作无法在短期内完成，我们的压力也越来越大，必须提前作准备。为了协调这一工作，论证新方案，在考古新方案制定出来后，2009 年 4 月 7 日，我们在安阳宾馆召开了一次专家座谈会，邀请一些有经验的考古学专家对我们的新方案进行论证，并督促安阳县尽快搭建保护棚。

因为这次会议的重点是帮助考古队进行各方面协调工作，促进地方政府对这座墓的考古工作重视起来。因此，这次会议不仅有国家文物局、河南省文物局、河南省文物考古研究院等业务主管单位领导参加，还邀请了安阳市政府、安阳县政府、安阳县文化局、安丰乡政府等相关单位的主要领导参加。参加座谈会的还有河南省文物考古研究院、郑州大学历史学院、安阳市考古所、中国社会科学院考古研究所等单位的有关专家。

与会者首先到考古现场进行现场考察，然后，听取潘伟斌队长对考古队前期工作的汇报，以及新方案的介绍。经过充分讨论，形成如下共识。

（1）专家们原则同意"安阳西高穴汉墓发掘方案"，但墓葬结构、周边相关遗迹、图纸等基础资料需要完善。

（2）专家们一致认为，安阳西高穴汉墓规模较大，被盗掘出土的画像石刻等文物精美，反映出墓主身份的尊贵。墓葬的抢救性发掘对文物保护和相关学术问题研究，具有重要价值。

（3）发掘可以分阶段进行，建议先发掘二号墓（M2）。发掘过程中，应充分考虑将来的保护和利用。

（4）增强发掘力量，整合省、市、县业务人员，组成考古领队总负责的联合发掘队伍，加快进度，争取2009年内完成两座墓葬的田野发掘工作。

（5）加大西高穴汉魏墓地的调查和保护力度，结合全国第三次文物普查工作，对墓地及周边相关遗址进行全面细致的调查，做好基础资料，尽快将西高穴汉魏墓地报批公布为文物保护单位。提请当地政府加大对盗墓分子的打击力度，防止墓地再次被盗。尽力追缴被盗文物，便于将来的研究和展示。

（6）墓葬发掘刚刚开始，许多问题尚不清楚，现在不宜过多宣传，以免影响发掘工作。各级媒体采访报道必须经过河南省文物局批准。

在会议上，专家们和各级领导充分肯定了我们前一段时期的工作，并一致同意我们调整后的新发掘方案。同时，强调对盗掘文物的追查力度，督促安阳市地方政府尽快搭建保护大棚，并特别强调了要加强对周围相关遗迹的考古调查工作，决定在情况尚不明朗的情况下，加强信息管控和保密工作，避免因为其他因素影响考古队今后工作的顺利进行。

正如我们所预料，进入五月之后突降的几场大雨，将我们的发掘现场淹没，严重影响了考古发掘工作。在我们的争取下，这件事终于引起了安阳县主要领导的重视，搭建起保护大棚，为后来发掘工作的正常进行提供了有力保证。

（二）第二次座谈会

进入11月中旬，随着墓室内的清理工作不断深入，大量刻有铭文的石牌相继出土，许多重要发现不断出现。尤其是刻有"魏武王常所用挌虎大戟"完整石牌的出土，墓主人的身份日渐明朗，该墓葬的重要性和学术意义更加凸显。我们及时将这一发现向单位领导和河南省文物局的主要领导作了汇报，省局领导迅速将这一喜讯向国家文物局做了汇报，于是，在国家文物局的大力支持下，河南省文物局联合安阳县政府，再次召开专家座谈会，对我们考古发现的成果进行论证，对考古队今后的发掘工作进行指导。

会议安排在11月19日，参加会议的有来自国家文物局、河南省文物局、河南省文物考古研究院、安阳市政府、安阳市文物局、安阳县政府、安阳县文化局和安丰乡政府等有关单位的领导，同时还邀请了中国社会科学院考古研究所、陕西省考古研究院、天津文物保护中心、郑州大学、河南省文物考古研究院、安阳市文物考古研究所的有关专家组成专家组，对我们的发现进行论证。

我们的新发现引起了与会领导和专家的高度重视，他们在考察完现场后，在会议上，首先听取了考古队对安阳西高穴东汉大墓发掘成果的汇报，然后，对"安阳县西高穴东汉大墓发掘方案"进行了认真细致的评议，对以后的发掘和保护工作提出了指导性的意见，并形成如下会议纪要。

（1）大家一致认为，西高穴东汉大墓的发掘，取得了令人鼓舞的重大成果，带有魏武王石牌的发现是一个重大发现，也是迄今为止所发现的和魏武帝曹操高陵最直接的实物资料，为魏武帝曹操高陵的最终认定打下了坚实的基础。

（2）专家们原则上同意"安阳县西高穴东汉大墓考古方案"，但是认为，应该将M2的墓室清理工作完成，以期找到更多的和魏武帝曹操有关的文物，为将来的专家论证会提供更加充足的文物资料。

（3）西高穴二号墓具有东汉时期的帝陵特征，也有西晋时期帝陵的特点。但是要确定它为魏武帝曹操的帝陵，还有许多工作要做，如陵园的范围、陵园的规模、陵园内部的建筑遗迹、陵园内的陪葬墓的分布和数量等，这些工作都需要赶快进行考古调查钻探工作，建议以此墓葬为中心，向周围至少钻探500米。

（4）要抓紧对出土文物的修复工作，特别是抓紧对陶器、画像石进行修复。

（5）对出土人骨架进行鉴定的工作要抓紧进行，以确定墓室内人骨架的个体，性别、年龄等。

（6）文献资料很重要，要翻阅尽可能多的原始资料，以确定魏武王就是曹操。

（7）先做好保护规划，聘请有设计资质的部门，做好整个大墓的保护规划。

（8）考古发掘工作要做细、做扎实，按考古规律进行，不能急，不能赶时间。

（9）加强保密工作，尤其是新闻媒体不能向外透露，以免影响考古发掘的正常工作。

（10）注意工地的安全。

会议结束后，按照该次会议精神，安阳市政府和安阳县政府随即加强了对该工地和考古驻地的安全保卫工作，保证了文物的绝对安全。

二 曹操墓的论证

随着二号墓文物大量出土，墓主人的身份更加明朗，确认墓主人身份的条件已经成熟，墓主人身份的早日确定，也有利于今后的工作开展。因此，在国家文物局领导的大力支持下，2009年12月13日，河南省文物局邀请一批国内著名考古学专家、历史学专家、文字学专家和体质人类学学家，组成专家组，在安阳召开了一次专家论证会，论证二号墓（M2）墓主人的身份。

与会专家组成员在实地考察发掘现场和对出土文物进行考察研究之后，一致认为，西高穴二号墓为东汉晚期王侯一级的墓葬，从出土文物和墓葬的结构特征来看，基本上可以认定墓主人的身份就是魏武王曹操。会议形成如下纪要。

2009年12月13日，河南省文物局在安阳宾馆主持召开了"安阳县西高穴大墓专家座谈会"，来自国家文物局、中国社会科学院考古研究所、中国社会科学院历史研究所、北京大学、河南省文物局、河南大学、河南省文物考古研究所、安阳市文物考古研究所等单位的领导和专家，实地察看了安阳西高穴汉墓发掘工地，仔细研究了西高穴大墓出土的文物，听取了发掘单位河南省文物考古研究所潘伟斌同志对安阳西高穴大墓发掘成果的汇报，对西高穴大墓的发掘成果和墓主人的身份认定进行了认真细致的探讨，并对以后的发掘和保护工作提出了指导性的意见。

（1）大家一致认为，西高穴大墓的发掘工作已经取得了重大的阶段性成果，墓葬的年代、墓葬的级别和墓主人的身份已经能够得到确认。

（2）通过对墓葬形制、规模和出土文物的研究，大家一致认为，西高穴大墓的年代为东汉晚期，级别为公侯级。结合历史文献的有关资料、后赵鲁潜墓志所记述的有关魏武帝陵的位置，以及墓内出土的铭牌、人骨性别和年龄的鉴定，大家一致认定，墓主人的身份是魏武王曹操已确定无疑。

（3）由河南省文物局结合安阳市政府，选择适当的时机上报国家文物局，以确定召开新闻发布会的时间，向社会公开发布这一重大新发现。

（4）大家一致认为，西高穴大墓的周围应该有它的陵园、地面建筑以及围壕，为了抢救地下文物，避免盗墓贼对之进行盗掘并造成破坏，也为了摸清其陵园的整体面貌，应该继续进行考古调查、钻探和发掘工作。

（5）今后应扩大发掘范围，要制订一个科学的、中长期的考古调查、钻探、发掘以及保护方案，使发掘工作有序、有步骤地进行。

（6）要求有关单位从现在起，就开始制订西高穴大墓出土文物的保护、展示、开发规划。考虑到西高穴大墓墓主人的特殊性，这些规划的制订必须要以考古队为主，结合有资质的规划单位进行。

（7）考古钻探要以河南省文物考古研究所的技术力量为主，结合安阳市和安阳县的文物单位，成立一个精干的钻探调查队伍，尽快进行。

（8）考古队应该在发掘工作的同时，组织人员对出土文物抓紧进行保护和修复。加强发掘和保护文物的科技力量，考古队应增加有关文物保护专家，或邀请有关文保专家，对出土文物随时进行现场保护。

（9）由于墓主人身份的特殊性、敏感性和清理发掘工作还没有完全结束，故在新闻发布会召开之前，有关人员应该保守机密，不得私自向新闻媒体泄露有关墓葬的情况。

关于这次论证会专家的发言内容，全文附录于后，参见第十七章第二节。

三　新闻发布会

曹操墓的发现，无疑是一个重大的考古发现，会议结束后，为了让世人了解这个重大发现，按照这次论证会的精神和专家们的建议，在国家文物局主要领导的大力支持下，河南省文物局决定在北京召开新闻发布会。

2009 年 12 月 27 日，新闻发布会在北京顺利召开，向全社会公开了曹操高陵在安阳市安阳县安丰乡西高穴村这一重大消息。

在新闻发布会现场，中国社会科学院考古研究所前所长、学部委员刘庆柱，中国社会科学院历史研究所魏晋史研究室副主任梁满仓，中国社会科学院考古研究所人骨鉴定专家王明辉、河南省文物考古研究所古文字学家郝本性等专家，向新闻媒体介绍了曹操墓的相关问题。

各大媒体均派记者参加，中央电视台和各大网站现场向公众直播。通过电波和各大新闻媒体的宣传，该消息迅速传遍全国，惊动世界，立即在全社会引起了巨大轰动。

四　公共考古论坛

由于曹操墓在安阳发现的消息在社会上影响巨大，引来了不少质疑声，为了答疑解惑，向社会群众介绍考古基本知识，让人们更好地理解该墓葬为什么是曹操墓，平息一些人对曹操墓的质疑，在曹操墓被评为全国六大考古新发现的当天，中国社会科学院考古研究所在其单位内举办了一次公共考古论坛，邀请考古队队长、发掘主持人潘伟斌研究员，中国社会科学院考古所专家、主持洛阳汉魏城遗址发掘工作的钱国祥研究员，汉唐研究室主任、邺城考古队队长朱岩石研究员，研究古代石刻权威专家赵超研究员，汉长安城考古队队长、专门研究墓葬史、精通各个时代墓葬形制特征的刘振东研究员，年代检测学专家、专门从事年代测定和古代食谱研究的张雪莲研究员，体质人类学鉴定专家、擅长古代人骨鉴定的张君研究员等专家，从自己最擅长的研究领域对曹操墓进行解读，向人们讲述了这座墓为什么是曹操墓的各种科学依据。

各大网站都对这次论坛进行了现场网络直播，在社会上引起了很好的宣传效果。因此，曹操高陵的发现，对促进我国公共考古事业的普及和发展起到了良好的促进作用。

五 文化遗产日的现场直播

曹操墓的考古发现，在社会上产生巨大影响，掀起了全社会对考古事业的关注和对三国文化研究的热潮。为了促进群众对文物保护事业的关注，宣传中国悠久的历史文化，培养群众的文物保护意识，2010年6月12日，第五个文化遗产保护日这一天，国家文物局联合中央电视台在安阳西高穴曹操墓发掘工地，面向全球进行了现场直播。此后，各种论坛不断，进一步促进了公共考古事业的发展。

第五节 二次发掘

由于受到各种因素的干扰，工地考古发掘工作暂时停止了一段时间，工作人员转入到文物修复和室内资料整理工作。

从2011年3月15日开始，我们再次启动了对墓地的发掘工作，也就是二期发掘工作。这次发掘的目的，一方面是因为一号墓（M1）还没有清理结束，需要完成发掘工作。另一方面是二号墓（M2）还有一些学术问题需要解决。这次发掘主要是解决以下问题。

（1）M2有没有二次葬的问题。

（2）墓道两边的磬形坑、长方形坑、柱洞以及墓门前面那条南北向夯土带之间的早晚关系问题。

（3）磬形坑与长方形坑、柱洞与墓门前面那条南北向夯土带之间的早晚关系的问题。

（4）M2的第一次被盗的时间问题。

（5）地面建筑遗址的确认问题（图一九）。

一 墓道东部的扩方

（一）工作考虑

由于墓道东面的地面上发现有大量柱洞和排列有序的方坑，以及墓道前面有一个大型圆坑，而且磬形坑一直向东延伸，部分叠压在探方壁下，这些柱洞到底是什么遗迹，磬形坑向东是否还有延伸，是我们一直想解决的问题。

从这些排列有序的柱洞的分布规律来看，基本上可以判断，这里当初应该是一组建筑，这些柱洞有可能是这些建筑留下来的遗迹。但是，该建筑的范围、结构和性质如何，我们却不明白，因为这关乎与史料记载是否能够对接。根据《晋书·礼志中》载，黄初三年（222），魏文帝曹丕曾以"先帝躬履节俭，遗诏省约。子以述父为孝，臣以继事为忠。古不墓祭，皆设于庙"为名，下《毁高陵祭殿诏》，命令将"高陵上殿屋皆毁坏，车马还厩，衣服藏府，以从先帝俭德之志"。这说明，当初高陵内是有殿屋之类建筑的。另外，《三国志·魏书·于禁传》记载，于禁从东吴被俘归来后，魏武帝曹丕

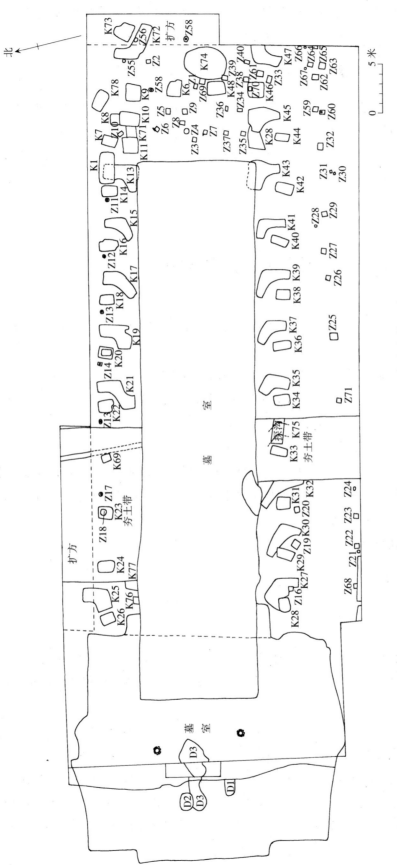

图一九　M2 地面遗迹分布图以及第二次发掘扩方位置图

曾准备派他出使东吴，临行前，"先令（于禁）北诣邺谒高陵。帝使豫于陵屋画关羽战克、庞德愤怒、禁降服之状。禁见，惭恚发病薨"。这条史料也从侧面印证了高陵有殿屋这个记载。上一次发掘工作重点，主要是集中在墓葬本体的考古发掘，因此，所开探方面积过小，该建筑遗址面积暴露太少，一直无法确认其性质，更不能确认其与高陵的关系，因此需要进一步发掘，来解决这个问题。

另外，那些排列有序的方坑和墓道前方的那个大型圆坑，是否和这些建筑有关系；叠压在探方东壁下面的那对磬形坑，为什么与墓道两边的磬形坑方向相反，也是我们亟待解决的学术问题之一。为了解决这些问题，我们决定向东扩方。

（二）工作过程

2011 年 3 月 15 日，我们开始布方，扩方的位置位于探方的东北角，扩方面积 11×2 米。

首先，清理掉叠压在其上面的晚期地层，使相关遗迹完全暴露出来，铲除垫在原来发掘部分地面上的垫层。然后，对墓道以东的整个地面进行仔细铲刮，使各种遗迹完全暴露出来，对暴露出来的遗迹重新进行确认，统一编号，放在一起进行梳理和研究。最后，解剖正对着墓道中部的那个较大的圆形坑（K74）。

（三）收获

然而，由于某种原因，扩方面积过小，扩方位置也不理想，因此，并没有找到该建筑的东部、北部和南部边缘，建筑结构、范围、性质问题仍没有完全解决。

但是，这次发掘还是有许多重要收获。如在新扩方范围内，我们完全揭露出来了叠压在探方壁下的磬形坑 K72，发现它的内弯中也有一个不规则方形坑。令人遗憾的是，向东是否还有磬形坑，我们无从知晓。

另外，我们新发现了两个柱洞，它们呈南北向排列。其中一个（Z56）位于 K72 的上部，打破 K72，从而确定，这些柱洞的形成时间要晚于那些磬形坑。

经过对整个遗迹进行仔细梳理，我们发现，墓道正前方（东侧）地面上的那些柱洞，分布有一定的规律。它们成排分布，均为南北向排列，东西共有 6 排，自西向东依次为：

第一排 6 个，分别编号为 Z10、Z6、Z4、Z1、Z37、Z35；

第二排 4 个，分别编号为 Z5、Z9、Z36、Z34，其中，两个为一组，共分为南北两组，北面一组为 Z5、Z9，南面一组为 Z36、Z34，两组中间正对墓道的中部，有较大的间隔；

第三排 3 个，分别编号为 Z57、Z1、Z70；

第四排 4 个，分别编号为 Z69、Z39、Z38、Z33；

第五排 2 个，分别编号为 Z2、Z40；

第六排已暴露出来的有 2 个，分别编号为 Z56、Z58。推测南部未发掘部分的对应位置也有。

以上柱洞绝大多数为方形，极个别为圆形。

从以上迹象看，这些柱洞为一组建筑遗迹确定无疑，至于其性质和结构、规模，仍然是一个谜。

同时，经过对圆坑（K74）的解剖，发现该坑很浅，深仅 0.3 米，直壁，平底，除了其上部有几块碎砖外，并没有发现任何东西。其西部打破一柱洞（Z69）。因此判断，该圆形坑的形成时间应该晚于这组建筑，可能与后来的祭祀有关。

二 对墓道东部的清理

（一）工作考虑

在发掘 M2 的过程中，我们注意到一个重要现象，墓道的西部边缘并不是到达墓门停止了，而是一直向西延伸，越过墓门上部，打破墓室顶部填土，延伸至前室的上部，在地面形成一个明显的南北分界线。这说明，目前所清理出来的这条墓道的开启时间，一定晚于墓室的建造时间。当时我们判断，该墓有二次打开的可能。

墓道清理出来之后，这一情况更加清晰明确，因为在墓门上方的壁上，与墓道南北壁相对应的位置上，有两条竖的分界线，其宽度与墓道的宽度一样，同样有七个台阶状的拐弯。这种现象说明墓道向西延伸，打破墓室上部填土，这更坚定了我们当初的判断。

另一个重要现象是，墓道两边的那两排磬形坑应该是墓葬的组成部分，但是，墓道的东端却同时打破了南北两个相对应的磬形坑。这说明，目前发掘出来的这条墓道的形成时间，一定晚于那些磬形坑。因此，我们一直怀疑这座墓有二次葬的现象存在。这也是该墓葬是否与史料相符的一个关键证据之一，因为史料记载，曹操夫人卞氏在曹操去世 10 年后去世，合葬在了高陵。那么，到底是同穴合葬还是异穴合葬，史料并没有明确记载。而我们在 M2 中发现的两个女性遗骨，是否和卞氏有关，也是亟待解决的学术问题之一。因此，能否在墓道的底部找到直接证据，即原始墓道留下的遗迹，是确定这座墓是否经过二次打开、有无二次葬的关键。

前文介绍，当时考古队的工作重点是对墓室的清理，以确定这座墓的性质，因此，对墓道底部暂时采取了保护措施，并没有一次性清理到底部，而是在其底部留下 0.3 米未进行清理，用作墓底的保护层。这一次，我们决定清除掉这层填土，来寻找是否有二次葬遗迹。

（二）工作过程

首先，我们清除掉墓道底部那层预留的填土，使墓道的底部完全暴露出来。然后，在墓道东端的开口处进行铲刮，经过仔细辨认，终于在现今墓道的开口处发现了二次葬的痕迹。

（三）收获

在墓道东部靠上部位的底部，发现有许多条横向（南北向）平行排列的浅沟槽，推测它们当初可能是放置垫木，或是供人上下墓道时脚蹬的地方。

在墓道东端，与东汉地面相接的开口处，发现一条不太明显的南北向延伸细线，将内外分开。该细线一直向南北两个方向延伸，至墓道南北两壁的内侧，即墓道第六层阶梯处，向西呈直角拐弯，南北形成两条非常明显的界线。令人惊喜的是，在墓道的中下部，南北两侧仍然保留一部分原始墓道，与这两条线相衔接。经过测量，南北这两条线，正好与墓室顶部那两个砖砌竖洞相对应，它们的宽度一样。因此我们认为，这应该就是原始墓道下部的宽度，也就是说，这些遗迹是安葬曹操时，墓道留下的痕迹。由于第二次打开对原始墓道造成了破坏，下部遗迹已经不存。这就为确认该墓有二次葬、卞氏合葬在曹操墓内找到了有力的考古学证据，也为确认 M2 内那名年长的女性遗骨就是后来合葬进该墓的卞氏提供了考古学证据。

通过对原始墓道中心点和那两个砖砌竖洞中心点测量，我们发现，M2墓道的原始方向，并不是今天所见到的110°，而是90°的正东方向。

三 墓葬北部扩方

（一）工作考虑

在墓门前的墓道上部，有一条南北向延伸的夯土带，北宽南窄，中部被墓道所打破，一直延伸到南北探方壁下。该夯土带北部较宽，因此我们判断，在墓葬的北面，应该还有一组建筑遗存。同时，在墓道北侧最西端的那个磬形坑，其北半部叠压在探方壁下，并没有全部揭示出来。为了寻找建筑遗存的有关证据，摸清楚该夯土带的形状、范围和性质，全面揭示磬形坑，我们决定在墓葬北部进行扩方。

（二）工作过程

扩方的位置位于墓门的正北方。沿墓室北部我们先前发掘时的探方的北壁向东扩方，扩方面积为东西长15米、南北宽2.5米。

首先，揭取上部晚期堆积，至第5层之下停止工作，经过仔细铲刮，发现一处重要遗迹。

与此同时，为了解该夯土带在地下的厚度，我们对墓道南、北两壁相应位置进行铲刮，结果做出了它们的剖面。墓道以北的夯土带东部较厚，厚0.35米，西部较薄，厚0.2米；墓道以南的夯土带较薄，厚约0.1米。

（三）收获

经过发掘，我们在墓室北部的扩方区第5层下部发现一个夯土台，该台地面高0.4米、地下深0.2—0.35米，总厚度0.75米左右，东西宽12米，与南部的那条夯土带相连。因为发掘面积有限，南北范围等情况依然不明。

在该夯土台上，发现一条南北走向凹槽，凹槽为圜底，断面为半圆形，上部开口处宽约0.3米、深约0.25米。

从墓道北壁断面显示，该夯土带下部靠西处，向下有3处U形基槽。在墓道南壁的断面上，在夯土带靠西的底部，也有一个U形基槽，不同的是，北壁上的3个基槽均为平底，而南壁上的基槽却是圜底。该高台和夯土带到底是不是一处建筑，现在还无法定论。

四 墓道南侧东西向排列柱洞的清理

（一）工作考虑

第一次发掘时我们即注意到，在M2墓道南侧靠近探方南壁的汉代地面上，有一排东西向的柱洞，因为其分布在一条直线上，且排列有序，我们推测，这里应该有一组建筑。

由于该排柱洞东起于墓道东部，基本上与墓道东端平齐；向西则一直延伸到墓室部位，由于叠压于探方壁下，故范围不详。如果该处是一处建筑遗迹的话，其面积应该十分巨大。那么，它到底是不是一处建筑，规模和性质如何；其与M2之间到底有没有联系；如果是建筑，它到底是临时性建筑还是永久性建筑，这些问题关系到作为王侯一级的魏武王曹操安葬时的礼制和设施，因此十分重要，是我们需要解决的又一个学术问题。

（二）工作过程

由于靠近探方南壁上方已经修建起保护大棚，向南扩方显然不可能，于是，我们将工作的重点放在了对这些柱洞的再确认和仔细判断上。首先沿着先前发现柱洞的位置进行洒水，然后自东向西依次进行仔细铲刮，最后，终于将这些遗迹全部清理了出来。

为了了解这些柱洞的内部结构，我们对其中的一个柱洞（Z23）进行了解剖，结果发现，该柱洞非常浅，深度仅有 10 厘米左右，下部为平底。

（三）收获

这次铲刮共发现柱洞 15 个，既有较大的方形柱洞，又有较小的圆形柱洞。这些柱洞呈东西向排列在一条直线上，但是，柱洞的走向并非与墓道的走向相平行，其西部离墓道稍远，其东部离墓道较近，西部距墓道约 8 米，东部距墓道东端仅 5 米。西部有 2 个柱洞被夯土带打破，显然，这些方形柱洞的时间要早于夯土带。

该排柱洞自西向东依次编号为：Z68、Z22、Z23、Z71、Z25、Z26、Z27、Z29、Z32、Z59、Z60、Z62、Z63、Z64、Z65。其中，Z68、Z22、Z23、Z71、Z25、Z26、Z27、Z29、Z32、Z59、Z60、Z62、Z65 为一组；Z63、Z64 位于墓道东面，为南北向排列，应该为另一组。另外，还有小形圆柱洞 6 个，自西向东依次编号为 Z21、Z24、Z28、Z30、Z66、Z67。在其东部附近，还有一个小型方形柱洞，编号为 Z31。

我们发现这些柱洞之间的间距虽有远有近，但是，排列整齐有序，判断其应该为一处建筑遗存，该处是一组建筑遗址。

同时，我们在这排柱洞的西部、探方壁下，发现两处夯土遗迹，边缘十分规整，但是，由于它们伸出探方的面积太小，无法确定其形状和性质。

根据《后汉书》志第六《礼仪下》记载，皇帝的墓葬附近应该建有"下房"和"便殿"等临时性建筑，其中"下房"是用来临时停放皇帝灵柩，是举行丧礼的地方，也是"司徒、太史令奉谥、哀策"的地方，"便殿"是存放死者生前衣物器具的地方。[①]

因为这些柱洞被夯土带打破，因此，其形成时间应该早于夯土带，与曹操的入葬为同一时间。

解剖柱洞 Z23，结果发现，其下部很浅，因此，基本上可以认定此建筑为临时性建筑，推测其应该是为了举行丧礼、停放灵车、摆放灵柩、进行祭奠等活动而临时搭建的"下房"。

由于有一个较小的圆形柱洞打破夯土带，因此我们判断，后来在该处遗迹上又建有类似的建筑，推测可

---

① （南朝）范晔《后汉书》志第六《礼仪下》载："谒者引诸侯王立殿下，西面北上；宗室诸侯、四姓小侯在后，西面北上。治礼引三公就位，殿下北面；特进次中二千石；列侯次二千石；六百石、博士在后；群臣陪位者皆重行，西上……容车幄坐羡道西，南向……太史令自车南，北面读哀策，掌故在后，已哀哭。太常曰'哭'，大鸿胪传哭如仪。司徒跪曰：'请就下位'，东园武士奉下车。司徒跪曰'请就下房'，都导东园武士奉车入房。司徒、太史令奉谥、哀策。……祭服衣送皆毕，东园匠曰'可哭'，在房中者皆哭。太常、大鸿胪请哭止（哭）如仪。司徒曰'百官事毕，臣请罢'，从入房者皆再拜，出，就位。太常导皇帝就赠位。司徒曰'请赠'，侍中奉持鸿洞。赠玉珪长尺四寸，荐以紫巾，广袤各三寸，缇里，赤缥周缘；赠币，玄三缥二，各长尺二寸，广充幅。皇帝进赠，临羡道房户，西向，手下赠，投鸿洞中，三。东园匠奉封入藏房中。太常跪曰'皇帝敬再拜，请哭'，大鸿胪传哭如仪。太常跪曰'赠事毕'，皇帝促就位。容根车游载容衣。司徒至便殿，并辇骑皆从容车玉帐下。司徒跪曰'请就幄'，导登。尚衣奉衣，以次奉器衣物，藏于便殿。太祝进醴献。凡下，用漏十刻。礼毕，司空将校复土。"中华书局 1959 年版。

能是在曹操去世 10 年后，其夫人卞氏去世、合葬高陵时，在此处重新搭建起的"下房"所留下来的遗迹。

五　对墓门之前墓道南侧夯土带的解剖

（一）工作考虑

该夯土带被墓道打破，又被长方形坑打破。其中，北部夯土带较宽，对应磬形坑的位置上有 3 个长方坑；南部夯土带较窄，对应磬形坑的位置上有一个长方形坑。经过测量，这些方坑与相邻两磬形坑怀抱中的方坑距离相等。因此我们推测，在其附近的相应位置上，原来也应该有磬形坑，可能是被该夯土带打破。如果此推断成立，那么，墓道两边的这些长方坑、柱洞、夯土带、墓道和磬形坑的早晚关系就会迎刃而解。为了验证这个推断，我们决定在墓道南面发掘，在那个打破夯土带的长方形坑（K33）的东侧，推测磬形坑应该存在的位置开了一条小探沟，对夯土带进行解剖，以验证我们的推测。

（二）工作过程

探沟沿墓道的方向布设，沟宽 1 米、长 2 米。经过解剖，发现该处夯土带比较厚，当挖到夯土带底部时，果然有了新发现。

（三）收获

当清理至 0.3 米深的夯土带底部时，发现下面确实有一个磬形坑存在，印证了我们的上述推测，我们将其编号为 K75。

这样一来，墓道及其周边的各种遗迹的关系和形成时间变得明朗起来。因为长方形坑（K33）和墓道共同打破夯土带和磬形坑，这说明，长方形坑和现有墓道的形成时间晚于夯土带和磬形坑。夯土带打破磬形坑，又被现有的墓道打破，说明，夯土带形成的时间晚于磬形坑，早于现有墓道。

综上所述，在这几种遗迹中，磬形坑时代最早，其次是夯土带，再次是长方形坑和现有墓道，而那些圆形柱洞又打破了长方形坑，其形成的时代最晚。这种关系在墓道东部新扩方处亦有发现，如Z56，打破了 K72。其早晚关系如下图：

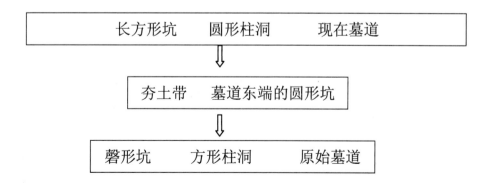

从以上可以看出，这些遗迹都和 M2 本体有关系，应该是该墓的附属设施。其中，磬形坑和几处地面建筑与原始墓道同一时期形成，或略晚于原始墓道，应该是最初墓道的附属设施，也就是说，它们是安葬魏武王曹操时修建的，可能是举行葬礼或祭祀曹操时的临时性建筑。

埋葬曹操之后，又在其墓门前的墓道上修建了一处建筑，该建筑的性质有待考证。鉴于墓道前面的那个大圆坑（K74）打破方形柱洞（Z69），故其形成时间要晚于方形柱洞（墓前建筑），应该是曹操安葬后的祭祀遗迹。

由于 K1 也打破磬形坑，因此推测，其时代应该和长方形坑以及现有墓道是一个时期。

这种现象的出现，印证了曹操高陵内最初是有殿屋和陵屋、后来被毁的史料记载。而墓道两边那些磬形坑和长方形坑的作用有待商榷，我们推测，它可能是修建墓道时搭建防雨设施的遗迹，也有可能是墓主人安葬时，设置仪仗时所留下的遗迹。

六　西部断崖处的裁直与早期盗洞的清理

（一）工作考虑

为了最大限度地保护 M2 的完整性，我们没有采取大揭顶的方式，这就在一定程度上限制了我们对墓圹的结构、墓葬的建筑程序、墓葬的修造技术和封填保护技术进行深入了解，不利于我们对墓葬信息的全部采集。为了弥补这个缺陷，最大限度地了解上述信息，掌握曹操墓结构和建造技术的第一手资料，我们选择了对 M2 西边断崖的裁直，借机解剖墓室上部的填土，了解其夯层情况。

同时，为了了解墓室西部那个早期盗洞的形成时代、形状以及它对墓葬造成的损害程度，更希望通过盗洞周壁了解墓葬填土下部的有关信息，我们对之进行必要的清理。

另外，因为在清理南边那个现代盗洞时，在其周围发现了大量画像石堆积，经过走访当地村民，得知部分是从墓室填土中出土的。为了印证这种说法，我们选择了裁直该断崖，以期解决这个问题。

另一个原因是，由于窑厂取土时，是用挖掘机进行铲挖，致使 M2 西部断崖参差不齐，断面十分粗糙，不利于将来的展示，如果对其进行裁直，将墓圹周边找出来，墓圹内的填土的夯层标示出来，更有利于将来展示，使参观群众对其封填工艺和墓圹形状和结构有一个更加直观的了解。

出于以上考虑，我们决定开展对该断崖的解剖取直工作。

（二）工作过程

该项工作开始于 2011 年 3 月初，至 5 月底工作结束。

为了最大限度地保护墓葬安全，我们在断崖最靠里的部位选择一个基点，南北拉线，确定为取直部分的东部边线，对该线以西的突出部分进行解剖。

因为早期盗洞（D3）的位置接近断崖边缘，解剖部分正好包括其西半部，这样一来，就可以在我们取直后所形成的新断面上，做出其剖面，可以了解其内部结构、深度和它对墓葬造成的影响。由于该盗洞位于墓葬后室的正上方，如果清理其内部填土，必定会对下面墓葬的安全造成一定的影响。因此，原则上，我们计划不清理该盗洞，仅将其剖面做出来，采集足够信息即可。留下盗洞原始状态，保留其剖面，可以作为教育群众的反面教材，让来这里参观的公众更加直观地了解曹操墓早期被盗的有关情况（图二〇）。

我们依照夯层，逐层向下清理，当清理至第 21 层夯土时，果然发现夯层里面夹杂少量画像石残块，并含有大量料礓石。至第 23 层时，整个夯层里面普遍夹杂大量碎砖块和碎瓦块，非常坚固，但是，很少再有画像石残块出土。因此我们推测，这两层有可能是修墓者为了加固墓室，防止盗掘而故意为之，是该墓葬的防盗措施之一（图二一、二二）。

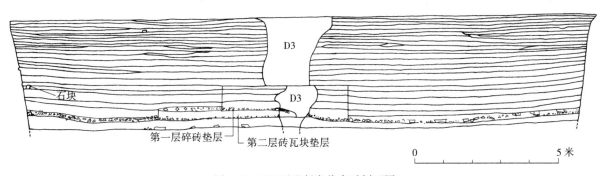

图二〇 M2 西壁断崖裁直后剖面图

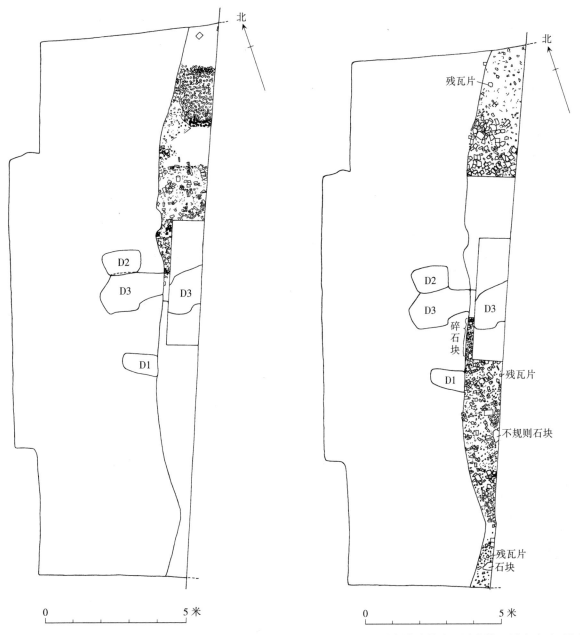

图二一 M2 西壁断崖墓圹夯土层中第一层碎砖垫层

图二二 M2 西壁断崖墓圹夯土层中第二层碎砖瓦石垫层
注：该层据地表约 5 米左右，除标出来的残瓦片和石块外，其他暴露物均为碎砖块

在解剖填土的同时，2011 年 5 月 10 日，我们开始清理北面的那个盗洞（D2），结果在铲刮其周围时，发现该盗洞打破另一个盗洞。经过对断崖的裁直，墓室上部的盗洞（D3）的内部结构逐渐显现出来，我们发现，它和下面的被打破的那个稍早的盗洞是连在一起的，原来它们是一个盗洞。

从剖面我们知道，D3 开口于南北朝地层下的魏晋文化层上，位置介于墓室上部的那两个砖砌竖洞之间。该盗洞上部开口十分巨大，开口呈东西向长椭圆形，向下呈喇叭状变窄，下挖至 4.5 米左右时，突然向西拐弯，向西横挖至 1.5 米后，开始向下挖掘，在此处形成一个南北向的不规则大型盗洞，盗洞南北长 1.35 米、东西宽 0.6—0.9 米。盗墓者下挖至 2 米多时，发现墓葬后室顶部的砌砖，然后砸开砖墙，进入墓室，实施盗掘。

在裁直断崖、解剖 D3 时，在该盗洞向西拐弯处，发现一个土台，发现其上面有生火留下的一堆碳痕，推测其应该是盗墓分子照明或生火取暖时所留下的，该生土台是盗墓分子有意留下来的。如果是盗墓分子取暖所用，那么，推测该墓首次盗掘的时间应该是在冬季。

D3 上部填土比较纯净，土质坚硬，因为其位置正好是在一条小路上，估计是因为后来窑厂取土时往来车辆碾轧所致。下部填土松软，为五花土，土色黄褐，包含有大量墓葬内盗掘出来的文物，如陶器残片、墓砖残块，还有铁器和铜器残块，另外还有画像石残块，其中一块石柱残块格外显眼。显然，这些画像石是从墓室中盗掘出来，并不是夯层出土（图二三）。

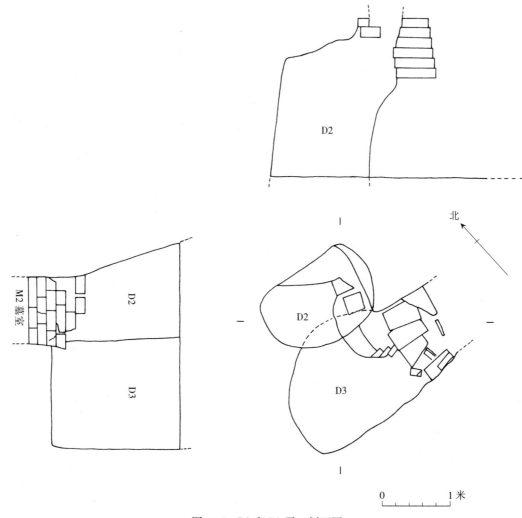

图二三　D2 和 D3 平、剖面图

D2 是一个现代盗洞，它打破 D3 的北部，向下盗掘，利用 D3 在墓顶上所遗留下的盗洞进入墓室，对墓葬进行盗掘。

（三）收获

通过对 M2 西部断崖解剖、裁直，我们发现，墓圹内填土均经过打夯，夯层均匀，夯层较薄。为了增加填土的强度，回填土中掺有大量料礓石，因此十分坚硬。在下层回填土的个别夯层中，有意掺杂了一些砖瓦残块和少量画像石残块，在距离墓葬开口 4 米深左右的第 23 层内，掺杂大量碎砖，形成一个砖瓦层。

经过对两边墓圹进行铲刮，发现墓圹上部开口稍宽，然后向内略微收窄，呈接近直角向下开挖，下部呈斜坡状向内倾斜，在北壁发现有脚窝现象。

从早期盗洞的开口层位看，该墓最早一次被盗掘的时间应该是在南北朝之前，推测在西晋晚期。

画像石主要来源于墓室内，部分来源于回填土的夯层中。夯层中所发现的画像石碎块，可能是加工画像石的废料，也可能是借用其他墓葬或祠堂画像石所形成的。

第二次发掘基本上达到了我们最初的发掘预期，解决了一些重要的学术问题。如确认了三处地面建筑遗迹，解决了墓道、夯土带、磬形坑、长方形坑、方形柱洞、圆形柱洞之间的早晚关系；找到了二次葬的证据，确认该墓葬曾经被第二次打开过。同时，解决了该墓首次被盗的问题。将 K1 和 K74 从这些建筑遗迹中剥离出来，确定其为祭祀遗迹。并通过对墓道两边的磬形坑和长方形坑的解剖，结合其形成的早晚关系，基本上排除了它们作为祭祀遗迹的可能性，判断其为前后两次墓道修建时的附属设施遗存，或为安葬时的礼仪遗迹。这些成果为进一步确认 M2 为曹操墓提供了更加重要的考古学证据。

第二篇 二号墓

第五章　二号墓盗掘经过及其破坏

第一节　二号墓被盗经过

一　初次被盗

由于曹操高陵（M1 和 M2）所处位置地势较高，黄土深厚，土质较好，2005 年之前，这里一直是西高穴村窑厂的取土区。经过几年的采挖，在一号墓（M1）和二号墓（M2）的西面，形成了一个深达 5 米的巨坑，对这两座墓的墓圹内填土造成了一定破坏，使其西部夯土层直接暴露在崖壁上，结果引起了盗墓分子的注意。他们开始对其实施盗掘。

2005 年年底，盗墓分子利用农民过春节、燃放鞭炮的机会，在 M2 西部断崖下面的起土坑内开始盗掘。他们用炸药炸开一个盗洞，然后通过盗洞进入墓室，神不知鬼不觉地对 M2 进行了盗掘。

春节过后，该盗洞被西高穴村的村民发现，将这一事件向安丰乡政府作了汇报，引起安丰乡党委书记贾振林的关注。他迅速派人到现场进行查看，但是，并不能确定该盗洞下面是不是一座墓葬。此时，河南省文物考古研究所（今河南省文物考古研究院）正在附近的固岸北朝墓地进行考古发掘，于是，贾振林前往拜访考古队队长潘伟斌，将这一情况向他做了汇报。

这件事引起了潘伟斌队长的重视，他立即派人前往调查。晚上听到汇报后，第二天，他到现场进行勘察。为了摸清情况，潘伟斌亲自通过盗洞下到墓室，结果发现，这是一座东汉晚期大型墓葬，判断其应该是王侯一级的陵墓，推测它极有可能是魏武王曹操的陵墓。

得出这个判断后，潘伟斌要求安丰乡政府立即派人将该盗洞回填，并建议当地派出所，指派专门人员到墓地巡视保护。然后，在墓葬周围进行调查。返回郑州后，潘伟斌迅速向单位领导作了汇报，并写了文字材料向河南省文物局做了紧急汇报，请示省局对该墓葬进行抢救性发掘。

但是，由于当时"南水北调"工程中的考古项目繁多，工作量特别大，河南省文物考古研究所抽不出业务人员对其进行考古发掘，只能要求安丰乡政府继续进行现场保护。

二　屡屡被盗

西高穴发现大墓的消息不胫而走，引起了许多盗墓分子的觊觎。此后，多批盗墓分子利用这里位置偏僻、较为隐蔽的有利条件，在夜间躲过当地公安人员的巡视，屡屡对这座墓进行盗掘。虽然安丰乡派出所对盗墓行为进行严厉打击，并且每次发现该墓被盗后，都及时对盗洞进行了封堵，然而，盗墓现象还是屡禁不止。从 2005 年该墓初次被盗至 2008 年 7 月，安丰乡派出所先后抓获盗墓分子多批，抓捕盗墓分子 38 人之多，但是仍然不能止住对该墓葬的盗掘。

更让人焦虑的是，每次盗掘之后，附近的村民出于好奇，一些人下到墓室内去看究竟，结果，一些文物流失到了部分村民手中。

三　再次被盗

2008 年 2 月，该墓再次被盗。该案件被安丰乡派出所侦破，从盗墓分子手中收缴了 3 块画像石残块。为了严惩盗墓分子，打击这种盗墓行为，阻止盗墓分子对这座墓葬继续盗扰，需要对这种盗掘古墓行为进行定性，对出土文物进行鉴定。于是，安丰乡派出所向河南省文物局进行汇报。

河南省文物局得到报告后迅速做出反应，于第二天派出专家组奔赴安阳，对盗掘出来的 3 块画像石进行鉴定，并对盗掘现场进行实地调查。

专家组到现场调查后，确认这 3 块画像石是从该墓葬中盗掘出来的重要文物，为公安部门出具了文物鉴定书，有力地支持了地方公安部门的工作，使盗墓分子得到了应有的惩罚。

这次盗墓事件也引起了专家组成员潘伟斌的极大忧虑，因为担心墓葬再次被盗，破坏墓葬的整体结构，于是他向河南省文物局打报告，要求尽快对该墓进行抢救性发掘。

考虑到这座墓在野外进行现场保护已经非常困难，为了避免进一步破坏，河南省文物局决定对此墓葬进行抢救性考古发掘，责成河南省文物考古研究所组成考古队，尽快进驻现场。

四　早期盗洞（D3）

在清理完墓葬西部断崖下面的现代扰土后，考古队意外发现，在断崖下墓葬的西北角还有一个盗洞（D2）。从内部观察，该盗洞也打破了后室顶部，延伸到墓室内部。由于当时地面覆盖有现代扰土，最初考古队并没有发现它的存在。更因为窑厂取土将这里挖掘成一个深坑，该盗洞的开口层位无法确认。起初考古队认为它可能是一个现代盗洞。后来经过铲刮，发现该盗洞打破一个早期盗洞，在裁直、解剖西部断崖时，发现被 D2 打破的较早盗洞，其实和墓顶上的那个早期盗洞（D3）相连通，从而确认 D3 是一个早期盗洞。经过清理，该盗洞的回填土中未发现现代遗物。根据地层关系和开口层位可知，D3 的时代应该是在西晋晚期，推测 D3 可能是对 M2 的第一次盗掘。

五　"文化大革命"时期的盗掘

由于 D2 打破 D3，并利用 D3 进入墓室，实施盗掘，因此，D2 盗洞的时间应该晚于 D3。但是，因为 D2 隐藏得极为隐蔽，一直没有被村民发现，因此，推测其形成的时间不可能晚于 D1。我们在清理墓室内的扰土时，在墓葬后室北侧室内靠近门口西侧扰土中，发现一个现代烤瓷茶缸，上面印有红色"为人民服务"等文字，茶缸里凝结有半缸熔化了的蜡烛油，估计是用来照明的，因此，推测它是该次盗墓时盗墓分子所留遗物，其盗掘时间应该是在"文化大革命"晚期的 20 世纪 70 年代。

第二节　历次盗掘对二号墓造成的破坏

第一次盗掘，在二号墓（M2）后室墓顶的西北部凿开一个大洞（D3），对墓顶造成一定破坏，并对墓内随葬的文物进行了洗劫和破坏。

根据发掘，结合史料记载，这次盗掘除了盗走一部分重要文物外，盗墓分子还对随葬的重要礼器和带有墓主人身份信息，以及能够标明其身份特征的文物进行了有意破坏。例如，发掘出来的石圭、石璧、陶鼎，以及带有"魏武王"字样的石牌和随葬的兵器（如铁刀、铁剑）全被砸坏，我们推测这是盗墓分子有意为之。这次盗掘，对墓主人的葬具和骸骨也进行了严重破坏，如墓内出土的画像石，除了少量保存完整外，绝大多数被砸碎。这些画像石的茬口均为旧痕，因此推测，是这次盗掘所为。放置在后室的3具棺椁均被破坏。不仅如此，盗墓分子还将墓主人的遗骨抛于棺外，3具头骨的面部均被破坏。各侧室的墓门已经不存，估计也被盗墓分子所破坏。我们推测，盗墓分子与墓主人可能有什么恩怨，这次盗掘含有政治报复的因素。

2005年年底那次盗掘，盗墓分子在M2西部靠近断崖下开挖盗洞，盗洞呈圆角长方形，深2米左右，然后向北拐弯。找到墓顶后，用炸药在后室顶部炸开一个大洞，对后室的墓顶造成了一定程度的破坏。盗墓分子通过该盗洞进入墓室，对墓室内的文物进行了洗劫。

在前期调查时，我们注意到一个现象：在M2正下方的墓壁上，有上下一排错位钉在墓壁上的U形脚铁，它们应该是盗墓分子上下攀登之用。由此我们推测，此次参与盗墓的人不会太多，估计是单人作案或两人作案。这一次，盗墓分子到底盗走多少文物，都有哪些文物，情况不详。但是，墓壁保存基本完好。

由于盗墓分子离开时，没有将盗洞口进行封填，后来被村民发现，引起了许多村民的好奇。部分村民通过盗洞进入墓室，对墓室内进行了一定的扰乱，一些陶器残片和部分其他文物流失到西高穴村民手中。后来，经过我们大力宣传和动员，从村民手中征集和收缴了部分文物，经过比对，都可以与我们发掘出来的文物拼对在一起，从而证明，这些文物都是从该墓流失出去的。

这次盗掘对墓内文物破坏并不严重，因为在我们第一次进入墓室进行调查时，看到墓室内的扰土并不多，多为早期淤土，只有个别地方有扰动迹象，墓门虽不存在，但是封门墙仍然保存完好。

可是，随后的多次盗掘对墓室造成了较大的破坏，大量文物被盗走。我们第二次进入墓室调查时，发现里面堆满了现代扰土，绝大地方都经过扰动，扰土表面散落着被砸碎的铺地石和墓砖，在后室中部偏东处，向下有一个长方形的盗扰坑，深2米以上，直接将下面的铺地石凿碎，向下盗掘。封门墙已经被盗墓分子砸坏，仅留下封门墙的最下面几层。盗墓分子仍不甘心，对墓门前的墓道底部进行盗挖，对墓道两边的砖砌护墙造成了一定破坏。

为了寻找文物，盗墓分子对前室主室和前室北侧室的铺地石进行了大规模破坏，许多铺地石被撬起，胡乱堆放在前室内。他们几乎将前室北侧室的铺地石全部撬起，搬离原来的位置，然后向下盗掘，铺地石下面的垫土层遭到严重盗扰。西壁基石下部的垫土几乎被掏空，致使基石空悬于外。不仅如此，他们还企图凿开北侧室的东壁，虽然没有成功，却在东壁的上部留下了一个长方形盗洞，对墓壁造成了一定破坏。在北侧室的北壁下部偏西处，盗墓分子凿开厚达一米的墓壁，向北盗挖出一个长达20多米的新盗洞，该盗洞一直延伸到一号墓（M1）的前堂底部。

前室南侧室东西两壁的中下部，有明显的盗运画像石所留下的擦痕。连接前、后室的后甬道的铺垫石，绝大部分也被盗墓分子撬起，并且对里面的漆木器造成了损坏。除此之外，盗墓分子还对后室的南、北侧室进行了盗扰，同时对放置在里面的木棺造成了破坏。他们凿开了后室北侧室的一块铺地石，在地面上留下一个盗扰坑。

经过清理，我们在后室靠西的铺地石上，发现留有凿痕和压痕，推测应该有石棺床之类的葬具。经走访群众，得知石棺床已经被盗墓分子盗走，印证了我们的这个推测。但是令人遗憾的是，到现在也没有追缴回来，不能不说是一大损失。

由于在我们进驻考古现场进行发掘之前，该墓葬接连遭到多次盗掘，盗墓分子对墓葬内的文物进行多次洗劫，致使大量文物流失在外，大块画像石被盗走，小块画像石则被弃置在墓葬外，部分被村民捡走。后来，经过公安部门的努力，又相继追缴回来少量文物，其中有 3 块石璧残块，与我们发掘出来的一个石璧正好拼对在一起。追回的一块圭形石牌，上刻铭文内容为"魏武王常所用挌虎大刀"，其大小和刻字内容、字体、用材，都和我们发掘出来的同类石牌一样，证明它们是从该墓中盗出来的。此外还有一个石枕，与我们发掘出来的石牌上的记载相对应，上刻有"魏武王常所用慰项石"，其字体为汉隶，与我们发掘出来的石牌上的字体相同。另外，还有多块保存比较大、画面保存比较好的画像石。其他被盗走的文物情况不详。

第三节　二号墓墓室保存状况

二号墓（M2）经过多次盗掘，对墓葬造成一定破坏（图二四、二五、二六）。尤其是在后室顶部凿开两个盗洞，后室墓顶遭到损坏，除此之外，个别墓室内的铺地石被撬起或砸碎，对铺地石造成了较大破坏（彩版四七）。

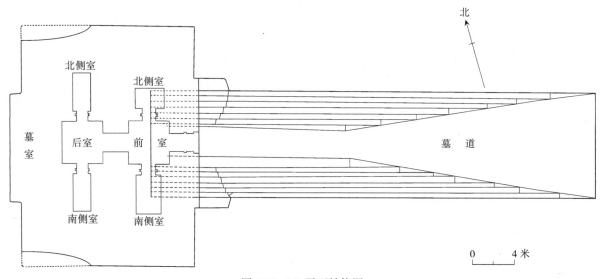

图二四　M2 平面结构图

前室中部，南北一排相连的 5 块铺地石全部被翘起，被盗墓分子搬离原来的位置，胡乱堆积在北侧室门外侧。在靠近南侧室的地面上，斜放着一块巨大石板，其厚度远比其他铺地石厚，正面经过打磨，十分平滑，上有锤子锤击所留下的痕迹，背面十分粗糙，周边规整，有二层台扣边，上刻有纹饰。推测它不是铺地石，可能是墓门。

前室南侧室内，有一块铺地石被盗走；靠近墓门的东、西两壁的上部，各有一个方洞。

前室北侧室的铺地石几乎全部被翘起，西壁下部被掏空，致使墙基下面的奠基石悬空在外，对墓

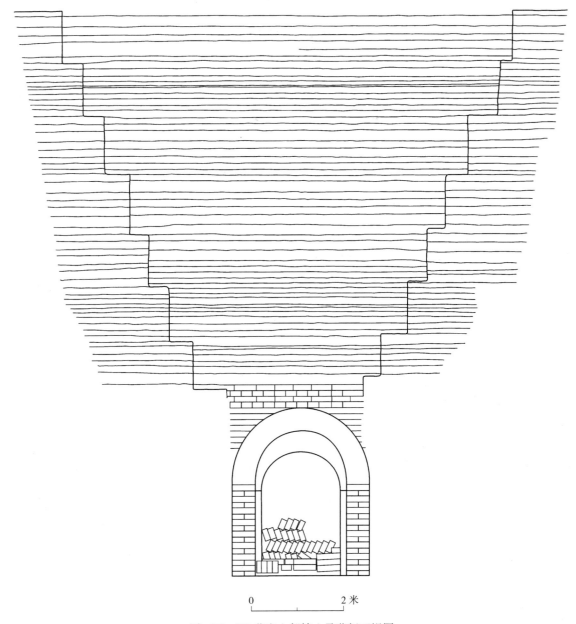

图二五　M2 墓室上部填土及墓门正视图

葬底部破坏较为严重。门口堆积大量铺地石残块，个别小件文物直接散落在盗坑底部。其中一块铺地石的背面，有用红色染料书写的文字，内容是该铺地石的长度和宽度。

盗墓分子在前室北侧室的北壁下部靠西处，凿破墓壁，挖出一个横向盗洞。东壁的上部，亦有一个不深的盗洞，对墓葬墙壁造成一定破坏。

连接前室、后室的后甬道内，有一块铺地石被盗墓分子盗走。

后室中部靠近甬道处，有一块铺地石被盗墓分子撬起砸碎，残块弃置在墓室扰土的表层上。后室北侧室内靠近东北角处，有半块铺地石被破坏，其他部位保存基本完整。

各侧室的墓门均不存在，上部的门档亦被拆去，留下明显的白灰残痕。门框全部被破坏，仅留下门槽，在门槛两边均发现有门轴压痕。

连接前甬道的墓门被破坏，外面的封门墙上部被破坏，仅留下部数层砌砖。但是，从残存的封门

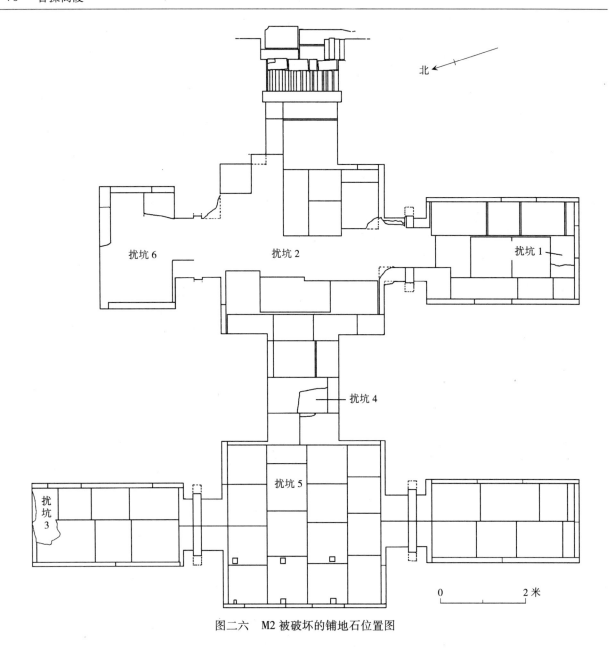

北

扰坑 6   扰坑 2   扰坑 1

扰坑 4

扰坑
3   扰坑 5

0   2 米

图二六   M2 被破坏的铺地石位置图

墙局部，还是能够看出封门墙的结构和垒砌方法。

　　墓道除了墓门前的一段被盗挖、对两边的砖砌护墙底部造成破坏外，基本保持完整。

　　总之，除了个别墓室内的铺地石遭到较大破坏外，上述破坏对 M2 的安全并没有产生太大影响，总体来说，该墓葬的保存还算完整。

第六章 二号墓墓葬形制

第一节 二号墓墓室结构

一 地层关系与"不封不树"

二号墓（M2）叠压在第 5 文化层之下，开口于汉代地层上，向下打破前代地层和生土。墓葬开口距现代地表约 2 米。墓圹深达 12 米，距现今地面 15 米左右。

上部的晚期地层十分清晰，直接叠压在墓口之上。在发掘过程中，在地面上未见封土遗痕，因此推测，该墓葬并没有封土。

二 墓葬朝向

墓葬坐西向东，方向 110°。整个墓圹平面为"甲"字形，由墓室和墓道两大部分组成。墓室平面为前宽后窄的梯形，南北宽 19.5—22 米（西面最窄处 19.5 米），东西长 18 米，面积近 400 平方米。墓室后面中部向西有一凸出，前部中部向东也有一凸出，与后部凸出部位相对应，宽度略窄于墓圹，但是略宽于墓道。墓道位于墓室东部中间部位。整个墓葬占地面积约 700 平方米（图二八）。

三 墓室结构

该墓为多墓室砖室墓，内部结构复杂，由墓道、砖砌护墙、墓门、封门墙、前甬道、前室、后甬道、后室和四个侧室等部分组成。整个墓室的墙壁用长 48 厘米、宽 24 厘米、厚 12 厘米的大青砖砌成，厚度约一米。墓底用大青石铺地，十分平整。前、后主室平面近正方形，墓顶为四角攒尖顶。前室南侧室和后室南、北两个侧室平面为南北向长方形，均为券形顶；前室北侧室平面为东西向长方形，顶部为四角攒尖顶（图二七）。下面分别介绍。

（一）墓道

墓道平面呈长方形，从墓门向东长 39.5 米，南北宽 9.8 米，最深处达 13 米，距现在地表 15 米。

墓道底部为斜坡状，上宽下窄，上口宽约 9.8 米，底部宽约 4.1 米。墓道南北两壁分别有 7 个台阶，呈阶梯状逐级内收。每层台阶高度不等，介于 1.1—1.25 米之间；宽度也有差异，介于 0.45—0.85 米之间。

墓道接近开口的底部靠东部有多条横向平行沟槽，至接近墓门前的墓道底部，变为平底，墓门前有大青石铺地（彩版四八）。

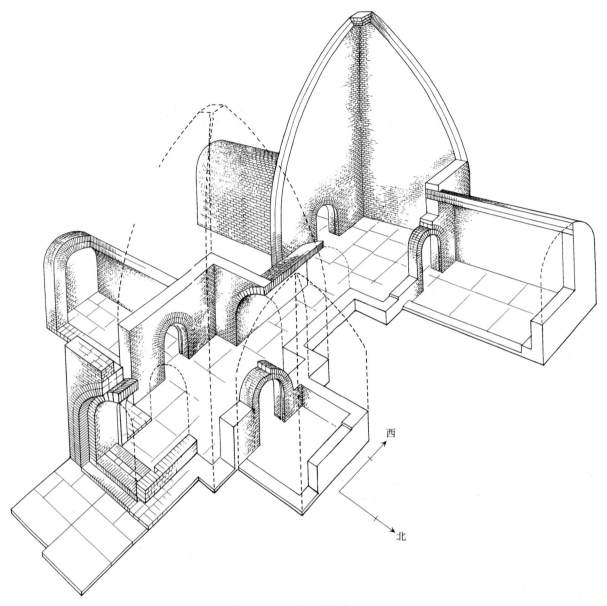

图二七　M2 墓室结构复原图

在墓道下部与墓门交接处的南北两壁，各有一道长约 5 米、高约 4 米的砖砌护墙。护墙为小青砖垒砌。砌法为一立一平，交替砌成。每面墙的墙体内，等距离立有 5 根原木立柱，其中南壁护墙上部有一横木，作为龙骨，支撑墙体。由于立柱已经腐朽，形成一个个空洞，但是，周壁原木树皮、关节的纹理清晰可辨。

墓道西部打破墓门上部填土，向西深入墓室顶部填土 5 米左右，至墓葬前室顶部。

墓道内填土呈浅白色，内含大量料礓石，从上至下，用丛夯法分层夯实，质地十分坚硬。从清理出来的夯窝看，为 6 根木棍捆绑在一起形成一组集束夯。夯窝呈梅花状，排列有序，夯窝为平底，直径约 0.1 米。每层的夯窝分布十分密集，相互叠压，很少有漏夯现象。夯层较薄，夯层厚 0.12—0.42 米不等。

（二）墓门

砖砌双券子母拱形门，拱券用长 48 厘米、宽 24 厘米、厚 10—12 厘米的楔形砖砌成，白灰填缝。

内券用砖 34 块，外券 40 块。外券 2 层，内券 1 层。其中，外券拱高 1.13 米、门宽 1.95 米、高 3.03 米；内券拱高 0.8 米，门宽 1.68 米、高 2.58 米、进深 0.46 米。外券上部为门脸，用大青砖错缝垒砌。双券下部的门脸墙宽 0.48 米（彩版四九）。

由于被盗墓分子破坏，墓门早已不存在，门框两边仅留宽 0.24 米的门槽。

门外为 3 道封门墙，垒砌在下面的铺地石上，用白灰勾缝。其中，外层封门墙为立砖顺放，仅存南部 4 块，其宽度与母券进深相同，外部与墙面平齐。中层封门墙为对缝横砖平铺，高度仅存 5 层，外侧与内券外侧齐平。内层封门墙为立砖斜砌，现存 5 层，高约 1.68 米。3 道墙紧紧贴在一起，整个封门墙厚度达 1.45 米。

门内侧的甬道铺地石上有一不太显眼的凹槽，应该是封闭墓门时自来石所放置的位置。

（三）前甬道

位于墓门内侧，连接墓门与前室主室。东西进深 2.85 米、南北宽 1.68 米，用大青砖垒砌而成，青石铺地。券形顶，券顶用长 48 厘米、宽 20—24 厘米、厚 12 厘米的楔形砖砌成，拱高 0.8 米、通高 2.58 米（图二九）。

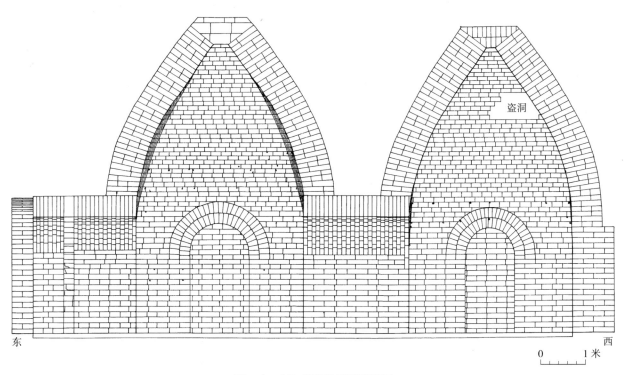

图二九 M2 南壁及甬道剖视图

在前室内，甬道正上方的墓壁上，有明显的雨水冲刷痕迹。墓壁表面有一层极薄的白灰粉刷面，白灰面上有少量红色彩绘，推测当初这个部位可能有壁画。由于长期受到雨水的浸泡和冲刷，造成白灰面大量脱落，因此，上面的彩绘也遭到了破坏，仅存极小一部分。

（四）前室

位于墓室前半部，东面通过前甬道与墓门相连，西面通过后甬道与后室主室相通。前室主要由 3

部分组成,其中,包括主室和南、北两个侧室,南、北侧室与主室之间均有甬道相通,侧室与主室之间有墓门相隔离(图三〇、三一;彩版五〇)。

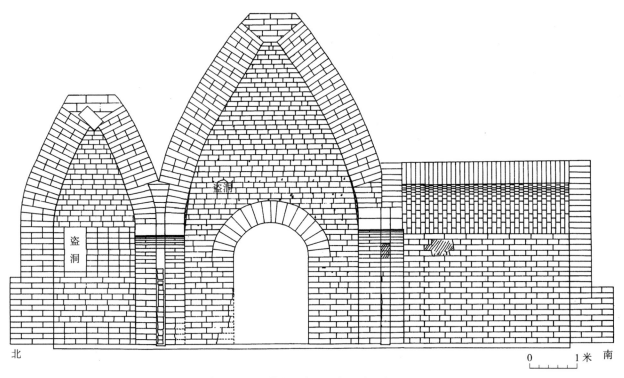

图三〇 M2 前室及南、北侧室东壁剖视图

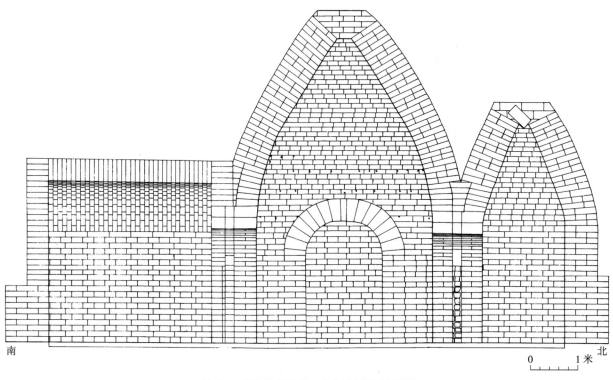

图三一 M2 前室及南、北侧室西壁剖视图

1. 前主室　底平面近方形，东西长 3.85 米、南北宽 3.87 米。四角攒尖顶。墓室四壁向上至第 23 层砖、高 2.8 米处，开始向内逐渐收缩，至距墓底高 6.4 米处汇集在一起，形成四角攒尖顶。顶部用 3 块大砖并排封顶，墓顶距墓底高约 6.4 米。四壁和墓顶均用大青砖垒砌，大青石铺地。

主室四壁各有一个墓门，其中东壁上的墓门连接前甬道，西壁上的墓门与后甬道相连，南、北壁上的墓门与南、北侧室相通。

四壁的墙面上，均用白灰抹平，但是灰层厚薄不均，有些地方灰层较薄，且极易脱落，致使部分砖墙直接暴露出来。

主室四壁的上部，距离墓底约 4 米处开始，向下依次分布有 4 层铁钉。每层铁钉排列在一个层面上，铁钉之间的间距基本相等，虽然有个别已经脱落，但是仍然可以清晰地看出其残留痕迹。铁钉外端均为环状，个别铁钉的环内，仍保留有线绳残痕。

在前室四周的墓门两侧的墙壁上，均有两个上下排列、左右对应的铁钉，钉外端呈钩状，钩尖向上，在其上部对应位置的墙壁上，均有经火烧灼留下的炭黑痕迹，因此我们推测，其应该是用来悬挂油灯照明的地方。

墓室地面以大青石铺地，相邻地板接缝严密，十分平整。四周墙壁的底部，各有一个宽窄不等的沟槽。

2. 前室南侧室　位于前主室南侧，二者有甬道相通，中间有门相隔离（彩版五一：2）。

前室南侧室，平面为南北长 3.6 米、东西宽 2.4 米的长方形，券形顶，同样以大青石铺地。

墓室下部为直壁，东西两壁至第 20 层砖、高约 2.36 米处开始起券，向上逐层内收，形成券形顶。拱高 1.16 米，顶距墓底通高 3.46 米。券顶用规格长 48 厘米、宽 20—24 厘米、厚 10—12 厘米的楔形砖，单层竖砖错缝垒券，南北分层排列，每层用砖 21 块，南北共计 36 道券层。

铺地石排列为南北向排列，十分平整，四周各有一道宽窄不等的沟槽。

通往主室的甬道很浅，进深 1 米，东西宽约 1.37 米，亦为券形顶。为双层券，券顶用长 48 厘米、宽 24 厘米、厚 9—12 厘米的楔形砖垒成，内券用砖 26 块，外券用砖 32 块，门券高 0.78 米，顶部距墓底高约 2.44 米。

甬道中间镶嵌一墓门，由于门已缺失，材质不详。

门档用大青砖垒砌，砌法为平砖错缝。在甬道中部的东西二壁上，有宽约 0.25 米、深约 0.035 米的门槽，推测为镶嵌门框所用。发掘时，门楣和门框已经不存，故其材质不详。在门楣和门槛对应位置的两侧甬道壁上，各有一个方形洞槽，里面有朽木屑。据此有学者认为，应该为木质门框。与门槽相对应的铺地石上，凿出一道门槛基槽，基槽内的东、西两侧各有一个圆形压痕，推测应是门轴压痕。

在门内侧，东、西墓壁的上部，各有一个相互对应的长方形砖洞，其用途不详。

墓壁墙面的外部均用白灰抹面，但是因为较薄，附着力差，多有脱落。

3. 前室北侧室　位于前主室北侧，二者有甬道相通，中间有门相隔离（彩版五一：1）。

墓室平面呈东西向长的长方形，四角攒尖顶，四壁和墓顶为大青砖垒砌，大青石铺地。

北侧室东西长 2.79 米、南北宽 1.83 米，墓顶最高处距墓底 4.7 米。四壁下部为直壁，至 22 层砖、高 2.65 米时，向上开始逐层内收，至距墓底高 4.7 米处汇集在一起，形成四角攒尖顶。顶部用 7 块半砖，竖砖斜放封顶。

通往主室的甬道结构基本与南侧室的甬道相同，门宽约 1.36 米，进深约 1.1 米，同样为券形顶，顶部为双层券，用长 48 厘米、宽 24 厘米、厚 9—12 厘米的楔形砖垒成。其中，外券用砖 29 块，内券用砖 23 块，券高 0.78 米，甬道内青石铺地。发掘时，门档已经被破坏，门楣和门框不存，现仅存门槽。门槽宽 0.25 米、深 0.035 米。门槛的基槽内，东、西两侧亦各有一个圆形压痕，推测应该是门轴压痕遗迹。由于门和门框已缺失，故材质不详。

令人不解的是，其他墓室的墓壁砌砖均用白灰勾缝，墓壁外表用白灰抹平。但是在该室内，我们注意到，墓壁砌砖之间不仅未用白灰勾缝，外表更没有白灰涂层，墓砖直接暴露在外面。

（五）后甬道

后甬道位于前室和后室之间，为连接前室、后室的通道。券形顶，大青石铺地。平面呈东西向的长方形，东西长 2.45 米、南北宽 1.68 米。

券顶为单层券，是用长 48 厘米、宽 18—24 厘米、厚 12 厘米的大砖直接加工成扇面形砖，立砖南北横向排列垒砌而成，每层用砖 17 块，东西共计 25 层。

甬道南北两壁的下部为直壁，至第 15 层砖、高 1.8 米处，向上开始起券。券拱高约 0.84 米、通高约 2.64 米。

铺地石为东西向排列，十分规整。

（六）后室

后室位于墓室的后半部，通过后甬道与前主室相通。其结构和形状与前室基本相同，同样由 3 个部分组成，包括主室和南、北两个侧室。各室之间均有甬道相通，侧室与主室之间有门相隔。与前室不同的是，后室的南、北两个侧室的平面均为南北向长方形，上部皆为券形顶（图三二；彩版五二、五三）。

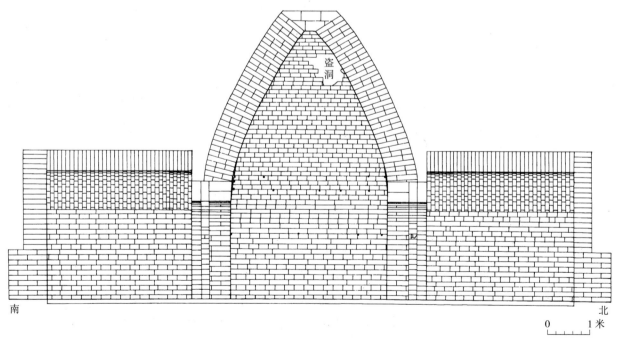

图三二　M2 后室及南、北侧室西壁剖视图

1. 后室主室　墓室东西长 3.82 米、南北宽 3.85 米，平面近方形，四角攒尖顶，四壁和墓顶均为大青砖垒砌，大青石铺地。东壁有墓门连接后甬道，通过后甬道与前主室相通。南、北墓壁上有墓门，分别与南、北两个侧室相连。

墓室下部为直壁，至 23 层砖、2.8 米处，四壁开始向内逐渐收缩，至距墓底高 6.4 米处汇集在一起，形成四角攒尖顶。顶部用 3 块大砖并排平放封顶，墓顶最高处距墓底高 6.5 米。

墓室四壁均用白灰抹平，灰层同样厚薄不均，有些地方灰层很薄，多有脱落，致使内部砖墙直接暴露出来。

在墓室四壁的上部，同样有多层铁钉，最高一层铁钉距墓底 2.9 米处，上下共计 4 层，钉外端为钩状，钩尖均朝向上方。

墓门两侧的墙壁上，同样有两个上下分布、外端呈钩状的铁钉，钩尖向上，在其上部相对应的位置上，同样有火烧灼留下烟熏的黑炭痕迹。

墓室底部铺以大青石，相邻地板间缝隙严密，十分平整。在四周墙壁的底部，有一周宽窄不等的沟槽。

2. 后室南侧室　位于墓葬后主室南侧，二者有甬道相通，中间有门相隔离。该室南北长 3.58 米、东西宽 1.9 米，平面为长方形，券形顶，以大青石铺地。

墓室下部为直壁，至第 20 层砖、高约 2.3 米处，东、西二壁向上开始起券，逐层内收形成券形墓顶。

券顶用长 48 厘米、宽 20—24 厘米、厚 12 厘米的楔形砖竖砖单层错缝垒成，券层南北排列，南北共计 37 道，每层用砖 17.5 块，拱高 1.21 米，通高 3.04 米。

石质地板南北排列，十分平整，四周各有宽窄不等的沟槽。

通往主室的甬道结构与前室南侧室基本相同。东西宽约 1.16 米，进深约 0.98 米，券形顶。为双层券，用长 48、宽 24、厚 9—12 厘米的楔形砖垒券。其中，内券用砖 24 块，外券用砖 31 块，拱高 0.72 米，通高 2.34 米。

甬道中部同样镶嵌一门，门档、门楣、门框和墓门均不存。其中，门槽宽 0.25 米、深 0.13 米。镶嵌门楣的洞，深度约 0.23 米，其内部也发现有朽木碎屑。基槽东、西两侧，同样各有一个圆形压痕。

3. 后室北侧室　位于后主室的北面，与后主室有甬道相通，中间有门相隔离。墓室南北长 3.6 米、东西宽 1.9 米，平面长方形，券形顶，同样以大青石铺地。

北侧室券顶距墓底通高 3.08 米。

墓室下部为直壁，东西两壁至第 20 层砖、高约 2.22 米处，向上开始起券，形成券形墓顶。

券顶用规格为长 48 厘米、宽 20—24 厘米、厚 12 厘米的楔形砖竖砖单层错缝垒券，南北分层排列，共计 37 道券层，每层用砖 21 块，拱高 1.21 米。

地板同样为石质，四周各有一道宽窄不等的沟槽。

通往主室的甬道结构与南侧室相同，东西宽约 1.16 米，进深约 0.98 米，券形顶。双层券，券顶用长 48 厘米、宽 24 厘米、厚 9—12 厘米的楔形砖垒成，其中，内券用砖 24 块，外券用砖 31 块，券高 0.72 米，通高约 2.34 米。

甬道中部同样镶嵌一门，同样遭到破坏，门档、门框及门不存。

第二节　二号墓墓室内堆积与出土文物

一　前甬道

由于墓室多次被盗，发掘时里面有厚约 3 米的扰土和淤积土。遗物主要出于下部最底层淤土中，但由于被盗，多数遗物已被挪动了位置（图三三、三四）。其中在前室内出有鎏金铜盖弓帽，铁铠甲、镞、剑和大量陶器残块，以及刻有"魏武王常所用挌虎大戟"和"魏武王常所用挌虎短矛"等圭形石牌 7 块。在前室南侧室内发现 2 件陶俑。后室内多处发现有漆木器，仅留局部，器形不明。还出有石圭、璧和金丝、金纽扣、玉饰件、云母片、铜泡钉、铁镜、画像石残块等以及数量较多的棺钉，有的长达 20 厘米。在后室南侧室的门道部位还集中出土了 50 余块六边形刻铭石牌。

甬道内堆放有大量现代盗扰土，上部盗扰土多为从墓道下部盗洞中盗出的虚土，被倒进和堆积在甬道和前室内，扰土中夹杂大量墓砖残块和盗墓分子遗留下的矿泉水瓶等现代遗物。下部有一层很薄的淤土。

二　前室主室

发掘前，前室内上部堆积有大量的现代扰土和被扰动的早期淤土，堆土西高东低，最厚处达 2 米多，几乎填满了后甬道。其中，上部土呈黄色，与墓道底部填土及甬道内的扰土相同，结构疏松，内含大量黄沙，夹杂有大量白灰块和夯土残块。中部现代扰土中，掺杂有被扰乱的早期淤土，因此土色较杂，呈黄灰，偏褐色。下部扰土更杂，为灰褐色，夹杂有大量黄色颗粒，扰乱严重。底层局部保留有少量早期淤土。

1. 最上部扰土层

夹杂着数量较多的盗墓分子遗留下来的现代遗物，如手电筒、塑料包装袋、啤酒瓶、各种饮料瓶、编织袋、铁丝、塑料薄膜、三角带等现代遗物；同时还包含有大量墓砖残块、铺地石残块和少量陶器残块以及其他材质文物。

该层出土的主要文物有陶器残片，如鼎足、器盖和一些釉陶器残片；另外还有铁钉、人骨残块（共计 80 块，其中头骨残块 2 块）、画像石残块（1 块）、铁器残块（37 块）、叶状银箱饰件尖部、鎏金盖弓帽、铁刀、铁环、银质箱饰件残块、铜泡钉、铁带扣、铁刻刀、小型煤晶虎雕、铁剑、铁镞、云母片、漆木器残块若干、板状残石片等大量文物。

其中，成形的器物有铁钉 43 枚、鎏金盖弓帽 5 个、铁环 1 个、铁削 1 把、铜泡钉 3 个、铁带扣 1 个、铁质刻刀 1 把、小型煤晶虎雕 1 个、铁剑残块 1 节、锈蚀在一起的铁质铠甲片 2 块、零散铁质铠甲片 74 片、云母片 23 片、残叶状银饰件 1 个、带孔条状骨板 1 块、铜质拉手 1 个、铁镞 6 枚、方形帽状银饰件 1 个、铁凿 1 把、鎏银铜质椅饰件 1 个、陶质动物俑 1 个（已残）、鎏银张合铜器 1 个、带孔条形铜饰件 1 片（已残）、残骨簪 1 段、陶支脚 1 个、银饰件 1 个、骨质牙签 1 个（残）。

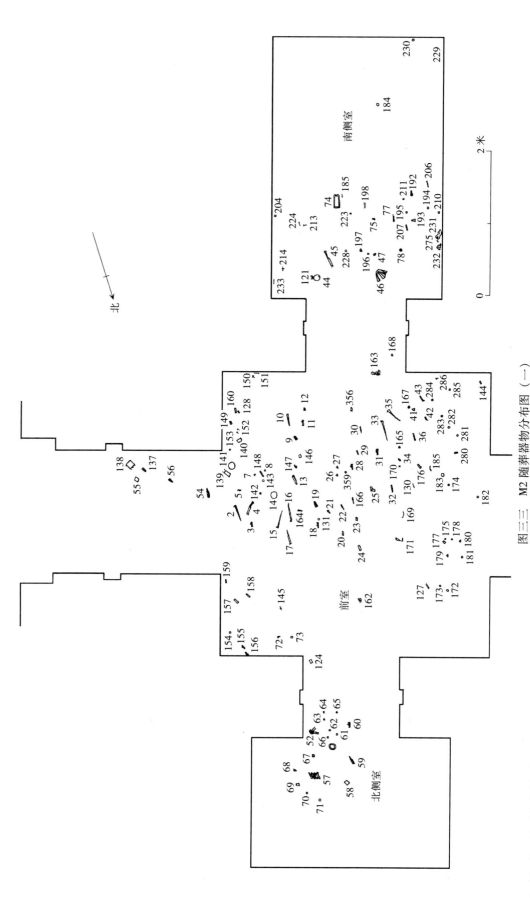

图三三　M2 随葬器物分布图（一）

2、15~17、33、35、184、194、204、210、228、230、273、283、284、179~182、206、207、233、40. 瓷罐　42. 骨簪　46. 银甲片　281、282、152、153、229. 铜钉　275、286. 铜铆钉　231、232. 陶俑

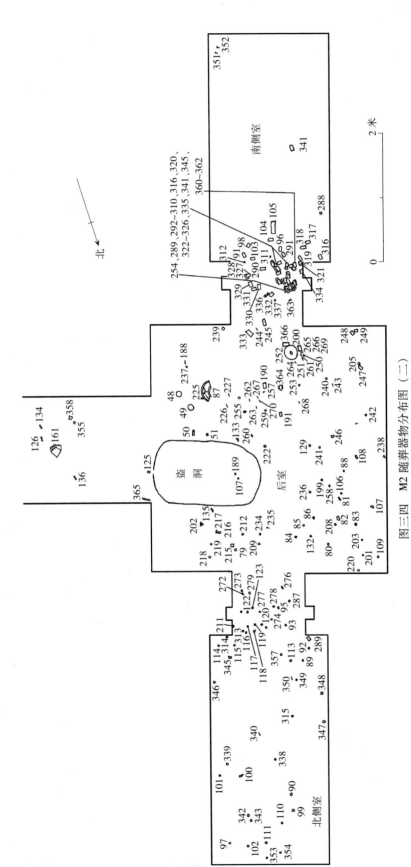

图三四　M2 随葬器物分布图（二）

48. 陶器盖 49. 鎏银铜器残片 50、99、215、216、225、260、272、365. 铜器 51、83. 铜五铢钱 79、80、84、89、92—94、97、101、102、106、109、111—120、122、125、129、132、189、199、201、203、208、209、212、217—220、234、237、240—242、253、258、274、278、287、311、313—315、337—339、342—344、346—349. 铜泡钉 81、134、276. 铜管 82、136. 铜器残片 85. 骨块 90. 铜带钩 123. 铜饰片 86、91、96、98、103、104、107、190、245、247、248、254、288—310、316—332、334、335、341、360—362、366. 铜构件 108、200、239、246、259、355. 石板残块 133. 金丝 161、358. 铜曰 186、227、243、265、266、279. 玉璧 221、235、257、351、352. 银环 222. 护肩铁甲片 223. 铜环 236. 玉剑格 238. 铜环 255、256. 铜泡钉 271. 铜环，出自扰土；37. 陶罐，369、370. 瓷罐，367. 瓷壶 333. 石圭 336. 铜带扣 350. 骨尺 353. 陶动物 354. 铜带扣 364. 陶耳杯（186. 骨器 187. 铜案 378. 瓷罐，系整理时碎片修复而成）罐、371. 三足中空陶盆、372. 陶鼎、373、374. 陶灶、375. 陶井、376、377. 瓷

陶器残片中，可辨的器形有盆、盘、罐、鼎、灶、耳杯、釜、漏勺、豆、壶、甑、碗、瓢、动物俑、支脚和釉陶罐等。

在靠近甬道的前室下部淤土中，出土有一个男性头骨（已残）。

2. 第 2 层扰土层

叠压在上部现代扰土层之下，厚约 0.3 米，亦为现代扰土。土色褐灰，含水分较大，结构较密，含大量淤积泥块、铺地石碎块和大量陶器残块，及其他材质文物。

陶器残片中，可辨器形的有鼎、盆、豆、盘、壶、盒、铲、耳杯、碗、叉、甑、器盖、案、罐、井等，另外还有少量的釉陶片和青瓷片。

其他文物有铁钉 12 个、人骨残块 20 块、石质镶嵌饰件 1 个、铜环 1 个、铜泡钉 2 个、残画像石 4块、锈蚀铜器残件 1 个、铜器残块 1 块、铁质铠甲片 247 片、锈蚀铁器 35 块、云母片 23 片，另有大量彩绘木器残块。

出土的人骨中，有肋骨、脊椎骨残块等。

3. 第 3 层扰土层

距墓底高约 0.5 米，厚薄不均，个别地方层位较薄，叠压在第 2 层扰土之下。土色黄灰，含水分较多，结构紧密（图三五、三六）。

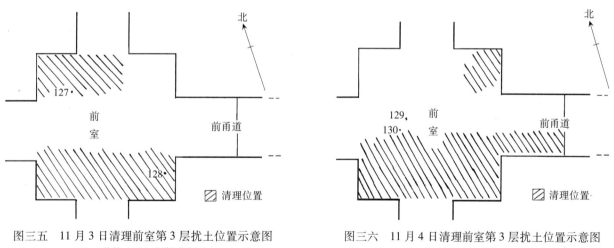

图三五　11 月 3 日清理前室第 3 层扰土位置示意图
127. 骨簪　128. 铜铺首衔环

图三六　11 月 4 日清理前室第 3 层扰土位置示意图
129. 铜泡钉　130. 骨簪

出土的文物有大量的陶器残片、少部分瓷罐残片（瓷罐口沿）和部分细碎的漆木器残块。其他文物有云母残片 3 片、锈蚀铁器残块 1 块、画像石残块 1 块、铁质铠甲片 50 片、残骨簪 1 根、铜质铺首衔环 1 个。其中，铠甲片主要分布于前室的东南部。

残陶片中，可辨器形的有罐、豆、耳杯等。

4. 第 4 层扰土层

距墓底 0.2—0.24 米，厚薄不均，层位较薄，叠压在第 3 层扰土之下。土色灰褐，结构较上一层较为疏松，含大量白灰残块，质地较杂。土层中夹杂有大量盗墓分子遗弃的现代遗物，如食品包装袋、手电筒、塑料包装袋、绿色塑料袋、矿泉水瓶等（图三七、三八）。

该层包含有大量铺地石碎块、漆木器残块，另有少量画像石残块出土。

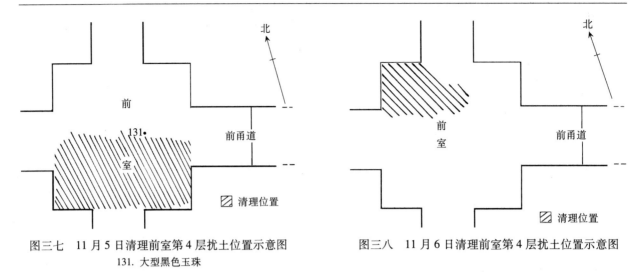

图三七　11月5日清理前室第4层扰土位置示意图
131. 大型黑色玉珠

图三八　11月6日清理前室第4层扰土位置示意图

出土的其他文物有铁质铠甲残片114片、铁钉16个、人骨残块4块、黑色玛瑙珠1个、云母残片4片。残陶片中,可辨器形的有陶豆、陶罐、铁铲、陶耳杯、陶盆、釉陶罐等。

5. 第5层淤土层

位于最下层,大部分地方被现代扰坑扰乱,中部贯穿南北的铺地石被揭取,故此处该层已不存在。厚约0.2米。土色灰褐,结构较密,含水分更大,土质较黏,掺杂有大量白灰残块,推测为墙皮脱落所致(图三九、四〇)。

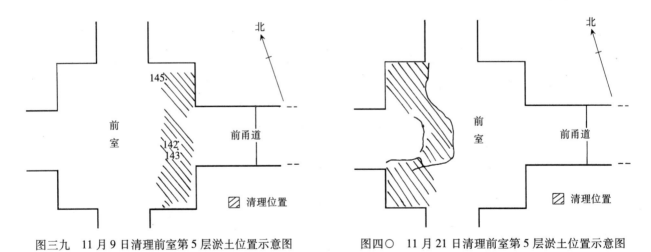

图三九　11月9日清理前室第5层淤土位置示意图
142、143. 铜泡钉　145. 骨簪

图四〇　11月21日清理前室第5层淤土位置示意图

淤土中含有较多的画像石碎块和大量陶器残片,以及漆木器残块。

该层中出土的文物有圭形石牌、玉觿残块、铜饰件、银质箱饰件、铁带扣、铁蒺藜、铁镞、铜泡钉、铜环、铜衔环、铜钗、铜盖弓帽、骨器、铁钉、人骨、云母片、水晶珠、玛瑙珠、玛瑙饼、金丝数根、骨尺、彩绘木器碎块、铜饰件、银饰件、铠甲片、铁刀、小玉珠、马衔、铜灯盏、彩绘漆片、骨簪、棺木上的铁板构件、人骨碎块、铁器残块和画像石残块等。

具体出土文物有画像石残块16块、铁质铠甲残片290多片、条形铜片1个、锈蚀铁器21个、人骨60块、云母残片26片、金丝数根。其中,成形器物有玉觿残块1个、铁带扣1个、铁蒺藜1枚、铁镞3枚、铁钉20个、铜铆钉2个、铜环3个、铜衔环1个、鎏金盖弓帽2个、残牙签3节、完整的叶状银质箱饰件 1 个、环首铜器柄 1 个、水晶珠 1 个、玛瑙珠 6 个、白玉珠 2 个、菱形铜匕 1 个、鸟形铜钗 1 个、铜泡钉 11 个、带铆钉弧形银饰件 1 个、棺钉 1 个。圭形石牌残块 6 块，其中一块石牌上刻字"挌虎短矛"，一块为"王常所用"的右半幅，二者可以拼合在一起，实为一块石牌。另一块残牌上刻字两行，右行内容为"常所用"，左行内容为"□二枚"。另 3 块残牌上的刻字内容分别为"魏武王常所""用挌虎短矛""大戟"。

陶器残片中，可辨器形的有灶、耳杯、碗、器盖、箅、壶、铲、鼎、盘、器足、盆、釜、漏勺、瓢勺、井、案、圆形多子格盒、空柱三足盘等。此外还有釉陶罐、白瓷罐。

在靠近前甬道处的底部淤土中，发现一个头骨，经鉴定为男性，年龄在 60 岁左右。

三 前室南侧室

清理之前，南侧室内几乎堆满了扰土，堆积厚度约 2 米，土层堆积基本与前室相同。

1. 上部扰土

为现代扰土堆积，土色较黄，结构疏松，含有大量黄沙和料礓石。其中，夹杂有大量盗墓分子遗留下来现代遗物，如撬杠、石棉瓦残块、塑料啤酒包装袋、烟头、蜡烛等。在墓壁上，遗留有蜡烛熏过的痕迹。伴随出土有大量碎砖块和铺地石碎块。

该层出土文物较少，主要文物有陶器残片、锈蚀铁器、铁钉、铁质棺板残块、彩绘漆木器残块，另有少量瓷器残片和人骨残块。其中，陶器可辨器形的有器盖、豆、鼎、板瓦。

具体出土文物有铁钉 15 个、云母片 8 片、陶器盖 1 个、铁蒺藜 1 个、铁质棺板残块 1 块、残铜管 1 段、铁刀 1 个、锈蚀铁器 20 块、铁质帐架构件 1 个、圭形石牌铜链 1 条。

2. 第 2 层扰土

叠压在上层扰土层之下。土色黄灰、土质疏松。包含物有墓砖、铺地石碎块。该层厚薄不均，个别地方直接叠压在最下部的扰土层上（图四一）。

出土的随葬文物有陶器残块、铁钉、漆木器残片、画像石残块、铁钉、云母片、金簧、铜带扣、铁质铠甲片、铜泡钉、铁帐架构件残块等。

具体出土文物有铁钉 17 个、锈蚀铁器 12 块、彩绘漆器残片 26 片、残画像石 1 块、陶砚台 1 方、金簧 1 件、椭圆形铜带扣 1 个、铁质铠甲片 4 片、云母片 16 片、梯形铁带扣 1 个、铜泡钉 1 个。其中，陶器残块中可辨器形的有罐、耳杯、鼎、甑、盘、耳杯、勺、碗、豆、釉陶罐。

3. 第 3 层扰土

厚度约 0.12—0.3 米。土色黄灰，含水分较多，结构紧密。

出土文物有铁质铠甲片 7 片、铁钉 18 个、残云母片 21 片、锈蚀铁器 11 件、漆器残片 17 片、黑炭灰 1 块、人骨 1 块、残骨簪 1 节、带有银丝图案丝织品残痕一块（整体起取）、另有铜饰片和部分漆木器残块（图四二）。

4. 第 4 层扰土层

土色灰褐，土质疏松，土色较杂。夹杂有大量墓砖残块和白灰颗粒。另有盗墓分子遗留下来的啤酒包装塑料、烟头和其他现代遗物。

出土的主要文物有陶器残片 8 片、铁器残片 5 片、人骨 1 块，红色漆片若干。

5. 第 5 层扰土层

厚度 0.12—0.2 米，土色灰褐，土质细腻，含有部分淤积土块，依此推测，该层为现代盗墓分子盗扰时，扰乱下部淤积层堆积而成。

出土陶片 1 片、碎石块 1 块、残铁器 3 块、人的盆骨残块 3 块、其他部位人骨 1 块、青瓷残片 1 片、牙齿 2 颗、铁钉 1 个、残云母片 1 片。

6. 第 6 层淤积层

位于墓葬最下层，厚度 0.3—0.35 米，土色灰褐，含水分较大，结构黏重致密（图四三）。

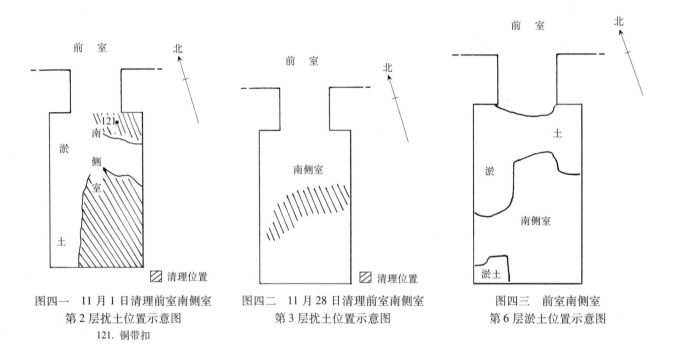

图四一　11 月 1 日清理前室南侧室
第 2 层扰土位置示意图
121. 铜带扣

图四二　11 月 28 日清理前室南侧室
第 3 层扰土位置示意图

图四三　前室南侧室
第 6 层淤土位置示意图

出土的文物有陶器残片 76 片、画像石残块 12 块、铁质铠甲残片 20 片、铁钉 75 个、云母残片 33 片、人骨残块 3 块、铁器残块 66 块、铜器柄 1 个、三角形铜带扣 1 个、铜泡钉 6 个、小型铜衔环 1 个、残铜片 1 片、铜戒指 1 个、椭圆形铁刀刀首 1 个、残骨簪 5 根、银环 1 个、带铆钉鎏银条形铜片 1 个、残玉器 1 个，漆木器残块、漆器残片和金丝等若干。另外还有陶俑两个，其中一个完整，另一个已残。

陶器残块中，可辨器形的有盆、耳杯、器盖、碗、勺、豆盘、豆柄、盘、陶俑等。

四　前室北侧室

清理之前，北侧室内同样堆满了现代扰土，几乎将墓门封堵。扰土中夹杂有大量盗墓分子遗留下来现代遗物，如烟盒、矿泉水瓶等。扰土层表面散布着大量墓砖残块和铺地石碎块，显得十分混乱。土色与前主室内上层的扰土相同，应该是主室堆积的上部扰土蔓延到这里所致。

1. 最上层扰土

土色黄灰、土质疏松。

出土的文物有较多的陶器和漆器残片，以及漆木器残块。另外，有少量铁钉，锈蚀铁器、画像石残块、铜饰件、云母片、银饰件、人骨残块等。陶器中可辨器形的有器盖、鼎腿、鼎耳、勺把、豆盘、盘、瓢勺、罐、耳杯、器腿、云纹瓦当、漏勺、釉陶罐残片等。

具体文物有铁钉9个、锈蚀铁器8个、铜片1块、云母片11片、铜泡钉1个、漆器残片18片、残画像石1块、鎏金盖弓帽1个、铜环1个、人骨残块6块、残叶状银箱饰件（可以与前主室上层扰土中出土的银饰件拼接在一起，实为一件器物）。另有圭形石牌残部1块，刻字内容为"所用挌虎大戟"。

2. 第2层扰土

叠压在上层扰土之下，上部土色褐灰，结构较密，水分较大，呈胶泥状，下部质地疏松、土质较杂，内含较多白灰颗粒。该层较厚，一般厚度约0.7米，最厚处厚达0.85米，个别地方向下一直延伸至墓室底部，甚至将下部的铺地石破坏，并一直向下盗扰，破坏了铺地石下部的垫土层，西壁下部的基石遭到严重破坏。土层里包含盗墓分子遗留下来的大量矿泉水瓶、铁丝等现在遗物，并夹杂有大量铺地石碎块（图四四）。

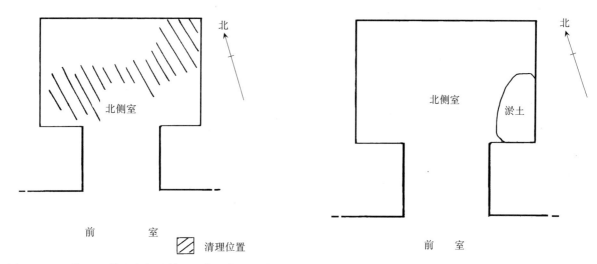

图四四　11月27日前室北侧室第2层扰土位置示意图　　　图四五　前室北侧室第3层淤土位置示意图

该层出土文物有较多的陶器残块、青瓷片1片、铜环3个、匕首残部1段、铜泡钉3个、铁钉4个、银环1个、五铢钱1枚、锈蚀在一起的铁器残块34块（能看出器型的有铁刀、剑、镞、铁钉等）、铁质铠甲片4片、云母残片26片、人骨7块（主要为脊椎骨、肋骨）、漆器残片26片、金丝2根、银铺首衔环1个、三角形铜带扣1个、铁镞1枚、残铁剑2段、玉器残块1个。另有圭形石牌残牌2块，其中一块上刻铭内容为"常所用长犀盾"，另一块上面的刻字内容为"……用挌虎短矛"。

陶器中可辨器形的有釉陶罐、碗、盆、盘、耳杯、鼎腿、铲、器盖、漏勺、笊篱、豆等。

在北侧室西部偏南处，倒伏一块被盗墓分子翘起的铺地石。该铺地石残长0.57米、宽0.8米、厚0.13米，表面光滑，背面十分粗糙。粗糙的背面上打磨出四条宽0.06—0.1米的平行光滑条带，其中一个条带上用红色染料竖写一行字，内容为"长三尺三寸，广二尺□□□"，字迹潦草。

北壁下部靠西处有一横向盗洞。在清理该盗洞积土中，发现盗墓分子遗留下的线织手套2双、光盘1张、塑料包装袋碎块，应为现代盗墓者所留。

该盗洞出土文物有漆皮2片、陶片2块、铁器1件、画像石残块1块。

3. 第3层淤积层

位于第2层下，仅保留一小部分，位于北侧室东南角的一处东西宽0.4米、南北长1米左右的小范围内，最厚处厚约0.15米。土色灰黄，土质细腻。在该层扰土中，出土有烟盒1个、铁丝1段和其他现代遗物，推测为2005年盗掘时所留之物。该层仅出土1件铁器和部分漆木器残块（图四五）。

五　后甬道

发掘前，内部堆积着大量扰土和淤土，将甬道填塞至高度的三分之二，仅能容人俯身爬过。

堆土大致可以分为上下两层，其中上部扰层为现代扰土，在扰土表面，散布着大量被打碎的青石地板残块和盗墓分子遗弃的矿泉水瓶、编织袋土兜、秋裤、蜡烛、灯泡、蓝色和红色塑料瓶盖等现代遗物。下部为淤土层（图四六至四八）。

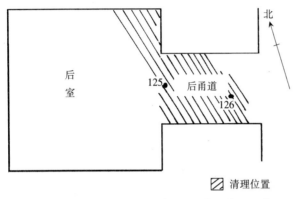

图四六　11月3日清理后甬道及后室扰土位置示意图
125. 铜泡钉　126. 骨簪

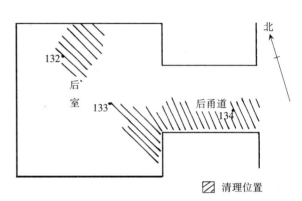

图四七　11月5日清理后甬道扰土位置示意图
132. 铜泡钉　133. 金丝　134. 铜管

1. 上层扰土

堆积较厚，土色黄灰，结构疏松，包含有较多的料礓石和水泥块、木棍等盗墓分子遗留下来的现代遗物，这层土含有墓道内的填土和下面被翻上来的早期淤土。绝大部分一直盗扰至墓室底部，破坏了下部的早期淤土。在甬道的中偏西部有一个盗扰坑，直接打破下面的铺地石，径直向下盗扰，破坏了铺地石下面的垫土层。盗扰坑平面近似正方形，东西长0.64米、南北宽0.68米。

该层扰土中包含遗物较多，出土有大量陶器残片、画像石残块和铺地石残块，另外有一些棺木残块。在个别画像石残块上，刻有五铢钱纹饰。清理过程中，我们在甬道西部的距后室东壁0.14米、南距甬道南壁0.35米处，发现在一片东西长0.95米、南北宽0.8米大小的扰土内，有较为集中的金丝分布，全部进行了采集。

出土的文物有大量陶器残片，青瓷残片、釉陶残片、彩绘木器残块、棺木残块、金丝若干根、画像石残块和铁器。

具体出土遗物有画像石残块26块、铁器残块11块、铁钉和铁质棺钉9枚、骨簪数根、铜泡钉2个、铜质管状物1段、铁质铠甲片42块、人骨残块11块，另有残云母片15片、残条形铜片1个、砖刻陶臼1个。

在出土的铁器中有一块铁板，背面有残钉，遗留有朽木残痕，推测为木棺上的构件。

陶器残片中，可辨陶器类型有鼎腿、陶井、陶釜、陶盆、陶碗、陶耳杯、陶豆、陶勺把、陶罐、青瓷罐、青釉罐。

另外，在盗扰坑的底部发现残损石牌1块，刻铭内容为"大阿"二字。

2. 下部淤土

仅在甬道西北部保留一小部分未被盗扰。该层土色灰褐，含有大量杂质，厚约 0.3 米。堆积呈下大上小，上部东西长 0.35 米、南北宽 0.7 米，下部东西长 0.8 米、南北宽约 0.65 米（图四九）。

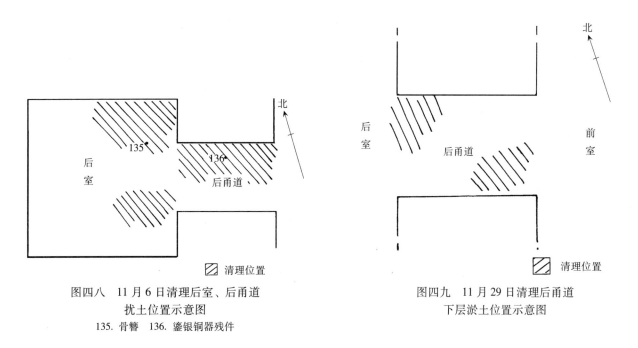

图四八　11 月 6 日清理后室、后甬道
扰土位置示意图
135. 骨簪　136. 鎏银铜器残件

图四九　11 月 29 日清理后甬道
下层淤土位置示意图

在该层下部发现 1 件已腐朽的漆木器。平放在铺地石上，绝大部分已被盗扰破坏，残缺不全，仅剩一部分。其中一角保存尚算完整，可以清楚地看出其家具特征，推测应该为书案面或屏风的下部。

在其附近接近铺地石的扰土中，发现一段盗墓分子遗弃的带有铁钩的松紧绳。

为了保护该漆木器，我们对其进行了整体起取，运回到实验室进行清理、加固封存。

六　后室主室

发掘前，后室内现代扰土和早期淤土厚达 2 米左右，堆积厚薄不均，高低不平，在靠近南壁现代盗洞的下面，土层堆积较厚，其他部位相对较低。

在该室中部偏东和甬道处，有一个东西长 1.65 米、南北最宽 1 米、平面近似长方形的盗扰坑。该盗扰坑打破上部现代扰土，向下盗扰，一直抵达墓室底部，然后，打碎下部的铺地石，继续向下盗扰，破坏了铺地石下面的垫土层 0.6 米深，其深度达 2.5 米左右。在下部的铺地石上，留下了一个东西长 0.55 米、南北宽 0.50 米的大洞。

1. 上层扰土层

为现代扰土，厚约 1.5 米。该层土色黄灰，结构疏松。土层中夹杂有大量盗墓分子遗弃下的撬杠、塑料片、窗纱、烟盒、水泥块、塑料食品袋、玉米秸秆、蜡烛、电池、编织袋和大量矿泉水瓶、可乐瓶、啤酒瓶等现代遗物（图五〇）。

在该扰土层的表层，散布着大量被打碎的铺地石残块和墓砖残块。

该层出土的文物较多，主要文物有数量可观的画像石残块和大量陶器残块，以及数量较多的木棺残块。陶器残块中，可辨器形的有陶壶、陶盒、陶耳杯、陶盆、陶罐、陶豆、陶盘、陶鼎、陶灶、陶碗、釉陶罐、陶勺、陶圈厕、陶臼、陶铲、陶叉、陶案等，此外还有瓷罐。

另外，该层出土有较多的铁器残块，多为木棺上的配件。其中成形的铁器有铁衔环4个、铁板残块18块、棺钉和其他铁钉44个、铁凿1个。

出土的其他材质的文物有铜饰件若干、铜泡钉若干、铜管1个、五铢钱1枚、金纽扣1个、彩绘漆木器漆脱片和数量较多的云母片，以及少量的方形骨块、骨簪数根和大批人骨残块，另有残石牌3个，其中一块为圭形石牌的上尖部，另两个为圭形石牌的下半部，石璧残块1块。

2. 下层扰土层

表面高低不平，厚薄不均，最厚处厚0.5米，最薄处厚0.26米。

该扰土层的上部散布着大量的残砖、乱石和大量人骨残块。其中，人骨残块有股骨、盆骨、肋骨、头骨、下颌骨等。头骨共出土两个，一个位于墓室的西北部，另一个位于墓室的西南部，经过鉴定，均为女性，一个年龄在18岁左右，另一个在50岁上下。

该层出土的陶器残片较多，可辨器形的有：陶罐、陶鼎、釉陶罐等。

其他出土文物有大量铁器残块（较多为棺钉和棺木残块），以及大批铜泡钉、铜帽钉和铜饰件、漆木器残块等。出土了数目较多的骨簪、画像石残块和云母片，并有一定数量的铜环、铁衔环出土。另有六边形石牌1块，内容为"镜臺（台）一"。还有圭形石牌残部1块，无字石板1块。

3. 早期淤土

位于最底层，土色呈灰褐，结构致密，含水分多，黏度大。在墓室内分布不均，主要集中在墓室的南部，东北部仅残存一小部分，其他地方多为现在盗坑所扰，已经不存。

该淤土层包含的文物较多，主要有陶器、釉陶片、画像石残块、漆木器残块、云母片、人骨残块、牙齿、棺钉、骨簪、方形骨块、薄石片、帐架构件、铁衔环、铁器残块，金丝若干、残铜件。其中，陶器残片、铁器残块、画像石残块、棺钉、漆木器残块、骨簪、人骨残块数量最多。另外，还出土石璧残块、玉璧残块、珍珠、铁镜、金纽扣等各1个。

青铜饰件和构件有铜伞帽、铜泡钉、铜杆帽、铜铺首衔环、铜衔环、铜铆钉、铜剑格等。其中，铜泡钉数量最多。

陶器残片中，可辨器形的有盆、鼎、耳杯、碗、案、盘、勺、豆、鼎腿、盆、灶等。

在墓室后部靠近西壁的铺地石上，有六个石葬具痕迹，推测应有石棺床一具，其上应放置木棺。

在后室靠近后甬道的墓门东北侧一带，发现有大量散落的金丝，并有一块带有图案的纺织品腐朽物。作为标本将其整体起取保存。

出土六边形石牌7块，主要出土于后室南部与南侧室甬道相交接处。石牌的铭刻内容分别是"墨画衣枊（架）一"、"沐具一具"、"紫绡披衫、黄绡裌一"、"勳（勋）二绛绯"、"墨廉薑函一"、"木墨行清一"、"绛标（杒）文绮四幅被一"。另有圭形石牌残部1块，上刻的文字内容为"王"字的下部和"常所"二字。

在后室南部、接近南侧室的门口处，摆放着一堆已经腐朽的漆木器，上面叠压着1件大型铁镜。该漆木器下面叠压有石圭、石璧残块、画像石残块和部分六边形石牌，以及云母片等文物。

为了保护该漆木器，我们对其现场进行了加固，然后整体起取，运回到实验室进行清理和后期处理。

七　后室南侧室

发掘前，后室南侧室内堆积着大量扰土和淤土，堆积高低不平，厚度在 1.27—1.45 米之间。

1. 上部扰土层

为现代扰土，土色灰褐，结构较密，含水分多，黏性较大，厚 0.75 米。下部为早期淤土层。

在上部现代扰土中，夹杂着盗墓分子遗弃的啤酒瓶、塑料包装、烟头等现代遗物。伴随有大量碎砖块、碎石块、陶器残片、画像石残块、石璧残块、釉陶器残片、棺钉、棺木残块。可辨陶器的器形主要有陶盆、陶罐、陶耳杯、陶盘等。

在该扰土层的下部，发现有一层厚约 0.1 米的淤积层，推测应该是另一次盗掘后雨水进入墓室后所形成的淤积面，主要集中在南侧室的后部。因为该淤积层下面的土层中包含有黑色塑料薄膜、蜡烛残块，知道其亦是现代扰土，故与上层同归为现代盗扰层，可能是两次不同盗掘所形成的不同土层，两层合计厚约 0.85 米。该层的北部一直向下延伸，打破下部淤积层，但是未到底部；中部则一直向下盗掘，直达墓室底部，对下面的木棺造成了破坏。

2. 下部扰土层

土色灰褐，结构疏松，含水分较大。包含有少量碎石块（图五一）。

出土的主要文物有石璧残块一块，与后室扰土层中出土的一块石璧残块可以拼合在一起，应该是一个石璧个体。另外，出土的文物还有釉陶罐、陶罐、陶豆、画像石、人骨等残块及棺钉、棺木残块。该扰土层北半部较厚，集中在南侧室北半部，出土有釉陶罐残块、陶器残块、石块、棺木残块、少量云母片，并发现烟盒锡纸一片。

3. 下部淤积层

分布于南侧室的东半部，面积东西长 1.6 米、南北宽 0.41 米，为早期淤积土（图五二）。

该层厚约 0.5 米，土色灰黄，结构较密、质地细腻。中部和北部均被现代扰坑所打破，北部厚度仅存 0.35 米。

在该层清理出木棺一具，南半部保存稍高，相对较好，东西宽 0.56 米、壁厚约 0.27 米、残高约 0.5 米。木棺中部和北部被现代坑破坏，仅存一部分。在墓室东南角的底部、棺木东南角之外，发现帐架构件 2 个，上下叠压在一起。棺木的北边接近墓门处，发现帐架构件 1 个，叠压在石牌之上。

该淤积层上部包含文物不多，仅出土少量陶器残片和画像石残块一块。下部出土文物较多，计有石块残块、棺钉、铁钉、铁衔环、铜帽钉、棺木铁饰板、画像石残块、残骨器、石璧残块、铜泡钉、玉珠、云母片、遗骨、铁质帐架构件、铜饰品、石圭残块、石牌和大量陶器残块。

成形文物有棺钉和铁钉 55 个、铜泡钉 1 个、牙齿 1 颗、小玉珠 1 个、三珠钗 1 个、云母片少许、铁质帐架构件 2 个、石圭下半部残块、石璧残块 1 块、铜帽钉 7 个、六边形石牌 53 块。此外还有大量木棺上的铁构件和铁衔环残块、陶器残片、画像石、骨器残块、人骨残块若干，棺木残块较多。

石牌集中出土在南侧室北部和通往后室的甬道底部，叠压在铁器之下。石牌的刻铭内容分别是"香囊卅双"，"绒二副"，"白练单帑"，"木墨敛二盒、八寸机一"，"五尺浰（漆）薄机一、食单一"，"轩杆一"，"白缣畫（画）卤薄、游观、食厨各一具"，"文镭母一"，"浰（漆）唾壶一"，"樗蒲床一"，

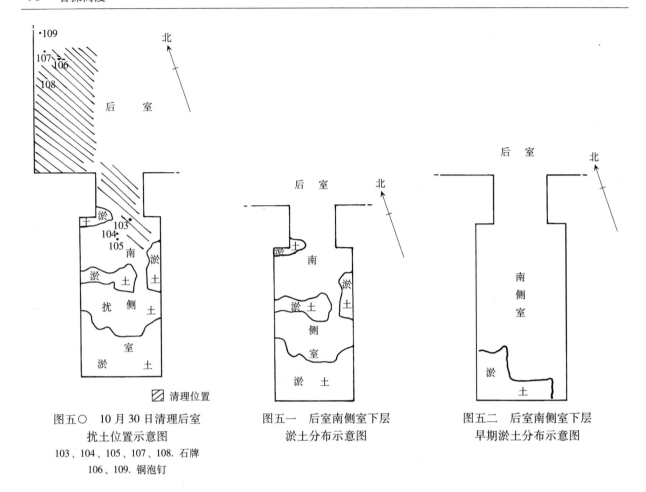

图五〇　10月30日清理后室
扰土位置示意图
103、104、105、107、108. 石牌
106、109. 铜泡钉

图五一　后室南侧室下层
淤土分布示意图

图五二　后室南侧室下层
早期淤土分布示意图

"紫臂褠一具"，"白练单衫二"，"绛白复帩一"，"竹簪五千枚"，"墨畫（画）零状荐苹蒻簟一具"，"黄豆二升、木轪机一"，"渠枕一"，"鐻（镘）菜薗一"，"涞（漆）浆臺（台）一"，"刀尺一具"，"胡粉二斤"，"墨表赤里书水椀（碗）一"，"长命绮复衫、丹文祄一"，"紫绮大襺一、刺補自副"，"木绳叉一"，"广四尺、长五尺绛绢升帐一具、構（构）自副"，"璧四"，"三尺五寸两叶画屏风一"，"丹绡襦襦一"，"绛文复袴一"，"冒一"，"文藻豆囊一具"，"白练练（袜）一量"，"□□繋一"，"绛标（杯）文绮四幅被一"，"竹翣一"，"丹文直领一、白绮帩自副"，"一尺五寸两叶绛缘鐻（镘）屏风一"，"书案一"，"绛疏披一"，"黄绮披丹绮缘一"，"黄绫袍锦领袖一"，"墨砑一"，"绒手巾一"，"轜（辒）车上广四尺长一丈三尺五寸漆升帐構一具"，"玄三早绯"，"五尺涞薄机（几）一、食单一"，"轩杆一"，"木墨敛二合、八寸机一"，"香囊卅双"，"绒二副"，"白练单帩一"，"珪一"。其中，"黄蜜金廿饼、白蜜银廿饼、億巳钱五萬（万）"石牌断为两块。绝大部分保存完好。

该淤土层出土的石璧残块与上层出土的那块石璧残块可以拼接在一起，应该为一个个体。

鉴于棺木保存较差，我们对其就地加固保存。

八　后室北侧室

后室北侧室内同样堆积了大量扰土和淤土，上部为现代扰土，下部为早期淤土，堆土厚薄不均，其中靠近门口处较厚，其他地方较薄。厚0.61—0.85米。

1. 上部扰土

为现代土层，色黄灰，结构疏松，厚薄不均，最薄处厚 0.25 米，最厚处厚约 0.7 米。该扰土层在侧室中部向下盗掘，打破下部扰土和淤土，直达墓室底部，该处盗扰范围南北长 1.1 米、东西宽 1.9 米，对下部棺木破坏严重（图五三）。东北角破坏铺地石，在地板上形成一个东西长 1.25 米、南北宽 0.6 米，深 0.77 米的盗扰坑。

该层包含物有铺地石残块、陶器残片、铁器残块、棺钉、画像石残块、云母片，以及数量较多的铜泡钉、铜饰件、少量金丝、棺木残块。

可辨的陶器器形有陶耳杯、陶罐、釉陶罐、陶尊、陶盆、陶鼎、陶圈厕、陶碗。

2. 中层扰土

为现代扰土层，土色灰褐，结构疏松，含水分较高，黏性较大。位于北耳室中部，贯穿整个墓室南北，打破下层淤土的中部（图五四）。

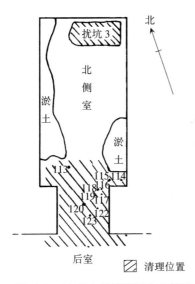 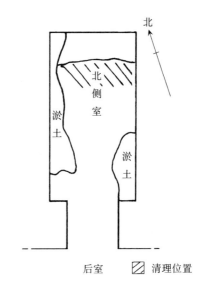

图五三　11 月 1 日清理后室北侧室
上部扰土位置示意图
113、114、115—117、118、119、
120、122. 铜泡钉

图五四　12 月 23 日清理后室北侧
室中层扰土位置示意图

在此层扰土中，包含有大量棺木残块和残石块，出土文物有陶器、画像石残块、人骨残块、少量云母片、铁棺钉、铜构件、铜泡钉等文物。陶片可辨器形的有釉陶罐、陶盘、陶耳杯、陶勺。

3. 下层扰土

同样为现代扰土，土色灰褐，结构较密，含有少量淤土块和较多的棺木残块。包含物有盗墓分子遗弃的木棍、木板等现代遗物。出土文物有陶器残片、铁器、彩绘棺木残块、石块、云母片、铜泡钉、石质箱饰件（图五五）。

4. 底部淤土层

土色灰褐，土质较硬，结构紧密，非常细腻，有雨水淤积残痕，推测应该是盗洞封闭不严，雨水灌入所致。因为其北部和中部绝大部分被现代扰坑所打破，仅东南角保留一小部分和墓室的西半部。其中，西部靠后处淤土保留面积相对较大，主要分布在一处南北长 2.95 米、东西宽 0.2—0.5 米的范围内，形状不规则，厚约 0.45 米（图五六）。

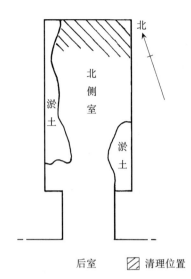

图五五 12月24日清理后室北侧室
后部下层扰土位置示意图

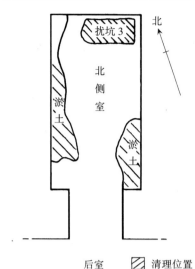

图五六 12月25日清理后室北侧室
下层淤土位置示意图

在该层的下部，靠近墓室中部，发现棺木残存。棺木已腐朽，绝大部分遭到破坏，仅存很小一部分。

该层出土文物有陶器残片、石块、铁棺钉、棺木上的铁构件、棺木残块、骨尺残块。较多的铜泡钉、残铜管、铜构件、铜质器腿、骨器残块、铜环、铆钉等。

在东北角的那个盗扰坑D3中，发现大量被打碎了的铺地石碎块，从中清理出陶器残块7块、铁器1个、人骨残块1块，残骨器1个，铜泡钉2个和较多的棺木残块，另有石牌1块。

第七章　二号墓的修筑

第一节　二号墓建筑材料

一　用砖

二号墓（M2）的建筑用砖主要有4种。第一种砖为长48厘米、宽24厘米、厚12厘米的大青砖，全部用来砌筑墓室。该类砖表面光滑，质地细密，十分坚硬，叩之有金属声，重25千克左右，应该是为修建该墓专门烧制。

第二种砖为楔形砖，长48厘米、宽24厘米、厚9—12厘米，主要是用来垒砌墓门券顶。

第三种砖为楔形砖，长48厘米、宽20—24厘米、厚9—12厘米，用来垒砌侧室券顶。

以上两种楔形砖，是用第一种大青砖加工而成，主要用于墓门和侧室的券顶起券，以增加墓室的强度。

第四种砖为小青砖，体型较小，整体显得宽薄。该型砖全部用来垒砌墓道两边的护墙。其尺寸较乱，大小不一，大致可以分为5种规格，分别为长31厘米、宽16厘米、厚5.5厘米，长26厘米、宽17厘米、厚5.5厘米，长28厘米、宽18.5厘米、厚6厘米，长33厘米、宽16厘米、厚5.5厘米，长27厘米、宽17厘米、厚6厘米。

二　粘合剂

采用白灰作为粘合剂，主要用于垒砌墓壁、勾缝、抹平和粉刷墙体。用来抹平墙体的白灰面里，一般掺杂有碎麻，以起到增加墙壁的附着力和加固作用。

三　石料

主要是用作地板、铺垫墙基和葬具，均为青石（彩版五八：2）。作为铺地石的石块，一般体型较大，周边十分整齐。墙体基石均为大型板状，背面有被破坏的画像石画面，估计是借用其他墓葬或祠堂上的石料。在墓室内出土一个长条形石方柱，四面刻有画像，因此推测，其有可能是墓门的门楣，或者是用来封闭墓门的自来石。另外，在墓葬后室内发现有石棺床痕迹，有专家根据画像石残块特征，推测该墓葬应该有仿木屋形石椁。

四　料礓石

掺杂在回填土中，主要用于墓室上部填土和墓道填土的加固作用。

第二节 二号墓的建筑工序、方法及工艺

一 修建墓室的工序

根据研究知道，M2 的建筑顺序为先开墓道，然后凿挖墓圹，到一定深度后，进行修整。修整完毕，在墓圹底部垫一层黄沙，进行夯打。夯实之后，根据预先绘制的图纸，在墓室底部铺上一层石板，在周边铺上一圈墙基石。接着，在基石之上垒砌砖墙，筑起墓室。墓室垒砌好后，墓室上部开始回填。回填之后，粉刷室内墙壁，对墓室内进行装修。安葬后，封闭墓门，回填墓道。

与此同时，在地面上进行进行必要的殿屋建设和其他建设。

二 建筑方法及工艺

（一）墓道的开凿

开挖墓道是修筑墓室的第一道工序。因为墓道不仅是安葬时运送棺椁、随葬品和送葬人员上下的通道，更重要的是，该墓葬埋藏较深，工程量大，因此，也是修筑墓室时工匠上下的通道以及开挖墓圹时向外运土、修筑墓室时向内运送砖石材料的通道。为了上下行走方便，更为了便于向外运土和向内运送建筑材料，因此，墓道底部被挖成斜坡状。

该墓规模巨大，埋藏深，工程量特别巨大，不是一朝一夕能够完成的，工期可能需要数年，期间可能要经历春夏秋冬。冬季的严寒产生的热胀冷缩，容易造成墓圹壁的坍塌，需要进行必要的防寒。而夏季多雨，容易影响工期和造成四壁的冲刷。为了防止雨水倒灌进墓坑内和应对冬季的防寒，在开挖墓道时，需要修建保护设施，如搭建防护大棚，因此，在墓道两侧出现了我们今天看到的那一排排列有序的磬形坑和长方形坑，

因为墓道较深，为了防止塌方，或者出于礼制的需要，将墓道两边开凿成阶梯状，并在墓道最深处的南北两侧用小青砖垒砌起护墙。可能是因为下部潮湿、地基不稳，在垒砌防护墙时，在墙壁内嵌进一些立木和横木作为墙的龙骨。

也可能是为了防滑，在墓道东部接近开口的斜坡上，横挖出一道道平行的浅沟槽。

（二）开凿墓圹

墓道开挖的同时，在墓道西端开始开凿墓圹，为了防止墓圹四壁坍塌，上部开口稍大，向下呈斜坡状向下挖掘。我们推测，其上部也应该建有防护大棚等保护设施。

墓圹上部大致呈侈口斜坡方斗状，但是，其东、西两边的中部各向外有一个突出。其中，东部突出部分的南部东出 2.5 米，北部东出 1.6 米。开口下挖至深约 0.5 米处时，有一个很窄的二层台阶，下部突然收缩，然后继续向下挖掘，墓圹壁呈斜坡状向下延伸。在其北壁上还发现有两个脚窝状凹窝。我们认为，它们并不是所谓的脚窝，极有可能是用来支撑四壁的支架所留下的印痕。

墓圹东壁中间向东凸出部位，下挖至约 6.5 米处突然内收，形成一个宽约 3.8 米的平台，在其东

南角，发现有下土堆积痕迹。因此，推测可能是在开挖下部墓圹时用于出土和封填墓圹时下土。

墓圹挖好后，在底部铺上一层黄沙，然后夯实。因为在墓室内部的铺地石下面，我们发现有一层十分坚硬的黄沙层，我们认为，这是修墓工匠们有意铺设的，这样可以起到防潮作用，防止地下较多的水分上浸，防止将来的墓内太潮。通高打夯，使地基坚实，以便在上面修筑墓室。

（三）铺设铺地石和墙基石

根据暴露出来的铺地石情况，我们认为，铺地石的铺设和周围的墙基石是同时进行，一起完成的，甚至稍早于周边的墙基石。因为我们发现，铺地石的局部直接叠压在墙壁之下。也就是说，在夯平、夯实墓圹底部后，在上面需要建设的位置开始铺设一层石板。虽然它们是同时进行的，但是用作墓室内部的铺地石和周边墙壁的底部基石还是有区别的，因为我们发现，铺地石下部一般没有画像，而墙基石向下的一面都有被破坏了的画像。而且，绝大多数墓室内的铺地石与四周的墙基石均有明显的界限，相互间是独立的。因此，程序上应该有先后关系，即铺地石的铺设先于周边基石（图五七）。

每块铺地石和基石的大小尺寸以及摆放位置都是预制好的，在背面用红漆进行了标注。各墓室内的铺地石大小不一，用石数量不一。

铺地石的铺设从中部开始，向外成排铺设，其中前室最乱，铺地石大小差别较大，前部南北共计5排，后部南北排列3块。

前甬道为东西向排列，南北共计2排。

后主室内的铺地石排列最为规整，为东西向排列，南北共计4排，每排铺地石4块，皆错缝平铺，每排边线平直。

4个侧室的铺地石则按照南北向排列，东西2排或3排。每排用石3块，边线十分平直，邻排的铺地石皆错缝平铺，对缝紧密，地面十分平整。

室内地板铺设完毕后，开始在周边铺设墙基石。由于各个侧室墓门处的铺地石的边沿部分是叠压在墙基下的，故我们推测在这个部位，甬道的砖墙直接建筑在铺地石上，并没有刻意留出墙基石的位置。在铺设墙基石时，提前预留出墓门的位置。在预留门槛的位置，凿出一道沟槽，用来镶嵌门框。

清理时，我们注意到一个现象，即在墓室四壁各有一个浅浅的沟槽，当时认为有可能是专门留出的排水槽。但是，随着清理我们发现，这些沟槽在各侧室的甬道内缺失，并没有连贯在一起，而此处的铺地石均叠压在墙壁之下。这种现象也在其他部位出现，因此判断，这些沟槽的产生，可能是由于四周墙体较重，致使下部墙基石下沉造成的。

总之，这些铺地石有以下特点。

（1）除了后室主室内的铺地石之外，其他墓室内的铺地石均大小不一致，虽然错缝平铺，但是由于成排铺设，因此摆放很有规律，杂而不乱。

（2）铺地石之间排列十分紧密，对缝仔细，缝隙极小，地面显得十分平整。

（3）铺地石厚薄均匀，表面均未抛光，其背面十分粗糙。

（4）部分铺地石有二次利用的现象。在其背面有被凿坏的画像石图案，画像石的雕刻技法以及所刻画内容，与山东地区发现的东汉时期画像石极为相似。这些铺地石是借用其他东汉墓葬或祠堂上的画像石，因此，对其上面的画面有意进行了破坏。这些画像石多作为墓葬墙壁下的基石。

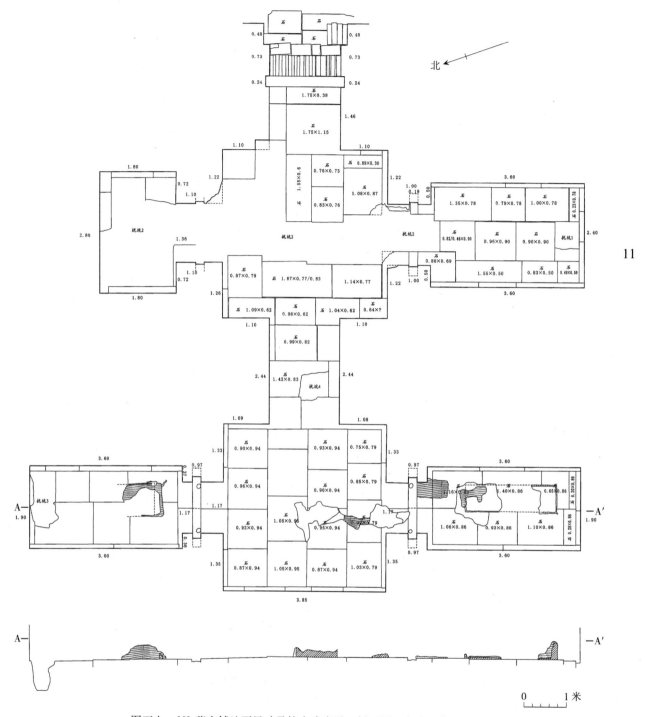

图五七　M2 墓室铺地石尺寸及棺木残痕平、剖面图（灰点和斜线为棺灰痕）

（5）在部分铺地石的背面，发现有用朱砂书写的文字，内容为铺地石尺寸的大小，由于有破损，上面是否有铺地石的编号，不得而知。

（四）墓室的修筑

铺地石和墙基石铺设完成后，开始按照提前画好的图纸，在基石上面垒砌墓壁。墙壁皆用规格长48厘米、宽24厘米、厚12厘米的大青砖筑成，采用一丁一顺方法垒砌，用白灰勾缝，每层顺砖2块，墙壁厚达 1 米左右。

各甬道的砖墙垒砌到一定高度时开始起券，形成券顶。券顶一般用长 48 厘米、宽 24 厘米、厚 9—12 厘米的楔形砖垒成，分内外两重，根据门道宽度和起券高度的不同，内券和外券用砖数量不等（彩版五四：1）。

主室为四角攒尖形顶，全部采用横砖和竖砖交替垒砌，外高内低逐层垒砌，逐层内收，形成一个壁面为下大上小的四方锥体，壁面平整，上部收拢。前主室顶部略低，用三横砖平放封顶；后室顶部较高，用三竖砖立放封顶。

前室南侧室和后室两个侧室为券形顶。券顶皆用规格为长 48 厘米、宽 20—24 厘米、厚 9—12 厘米的楔形砖立砖分层垒砌，砖头向外，每层券行成一个个独立的圆弧，南北叠加在一起，形成弧形券顶。前室北侧室为四角攒尖形顶，由于南北两坡面较宽，东西两坡面较窄，在顶部形成一东西向长的矩形洞口，然后，自西向东用 7 个半立砖斜放封顶，故在顶内部露出一排砖角（彩版五四：2）。

墓葬大门和各个侧室的墓门均为券形顶，门的两壁均有门槽，用来镶嵌门框。故在券顶下部两壁门槽的上部，均有左右对称两个方形洞，应该是镶嵌门楣的地方。门楣之上为砖砌半圆形门档，门档为单层横砖错缝垒砌，白灰粘接并抹缝。门档的砌砖直接镶嵌在墙壁内，应该是同砖墙一次砌成，与墙本体形成一个整体，显得十分坚固。

（五）墓室上部回填

墓室垒砌好后，开始进行回填，为了加固墓室，在填土中掺进大量料礓石，然后分层反复打夯，因此填土夯层较薄，夯层均匀，夯窝密集，十分坚硬。直到回填至与当时的地表持平为止。

由于在修建墓室的墓门、甬道和各个侧室时，需要加工大量楔形砖，产生许多边角废料，同时，在加工铺地石时，也会产生一定量的废石料，于是，在进行回填时，首先将这些破碎的废砖块和碎石块掺进土中，回填到墓室上部，这样既加固了墓室，同时又处理了废料。

（六）室内装修

回填完成后，开始用白灰对墓室内粗糙的墙面进行涂抹取平，然后，在外面粉刷一层薄薄的白灰。

我们注意到一个现象，墓室内除了前室北侧室外，其他各室的内壁均用白灰涂抹取平，这些白灰均色泽偏黄，里面似乎掺有麻纤维，表面十分粗糙，甚至留有明显的工具痕迹。整体墓室内壁的白灰面都显得凹凸不平，似乎没有来得及进行最后的粉刷程序。有的地方厚达数厘米，有的地方仅仅刷上一层白灰，薄如蝉翼，砖缝清晰可见，因此，墓室内壁的灰层厚薄不均，而且多有脱落。笔者认为，可能是因为地下潮湿，也可能是因为时间仓促，来不及对整个墓室进行认真涂抹和最后装饰，为了赶工期，仓促之中，只能用白灰水对剩下没来得及抹平的地方进行简单粉刷。甚至前室北侧室内的整个墙面，都没有来得及进行任何粉刷，致使青砖暴露在外。其他墓室内壁表面的白灰面多有脱落，可能是因为涂抹墙面的季节寒冷、墙面潮湿、墙面附着力较差的缘故（彩版五五）。

在前、后主室四壁的上部，均发现有多层挂钉。其中，前室挂钉外端为圆环状，孔内有已朽丝绳残留；后主室挂钉外端为钩状，推断其可能是用来悬挂帐幔所用。如果此推断成立，当初墓室内可能悬挂有复杂的帐幔，用于遮挡周围粗糙的墙壁。

我们在前室东壁墙面上发现有红色彩绘残存，但是由于保存太少，无法看出其全貌（彩版五六）。

装修完毕后，开始安装各侧室的墓门，预留出石棺床位置。

（七）封门技术

M2 不仅有主墓门，各个侧室与主墓室之间均有门来封闭隔离，这在其他墓葬中极为少见。由于墓门已经遭到破坏，仅存门槽，故这些门板的材质不明。门槽的上下分别向两边的墙体内延伸一方洞，推测原来均有门框镶嵌于墙壁内，上部有门档、门楣，下部亦有门槛，设施齐全。在镶嵌门框的方洞内发现有少量的木屑残存，故有学者认为，当时的门框应该是木质，其门板也应当为木质。但是，从前室南侧室门外的扰土中出土有长条方柱形画像石残块，经测量，其宽度与这些门槽上的方洞相符，所以我们判断，门框有可能是石质，木屑可能是填补它们与墙壁之间的缝隙，起到填缝加固门框的作用。

另外，在前室偏南处发现的那块巨型石板，因为特别厚重，有别于其他铺地石，且一面光滑，边缘平直，靠光滑一面的边缘有平齐的二层台，周边刻有装饰性图案，石板的光滑面有铁锤锤击的痕迹。根据这些特征我们推测，应该是门板，故我们认为，墓门可能是石质的。

在每个侧室的门槛沟槽的东西两侧，均发现一个门臼，门轴压痕明显（彩版五三：3）。如前室南侧室下部门槛沟槽的东西两侧，稍偏北处各有一个门臼，两个门臼间距 1 米，门臼直径 0.08 米。因此，推测其应该为对开双扇门。

在主墓门内侧甬道的地面上发现一个小凹坑，这里应该是当初放置自来石的地方，当墓门关闭后，通过自来石从内部将主墓门闩死，以防止有人从外面再行开启。

为了增强墓门的防护，墓门关闭后，又在门的外侧用砖砌起 3 道封门墙。其中，内层封门墙为斜立砖，中层封门墙为错缝横砌，外层封门墙为竖放立砖，封门墙的外部与墓的外墙平齐，中间用白灰填缝粘接。整个封门墙厚度达 1.45 米，十分坚固。

（八）封填墓道

墓门封闭后，开始回填墓道。墓道内的填土为五花土，掺有大量料礓石。我们在墓道回填土中并没有发现碎砖残块，也没有发现画像石残块。

为了加固墓道，对回填土逐层夯实。夯筑采用丛夯的方法，由 7 根木棍组成一组集束夯，夯窝为平底，直径约 7.5 厘米，夯层厚 12—42 厘米不等。每层夯窝密集，分布均匀，且相互叠压，绝无漏夯现象，十分致密坚硬。经过多年的雨水和地下水的浸入，料礓石与土块胶结在一起，土色泛白，坚硬无比（彩版二八：1）。

我们在墓门前的墓道底部，发现两把铁铲，可能是工匠们在回填时遗忘在那里。但是，我们更认为极有可能是他们故意放在那里的。

在墓室内的现代扰土中，也发现了一把铁铲和一个铁质夯锤。是不是工匠们在回填墓圹后，进入墓内粉刷墓室时遗忘在那里呢？这引起了我们的怀疑。如果这个推测成立的话，那么更能说明回填墓圹和粉刷墓室的前后关系问题。但是，笔者认为这种可能性不太大，推测它们可能是和墓道内发现的那两把铁锹一同放置在墓门前的墓道底部，后来，因为盗墓分子对墓道底部进行盗扰，将其倒进了墓室内。

第三节 二号墓的防护措施

一 实行薄葬制

建安二十三年（218），曹操在为自己预制寿陵时，曾经明确要求"敛以时服，无藏金玉珍宝"，对自己进行薄葬，这也是为了断绝盗墓人的贪欲，防治墓葬被盗。

曹操废除了东汉一代奢靡之风，开创了薄葬新时代。此后，这种薄葬思想一直为其后代所承继、提倡和推广，他的儿子魏文帝曹丕与之相比，更是有过之而无不及。他在黄初三年（222）为自己预制寿陵时，要求自己的墓葬要"无施苇炭，无藏金银铜铁，一以瓦器，合古涂车、刍灵之义。棺但漆际会三过，饭含无以珠玉，无施珠襦玉匣"，要求对自己施行更严格的薄葬。从此之后，薄葬也就成为当时的一种制度，并影响到西晋。因此我们认为，薄葬也是防盗措施之一。

二 关于"不封不树"

《三国志·魏书·武帝纪》中记载，曹操曾要求"因高为基，不封不树"，根据我们考古发掘，在地表确实没有发现任何封土痕迹。M2 开口层位清晰，直接叠压在晚期文化层之下，墓圹周围没有任何高出原始地面的封土迹象，其上面的晚期文化层堆积明确，因此可以排除封土的可能性。这种情况也说明，当初安葬曹操时，是严格按照曹操生前的命令进行的。

之所以施行"不封不树"，后来，他的儿子曹丕道出了其中原委。据《三国志·魏书·文帝纪》中记载，黄初三年（222）冬十月甲子日，曹丕在为自己预选寿陵时说："封树之制，非上古也，吾无取焉。寿陵因山为体，无为封树，无立寝殿，造园邑，通神道。夫葬也者，藏也，欲人之不得见也。骨无痛痒之知，冢非栖神之宅，礼不墓祭，欲存亡之不黩也，为棺椁足以朽骨，衣衾足以朽肉而已。故吾营此丘墟不食之地，欲使易代之后不知其处。"一语道破了施行"不封不树"这种葬制的真谛，那就是为了防盗。因此我们认为，曹操施行这种"不封不树"的丧葬制度，就是他防盗的措施之一。

三 深葬夯筑

根据曹植《武帝诔》记述，曹操墓"窈窈玄宇，三光不晰。幽闼一启，尊灵永蛰"。曹丕在其为父亲所写的《武帝哀策》中，亦有"漫漫长夜，窈窈玄宫"。这些无不暗示曹操墓埋藏得十分幽深。M2 墓底距当时地表 12 米左右，距现今地表 15 米左右，显然符合这种幽深的特征，这也印证了上述记载的准确性。

曹操墓建得如此之深，应该也是防止后人盗掘的措施之一。

四 特制大砖，坚固墓室

该墓葬采用特制大砖，砖长 48 厘米、宽 24 厘米、厚 12 厘米，重 25 千克左右，十分致密，敲击时有金属声音。这种大型青砖只在砌筑墓室时使用，即使在其墓道底部、墓门外的墓道两侧垒砌的护坡上都未使用，说明了该类砖的珍贵。这种规格的大型青砖只有在洛阳邙山东汉帝陵中发现过，因此，它应该是为了修建该墓而专门烧制的。其目的主要是加固墓室，增加墓室的安全性。

同时，该墓的墓壁厚达一米，特别坚固，更是防盗的一大措施之一。

五　多重墓门封护

在墓门的内侧、前甬道的铺地石上有一小坑，据此推测，它是封闭墓门的自来石放置的位置，说明墓门是从里面封闭，以防止被人从外面打开。不仅如此，为了加固墓门，防止被人盗掘，在墓门外侧还砌筑了3层封门墙，总厚度达1.45米左右，中间填有大量白灰。封门墙外部与墓壁平齐，这也是防护措施之一。

六　用特殊材料进行加固

除了以上防盗措施外，为了防止盗掘，二号墓（M2）墓室上部和墓道内皆用五花土封填，里面夹杂大量料礓石和碎砖瓦块、碎石块，甚至在墓圹下部的填土中，专门铺就一层砖瓦层，用以加固。

填土自下而上全部经过打夯，夯层较薄，夯窝密集，土质致密，十分坚硬，再经过雨水浸泡，料礓石与土层胶结在一起，坚固无比，硬如磐石，很难进行盗掘。

七　毁掉殿屋，使后世不得见

经过考古发掘，我们在高陵的地面上发现几处地面建筑遗迹。根据史料记载，曹操高陵原本有殿屋和陵屋之类的建筑。

曹丕以父亲曹操崇尚节俭，古不墓祭，皆设于庙，因而下令将陵园内的殿屋全部毁掉。其真实目的可能就是出于防盗，使多年之后，高陵的地面不留痕迹，避免遭到后人盗掘。

第八章　二号墓地面建筑遗迹及性质推断

第一节　二号墓建筑遗址

一　陵南建筑

根据发掘，我们在二号墓（M2）南面发现一排东西向的柱洞，柱洞远离墓道，应该不是墓道的附属物，我们推测其为另一处独立建筑遗迹（图一九）。

由于该排柱洞从墓道东端一直延伸到墓室南部，因此，该建筑规模巨大，建筑主体叠压在南部探方壁下。由于发掘面积有限，其范围、结构目前还不清楚。

至于其功用和性质，我们可以大致推断出一二。根据《后汉书》志第五《礼仪中》记载："容车幄坐羡道西，南向，车当坐，南向，中黄门尚衣奉衣就幄坐。车少前，太祝进醴献如礼。"羡道即墓道。依据汉礼，容车幄位于墓道之西，即位于墓道的左侧，汉代的陵墓多坐北向南，故而在墓道之西，方向是坐北向南，与墓道的方向相同。而曹操的陵墓为坐西向东，葬礼是遵循汉礼进行。据此我们知道，容车幄也应当在墓道的左侧，即墓道的南面，该建筑的位置正好和汉礼中所规定的容车幄的方位相符。因此推断，该建筑是举行葬礼时用来停放灵车和举行辞别仪式以及最后祭奠、奉哀册、颂诔文的地方，所谓的"容车幄"，又称"下房"或"便殿"，其门东向。该建筑所遗留的那排柱洞，西部靠南，东部偏北，略微偏向墓道，正是方便灵柩下葬，符合容车幄的特征。

另外，根据文献记载，秦代皇帝陵园内实行的是前庙后寝，汉代改为在陵墓的左侧。《晋书》卷二十《礼第十礼中》明确记载："魏武葬高陵，有司依汉立陵上祭殿。"因此，我们不妨大胆推测，容车幄在安葬完曹操之后，有可能又改成寝殿，放置其生前衣物用品，用来纪念他。

二　柱洞与陵前建筑

在墓葬前面，即墓道以东的地面上，发现了大量排列有序的柱洞（彩版二五）。经过统计，前后大致可以分为6排，每排均为南北向排列。其中，最西一排两个较大的方形坑，分别打破墓道前面的两个磬形坑，靠近它的东面一排共计8个；再向东的第三排有柱洞4个，第四排为一组南北向均匀排列的4个大型方坑，靠里的两个方坑均缺一角，靠北和靠南的两个方形坑四角完整。紧靠该排东侧的第五排为4个小柱洞，再向东有一排两个相距较远的小柱洞。

从这些柱洞的分布情况看，都是围绕着西部第一排的两个较大方坑和东面第五排4个大方坑而设，因此判断，这两组较大的方坑，应该是该组建筑的主要明柱所留遗迹。靠西第二排小柱洞，位于西面那两个大型方坑的内侧，可能是该建筑西墙内的夹柱。其中，该排靠近中间的两个小柱洞，间距较大，空隙正对着其西面墓道的中心线，推测该处有可能是这组建筑的门道。

由于发掘面积所限，这组建筑是否还有其他建筑，其他建筑的范围、结构以及功用尚不清楚。

结合文献记载，对其作用和性质我们可以进行推测。《宋书》卷十六《志第六礼三》记载："汉氏诸陵皆有园寝者，承秦所为也。说者以为古前庙后寝，以象人君前有朝后有寝也。庙以藏主，四时祭祀，寝有衣冠象生之具以荐新（注："荐新"意为以时鲜食品进行祭奠）。秦始出寝起于墓侧，汉因弗改。陵上称寝殿，象生之具，古寝之意也。及魏武帝葬高陵，有司依汉，立陵上祭殿。"黄初三年（222），曹丕曾下《毁高陵祭殿诏》，也证明了当初曹操高陵有祭殿等建筑。

因此可以确定，当初高陵地面上有寝殿、祭殿、庙宇等建筑，根据前庙后寝之说，推测此处当为祭殿等遗迹。

该组建筑的柱洞打破磬形坑，故而其时代要晚于早期墓道，符合先葬后建庙宇的时间顺序。

三　墓道夯土带

墓门前的墓道打破了一条南北向延伸的夯土带，该夯土带北宽南窄，向北延伸到探方北壁下，范围不详；向南也延伸到探方南壁下，和墓葬南侧的那处建筑相连接。该夯土带在墓道两侧，均打破磬形坑，同时又被长方形坑所打破。因此，夯土带形成的年代应该早于现今墓道，而晚于曹操去世的时间。如果上述墓南建筑为"下房"和"便殿"，我们推测，在陵墓之北亦应该有一组建筑，这条夯土带极有可能是连接南北建筑的通道。

在墓道之北不远处，发现一处较厚的夯土台面，高出汉代地面约0.4米。台面上有一个南北向延伸、底部为圆形的半圆形沟槽，该夯土台应该为一个高台建筑，具体功用不详。由于该高台与夯土带相连，所以，二者形成的时间应该相同。但是我们注意到，在该夯土台南侧的地面上，有一长方形柱洞，打破南北向的夯土带上的长方形坑。如果该柱洞与夯土台有关联的话，推测其年代应晚于长方形坑，所形成的年代，也就是说，晚于二次葬的时间，具体说晚于太和四年（230）。墓北这个高台建筑可能与卞氏有关，是不是有二次利用的现象，应该引起注意。

第二节　二号墓其他附属设置或祭祀遗迹

一　磬形坑、长方形坑、圆形柱洞

墓道两边各有11个方向相同、南北两两对称的磬形坑（彩版四八：2），每个磬形坑的内凹处，各怀抱一个不规则长方形坑，与磬形坑并行。在墓道北侧，有一排东西向的圆形柱洞（图一一）。

根据它们与夯土带和墓道之间的打破关系，我们知道，它们分属于前、后两个不同时期。

解剖个别磬形坑和长方形坑，我们发现，其下部有平铺的砖块或者底部高低不平，有柱洞痕迹。据此我们推测，它们可能是修建墓道时，搭建保护大棚时载埋立柱的地方，废弃后进行回填夯实。

墓道以东的地面上，与墓道两侧磬形坑在同一直线上，向东还分别发现有两个磬形坑，与西面的磬形坑一样，在其内弯处均有一个长方形坑存在。因为最东边的那个磬形坑部分叠压在探方壁下，故向东延伸多远，还有多少个磬形坑和长方形坑存在，目前还不清楚。因为这两个磬形坑的方向与西面的磬形坑相反，又远离墓道，故推测，它应该是安葬时放置仪仗所遗留下来的遗迹。

二　大型椭圆坑

在墓道东面的那组建筑遗迹的正东面，正对着墓道中线位置，有一个大型椭圆形坑，该坑南北长径3.5米、东西短径1.5米。坑的西部打破一方形柱洞。它的形成时间略晚于墓前的这组建筑遗址，可能是后期祭祀时留下的遗迹。

三　长方形坑（K1）

在墓道东端右侧的地面上，有一个东西长2.4米、南北宽1.17米、与墓道平行的长方形坑，该长方形坑形状十分规整，打破了其南部与其相邻的磬形坑的北部，因为开口于同一层面上，故其应该与墓葬为同一时代遗迹，其形成的时间应该略晚于磬形坑，也就是晚于曹操入葬的时间。经解剖发现，该坑的内部上、下有两层铁钉，周围排列整齐（图一三、一四）。中间部位的上层铁钉，钉尖均向下；下层坑沿周边的铁钉，钉尖全部向内。故推测，该坑内当初埋藏的是一个箱类物品，应该是后来祭祀留下的遗迹。

四　墓顶砖砌竖洞

在M2的墓顶上方、后室的中部，发现有两个砖砌竖洞，经测量，它们之间的距离与原先的墓道的宽度相同，其中，北边那个竖洞正对着原始墓道的北壁，南边那个竖洞正对着原始墓道的南壁。在笔者看来，这两个砖砌竖洞的存在绝不是偶然的，更不是有的专家认为的那样，猜测它们是后人所打的水井遗迹（彩版二七）。

由于曹操墓施行的是"不封不树"葬制，笔者认为，所谓"不封"，就是不在地表进行封土，不在地面用土堆起高大的坟丘。所谓"不树"，就是不在墓道前和神道两边立碑刻和石象生。这一方面是出于曹操的薄葬思想，另一方面也是出于他的自我保护。

我们发掘的结果也证实了史书记载，在地面上确实没有发现封土和石碑、石象生之类的东西。但是，这并不代表他的墓葬在地面上果真不留下任何标记。

首先，作为雄霸天下、不可一世的一代王侯，曹操被儿子魏文帝曹丕追尊为魏武帝，平日是需要后代祭祀的。在封建社会，祭祀是一项重大的政治活动，有着严格的规定。作为魏武帝曹操，平日里，其后人和大臣们必须按期到其陵墓上进行凭吊，如忌日的祭祀、每月望朔日的上陵、清明节的扫墓等活动，都是不可或缺的，因此必须有一个明确的标志。那么，这两个竖洞极有可能就是指示墓葬位置的"标"，里面插上高大的旗杆，上面升起标明高陵的大旗，用它们来代替昔日盛行的墓碑，指示出墓葬的具体位置，以便臣属和他的后代上陵扫墓祭奠，不至于搞错位置。据《三国志·魏书·于禁传》记载，于禁生前曾经奉魏文帝曹丕之命前来祭奠曹操。曹植也曾经要求前往高陵祭祀父亲，这些都说明了这一点。

其次，当时曹操的夫人卞氏尚在，按照东汉葬礼，将来她去世后，需要合葬在曹操的陵墓内，这也需要有一个明确的标志，为将来重新打开墓道、安葬夫人卞氏留下一个明确标志。

那么，是不是如笔者所推论，这两个砖砌竖洞是为了给后来的卞氏去世时指路的呢？

经过测量我们发现，这两个砖砌竖洞之间的距离，正好与我们发现的最初墓道宽度相等，方向一致，这种现象绝不是偶然的。

我们发现一个奇怪的现象：后来的墓道的西端起点并不是在墓门，而是越过墓门，一直向西延伸，打破了该墓前室的顶部。这种现象只能说明一种可能性，就是第二次打开墓道时，只能辨认出来墓道的方向和宽度，而不能确认墓门的具体位置，为了保险起见，只好向西多挖了一块。由于此时距离曹操去世已经有10年，负责修墓的大臣和工匠已经去世，主持这项工作的曹丕更是不在，出现这种情况是完全有可能性的。这也是该墓二次打开过的重要证据之一。

因此笔者推测，墓顶砖砌竖洞可能是为了便于将来卞氏合葬在该墓内而特意留下的标志，用来指示墓道的位置、宽度和方向，以便将来重新打开墓道。

曹操当初之所以要求不封不树，主要是害怕后人盗掘其墓葬。他深知，终魏一代其陵墓会得到最好的保护，不可能被人盗掘，因此，他主要是担心改朝换代之后会出现这种风险。而墓室顶部树立的"标"，只是临时性标志，并不是永久性的标志，故而他并不担心这种标志的存在。

但是，曹操没有想到的是，他辛辛苦苦建立起来的政权存续时间那么短暂，他的陵墓那么快就被人盗掘。根据我们发掘，在这两个砖砌竖洞之间有一个巨大的盗洞，该盗洞开口于南北朝地层下。推测在西晋晚期，盗墓分子通过该盗洞进入墓葬后室，完成了对该墓的第一次盗掘。

也许正是这两个标志的存在，为盗墓分子指明了曹操墓的具体位置，在曹魏政权灭亡几十年之后，该位置仍然清晰可见。盗墓者据此对曹操墓进行了准确定位，将盗掘的位置直接选择在了这两个竖洞之间，成功实现了对该墓葬的首次盗掘。

第三节　陵园和寝园

在一号墓北面，原本认为是墓道的地方，后来经发掘证实，是一条东西向墙的基槽，该基槽在一号墓（M1）和二号墓（M2）的东面向南有一个拐角，这引起了我们的高度重视。经过钻探，发现在与该拐角对应的M1和M2的东面，也有一条南北向墙的基槽。M2南面同样也有一条东西向的基槽，西部因为被现代起土所形成的深坑破坏，情况不明。但是，根据北、东、南三面基槽相连、形成封闭的情况看，推测其西面原来也应该有基槽存在。如果该推测成立的话，这圈围墙正好将M1和M2围拢在围墙之内，形成一个独立的院落。

因为此院落仅仅包括M2和M1，以及陵墓前的建筑遗址，面积过于狭小，故推测，此围墙不应该是高陵的陵垣，应该是它的寝垣。

根据《三国志·魏书·武帝纪》记载：建安二十三年（218）六月，曹操令曰："古之葬者，必居瘠薄之地。其规西门豹祠西原上为寿陵，因高为基，不封不树。周礼冢人掌公墓之地，凡诸侯居左右以前，卿大夫居后，汉制亦谓之陪陵。其公卿大臣列将有功者，宜陪寿陵，其广为兆域，使足相容。"曹操高陵虽然采用了"不封不树"的薄葬制，但是，大体上还是遵从周礼和汉制进行陵园布局的，故其陵园周围应该设有陵垣、城门等守护设施。从该令中的"凡诸侯居左右以前，卿大夫居后，汉制亦谓之陪陵。其公卿大臣列将有功者，宜陪寿陵，其广为兆域，使足相容"这句话，我们推测，其陵园的面积应该相当大，陵园之内应该有陪葬的公卿大臣、列将的陵墓和寝殿、庙宇等各种祭祀性建筑，更会有守陵人的住房等建筑。黄初三年（222），魏文帝曹丕曾经下诏，下令毁掉高陵内的寝殿等地面建筑，这也证实了寝殿的存在。后来，我们在 M2 的西面相继又清理了几座墓，时代为曹魏时期，推测应该是其陪葬墓，说明这种推测是正确的。

考虑到这几座墓都出现在我们发现的那个围墙之外，根据曹操的遗令，它们应该是在陵园之内，故推测高陵的陵园范围更大。该围墙之内的区域过于狭小，应该是他的寝园，而不是真正的陵园。

目前，高陵陵垣的位置、走向、结构及陵垣内的附属建筑并没有搞清楚，仍然是一个谜，有待于下一步工作。

第三篇　二号墓出土文物

第九章　二号墓文物出土概况

二号墓曹操墓（M2）虽然经历过多次被盗，出土文物依然十分丰富，种类繁多，既有其生前使用过的用品，即所谓的"常所用"之物，如印符、渠枕（盗走已被追回）、铜钗、三珠钗、铜戒指、带钩、华盖、瓷器，以及各种兵器和生产、生活用品等。根据石牌记载，二号墓随葬的生前用品还有各种衣服、手巾、香囊、书案、屏风、木墨行清、樗蒲床、淶（漆）唾壶、刀尺、胡粉、文锡母、黄豆、姜函、水椀、文藻豆囊、衣枷、沐具、镜台、各种凭几、錞（镘）莱薗、竹簪、挌虎大戟、挌虎短矛、长犀盾、挌虎大刀（盗走已被追回）等。

也有标明曹操生前地位身份的大量礼器，如圭、璧、鼎、卤簿、辒车、黄绫袍锦领袖、大型错金铁镜，以及上面提到的挌虎大戟、挌虎短矛、长犀盾、挌虎大刀和华盖等。有象征其权力的刀、剑等兵器，还有绛色、绯色勋带两条。

更有各种葬具，如木棺、石棺床、帐幔、辒车、白缣画卤簿、簟、升帐、帐构、竹翣、水晶珠、玛瑙饼等。

同时，也有为了葬礼需要而专门制作的各种明器，如陶豆、陶匏勺、陶鼎、陶甑、陶釜、陶仓、陶壶、陶盘、陶碗、陶灶、陶案、陶熏、陶尊、陶漏勺、陶匕、陶叉等厨房用具和大小陶耳杯等酒具，以及生活设施如陶井、陶圈厕等，这些有可能就是文献中所记载的专门用来随葬在帝王陵墓中的所谓"东园秘器"。还有一些象征性的随葬物品，例如车马、黄蜜金、白蜜银以及入殓的各种殓衣、被子等。

根据出土文物的材质来分，这些随葬品又可以分为金、银、铜、铁、玉、云母、陶、瓷、木、石、骨、漆、竹等不同类别。其中，仅随葬的殓衣中就可以分为绮、绡、练、缣、绫、绢、绒、锦、绒等多种材质。从纺织品的颜色来分，包括绛、玄、绯、紫、白、丹、黄、绛白等色彩。从纺织品的款式和类型来分，有升帐、绯衣、大襦、刺补、疏披、四副被、帽、衫、裙、襜襦、衫、袜、手巾、袴、梳、臂褠、黄绫袍等。

目前为止，我们已经修复出来的文物多达900多件，因遭盗掘，这远远不是随葬品的全部。因为编写该报告的时间紧迫，许多文物还没有完全修复出来，如铁器、画像石、墓主人的遗骨等，不能完全收入该报告。大量丝织品和漆木器已经腐烂，因此，今天的我们已经无法见到。不过，因为有这些石牌的存在，我们还可以窥见一斑，石牌上面清晰地记录着随葬物品的名称和数量，为我们了解曹操墓的丧葬礼制和东汉晚期帝王陵墓的随葬制度提供了极大方便。

需要说明的是，目前发掘出土的这些石牌，并不是当初随葬石牌数量的全部，不少石牌已经流失在外，其所记录的内容无从知晓。因此，曹操墓中到底随葬了多少文物，它们的种类和数量到底有多少，仍然是一个谜。

　　由于历次盗扰的原因，三具棺木均已被破坏，后主室中仅存棺床痕迹，两侧室内保留有木棺的局部，各种棺钉、棺饰件散落整个后室，三个墓主人的遗骨更是散乱在墓室各处，相互混杂在一起，需要体质人类学专家仔细辨认，进行分离。

　　墓中出土的文物均已被扰乱，有不少文物出土于现代扰土中。绝大多数还是出土于墓室底部的早期淤土层中，但已离开了它们原来的位置。

　　在发掘过程中，我们尽量按照不同盗次所形成的扰土层位进行清理，对出土文物进行分别包装和记录。但是，对一个遭受盗扰的单个墓葬来说，墓里文物的出土层位已经不是最主要的，文物的完整性是我们最为关心的问题。

　　下面对所出土文物的有关情况，辟出专章详细介绍。

第十章 二号墓出土文物

第一节 二号墓葬具

在二号墓（M2）共发现 3 套葬具，分别分布在后室的 3 个墓室内。其中一个位于墓葬主室的后部，紧靠后室西壁。另两个分别在后室南、北两个侧室内，木棺均位于室内中偏东部。3 套葬具均被破坏。另外，在后室的淤土中，出土有多种型号的帐架构件、棺钉、木棺上的铁板饰件和铁衔环等棺上配件。现分述于下。

一 葬具

（一）1 号葬具

位于后室主室中偏西部，包括石棺床和棺木（彩版五七：1）。石棺床已被盗走，木棺遭到破坏，仅在铺地石上留下 6 个方形痕迹。这些印痕分为东、西两排，每排 3 个，南北向排列，两两对应，整体呈长方形。其中，靠近西壁的一排 3 个为凿痕，凿痕较深。与之相对应的东面一排 3 个为压痕，痕迹较浅。据此我们推测，最初墓葬里有石棺床，这些痕迹应该是石棺床留下的。靠西边那排凿痕，应该是为了标示石棺床放置位置而特意凿出来的，东边那排较浅的压痕，应该为石棺床的 3 个腿放置在那里所留下的印痕。根据对当地群众的走访调查，我们了解到，墓葬内确实有石棺床，但是已经被盗墓分子盗走，下落不明。

在后室内发现有大、中、小三种铁质棺钉。其中，小型棺钉可能是两个侧室内的棺木所用的棺钉，大型棺钉则有可能是曹操棺木上的棺钉。因此推测，当初石棺床上有木质葬具。因为它位于主室内的尊位，故推测应该是装殓魏武王曹操尸骨的棺木。

由于棺钉较长，最长达 27.5 厘米，推测其棺板较厚。在后室内发现有大型铁饰板，上面有铆钉，背面残留有木痕，可能是木棺上的饰板。

在后室内发现有大、中、小三种铁质帐架构件。其中，大型铁质帐架构件可能是主室内的棺木所用，因此，当初葬具外面应该罩有幔帐（彩版五七：2）。

在墓室内发现有画像石，其中有瓦当和门柱等部件，据此有专家推测，在石棺床和棺木外面罩有仿宫殿形状的石椁。由于后面有专章介绍，这里不作赘述。

（二）2 号葬具

仅有木棺，未见棺床（彩版五三：1）。位于后室北侧室中偏东处，破坏最为严重，仅存很少一部分，长短大小结构不明。在其附近发现有铁质帐架构件，因此推测，当初入殓时，棺木外面罩有幔帐。

（三）3号葬具

仅有木棺，未见棺床（彩版五三：2、五七：2）。位于后室南侧室中偏东处，保存相对较好，虽然上半部遭到破坏，已经不存在，但是，基本上还可以看到棺木的大致轮廓。从棺木遗存看，南窄北宽，棺木应该是头向北放置，也就是朝向后室主室。

从其断面看，棺木的底部均铺有一层蓝色的粉状物，应该为批灰层，胶结在一起，十分结实。在其四壁也发现有一层较厚的批灰残痕。批灰表面髹漆，底层为红色，外表为黑色。棺底铺有一层草木灰，草木灰层上面铺一层薄薄的朱砂。

棺木底部批灰层在棺外向西部和北部延伸，溢出棺外（彩版五八：1）。这一现象表明，棺木的西部和北部原来应该还有边箱和头箱。

在棺木之外的南侧室内东南角，发现有两个铁质帐架构件，叠压在一起，其周围也有帐架构件出土。因此推断，最初棺木外应该罩有幔帐。

二　葬具附件

1. 帐架构件

12件。铁质残损严重，暂时修复出5件，均为四通架构。根据管径长短、粗细，分为大、中、小三种。

此外，还发现有帐架构件残套管25件，推测应该是7件帐架上的残部。经过测量比对发现，大型残管3件。中型残管16件，其中15件套管保存较为完整，1件套管破裂成两块。另有小型残管6件。在帐架构件套管的口部均有一个销钉，对所插入的木杆进行固定。在个别的帐架构件套管中，还有木杆的残痕。

现将12个账架构件介绍如下。

大型　2件。一件残缺不全，一件相对完整。标本M2：665，铁质，基本完整。四通，其中3件套管互成直角，另一件与其中一个套管靠得比较近，呈19°夹角。套管粗4.65厘米、管口径3.65厘米、管长19厘米（彩版一〇五：5）。

中型　7件。4件残损严重，修复出来成型的3件。标本M2：666，铁质，完整，四通，形状和结构与标本M2：665相同，第4个管与相邻套管呈32°夹角。管粗4.1厘米、管口径3.4厘米、管长14厘米。

小型　3件。2件残损严重，一件可修复成型。标本M2：667，四通，形状和结构与标本M2：665相同，第4个管与相邻套管呈32°夹角。管粗3.2厘米、管口径2.4厘米、管长14厘米。

2. 棺钉

42件。根据长短、粗细，分为大、中、小3种规格（彩版一〇五：4）。

大型　28件。标本M2：910，铁质，稍残，尖部残缺。四棱方形，粗端有圆形钉帽，另一端为尖部，周身仍保留着木朽残痕。粗端1.3厘米、残长27.5厘米。

中型　31件。标本M2：16，铁质，尖部残缺。四棱方形，粗端有圆形钉帽，另一端为尖部，周身仍保留着木朽残痕。粗端1.2厘米、残长22厘米。

小型　16 件。标本 M2：911，铁质，尖部残缺。四棱方形，粗端有圆形钉帽，另一端为尖部，粗端 0.4 厘米、残长 13.4 厘米。

3. 铁质棺饰板

共发现 4 种形式，分别是长方形平直铁板、"凹"字形大型铁板、桥形较窄铁板、T 形铁板。

长方形铁板　4 件。保存基本完好，大小完全一样。板面平直，两端有铆钉固定在木棺之上。标本 M2：912，长 25 厘米、宽 6.4 厘米、厚 0.5 厘米。两端各有两个铆钉残痕，铆钉突出的铁板一个面，粘附有朽木残块。

"凹"字形铁饰板　2 件。一块保存较好，另一块仅存部分。标本 M2：881，长方形的两端向一侧各有一个宽 6.1 厘米的突出部分，另一边平直。沿平直那条边，有一排铁铆钉，共计 6 个，两钉间距为 8 厘米。另一边的两端突出部位各有一颗铆钉，位置与另一边起始钉相对应，在靠近突出部分的拐角处，对称各有一颗铆钉。钉体为四方锥形，长 4.6 厘米，将铁板固定在木棺上。在钉尖突出的那面铁板上，有棺木残留。铁板长 29.5 厘米、两端宽 9 厘米、中间较窄处宽 7 厘米、厚 0.5 厘米（图五八；彩版一〇五：3）。

桥形铁饰板　4 件。一件完整，一件略残，其他两件仅存部分。标本 M2：885，两端平直，中间隆起成桥形，每端平直部分为边长 5 厘米的正方形，四角各有一个铆钉，固定在棺木上，钉长 2.3 厘米。在钉尖突出的铁板面，仍残留有棺木残块。隆起部分呈弧形，弧弦长 7.4 厘米、拱高 2.2 厘米（彩版一〇五：1）。

T 形铁饰板　1 件（M2：19）。已残。一端较宽，呈横长方形，一长边的中部呈直角外凸，整体呈 T 形。较宽部分的长边长 8.7 厘米，宽 4.8 厘米。外突部分长度不详，现仅存 6.2 厘米，宽 5 厘米。靠近较宽部分的铁板一端，并排有 3 个铆钉，在突出部位的中间位置，并排有两个铆钉。铆钉长 5.8 厘米，均为四方锥体，圆形钉帽。在钉尖突出的铁板一面，仍残留有明显的棺木残块。铁板厚 0.8 厘米（图五九；彩版一〇五：2）。

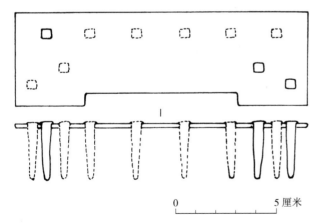

图五八　M2 出土铁质"凹"字形棺饰板（M2：881）

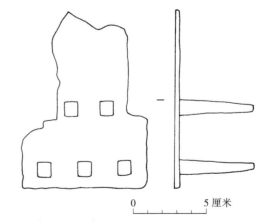

图五九　M2 出土铁质 T 形棺饰板（M2：19）

4. 衔环

11 件。铁质，锈蚀严重，皆出土于后室扰土中。出土时，用来固定在棺木上的一端仍附有棺木残块。根据其形状和附着的朽木残痕，推测其应该是棺木之上的附属物。根据衔铁环的大小，环体的粗细，分为大、中、小三种型号（彩版一〇五：6）。

大型　5件。保存较好。前端为环状，后一端折叠在一起，固定在棺木之后，后尖部向两侧呈90°横折。前端的圆环内，套着一个大型铁环，铁环可以在圈内上下自由转动。套环的大小相同，外径均为9厘米、内径约6.2厘米。但是，用来固定衔环的柱身长度却有区别，共分为3种规格。标本 M2：679、M2：681，柱身长10厘米。标本 M2：699、M2：682，柱身长9.2厘米。标本 M2：701，柱身长仅7.1厘米。由此可见，其位于棺木的位置不同，长度亦有不同。

中型　4件。与前者不同，该型前端为环状，后部为一个整体，为方柱形，直接铆接在棺木上，在其后部形成一个蘑菇状的钉帽。标本 M2：680，柱体身长约7.1厘米，所衔圆环的外径约7.6厘米、内径约5厘米。另外3个柱身后部残缺，长度不详。

小型　2件。结构与大型衔环完全相同，柱身也是两扁条形铁折叠而成，因为柱体后部残断，长度不详，但是从个别保存较好的柱体局部看，柱身的长度至少在3.4厘米左右，推测其后部亦是向两侧90°角横折，以固定在棺木之上。标本 M2：678，所衔圆环的外径约6.5厘米、内径约3.9厘米。推侧该类棺木厚约3.4厘米。

总之，由于该墓内出土的帐架构件、铁钉和衔环均分为大、中、小三种类型，结合墓内出土的3具木棺，我们基本上可以认定它们是3个木棺上的配饰。

综上所述，我们认为，那些大型棺钉、衔环和帐架构件，应该是位于主墓室内曹操棺椁之上的东西；中型棺钉、衔环和帐架构件，应该是地位较高的皇太后卞氏棺木上的东西；而那些小型的棺钉、衔环和帐架构件应该是另一个地位较低的女性棺木上的东西。

根据棺钉的长度和衔环柱体的长度，我们大致可以推测出，曹操的棺木形制宏大，板材至少厚10厘米；中型棺木相对稍小，板材厚度大致在7厘米左右；最小的棺木，板材厚度不详。从这些器物上，我们可以清楚地看到三人之间的尊卑关系。

第二节　二号墓遗骨

在清理二号墓（M2）墓室内的扰土的整个过程中，出土有大量遗骨残块，多数集中出土于后室主室的下部，其他零星散落于各个墓室内的扰土中。包括人的头骨3个和股骨、肋骨、盆骨、趾骨等人骨架的各个部位。为3个人骨个体，与墓室内所发现的3个葬具相对应，因此我们知道，该墓为三人合葬墓。由于3个骨架混杂在一起，还未来得及分拣，具体情况尚不清晰，现将我们掌握的主要情况介绍于下。

1. M2　1号遗骨

可辨认的残骨包括头骨、下颌骨、肋骨、盆骨残块和股骨等，由于盗扰，已经散乱。其中，头骨出土于前室东部，靠近前甬道位置的扰土下层。肋骨和盆骨残块散落于前室和南侧室内，股骨等其他残骨分布于后室扰土中（彩版三九：1—4；一二一：1、2）。

出土时，头骨已经破裂成数块，面部不存，但是仍然能够看出其大致形状。应该是被人故意破坏。经鉴定，该头骨为男性，年龄60岁左右。经过对其股骨进行鉴定，其身高在1.56米左右。

2. M2　2号遗骨

出土于后主室西北处的下层扰土中，也被严重破坏，面部不存。其他骨骼包括下颌骨、股骨、盆骨、肋骨等。头骨和股骨、盆骨保存相对较好，其他残骨零星散落于后室的各层扰土中。

经过中国社会科学院考古研究所王明辉先生鉴定，认为该头骨为女性，年龄在 20—25 岁之间。经吉林大学朱弘先生鉴定，该头骨为女性，年龄在 18—21 岁之间（彩版三九：5，一二一：3、4）。

3. M2　3 号遗骨

包括颅骨、下颌骨、股骨、盆骨、趾骨等。头骨保存相对较好，但是面部亦被严重破坏。其中，头骨发现于后主室西南部位的扰土层下部，其他残骨散落于后室扰土中。

该头骨冠状缝后部，有一圈平缓凹线，呈一条带状。王明辉先生认为，可能是长期佩戴冠饰形成的。经鉴定，该头骨为女性，年龄 50 岁左右（彩版三九：6，一二一：5、6）。

第三节　二号墓出土瓷器

二号墓（M2）出土瓷器 11 件，破损严重，均为罐。其中，白瓷罐 1 件、青瓷罐 8 件、酱釉瓷罐 2 件。

按照器形分，有小底鼓腹罐、大平底直腹罐。一般肩部附有多个横系，以 4 个横系为主，个别瓷罐上有 6 个系。出土瓷器普遍胎体厚重，胎质较杂，部分施半釉，多数施全釉，釉层较薄。除少数几个瓷罐釉层保存较好外，多数瓷罐釉层脱落严重，釉下未施化妆土，表面显得粗糙。根据器形细部不同，大致可以分为 7 种器型；按照釉色分，又可分为白釉罐、青釉罐和酱釉罐 3 种。下面以釉色的不同分类进行介绍。

1. 白瓷罐　1 件（M2：370）。已残。低领，圆唇，直口，溜肩，四系，圆鼓腹，大平底。口部外沿有一圈凹弦纹，肩部凸起，与上腹部有明显的分界线。肩部四周等距离附 4 个横置桥形系，在肩部和腹上部各有一组水波纹。胎体较纯净，呈白色，但有微微泛红现象。施半釉，至腹下部，腹下部及底胎体裸露在外。白釉，釉层较薄，保存相对较好，莹润发亮，有细小冰裂现象。口径 8.7 厘米、颈高 1 厘米、腹径 16.2 厘米、底径 10.9 厘米、通高 13.4 厘米（图六○：5；彩版五九：1）

2. 青瓷罐　8 件。按照器形分，共有 4 型。

A 型　1 件（M2：369）。已残。青釉，圆唇，高直领，直口，斜肩，肩部有一周很矮的凸弦。肩部与腹部交接处有一周浅浅的凹弦纹，沿此凹弦纹罐的四周，等距离分布着 4 个横置桥形纽。腹部下有一周不甚规整的凹弦纹。腹部微鼓，最大径偏上，下部内收，大平底，器形整体显得瘦高。胎体较薄，胎质纯净，呈白色。器身上部施青釉，腹部以下施半釉，最下部有流釉现象。釉层较薄，整体厚薄不均，呈上下流动的条带状。透过釉层，胎体表面的布纹清晰可见。内壁施全釉。口径 8.2 厘米、颈高 2.1 厘米、腹径 17 厘米、底径 10.4 厘米、高 17.6 厘米（图六一：3；彩版五九：2）。

B 型　1 件（M2：378）。已残。直领，侈口，尖唇，斜平沿外翻，溜肩，平腹，直壁，大凹底。肩部靠下处有一周很浅的凹弦纹，沿凹弦纹均匀分布 4 个横系，为不规则的半圆形纽。腹部平直，至底部，整体呈直桶状。大凹底，因为做工粗糙，器形变形，局部有外鼓或内凹的现象。在罐底的中部有很深的内凹，罐内底部向上凸起。胎质较杂，呈绛色。做工粗糙，表面凹凸不平，口沿更是高低不平。釉层极薄，附着力较差，绝大部分脱落，仅在腹部有少量保留，釉呈淡青色。口外径 12.2 厘米、内径 10.5 厘米、腹径 21 厘米、底径 18.9 厘米、纽高 0.9 厘米、高 22.4 厘米（图六二：1；彩版六○：1）。

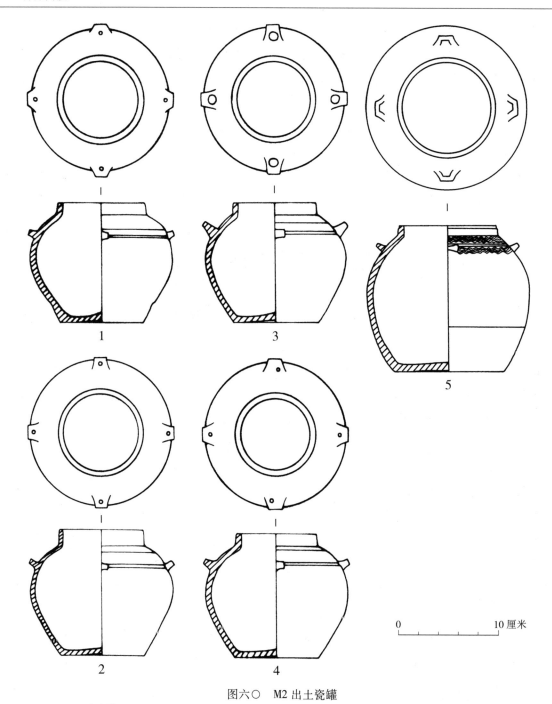

图六〇　M2 出土瓷罐

1. Db 型青瓷罐（M2∶393）　2. Da 型青瓷罐（M2∶40）　3. Dc 型青瓷罐（M2∶392）　4. Da 型青瓷罐
（M2∶394）　5. 白瓷罐（M2∶370）

C 型　1 件（M2∶391）。已残。低领，圆唇，侈口，束颈，窄平肩，双系，鼓腹，小平底。颈外侧有一周较深的凹弦纹。肩上有两周较浅的凹弦纹，弦纹以下外凸。在上腹部有一周很浅的凹弦纹。沿该凹弦纹对称附两竖系，系较宽大，上面阴刻叶脉纹。圆鼓腹，腹部最大径偏上，腹下部突然内收，形成小平底。底部整体微向内凹，边缘残留支烧痕一个。整体显得低矮宽大。胎体厚重，质地较杂，微泛红色。罐内外均施半釉，下部胎体外露。釉层较厚，呈豆青色，保存较好。口径 21厘米、颈高 1.7 厘米、颈内径 19.7 厘米，最大腹径 30 厘米、底径 14.2 厘米，通高 21.4 厘米（图六二∶3；彩版六〇∶2）。

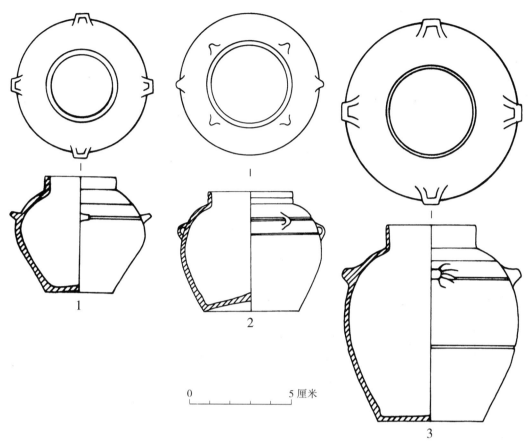

图六一　M2 出土瓷罐

1. Dd 型青瓷罐（M2：398）　　2. A 型酱釉瓷罐（M2：396）　　3. A 型青瓷罐（M2：369）

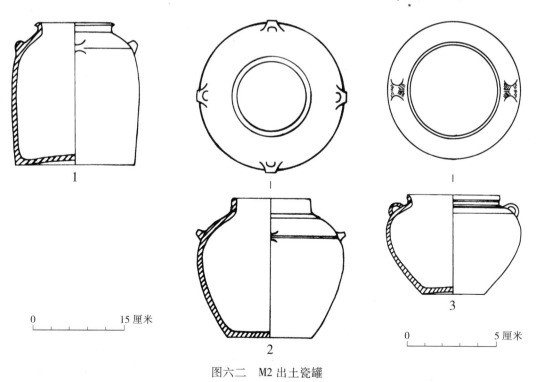

图六二　M2 出土瓷罐

1. B 型青瓷罐（M2：378）　　2. B 型酱釉瓷罐（M2：368）　　3. C 型青瓷罐（M2：391）

D 型　5 件。高领，鼓腹，溜肩，四系，小平底，满施青釉。根据器形不同，又分为以下 4 个亚型。

Da 型　2 件（M2：40、M2：394）。均已残。器形、大小、釉色完全相同（图六〇：2、4）。高领，圆唇，直壁竖口，溜肩，4 个横系，鼓腹，腹部最大径在罐的中部，下腹部内收，小平底，底部未见支烧痕迹。胎体肩部有一周明显的划痕。肩下部四周等距离附有 4 个方形横系，方形纽，微向上翘起，中镂一小圆孔。通体施满釉，釉呈青色，釉层极薄，因烧制温度低，附着力差，多有脱落，可以看到下部胎体。标本 M2：40，口径 7.5 厘米、腹径 14.4 厘米、底径 8.4 厘米、系间距 8.1 厘米、纽高 1.15 厘米、颈高 1.1 厘米、通高 12.1 厘米（图六〇：2；彩版六〇：3）。

Db 型　1 件（M2：393）。已残。外形和釉色及保存状况与 Da 型青瓷罐基本相同，不同之处在于其肩部，该型罐肩的上部凸起，下部略低，形成阶梯状双重肩。腹部最大径靠上，整体显得瘦高。口径 7.6 厘米、腹径 14 厘米、底径 8.3 厘米，纽高 1.15 厘米、通高 11.6 厘米（图六〇：1；彩版六〇：4）。

Dc 型　1 件（M2：392）。已残。外形和釉色及保存状况，与 Da 型青瓷罐基本相同，不同之处在于口的内壁，该式罐口微向内敛。4 个系分布不均，间距大小不等，纽偏高，斜向上翘起，中间圆穿孔较大。通体施满釉，下部流釉现象明显，厚薄不均。整体釉层较薄，有脱落现象。口径 7.2 厘米、腹径 14.8 厘米、底径 8.3 厘米，纽高 1.5 厘米、通高 11.65 厘米（图六〇：3；彩版六一：1）。

Dd 型　1 件（M2：398）。已残。圆唇，高直领，竖直口，溜肩，4 个横系，鼓腹，小平底，器形偏小。肩与腹部交界处有两周较浅的凹弦纹。沿该凹弦纹在罐的四周均匀分布着 4 个横系，方形纽，中间有长方形穿孔，纽向外平伸。腹部最大径靠上，下部急内收，形成小平底。通体施釉，釉色青中偏黄。釉层较前三型稍厚，保存较好，个别地方因为磕碰有脱落。口径 6 厘米、腹径 13.2 厘米、底径 6.3 厘米，纽高 0.7 厘米，颈高 1.3 厘米、通高 11.1 厘米（图六一：1；彩版六一：2）。

3. 酱釉瓷罐　共发现 2 件，器形差别较大，可以分为 2 型。

A 型　1 件（M2：396）。已残。器形矮胖。高领，侈口，尖唇外撇，溜肩，鼓腹，大凹底，周身分布着 6 个竖纽。在颈的外侧中部和颈下部与肩交界处，各有一周较深的凹弦纹，使颈与肩部界限分明。肩上部有两周很浅的凹弦纹。沿凹弦纹在罐的四周等距离分布着 4 个竖系，系为半圆形纽，纽的上沿叠压在凹弦纹上。腹部偏上亦有一周浅浅的凹弦纹。在该凹弦纹与肩部凹弦纹之间对称又分布着两个竖系，亦为圆形纽，其位置介于上层两个竖纽之间。纽的下沿叠压在其下面的凹弦纹上。腹部最大径偏下，腹下部内收，形成较大的凹形底，器形整体显得低矮稳重。底部沿周边刻有一周凹弦纹，中间内凹。在罐内的底部中间形成一个向上的突起。胎体厚重，呈绛红色，质地较杂，器表粗糙。釉呈酱色，釉层极薄，几乎全部脱落，仅在局部保存有一小部分。口外径 12.2 厘米、腹径 20.6 厘米、底径 14.5 厘米，系高约 1 厘米，颈高 1.8 厘米、通高 16.1 厘米（图六一：2；彩版六一：3）。

B 型　1 件（M2：368）。已残。高领，圆唇，直收颈，敛口，鼓腹溜肩，4 个横系，小平底，酱釉，器形整体偏大。肩上部凸起，下部略低，上下错位形成双重肩。肩与腹部交界处有一周凹弦纹，沿凹弦纹在瓷罐四周等距离分布着 4 个横系，桥形纽。腹部凸起，下部内收，形成小平底。底部有支烧痕迹。胎体呈绛红色，火候较高，质地坚硬。通体施以酱釉，口内侧和底部皆施满釉。釉层较厚，厚薄均匀，保存较好，没有脱落现象，通体锃亮有油彩光泽，做工考究，全身没有流釉现象。口径 11.5 厘米、腹径 24 厘米、底径 14 厘米，胎厚约 0.6 厘米，系间距 16 厘米，纽高 1.2 厘米，领高 2 厘米、通高 22.2 厘米（图六二：2；彩版六一：4）。

第四节　二号墓出土陶器

二号墓（M2）虽然多次被盗，仍然保存有大量陶器。陶器多被破坏，破损严重，经过修复的共计250多件，种类繁多，基本上可以看出随葬陶器的器物组合。

这些陶器均为明器，具有体形偏小、工艺粗糙、变形严重、未施彩绘、皆为素面、仅具象征意义等特点，应该是专门为随葬而烧制的明器。种类包括礼器、厨具、餐饮用具、日常生活用品、生活设施、文房用具、游戏用品等。

一　礼仪性陶器

鼎　12件。破损严重，均为泥质灰陶，素面。均为敛口鼓腹的釜形鼎，根据口沿和高低的不同，大体可以分为以下6型。

A型　2件。泥质灰陶。侈口，圆唇，低领外侈，束颈，溜肩，鼓腹，圜底，整体器形低矮。在其腹部最大径处有一周突棱，底附三蹄形足。肩部对称附两方形长耳，耳上部外撇，中部有长

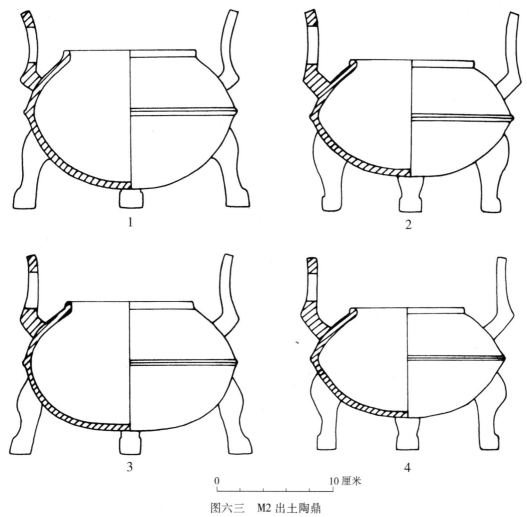

图六三　M2 出土陶鼎

1. A 型陶鼎（M2：379）　2. A 型陶鼎（M2：388）　3. B 型陶鼎（M2：372）　4. B 型陶鼎（M2：924）

方形镂孔。标本 M2：379，口径 11 厘米、腹径 18 厘米、腹深 9.2 厘米、足高 6.7 厘米、通高 16.5 厘米（图六三：1）。标本 M2：388，泥质灰陶，形状与标本 M2：379 相同。口径 10.4 厘米、腹径 19 厘米、腹深 10.2 厘米、耳高 6.9 厘米、足高 6.7 厘米、通高 15.8 厘米（图六三：2；彩版六三：1）。

　　B 型　2 件。泥质灰陶。圆唇，敛口，低领，束颈，溜肩，鼓腹，圜底，底附三蹄形足。在其腹部最大径处有一周突棱。肩部对称附两长方形长耳，耳上部外撇，中部有长方形镂孔。标本 M2：372，口径 9.6 厘米、腹径 18.5 厘米、腹深 10.5 厘米、足高 7.5 厘米、耳高 7 厘米、通高 16 厘米（图六三：3；彩版六二：1）。标本 M2：924，泥质灰陶，形状与标本 M2：372 相同。口径 10.1 厘米、腹径 18.5 厘米、腹深 9.6 厘米、足高 7.7 厘米、耳高 7 厘米、通高 16.1 厘米（图六三：4）。

　　C 型　2 件。泥质灰陶。圆唇，直口，低领，溜肩，鼓腹，圜底，腹部最大径处有一周突棱，底附三蹄形足。肩部对称附两长方形长耳，耳上部外撇，中镂长方形孔。标本 M2：385，口径 9.2 厘米、腹径 17.3 厘米、腹深 8.5 厘米、足高 6.7 厘米、耳高 6.8 厘米、通高 15.9 厘米（图六四：1；彩版六三：2）。标本 M2：925，泥质灰陶，形状与标本 M2：385 相同。口径 10.2 厘米、腹径 18 厘米、腹深 9.2 厘米、足高 6.9 厘米、耳高 6.7 厘米、通高 16.1 厘米（图六四：3）。

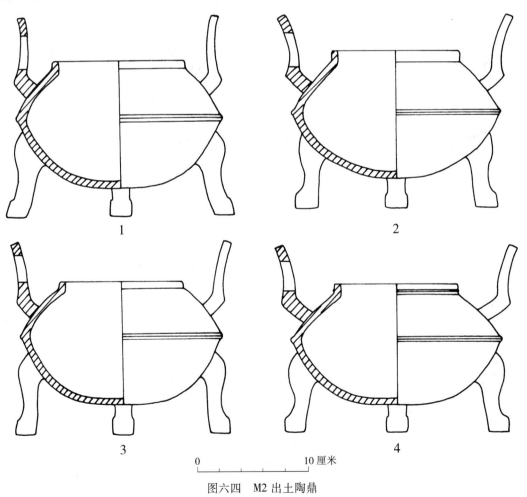

图六四　M2 出土陶鼎
1. C 型陶鼎（M2：385）　2. D 型陶鼎（M2：383）　3. C 型陶鼎（M2：925）　4. D 型陶鼎（M2：384）

　　D 型　2 件。泥质灰陶。方唇，直口，低直领，颈部有一周凸弦纹。溜肩，鼓腹，圜底，腹部最大径处有一周突棱，底附三蹄形足。肩部对称附两长方形耳，耳上部外撇，中镂长方形孔。标本 M2：383，口径 10 厘米、腹径 18.8 厘米、腹深 10.1 厘米、足高 6.4 厘米、耳高 6.8 厘米、通高 16.2 厘米（图六四：2；彩版六三：3）。标本 M2：384，泥质灰陶，形状与 M2：383 相同。口径 9.7 厘米、腹径 18.8 厘米、腹深 10 厘米、足高 7.1 厘米、耳高 6.1 厘米、通高 15.6 厘米（图六四：4）。

　　E 型　2 件。泥质灰陶。方唇，侈口，低直领，颈部有一周凹弦纹。溜肩，鼓腹，圜底，腹部最大径处有一周突棱，底附三蹄形足。肩部对称附两长方形耳，耳上部外撇，中镂长方形孔。标本 M2：381，口径 10.2 厘米、腹径 15.5 厘米、腹深 10.3 厘米、足高 6.9 厘米、耳高 6.4 厘米、通高 15.7 厘米（图六五：3）。标本 M2：389，泥质灰陶，形状与标本 M2：381 相同。口径 10.6 厘米、腹径 19.2 厘米、腹深 10.5 厘米、足高 6.5 厘米、耳高 8 厘米、通高 15.6 厘米（图六五：1；彩版六二：2）。

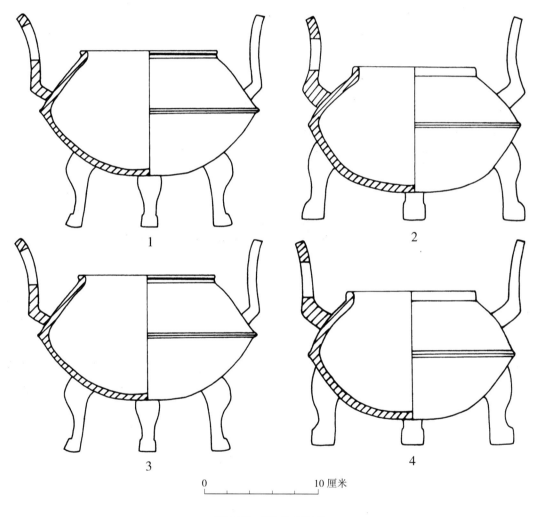

0　　　　　　　　　　10 厘米

图六五　M2 出土陶鼎
1. E 型陶鼎（M2：389）　　2. F 型陶鼎（M2：386）　　3. E 型陶鼎（M2：381）　　4. F 型陶鼎（M2：380）

　　F 型　2 件。泥质灰陶。方唇，直口，直领稍高，溜肩，鼓腹，圜底，腹部最大径处有一周突棱，底附三蹄形足。肩部对称附两长方形耳，耳上部外撇，中镂长方形孔。标本 M2：380，口径 10.2 厘米、腹径 18.1 厘米、腹深 10 厘米、足高 6.8 厘米、耳高 7.8 厘米、通高 16.9 厘米（图六五：4；彩版六三：4）。标本 M2：386，泥质灰陶，形状与标本 M2：380 相同。口径 9.8 厘米、腹径 18.8 厘米、腹深10厘米、足高6.7厘米、耳高7.5厘米、通高16.8厘米（图六五：2）。

二　厨房用具

M2出土的厨具类陶器数量较多，有陶灶、陶釜、陶甑、陶臼、陶盆、炙炉等类型。

1. 灶　共出土4个，均为泥质灰陶，按其形状分为以下3型。

A型　2件。泥质灰陶。灶台平面呈前宽后窄的梯形，侧面和正面均为长方形。单灶门，灶面上有一个火眼，灶门上方有一山形挡火墙，右面和后面各有一堵挡板，灶后有方柱形烟囱，烟囱顶部有一屋顶式遮盖。陶灶前面灶门上面横刻两条平行凹弦纹，下部横刻一条凹弦纹，该弦纹与灶门下沿在同一条平面上。灶门左右两侧各竖刻3条平行凹弦纹，其中最靠里的一条与灶门左右门边在同一条线上。在灶前面左右两边各竖刻有两条平行的凹弦纹。其他三面为素面。标本M2：399，台面高13.5—13.8厘米、长31厘米、宽24—28.4厘米；火眼圆形，直径19.5厘米，灶门位于灶的前面，为五边形，竖边长4.9厘米、斜边5.1厘米、宽8.4厘米、高7.5厘米；挡火墙上下5层，最长部位长11.7厘米、最短部位长1.9厘米、高4厘米；挡板高8厘米、厚1.4厘米，其中后挡板上部边缘向外凸；烟囱高11.6厘米，灶通高26.9厘米（图六六：1；彩版七五：2）。

标本M2：374，泥质灰陶，形状与标本M2：399相同。灶台长30.9厘米、宽23.3—27厘米、高13—13.3厘米，火眼直径18.8厘米，灶门高7.5厘米、宽8.3厘米，挡火墙最长部位

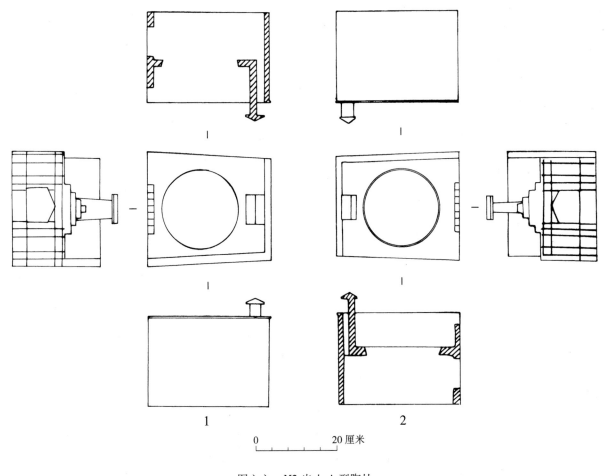

0　　　　　　　20厘米

图六六　M2出土A型陶灶
1. A型陶灶（M2：399）　　2. A型陶灶（M2：374）

11.9 厘米、高 5.3 厘米、厚 1.5 厘米，后部及右侧挡板高 8.5 厘米、灶通高 27 厘米（图六六：
2；彩版七五：1）。

B 型 1 件（M2：373）。泥质灰陶。平面呈前宽后窄梯形，四侧面为长方形。前后分布双火眼，
每个火眼上各有一个釜，釜为敛口，与火眼连为一体。台面四周抹边，两侧各有两道平行的凹弦纹。
灶门为五边形，下沿落地，门高 6 厘米、宽 5.6 厘米。灶门上方挡火墙已残缺。后置烟囱，已残缺，
仅留痕迹，高度不详。灶长 23.2 厘米、宽 17.7—20 厘米、高 9.6 厘米（图六七：1）。

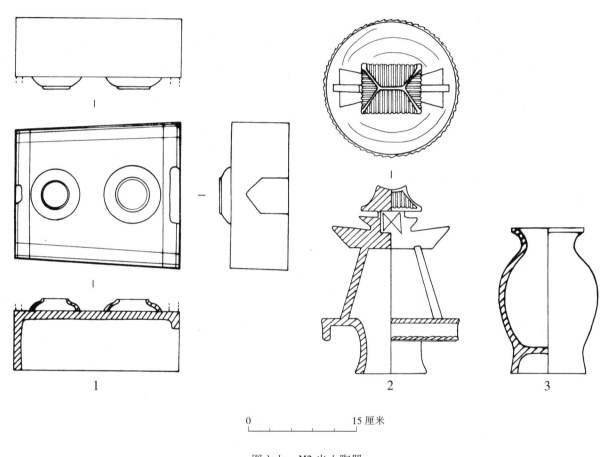

0   15 厘米

图六七 M2 出土陶器
1. B 型陶灶（M2：373） 2. B 型陶井（M2：375） 3. C 型陶壶（M2：367）

C 型 1 件（M2：409）。盆形灶。泥质灰陶，已破损。口部为圆形，方唇，宽折沿，侈口，鼓腹，
饼形足。口部呈大斜坡状，口下沿微敛，周遭等距分布有 3 个支钉，支钉上端呈舌形外翻，用来放置
釜等，内为圜底。整个器形为盆状。沿宽 2.1 厘米、口径 18 厘米、腹内径 15.21 厘米、腹深 7.3 厘
米，三支钉间距约 11.6 厘米、支钉长 1.95 厘米、底径 10.08 厘米、饼形足高 0.5 厘米、高 8.01 厘米
（图六八：1；彩版六四：1）。

2. 炙炉 1 件（M2：406）。圆唇，宽平沿，直口，盆形腹，内腹靠上等距分布 3 个微向上翘起横
柱，每个柱下右侧各有一个竖置长方形镂孔，平底，中部上下通透，孔周边为不规则多边形。外为直
壁，腹部有 3 道平行的凹弦纹，底下部有 3 个兽蹄形足。沿宽 2.2 厘米、口径 18.5 厘米、横柱长 2.4
厘米、腹高 6 厘米、足高 4.7 厘米、通高 10.7 厘米（图七一：1；彩版六四：2）。

3. 釜 3 件。皆为泥质灰陶，破损严重。宽沿平底，按照其形状，分为 3 型。

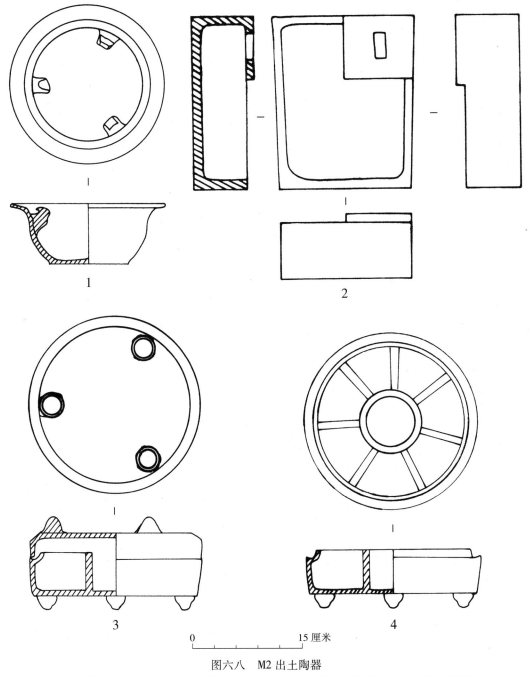

图六八　M2 出土陶器

1. C 型陶灶（M2：409）　2. 陶圈厕（M2：401）　3、4. 陶多子槅（M2：404）（3 为带盖）

A 型　1 件（M2：427）。泥质灰陶，已残。圆唇，侈口，宽折沿，内为弧形壁，至下部突然缩小。外壁上部为弧形，至腹部突然内收，变为斜壁，做工十分粗糙，刀切痕迹明显，在中下腹部形成多个平面和棱角，表面留下多道抹平时形成的平行凹槽。大平底，凹凸不平，圆周不规则，内部中间向上微微凸起。口沿宽 1.6 厘米、口径 9.2 厘米、底径 6.5 厘米、腹深 3.2 厘米、腹高 3.2 厘米、高 4.1 厘米（图六九：4；彩版六四：3）。

B 型　1 件（M2：426）。泥质灰陶，已残。圆唇，侈口，宽平沿，内壁呈弧形，外壁上部为弧形，至腹上部变为斜壁，大平底，圆周不规则。整体器形显得厚重。沿宽 1.4 厘米、口径 9.7 厘米、底径 7.2 厘米、腹深 4.2 厘米、腹高 3.71 厘米、高 4.5 厘米（图六九：5；彩版六四：4）。

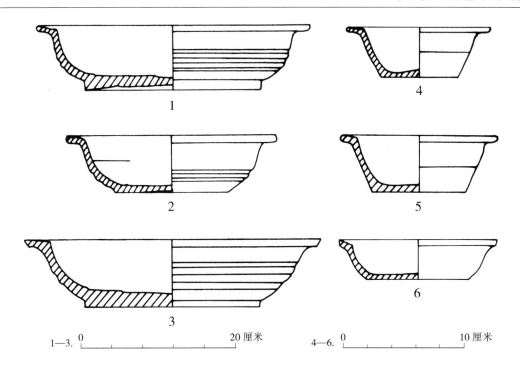

图六九　M2 出土陶器

1. Ab 型陶盆（M2：423）　2. Ac 型陶盆（M2：424）　3. Aa 型陶盆（M2：425）　4. A 型陶釜（M2：427）　5. B 型陶釜（M2：426）　6. C 型陶釜（M2：428）

C 型　1 件（M2：428）。泥质灰陶，已残。尖唇，折沿，敛口，浅腹，大平底。内壁为弧形，外壁与上 2 型釜相同，器身低矮。沿宽 1.4 厘米、内口径 9.7 厘米、口径 10.2 厘米、底径 8.75 厘米、腹高 2.1 厘米、高 3.4 厘米（图六九：6；彩版六四：5）。

4. 甑　4 件。泥质灰陶，均已残。分为大中小三种，根据器形不同分为 2 型。

A 型　3 件。泥质灰陶，均已残。宽平沿，侈口，斜壁，小底。又分为 2 个亚型。

Aa 型　2 件。形状、大小完全相同，体形硕大（图七○：1、2）。圆唇，宽平沿，侈口，束颈折肩，直壁，小平底，腹内下部凹陷呈圆筒状，底部遍布小圆孔，呈箅状。标本 M2：412，宽 2.2 厘米、口径 17.1 厘米、底径 5.95 厘米、腹深 11.1 厘米、高 12 厘米（图七○：1）。

Ab 型　1 件（M2：414）。尖唇，宽平沿，侈口，颈部有一周凸弦纹，直壁，腹中部有 3 道平行的凹弦纹，大平底，圈形足，足外有两周较浅的凹弦纹。底部相对 Aa 型较大，底部遍布小圆孔，呈箅状。沿宽 1.55 厘米、口径 14.8 厘米、腹深 7.9 厘米、圈足内高 0.5 厘米、外高 1.1 厘米、高 9.35 厘米（图七○：3；彩版六四：6）。

B 型　1 件（M2：415）。尖唇，宽沿，沿与口交接处有一周凸起，外平面上有两周凹弦纹。侈口，弧腹，小平底，腹上部有五道很深的凹弦纹，平底镂孔，呈箅状。体型偏小。沿宽 1.75 厘米、口径 10.6 厘米、腹深 6.5 厘米、底径 3.15 厘米、高 7.41 厘米（图七○：4）。

5. 臼　1 件（M2：358）。泥质灰陶，完整。尖唇，窄平沿，侈口，深腹，小平底。内为弧壁圜底，器形厚重。沿宽 1.2 厘米、口径 7.25 厘米、底径 5.55 厘米、腹深 5.58 厘米、高 6.7 厘米（图七二：2；彩版七八：5）。

6. 陶盆　6 件。按照其形状分为以下 2 型。

A 型　3 件。均为素面灰陶，已残。根据其口沿和大小之不同，又分为 3 个亚型。

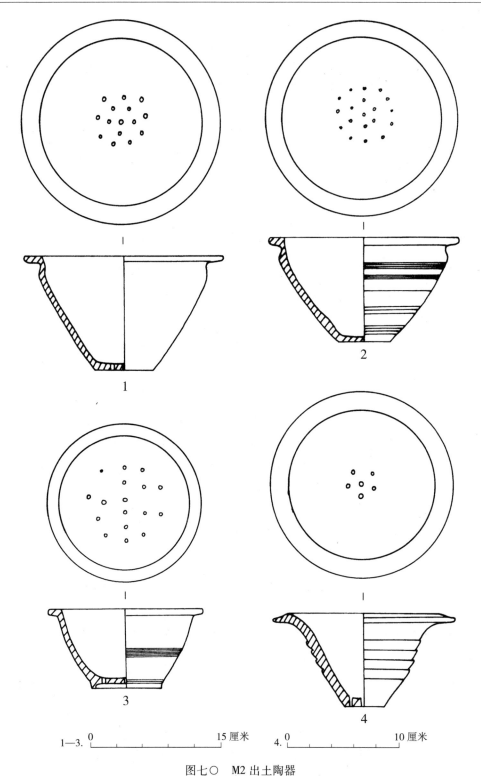

图七〇　M2 出土陶器

1. Aa 型陶甑（M2：412）　2. Aa 型陶甑（M2：413）　3. Ab 型陶甑（M2：414）　4. B 型陶甑（M2：415）

　　Aa 型　1 件（M2：425）。尖唇、宽边，折沿，敛口大型盆。宽边与口部衔接处窄平，边外部向上翘起，呈斜坡状，敛口弧腹，浅腹，饼形足，足壁陡直，足底较平。盆内分为 3 部分，逐级向下，中部最低。腹外壁的上部为斜坡状，至下部突然内收，中部有 3 周很深的凹弦纹。盆径 47.5 厘米、沿宽4.4 厘米、口径 38.5 厘米、腹深 9.85 厘米、足径 29 厘米、饼形足高 1.4 厘米、高 9 厘米（图六九：3）。

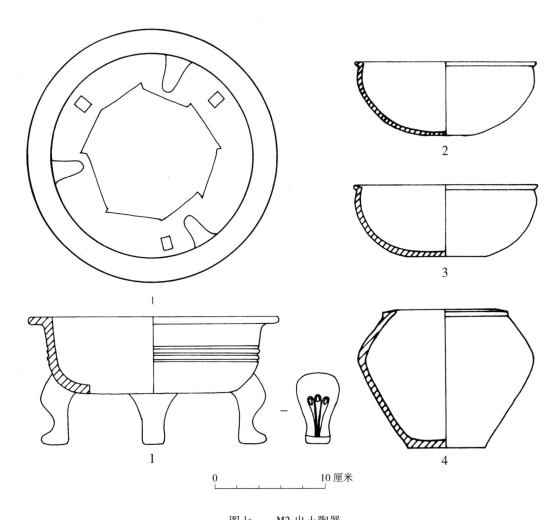

图七一　M2 出土陶器

1. 炙炉（M2∶406）　　2. A 型陶钵（M2∶559）　　3. A 型陶钵（M2∶560）　　4. C 型陶罐（M2∶395）

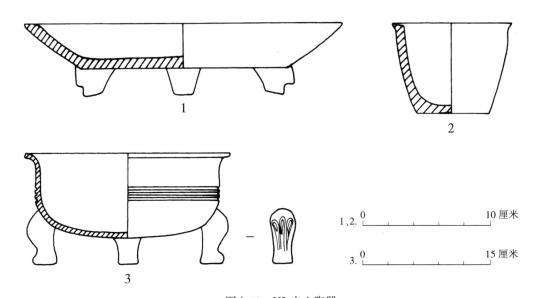

图七二　M2 出土陶器

1. 三足盘（M2∶431）　　2. 陶臼（M2∶358）　　3. Ba 型陶盆（M2∶408）

Ab型　1件（M2：423）。圆唇，宽边，折沿、敛口中型盆。形状与标本 M2：425 相似，不同之处在于其为圆唇，饼形足的下底中部有一周凹弦纹，足底微向内凹。盆径 33.6 厘米、沿宽 2.95 厘米、口径 20 厘米、腹深 5.6 厘米、饼形足高 0.75 厘米、足径 21 厘米、高 7.4 厘米（图六九：1）。

Ac型　1件（M2：424）。方唇，窄边，平折沿，敞口小型盆。沿部较窄，口外侈，斜腹，大平底。腹内壁中部有一周凹弦纹，内底较大，周边较深，中部有一周凸弦纹，中心部位较平。外壁腹上部为斜坡状，中部有两周较大的凹弦纹，然后突然内收，下部为极矮的饼形足，足外为斜坡状，足底较平。盆径 24.6 厘米、口径 21 厘米、沿宽 1.8 厘米、腹深 5.5 厘米、足径 13.5 厘米、足高 0.4 厘米、高 6.8 厘米（图六九：2；彩版七八：6）。

B型　3件。圆唇侈口三足盆。泥质灰陶，素面，已破损。器形完全相同，分为大小两种，根据口部和腿部不同分为 2 个亚型。

Ba型　2件。体型较大。圆唇，束颈，敛口，宽沿外撇，口沿较薄，鼓腹，腹径最大处偏下，外腹部有三周凹弦纹，平底，底部有三兽蹄足，足根部为兽面纹。标本 M2：408，口径 23.4 厘米、颈部内径 20.5 厘米、最大腹径 21.3 厘米、腹深 8.6 厘米，通高 12.8 厘米（图七二：3；彩版六五：1）。

Bb型　1件（M2：407）。体型较小。已残，仅存半部，腿下部残缺。器形与标本 M2：408 相似，不同之处在于其口沿较厚，较窄，略向外撇，口沿外部有一周凹弦纹，足根部没有兽面纹。口径 15.5 厘米、颈部内径 13.2 厘米、最大腹径 14.5 厘米、底径 9.5 厘米、腹深 5.7 厘米、高 8.2 厘米（图七三：3；彩版六五：2）。

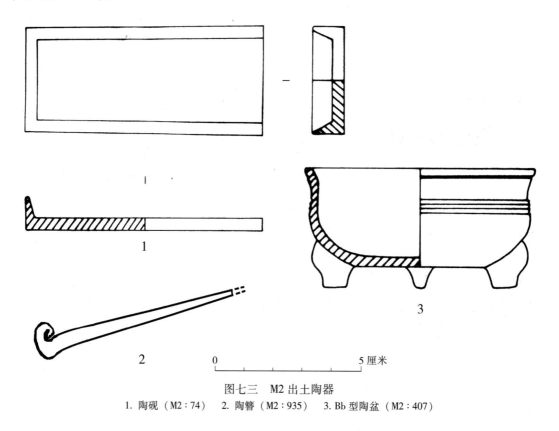

图七三　M2 出土陶器

1. 陶砚（M2：74）　　2. 陶簪（M2：935）　　3. Bb 型陶盆（M2：407）

三　餐饮用具

该墓出土的餐饮用具种类多、数量大，可以分为盘、碗、瓢勺、汤匙、笊篱、叉、案、耳杯、钵、壶、尊、卮、三足盘、三足盆、罐等。

1. 罐　4 件。泥质灰陶，素面。按照其形状不同，分为 3 型。

A 型　1 件（M2：417）。已残。双唇，侈口束颈，溜肩鼓腹，小平底。唇部有一道凹弦纹，颈部较高，腹径最大处靠上。口径 10.3 厘米、颈部直径 7.6 厘米、腹径 13.2 厘米、底径 8.2 厘米、高 14.4 厘米（图七四：2；彩版六五：5）。

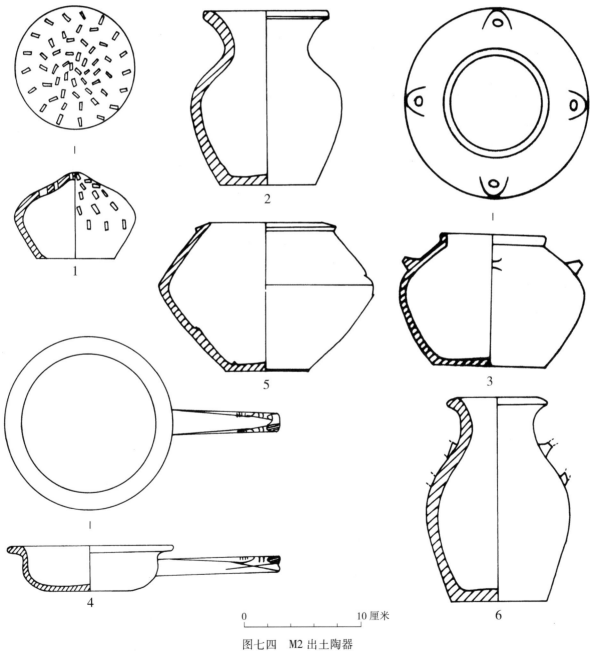

0　　　　　　　　10 厘米

图七四　M2 出土陶器

1. 陶熏炉（M2：403）　　2. A 型陶罐（M2：417）　　3. B 型陶罐（M2：416）　　4. 陶熨斗（M2：411）　　5. C 型陶罐（M2：37）

6. B 型陶壶（M2：420）

B 型　1 件（M2：416）。已残。圆唇，低领，直口，溜肩，鼓腹，小平底。领外侧下部微内收，肩下部均匀分布 4 个横系，每系上均有一小圆孔，弧腹，最大径靠上，下部内收，平底。口外径 9.2 厘米、领高 1.2 厘米、腹径 16.1 厘米、底径 9.8 厘米、高 11.5 厘米（图七四：3；彩版六五：3）。

C 型　2 件。已残。形状、大小完全一样（图七一：4、七四：5）。标本 M2：37，尖唇，宽平沿，敛口，斜肩，折腹，小平底。平沿向下倾斜，直接叠压在肩上，腹最大处靠上，然后突然斜内收至底，下部有很低的饼形足，小平底。口径 9.5 厘米、沿宽 1.4 厘米、腹最大径 18.8 厘米、饼足高 0.5 厘米、底径 6.65 厘米、高 12.8 厘米（图七四：5；彩版六五：4）。

2. 案　9 个。均为泥质灰陶，已残。按照其形状不同，可以分为圆形和长方形 2 型。长方形陶案中又分为大小两种。出土时，个别陶案上显示表面涂有黑漆的残痕，有的陶案上还有放置耳杯留下的痕迹。

长方形案　6 件。大小陶案形状完全相同，均为长方形，四周有隆起的窄边，多数边呈内低外高斜坡状，顶部或呈尖状或呈漫圆状。其中大型陶案 4 个，小型陶案 2 个。

大型长方形案　4 件。均长 59 厘米、宽 41 厘米、厚 2 厘米，边宽 1.2 厘米、高 1 厘米，个别陶案厚 2.3 厘米、边宽 1.3 厘米、高 0.4 厘米。标本 M2：458，已残。平面为长方形，边沿为内高外低的斜坡状，出土时，表面黑漆绝大部分已经脱落，仅存一少部分。长 59 厘米、宽 41 厘米，周边沿宽 1.2 厘米、高 1 厘米，边厚 2 厘米（图七五：6）。

标本 M2：376，已残。案长 59 厘米、宽 41 厘米，周边宽 1.3 厘米、高 1 厘米，厚 2 厘米（图七五：3）。

标本 M2：455，已破。平面为长方形，边沿为内高外低的斜坡状，出土时，表面黑漆绝大部分已经脱落，仅存一少部分。案长 59 厘米、宽 41 厘米，边宽 1.2 厘米、高 0.4 厘米，边厚 2 厘米（图七五：4）。

标本 M2：459，已残。平面为长方形，顶部为漫圆形。表面黑漆已经脱落，仅存一少部分。边长 59 厘米、宽 41 厘米、厚 2.3 厘米，边宽 1 厘米、高 0.4 厘米（图七五：5；彩版六六：1）。

小型长方形案　2 件。形状与大型陶案相同，长 45 厘米、宽 31.5 厘米、厚 2 厘米，边宽 0.8 厘米、高 0.2—0.3 厘米。标本 M2：457，已残，为长 45 厘米、宽 31.5 厘米的长方形，案厚 2 厘米，斜坡状边宽 0.8 厘米、高 0.3 厘米。出土时，表面黑漆绝大部分已经脱落，仅存一少部分（图七五：2）。

标本 M2：456，已残。为宽 31.5 厘米、残长 13.5 厘米、厚 2 厘米，边宽 0.8 厘米、高 0.2 厘米的长方形。表面未见黑漆，出土时，案面上有两处放置耳杯遗留下的痕迹（图七五：1）。

圆形案　3 件。均已残。圆形，中间有两个同心圆，从外向里逐级降低，周边有隆起的不规则梯形窄边，边内侧或陡直或呈斜坡状。根据沿部形状不同，分为 2 型。

A 型　1 件（M2：377）。素面，泥质灰陶。已残，圆形，平底，周边有一圈凸起边沿；沿内侧直壁折起，沿顶部窄平，沿外侧斜壁内收，中间有一凹弦纹，下部斜抹边至底。内径 36 厘米，中间下陷部分较平，直径 18 厘米，沿宽 1 厘米、高 0.5 厘米的边棱，沿厚 1.8 厘米，外径 38 厘米（图七六：2）。

B 型　2 件。均已残。泥质灰陶，表面髹有黑漆。圆形，平底，周边有凸起方沿，中间有一凹陷。标本 M2：460，圆形，周边凸起有低矮的窄沿，沿与盘交界处为弧形，沿上部为平沿，平沿内沿被抹成斜坡状。沿下部高出底部约 1 厘米，形成一个类似的低矮圈足。中间部位依次向内有两个同心圆形

图七五　M2 出土长方形陶案

1. 小型陶案（M2∶456）　2. 小型陶案（M2∶457）　3. 大型陶案（M2∶376）　4. 大型陶案（M2∶455）
5. 大型陶案（M2∶459）　6. 大型陶案（M2∶458）

凹陷。案内有一处耳杯放置遗留下的痕迹。案内径 38 厘米，中间凹陷部分直径分别为 23 厘米、19.5
厘米，沿宽 1.5 厘米、高 0.2 厘米，沿厚 1.4 厘米，外径 41 厘米（图七六∶1；彩版六六∶2）。

标本 M2∶461，形状与标本 M2∶460 相同，所不同处其为平底。绝大部分残缺，仅留少部分底部
和边沿（图七六∶3）。

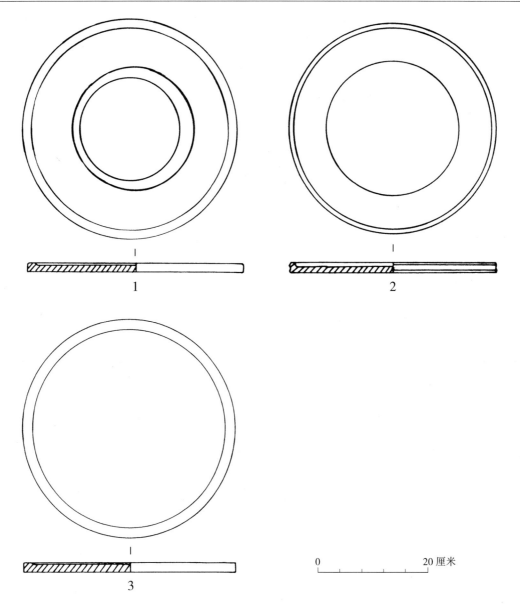

图七六　M2 出土圆形陶案

1. B 型陶案（M2∶460）　2. A 型陶案（M2∶377）　3. B 型陶案（M2∶461）

3. 钵　3 件。均为泥质灰陶，已残。按照其口部的不同，分为 2 型。

A 型　2 件。敛口，斜平沿，尖唇，圜底（图七一∶2、3）。标本 M2∶560，斜平沿，尖唇，敛口，弧形壁外侈，圜底。外壁的口沿下部有一周束颈之凹槽。口内径 15.5 厘米、口沿宽 1 厘米、腹径 16.6 厘米、高 6.1 厘米（图七一∶3；彩版六六∶3）。

B 型　1 件（M2∶561）。敛口，圆唇，弧形沿，束颈，弧壁，圜底。口内径 14.9 厘米、外径 17.1 厘米、外腹径 15.8 厘米、高 7 厘米（彩版六六∶4）。

4. 盘　曹操墓中出土陶盘较多，经过修复成形的共计 24 个。均为素面，泥质灰陶，做工粗糙，为专用明器。按照其形状不同，可以分为 7 型。

A 型　2 件。圆形，侈口，圆唇，浅腹。外壁斜收至底，大平底。器体厚重。根据细部可以分为 2 个亚型。

　　Aa 型　1 件（M2：451）。做工粗糙，器体变形严重，盘内凹凸不平。盘中向上微凸起，周围有两周凸弦纹，3 个支烧痕迹十分明显。外壁向内凹陷，壁与盘底交会处折角明显，大平底。盘口径 16 厘米、底径 13 厘米、腹深 1.1 厘米、高 1.8 厘米（图七七：1；彩版六七：1）。

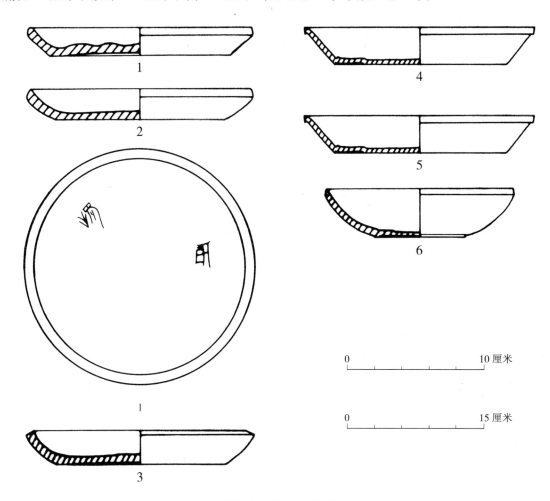

图七七　M2 出土陶盘

1. Aa 型陶盘（M2：451）　　2. Ab 型陶盘（M2：433）　　3. D 型陶盘（M2：450）　　4. Fa 型陶盘（M2：448）
5. Fa 型陶盘（M2：453）　　6. C 型陶盘（M2：436）

　　Ab 型　1 件（M2：433）。形状与 M2：451 大致相同，所不同之处在于其盘内平整，外壁为弧形无内凹，大平底，器形厚重。盘口径 16.2 厘米、底径 12.4 厘米、腹深 1.1 厘米、高 2.2 厘米（图七七：2）。

　　B 型　7 件。侈平口，既有弧壁，又有折沿斜壁，既有圆唇，又有双唇，共同点为盘内均有两个环形凸起，平底。按照唇部变化和外壁不同，可以分为 6 个亚型。

　　Ba 型　1 件（M2：440）。圆形，侈平口，双唇，折沿斜壁，浅腹，小平底。盘内壁与底交会处有一圈凸弦纹，靠近盘中心有一圈较小凸弦纹。盘口内径 17.7 厘米、外径 19 厘米、底径 12 厘米、腹深 2 厘米、高 3.2 厘米（图七九：1）。

　　Bb 型　1 件（M2：441）。形状与 M2：440 大致相同，所不同之处在于其腹较深，内环没有凸起，中间向下凹陷，外为斜壁，刀刻痕迹明显，凹凸不平，小平底。盘口内径 18 厘米、外径 20 厘米、底径 12 厘米、腹深 2.7 厘米、高 3.3 厘米（图七九：2；彩版六七：2）。

　　Bc 型　1 件（M2：443）。器形与以上两式基本相同，但是腹较浅。外壁为大斜壁，较为规整，

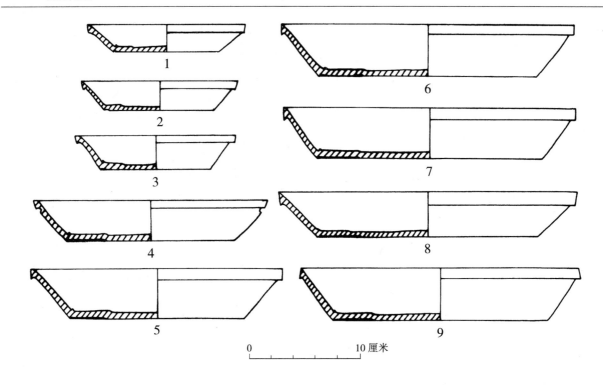

图七八　M2 出土陶盘

1. Fc 型陶（M2：449）　2. Fc 型盘（M2：452）　3. Fc 型陶盘（M2：442）　4. Fb 型陶盘（M2：445）　5. Fb 型陶盘（M2：446）　6. Fa 型陶盘（M2：444）　7. Fa 型陶盘（M2：430）　8. Fa 型陶盘（M2：447）　9. Fa 型陶盘（M2：429）

唇下有一周凹弦纹，小平底。盘口内径 18 厘米、外径 19 厘米、底径 11.3 厘米、腹深 2 厘米、通高 2.7 厘米（图七九：3）。

Bd 型　1 件（M2：432）。圆形，平侈口，方唇，折沿斜壁，大平底。盘内靠近内壁底部有一周凸弦纹，内环没有凸起，中间向下凹陷。唇下内凹，大斜壁。盘口内径 19 厘米、口外径 20.5 厘米、底径 14 厘米、腹深 2 厘米、高 3 厘米（图七九：7）。

Be 型　1 件（M2：439）。圆形，侈口，双唇，弧形壁，平底，盘内靠近内壁底部和中心各有一周凸弦纹。盘口内径 17 厘米、外径 18 厘米、底径 12 厘米、腹深 2 厘米、通高 3 厘米（图七九：4）。

Bf 型　2 件。圆形，侈口，平沿，圆唇，盘内壁为弧形，深腹，大平底。盘内壁与底交会处有一圈凸弦纹，靠近盘中心有一圈较小凸弦纹。直折腹。器底部有一道从中间向外旋转的线刻纹。器形较厚重。标本 M2：437，口内径 19.4 厘米、外径 21.2 厘米、底径 14 厘米、腹深 2.5 厘米、高 3 厘米（图七九：9）。标本 M2：438，口内径 19.5 厘米、外径 21.2 厘米、底径 14 厘米、腹深 2.3 厘米、高 2.8 厘米（图七九：8）。

C 型　1 件（M2：436）。圆形，敛口，双唇，唇上沿较尖，深弧腹。外腹部弧形内收，在腹部中间有一个折痕，然后内收至底部。矮圈足。圈足之内底部较平，有多圈旋痕。盘内壁呈弧形内收，底部有大小两个相套圆环，将盘底分为内、中、外 3 部分，并向中间逐级下凹，中间部位呈浅圜底。口径 21 厘米、底径 9 厘米、腹深 4 厘米、高 5 厘米（图七七：6；彩版六七：3）。

D 型　1 件（M2：450）。圆形，侈口，平唇，外壁弧形至底，沿下部有一周较浅的凹弦纹，大平底，底部有明显的切割痕迹。盘内中间部位轻微隆起，靠近圆心周围有一浅凸弦纹，并有两处戳印符号。口径 16.5 厘米、底径 12.4 厘米、腹深 1.3 厘米、高 2.2 厘米（图七七：3；彩版六七：4）。

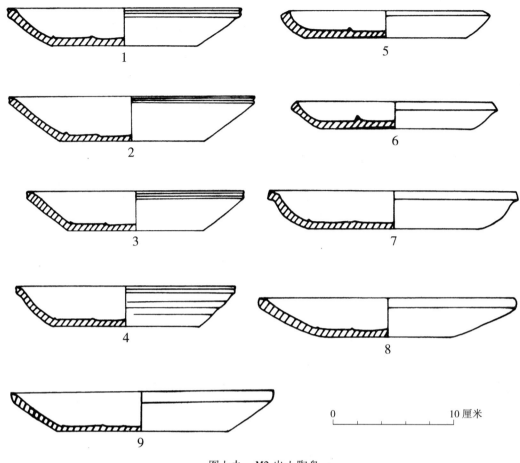

图七九 M2 出土陶盘

1. Ba 型陶盘（M2：440） 2. Bb 型陶盘（M2：441） 3. Bc 型陶盘（M2：443） 4. Be 型陶盘（M2：439）
5. Ea 型陶盘（M2：434） 6. Eb 型陶盘（M2：435） 7. Bd 型陶盘（M2：432） 8. Bf 型陶盘（M2：438）
9. Bf 型陶盘（M2：437）

　　E 型　2 件。皆素面，泥质灰陶，均已残。方唇，浅腹，大平底，盘中部有一圈明显凸起的弦纹，将盘体分为内外两部分。按照其口沿和外腹部的不同，可以分为 2 个亚型。

　　Ea 型　1 件（M2：434）。圆形，方唇，唇外沿下斜，敛口，弧腹，腹部较浅。盘内呈弧形，壁与底没有明显分界线，盘内凹凸不平，中部偏低，在圆心周围有一周凸弦纹。大平底。盘内口径 16.5 厘米、外口径 17.5 厘米、底径 13.2 厘米、腹深 1.5 厘米、高 2.1 厘米（图七九：5；彩版六七：5）。

　　Eb 型　1 件（M2：435）。圆形，侈口，方唇，唇外沿下斜，浅弧腹，盘内壁下部有一圈很浅的凹弦纹。盘中部有一圈高大凸棱，将盘子分为内外两部分，圈内有一刻字，圈外也有一刻字，笔画很浅。大平底，底中部微内凹。盘内口径 16 厘米、口径 17.2 厘米、底径 12.8 厘米、腹深 1 厘米、凸棱高 0.2 厘米、高 2 厘米（图七九：6；彩版六七：6）。

　　F 型　11 件。素面，泥质灰陶，均已残。形状完全相同。圆形，侈口，方唇，折腹，大小双平底。唇外折，唇上沿较尖，沿与底交会处有一圈凸弦纹，中心部位下陷，形成双平底。盘底靠近边缘处有一周凹弦纹，中间有一饼形足。有大、中、小之分。

　　Fa 型　6 件（图七七：4、5，七八：6—9）。标本 M2：448，盘口直径 25 厘米、腹深 3.2 厘米、底径 18.5 厘米、高 4.2 厘米（图七七：4）。

　　Fb 型　2 件（图七八：4、5），中型。标本 M2：445，口径 21.2 厘米、腹深 2.6 厘米、底径 12 厘米、器高3.6厘米（图七八：4）。

Fc型　3件。小型。标本M2：442，口径14.6厘米、腹深2.1厘米、底径9.5厘米、器高2.8厘米（图七八：1—3）。

5. 碗　15个。均为素面，泥质灰陶，已残。做工粗糙，全部为明器。按照其形状差异分为6型。

A型　4件。圆形，侈口，圆唇，深腹，小平底。标本M2：474，腹内壁有3道凹弦纹，底部稍平，中部呈圆形凹陷。腹外壁呈弧形，接近口沿处有一周凹弦纹，腹下部呈弧形内收。器形硕大，变形严重。口径19厘米、底径8.8厘米、腹深5.7厘米、碗高6.7厘米（图八〇：1；彩版六八：1）。

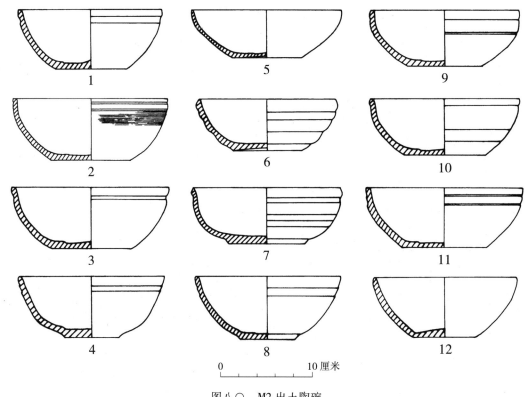

0　　　　　　　10厘米

图八〇　M2出土陶碗

1. A型陶碗（M2：474）　2. Ba型陶碗（M2：481）　3. Db型陶碗（M2：475）　4. Bc型陶碗（M2：480）
5. Bd型陶碗（M2：482）　6. Cb型陶碗（M2：478）　7. Ca型陶碗（M2：473）　8. Dc型陶碗（M2：469）
9. Bb型陶碗（N2：479）　10. Da型陶碗（M2：472）　11. Da型陶碗（M2：483）　12. Be型陶碗（M2：470）

B型　5件。均已残。圆形，弧腹，敛口，碗中部圆形凹陷。其中，一个有饼形足，其他无足，为小平底。有深腹也有浅腹。按照足和深浅之不同，分为5个亚型。

Ba型　1件（M2：481）。圆形，敛口，圆唇，弧腹内收，腹外壁靠近口沿有一周凹弦纹，下部突然斜内收，平底，底部有多条螺旋状痕迹，碗内底部两级凹陷。口径17.35厘米、底径9.5厘米、腹深6.7厘米、高7.15厘米（图八〇：2）。

Bb型　1件（M2：479）。圆形，敛口，圆唇，弧腹，平底，腹稍浅，碗内中部有圆形凹陷。腹外壁靠上部有一周很浅凹弦纹，下部突然斜内收。底部有多条螺旋状痕迹。口径16.7厘米、底径8.75厘米、腹深6.05厘米、高6.8厘米（图八〇：9）。

Bc型　1件（M2：480）。侈口，圆唇，深弧腹，饼形足，碗内两级凹陷。腹外壁唇下有两周凹弦纹，腹下部内收。口径16.5厘米、底径6.4厘米、腹深6.2厘米，饼形足直径6.4厘米、足高0.51厘米、高 7.2 厘米（图八〇：4）。

Bd 型　1 件（M2：482）。保存较好，仅有少部分残缺。圆形，敛口，圆唇，弧腹，平底，腹浅。碗内靠上有一周凹弦纹，碗内中部凹陷不明显，仅留一很浅的凹痕。口径 16.65 厘米、底径 8.45 厘米、腹深 4.5 厘米、高 5.65 厘米（图八〇：5）。

Be 型　1 件（M2：470）。圆形，侈口，圆唇，弧腹，平底，素面。碗内底部向上凸起，较厚。体型大小与标本 M2：482 相同（图八〇：12）。

C 型　2 件。圆形，侈口、尖唇，弧腹，小平底。按照底部不同分为以下 2 个亚型。

Ca 型　1 件（M2：473）。圆形，侈口，尖唇，弧腹，碗底稍平，中部有一很浅的圆形向下凹陷。唇外有一弧形凸起，向下有一周较宽的凹弦纹，腹中部有 3 道平行很浅凹弦纹。饼形足，足周边有抹边现象。口径 17.8 厘米、腹深 5.4 厘米、饼形足直径 10.25 厘米、足高 0.5 厘米、高 6.21 厘米（图八〇：7；彩版六八：2）。

Cb 型　1 件（M2：478）。圆形，侈口，尖唇，弧腹，碗底较平，中部圆形凹陷不明显，小平底。壁外自上至下有 4 周粗大的凹弦纹。口径 16.25 厘米、底径 8.3 厘米、腹深 5.05 厘米、高 5.71 厘米（图八〇：6；彩版六八：3）。

D 型　4 件。圆形，侈口，圆唇，弧腹，平底。按照其高低和底部不同可以分为以下 3 个亚型。

Da 型　2 件（图八〇：10、11）。标本 M2：472，圆形，侈口，圆唇，弧腹，小平底。碗内呈圜形，中部圆形凹陷很深，中心有一个"十"字形印文。腹外壁呈弧形，上部接近口沿处有一周很深的凹弦纹，腹下部呈弧形内收。口径 16.7 厘米、腹深 6.4 厘米、底部直径 9.1 厘米、高 6.8 厘米（图八〇：10）。

Db 型　1 件。标本 M2：475，圆形，侈口，圆唇，弧腹很深，小平底。碗内呈圜形，中部圆形凹陷很深，中心有一个"十"字形印文。腹外壁呈弧形，上部接近口沿处有一周很深的凹弦纹，腹下部呈弧形内收。器形硕大，做工粗糙，变形严重。口径 16.9 厘米、腹深 6.85 厘米、底部直径 9.9 厘米、高 7 厘米（图八〇：3）。

Dc 型：1 件（M2：469）。圆形，侈口，圆唇，弧腹很深，小平底。碗内呈圜形，中部圆形凹陷很深。腹外壁呈弧形，腹上部有两周很浅凹弦纹，腹下部呈弧形内收。饼形足，周边有抹角现象。器形硕大，做工粗糙。口径 16.65 厘米、腹深 6.4 厘米、饼形足直径 6.5 厘米、足高 0.45 厘米、高 7.19 厘米（图八〇：8）。

6. 三足盘　1 件（M2：431）。泥质灰陶，已破损。窄平沿尖唇，浅腹，斜腹，大平底，三兽蹄形足。沿宽 1.3 厘米、口径 22 厘米、腹深 2.1 厘米、底径 15.5 厘米、足高 2.45 厘米、通高 5.9 厘米（图七二：1；彩版六八：4）。

7. 壶　4 件。均为素面，泥质灰陶。按照器形的不同，分为以下 3 型。

A 型　2 件。尖唇，宽平沿，盘口，束颈，颈部有 3 道凹弦纹，溜肩，肩与腹部交界处有一周凹弦纹。鼓腹，腹部有 3 周粗凹弦纹，高圈足，下部外侈呈喇叭形，平底。标本 M2：419，已残，壶盘口径 12 厘米、沿宽 1.7 厘米、颈部最细处外径 7.8 厘米、内径 5.6 厘米、腹径 20 厘米、底径 17.3 厘米、壶腹深 21 厘米、圈足上部直径 12 厘米、下部直径 17 厘米、外高 8.1 厘米、内高 7.8 厘米，通高 31 厘米（图八一：2；彩版六五：6）。标本 M2：421，器形与 M2：419 相同（图八一：3）。

B 型　1 件（M2：420）。已残。敞口，束颈，鼓腹，小平底。尖唇外翻，平沿，长束颈，溜肩，肩部

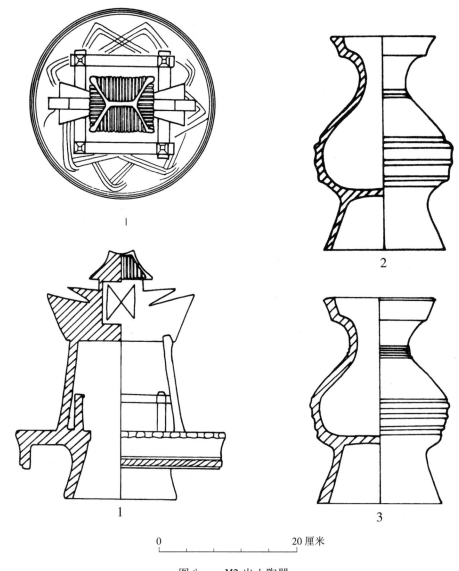

图八一　M2 出土陶器
1. A 型陶井（M2：400）　2. A 型陶壶（M2：419）　3. A 型陶壶（M2：421）

对称有两个竖耳。腹部以下内收，底部有一圈凸弦纹。壶口内径 6.8 厘米、外径 8.5 厘米、颈部外径 6.3
厘米、最大腹径 12.2 厘米、底径 8.3 厘米、腹深 16 厘米、高 17 厘米（图七四：6；彩版六八：5）。

　　C 型　1 件（M2：367）。已残。口部及上半部残缺，残存部分侈口，方唇，束颈，鼓腹，高圈足，
足下部外侈，平底。足高 3 厘米、内高 2.4 厘米，足上部外径 9.3 厘米、下部外径 10.5 厘米、内径
8.5 厘米、通高 20 厘米（图六七：3；彩版六八：6）。

　　8. 卮　4 件。泥质灰陶，素面，形状相同，均已残。为圆筒状，口略大于底。方唇，口沿外凸，
下附双耳，斜腹，桶壁外饰 3 道较宽凸弦纹，平底。三低矮蹄形足，足下部外撇。附有一盖，盖为圆
形，方唇，中部略高，四周微向下垂，中部有一圈凹弦纹，子母口。

　　标本 M2：465，器身口沿略残，双耳上部残缺，两腿残缺。附一盖。口径 9.2 厘米、外口径 10.8
厘米、底径 9.5 厘米，耳高 3 厘米、宽 1.75 厘米，腹高 8.9 厘米、腹深 7.9 厘米、足高 1.1 厘米、通
高 10.55 厘米。盖中部断裂，直径 10.4 厘米、子母口直径 8.8 厘米、厚约 1 厘米（图八二：1；彩版
六九：2）。

　　标本 M2：466，破损严重，两腿保存完整，一腿和双耳残缺，口沿没有外凸现象。上附一盖。口径 9.2 厘米、内口径 10.7 厘米、外口径 11.15 厘米、底径 9.8 厘米、腹高 8.8 厘米、腹深 7.7 厘米、足高 1 厘米、盖直径 10.7 厘米、子母口的直径为 8.8 厘米、通高 9.8 厘米（图八二：4）。

　　标本 M2：138，器身保存完好，一耳完好，另一耳残，一腿完整，两腿残缺。口径 9.2 厘米、外径 10.8 厘米、底径 9.65 厘米、腹高 8.85 厘米、腹深 7.9 厘米、足高 1.3 厘米、通高 10.4 厘米（图八二：2；彩版六九：1）。

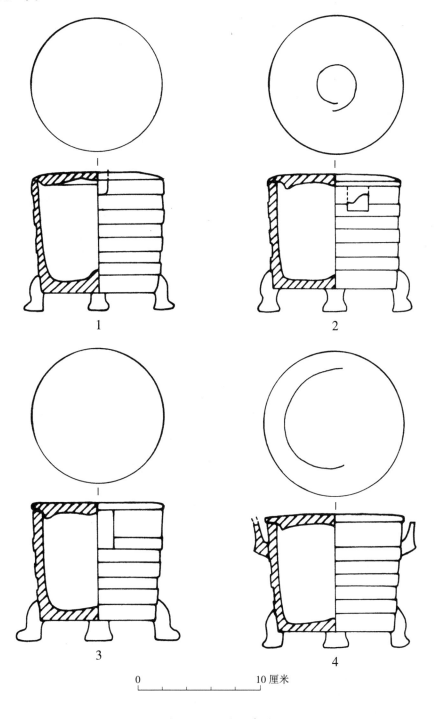

图八二　M2 出土陶厄
1. 陶厄（M2：465）　2. 陶厄（M2：138）　3. 陶厄（M2：468）　4. 陶厄（M2：466）

标本 M2：468，仅存半个，腿和耳均残缺。厄腹高 8.9 厘米、腹深 8 厘米。附有一盖，形状和大小与标本 M2：466 的器盖相同（图八二：3）。

另外出土有一个器盖，为标本 M2：418。其形状、大小与标本 M2：466 的器盖完全相同，因此推测，应该是另一个陶厄的器盖，但是并未发现该器物，可能已经被盗走。

9. 樽　3 件。泥质灰陶，素面。桶状，下附三足，上有帽形盖。按照其形状和大小不同分为 3 型。

A 型　1 件（M2：462）。已残。直筒状，方唇，口沿下有一周凹弦纹，桶身底部突然斜坡内收，形成了小平底，底部附 3 个乳状足。口径 18 厘米、外径 19.75 厘米、底径 15.5 厘米、器高 16 厘米、通高 15.7 厘米。器形较粗大笨拙，器盖缺失（图八三：1；彩版六九：3）。

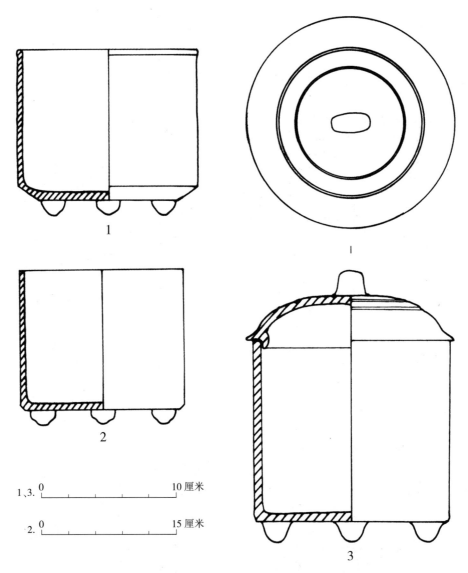

图八三　M2 出土陶樽
1. A 型樽（M2：462）　2. B 型陶樽（M2：463）　3. C 型陶樽（M2：464）

B 型　1 件（M2：463）。已残。直筒状，方沿，底部略小于口径，外底周边轻微抹边，大平底，底部附 3 个乳状足。外壁中部有很浅的细密凹弦纹。口径 16.7 厘米、外径 18.1 厘米、底径 17.8 厘米、器身高 15 厘米、足高 1.4 厘米、通高 16.4 厘米。器盖缺失（图八三：2）。

C型 1件（M2：464）。直筒状，上下一样粗，均为15厘米。方沿，内壁口沿下有一周较深的凹弦纹。外底周边抹边，大平底，底部附3个乳钉形足。口径13.55厘米、器身高13.2厘米、足高1.3厘米、通高14.5厘米。附有一个圆形盖，子母口。盖为帽形，中部隆起，四周下垂，有一周斜坡状窄边。顶部正中位置有一长方形纽，上部微残，纽两侧各有两道竖刻凹弦纹。纽周围有两道凸弦纹。盖直径15.65厘米、高3.25厘米、纽高1.8厘米（图八三：3；彩版六九：4）。

10. 耳杯 51件。均为泥质灰陶，素面。均有破损，多数可以修复，个别仅留双耳。按照其大小

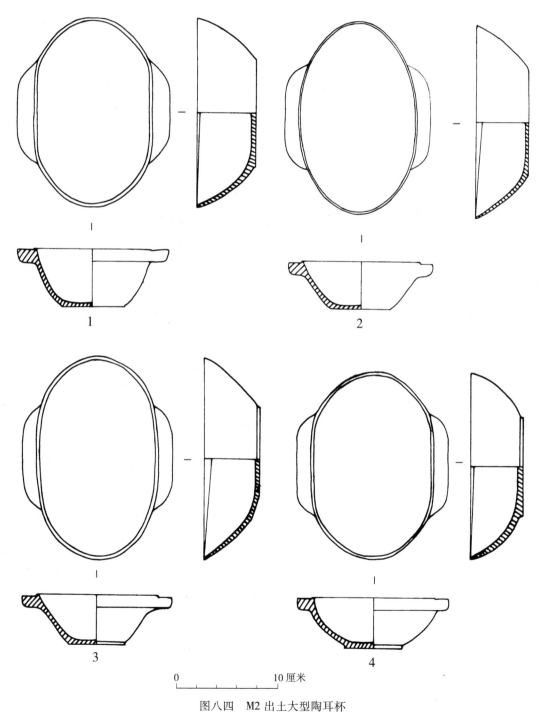

图八四 M2出土大型陶耳杯
1. 陶耳杯（M2：538） 2. 陶耳杯（M2：556） 3. 陶耳杯（M2：532） 4. 陶耳杯（M2：529）

不同，分为大、中、小、微型4种型号。但是，同一型号中，耳部的大小和形状又有不同，器体的宽窄也有区别，似乎属于不同时期烧制而成。我们从耳杯的大小归类叙述（彩版七〇：1）。

　　大型　32件。器形硕大，显得肥大厚重（图八四至九一）。泥质灰陶，素面，磨光，均有残损。标本 M2：527，船型，口椭圆形，口部微向外侈，尖唇，两长端微向上翘起，弧腹，腹近底部弧形内收。底为椭圆形饼状，平底。口部两长边外侧各附一眉月形耳，耳平置，略低于唇部。口长径 19.5 厘米、短径 11 厘米，腹深 5.2 厘米，耳长 10.3 厘米、宽 1.4 厘米，底长径 10.6 厘米、短径 6.2 厘米，器高 5.8 厘米（图八六：4；彩版七〇：2）。

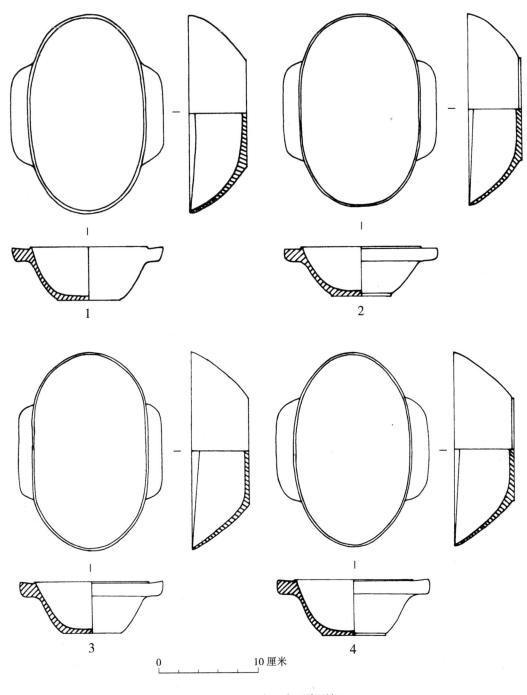

图八五　M2 出土大型陶耳杯

1. 陶耳杯（M2：525）　　2. 陶耳杯（M2：536）　　3. 陶耳杯（M2：555）　　4. 陶耳杯（M2：554）

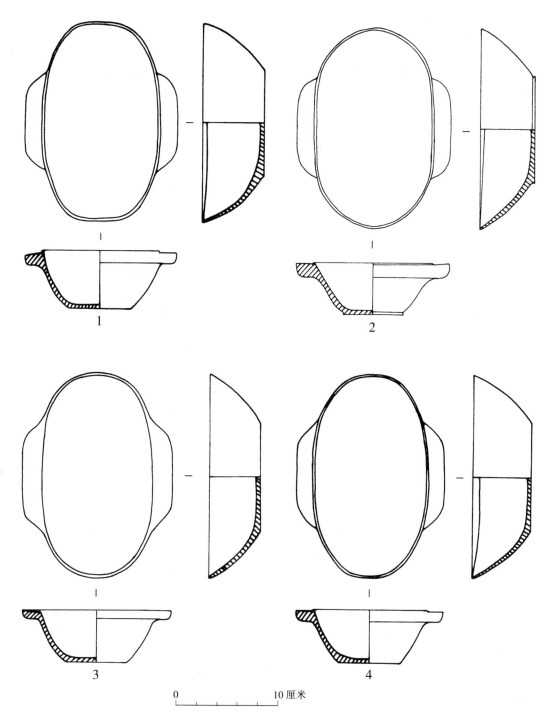

图八六　M2 出土大型陶耳杯

1. 陶耳杯（M2：524）　　2. 陶耳杯（M2：543）　　3. 陶耳杯（M2：548）　　4. 陶耳杯（M2：527）

中型　3 件（图九二）。标本 M2：522，口呈椭圆形，口部微向外侈，圆唇，弧腹，腹近底部弧形内收。饼状椭圆形底，平底。口两长边外侧各附一眉月形耳，耳平置，耳与唇平齐。口长径 18 厘米、短径 9.2 厘米，腹深 3.6 厘米，耳长 10 厘米、宽 2.2 厘米，底长径 9.2 厘米、短径 5.1 厘米，器高 4.4 厘米（图九二：1）。

小型　9 件。按照其大小、宽窄和耳部不同，分为 3 型。

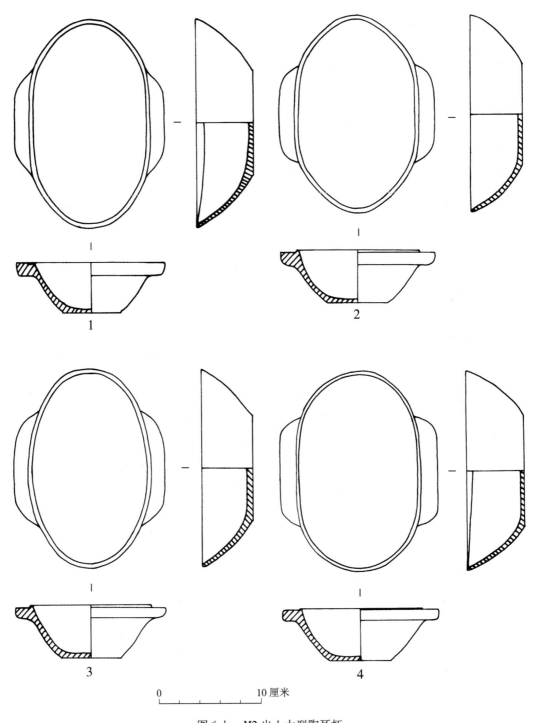

图八七　M2 出土大型陶耳杯

1. 陶耳杯（M2：558）　2. 陶耳杯（M2：550）　3. 陶耳杯（M2：551）　4. 陶耳杯（M2：549）

　　A 型　2 件。标本 M2：523，泥质灰陶，素面，已残（图九四：1）。标本 M2：517，口呈椭圆形，口部微向外侈，尖唇，弧腹，腹近底部弧形内收，椭圆形矮圈足，平底。口部两长边外侧各附一眉月形耳，耳平置，耳与唇平齐。体型宽扁轻薄。口长径 11.9 厘米、短径 7.9 厘米，腹深 2.9 厘米，耳长6.4 厘米、宽 0.9 厘米，圈足长径 6.8 厘米、短径 4.8 厘米、高 0.1 厘米，底长径 5.8 厘米、短径 3.9厘米，器高 2.9 厘米（图九三：2）。

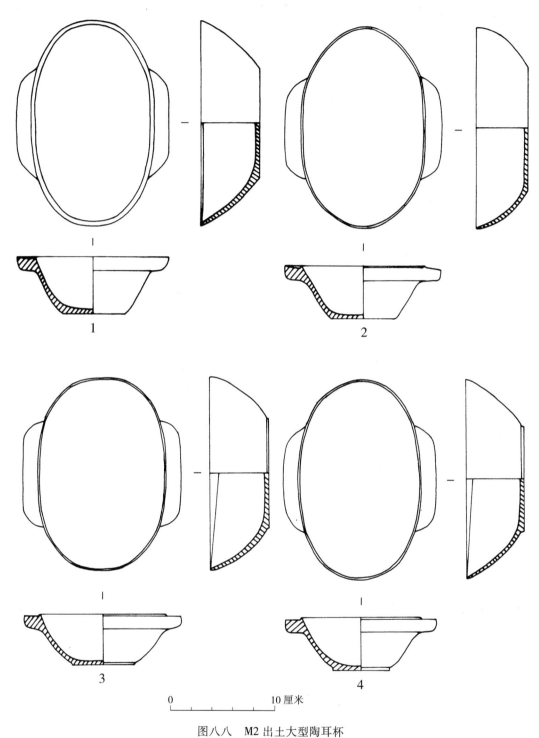

图八八　M2 出土大型陶耳杯

1. 陶耳杯（M2：521）　　2. 陶耳杯（M2：552）　　3. 陶耳杯（M2：535）　　4. 陶耳杯（M2：544）

　　B 型　5 件。泥质灰陶，素面，已残（图九三：1、3，九四：2、4）。标本 M2：512，口呈椭圆形，口部微向外侈，圆唇，弧腹，腹近底部弧形内收，椭圆形矮圈足，平底。口部两长边外侧各附一眉月形耳，耳微向上翘，耳与唇平齐。器形较厚，做工粗糙。口长径 11.45 厘米、短径 5.8 厘米，腹深 2.5 厘米，耳长 5.6 厘米、宽 1.6 厘米，圈足长径 7 厘米、短径 3.8 厘米、高 0.1 厘米，底长径 6.1 厘米、短径 3.1 厘米，器高 3.05 厘米（图八九：1、九三：3；彩版七〇：3）。

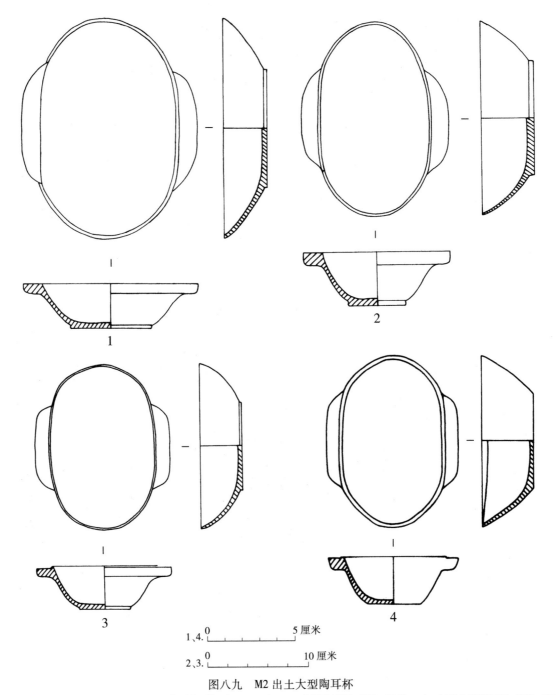

图八九　M2 出土大型陶耳杯

1. 小型 B 型陶耳杯（M2：541）　2. 大型陶耳杯（M2：540）　3. 大型陶耳杯（M2：534）　4. 小型 C 型陶耳杯（M2：510）

　　C 型　2 件（图九三：4、九四：3）。标本 M2：511，口呈椭圆形，口部微向外侈，尖唇，弧腹，腹近底部弧形内收，椭圆形饼形足，平底。口部两长边外侧各附一眉月形耳，耳微向上翘，略低于唇部。口长径 10.7 厘米、短径 6 厘米，腹深 3.2 厘米，耳长 5.5 厘米、宽 1 厘米，底长径 6.3 厘米、短径 3.4 厘米，器高 3.1 厘米（图九三：4）。

　　微型　7 件（图九五、九六）。标本 M2：364，口呈椭圆形，口部微向外侈，尖唇，弧腹，腹近底部弧形内收，椭圆形饼形足，平底。口部两长边外侧各附一眉月形耳，耳微向上翘，略低于唇部。器形较小，器体轻薄，较为精致。口长径 8.2 厘米、短径 4.5 厘米，腹深 2.1 厘米，耳长 4.3 厘米、宽

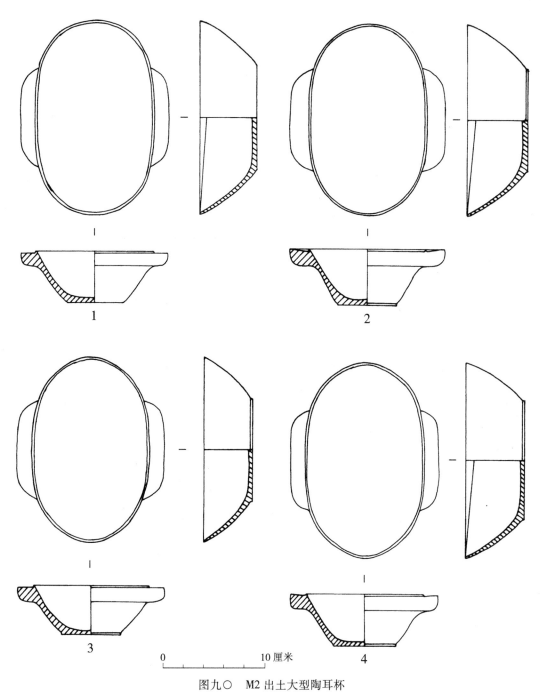

图九○　M2 出土大型陶耳杯

1. 陶耳杯（M2：545）　2. 陶耳杯（M2：537）　3. 陶耳杯（M2：546）　4. 陶耳杯（M2：553）

0.65 厘米，底长径 4.35 厘米、短径 2.6 厘米，器高 2.15 厘米（图九五：4）。

11. 陶豆　15 件。均为素面，泥质灰陶。已残破。

上部为圆盘形，圆唇，斜腹，平底，圆柱形柄，盘形足。根据其口沿的不同，可以分为 2 型。

A 型　12 件（图九七，九八：2、4、6）。标本 M2：487，盘为圆唇，直口，沿与底部交会处为弧形，平底，圆柱形柄，中空。盘形足，足口外侈，尖唇，斜平沿，足中部有孔与柄相通。盘口径 14.5 厘米、深 2.4 厘米，柄长 11.6 厘米、柄直径 2.8 厘米，足高 2.2 厘米、足盘直径 11.7 厘米、深 2 厘米，通高 16.5 厘米（图九七：7；彩版七一：4）。

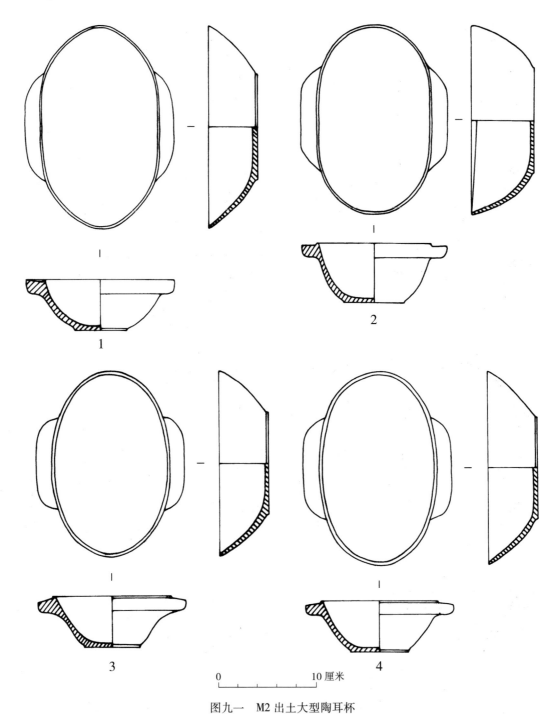

图九一　M2 出土大型陶耳杯
1. 陶耳杯（M2：533）　2. 陶耳杯（M2：518）　3. 陶耳杯（M2：531）　4. 陶耳杯（M2：530）

　　B 型　3 件（图九八：1、3、5）。标本 M2：494，盘为圆唇，口微外侈，斜腹，沿与底交会处呈明显的折角，平底。圆柱形柄，中空。盘形足，足口外侈，尖唇，斜平沿，足中部有孔与柄相通。盘口径 14 厘米、深 2 厘米，柄长 11.8 厘米、柄直径 2.5 厘米，足高 2.2 厘米、足盘直径 12.9 厘米、深1.5 厘米，通高 16 厘米（图九八：3；彩版七一：5）。

　　12. 瓢勺　7 件。素面，泥质灰陶。水滴形勺头，龙头曲柄，有大、小 2 型。

　　大型　4 件（图九九；彩版七一：3）。标本 M2：562，勺头前部残缺，柄部保存较好。体型较大，

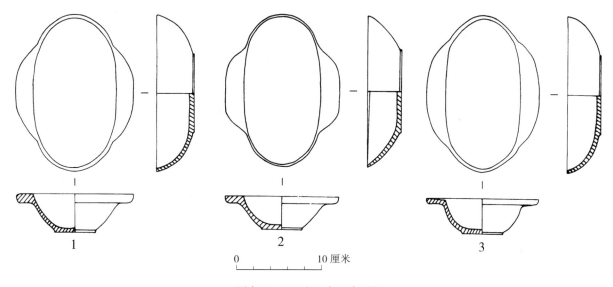

图九二　M2 出土中型陶耳杯
1. 陶耳杯（M2：522）　2. 陶耳杯（M2：542）　3. 陶耳杯（M2：526）

勺头口沿呈前大后小水滴形，勺底狭窄凸起，与柄成一条直线。圆柱形曲柄，柄端为一龙头。龙嘴张开，露出上下两排牙齿，鼻梁挺起，两边呈斜坡状，两眼目视前方，头上有两角，向后挺起。勺头残存部分长 10.8 厘米、柄长 11.5 厘米、残存部分总长 20.5 厘米（图九九：4；彩版七一：1）。

　　小型　3 件。标本 M2：565，保存相对较好，仅勺头局部残缺，其他部位保存较好。勺头口沿呈前大后小的水滴形，腹部较深，圜底，勺底狭窄凸起，与柄成一条直线。圆柱形曲柄，柄端为一龙头。龙嘴张开，牙齿外露，头上有两长角，贴在脑袋两侧，龙鼻、口部和下颌部有一凸起的竖脊线，应该为模制留下来的痕迹。器形较小，轻巧精致。勺头口长 7.4 厘米，最宽处 5 厘米、深 2.5 厘米，柄长 10.5 厘米，通长 18.5 厘米（图一〇〇：2）。

　　13. 漏勺　10 件。素面，泥质灰陶。均有残损。按照勺头形状和底部形状不同分为以下 2 型。

　　A 型　4 件（图一〇一：1—4）。勺头扁平，呈菱形，平底。不规则八棱直柄，柄向上折起，柄根部宽大。标本 M2：576，已破，勺头和柄部有断裂。勺扁平，菱形，头较宽，接近为齐平头。勺面均匀分布 14 个菱形镂孔。八棱柱状直柄，向上轻微折起。勺头后部平行横刻两道浅凹槽，柄与勺头交界处有一道横刻深凹槽。头长 5.3 厘米、最宽处 3.5 厘米，柄长 10.2 厘米，通长 15.5 厘米（图一〇一：2）。

　　标本 M2：582，已破，勺头有断裂。勺头扁平，呈菱形，平底，勺头上布满圆形镂孔。不规则八棱直柄，柄向上折起，柄根部宽大。柄与勺头交界处稍低，有一个明显的错位层面。柄部向上折起较高。勺头长 5.9 厘米、宽 3.9 厘米，柄长 9.7 厘米，通长 15.6 厘米（图一〇一：3）。

　　标本 M2：583，已残，勺头顶端有少部分残缺，中部断裂。形状与标本 M2：582 相同，勺头与柄部交界处突然变薄，勺头整体较薄。柄部向上折起较高。勺头长 4.3 厘米、宽 3.3 厘米，柄长 9.7 厘米，通长 10 厘米（图一〇一：1）。

　　B 型　6 件（图一〇一：5—10）。勺头扁平，呈椭圆形或接近于菱形，头部较尖或呈短平直，平底。不规则八棱直柄，柄向上折起，柄根部较细。标本 M2：575，已破，柄与勺头交界处断裂。勺头呈近菱形，底部较平，前后弯曲，柄根部较细，并向上翘起。勺头长 5.6 厘米、宽 3.4 厘米，柄长 9.8 厘米，通长 15.4 厘米（图一〇一：5）。

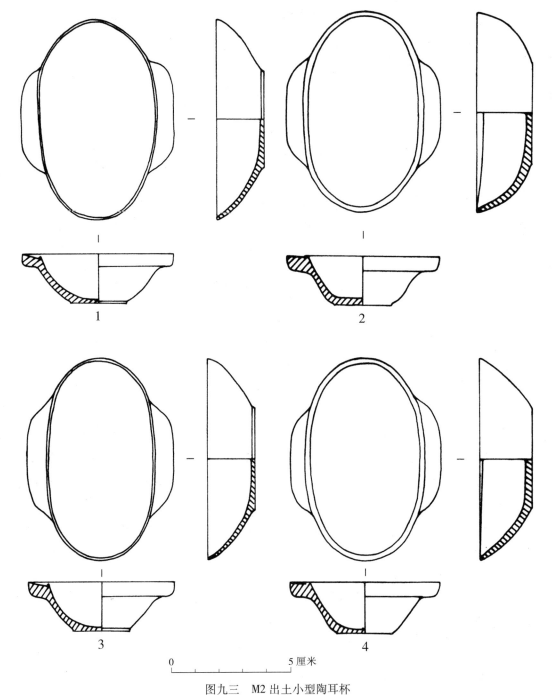

0 _____ 5 厘米

图九三　M2 出土小型陶耳杯

1. B 型陶耳杯（M2：528）　2. A 型陶耳杯（M2：517）　3. B 型陶耳杯（M2：512）　4. C 型陶耳杯（M2：511）

14. 汤匙　2 件（图一○二：3、4）。素面，泥质灰陶，均残。标本 M2：587，柄部分残缺，匙头顶部边沿稍残。匙头为椭圆形，面平，中间微向下歪曲，底部中间厚周边薄，长柄上翘，与匙头有一定弧度。匙头长 5.5 厘米、最宽处 3.5 厘米，柄残长 10 厘米（图一○二：3；彩版七二：2）。

15. 叉　2 件（图一○二：1、2）。素面，泥质灰陶，均断裂。标本 M2：585，方柱形直柄，向上轻微折起。叉头为椭圆形饼状，顶端有一 V 形开口。叉头长 4.3 厘米、最宽处宽 3.4 厘米，叉口宽 2厘米，长 2.1 厘米，柄长 10 厘米、通长 14.3 厘米（图一○二：1；彩版七二：3）。

16. 筭篦　11 件（图一○三、一○四；彩版七二：1）。均为素面，泥质灰陶，除有一个保存完整

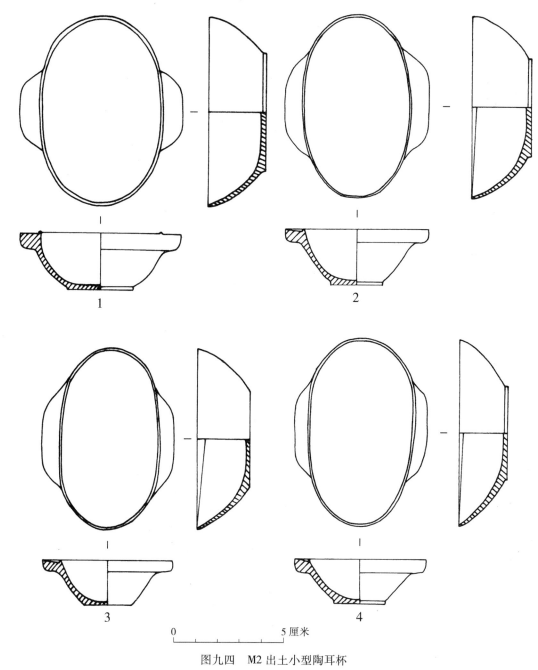

图九四　M2 出土小型陶耳杯

1. A 型陶耳杯（M2：523）　　2. B 型陶耳杯（M2：539）　　3. C 型陶耳杯（M2：547）　　4. B 型陶耳杯（M2：557）

外，其他均断裂或残损。标本 M2：588，保存完整。头部偏小，为较窄的椭圆形，上刻 5 条近乎平行的直线，至头部时靠外的两条线向内歪曲。整体显得修长，底部较平，中间厚，周边薄。在头部与柄交界处较厚，在此处突起，然后下陷成一条明显的截面，作为二者分界线。扁方形直柄，向上略微折起。头长 5.1 厘米、最宽处 3 厘米，柄长 9.3 厘米，通长 14.4 厘米（图一〇三：1）。

标本 M2：593，保存基本完整，仅柄与头交界处断裂。形状与标本 M2：589 基本相同，但是，头部为较大的椭圆形，中部为较平，中部刻一条直线，两边对称各刻两条弧线。底部周边为圜形，柄和头部没有明显的分界线。扁方形直柄，向上折起。头长 5.4 厘米、最宽处宽 3.7 厘米，柄长 9.6 厘米，通长 15 厘米（图一〇三：5）。

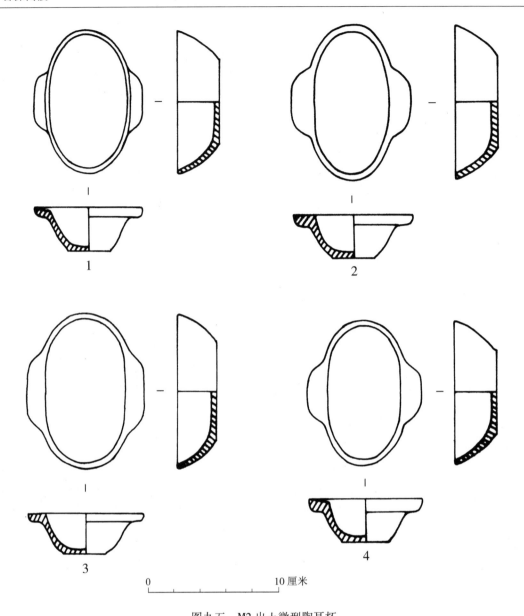

0　　　　　　　　　10 厘米

图九五　M2 出土微型陶耳杯

1. 陶耳杯（M2：515）　2. 陶耳杯（M2：513）　3. 陶耳杯（M2：514）　4. 陶耳杯（M2：364）

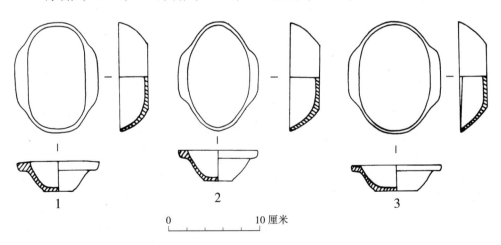

0　　　　　　　　　10 厘米

图九六　M2 出土微型陶耳杯

1. 陶耳杯（M2：516）　2. 陶耳杯（M2：520）　3. 陶耳杯（M2：519）

四　日常生活用品

均为素面，泥质灰陶，已破损。类型较多，计有多子榼、熏炉、三足中空盆、熨斗、簪、器盖等。

1. 器盖　8件。素面，泥质灰陶，已破损。按照形状分为2型。

A型　1件（M2：940）。圆形，子母口，浅盆状，尖唇，直沿，凹平底，中间有一圆形穿

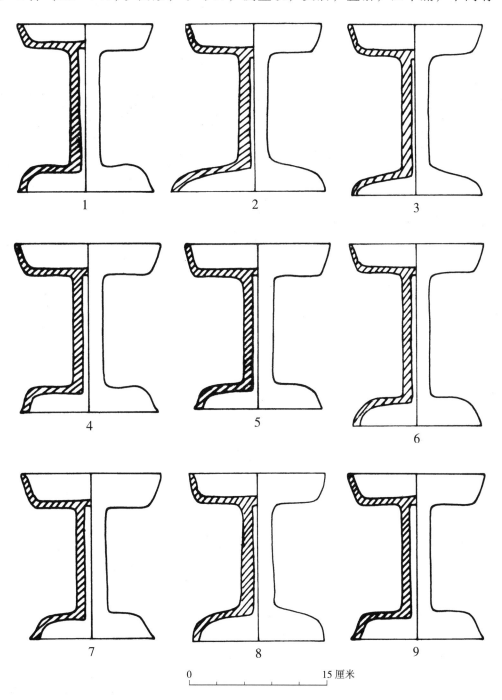

图九七　M2出土A型陶豆

1. 陶豆（M2：490）　2. 陶豆（M2：497）　3. 陶豆（M2：496）　4. 陶豆（M2：485）　5. 陶豆
（M2：488）　6. 陶豆（M2：495）　7. 陶豆（M2：487）　8. 陶豆（M2：498）　9. 陶豆（M2：486）

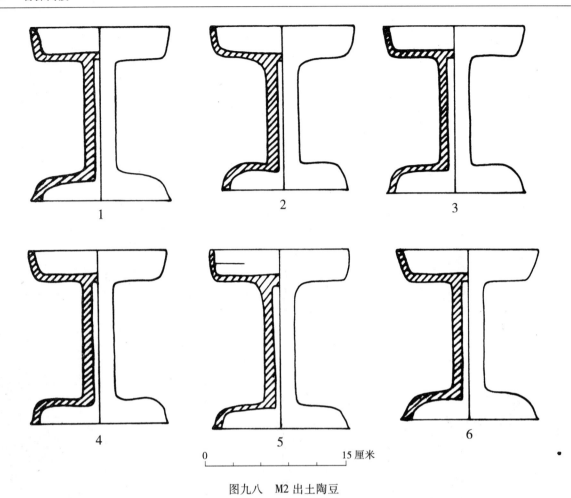

图九八   M2 出土陶豆

1. B 型陶豆（M2∶493）   2. A 型陶豆（M2∶484）   3. B 型陶豆（M2∶494）   4. A 型陶豆（M2∶492）   5. B

型陶豆（M2∶491）   6. A 型陶豆（M2∶489）

孔，整个显得轻巧细致。直径 9.4 厘米、沿高 0.9 厘米、底径 9 厘米、孔径 0.75 厘米、盖厚 1.7

厘米（图一〇五∶3；彩版七三∶1）。

B 型   7 件。泥质灰陶。素面，均为圆形，顶部为漫弧形，上部有熊爪痕迹，推测其为熊状纽，下

部为子母盖。根据子盖的不同，分为 3 个亚型。

Ba 型   1 件（M2∶48）。圆饼状子盖器盖，微残。圆形，盖顶中部略高，四周低，上部有 3 只熊

爪残痕，下部为弧形，中间为圆饼状子盖，子盖中部呈弧形外凸。盖直径 8.1 厘米，子盖直径 5.1 厘

米，盖厚 1.75 厘米（图一〇五∶2）。

Bb 型   5 件（图一〇五∶4—8）。圈形子盖器盖，该器盖的子盖均为外凸的圆圈形，但是器

盖有大小不同，子盖有高低之差异。标本 M2∶44，顶部与标本 M2∶48 相同，盖顶有 2 个熊爪残

痕；下部中间高周边低，呈弧形，中部有一圈凸起，圈内突然凹陷，中间较平，形成一圈状子

盖。盖直径 9 厘米，子盖直径 7.1 厘米、子盖凸起高 0.4 厘米，盖厚 1.4 厘米（图一〇五∶4；

彩版七三∶2）。

Bc 型   1 件（M2∶14）。内凹子母口器盖，盖顶部与标本 M2∶48 相同，上面有 3 个熊爪残痕；下

部周边较平，中部子盖凸起，子盖内部凹陷呈弧形（图一〇五∶1）。

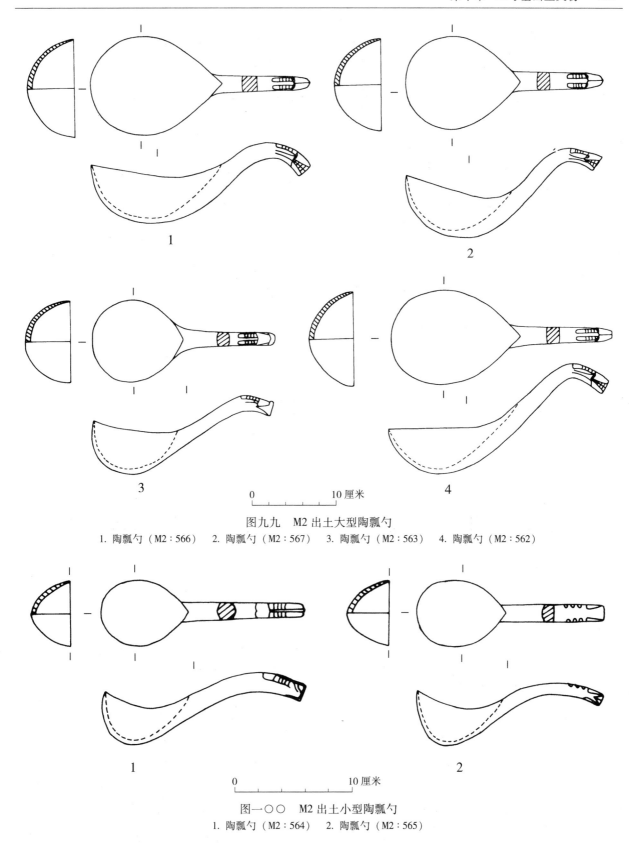

图九九 M2 出土大型陶瓢勺

1. 陶瓢勺（M2：566） 2. 陶瓢勺（M2：567） 3. 陶瓢勺（M2：563） 4. 陶瓢勺（M2：562）

图一〇〇 M2 出土小型陶瓢勺

1. 陶瓢勺（M2：564） 2. 陶瓢勺（M2：565）

2. 熨斗　1件（M2：411）。素面，泥质灰陶。已残。圆盆形，圆唇，宽平折沿，直腹，腹下部弧形内收，大平底，龙首柄，柄身为扁八棱形。斗内径 10.6 厘米、沿宽 1.4 厘米、腹深 3 厘米、底径 9 厘米、柄长 10.5 厘米、高 3.6 厘米（图七四：4；彩版七三：4）。

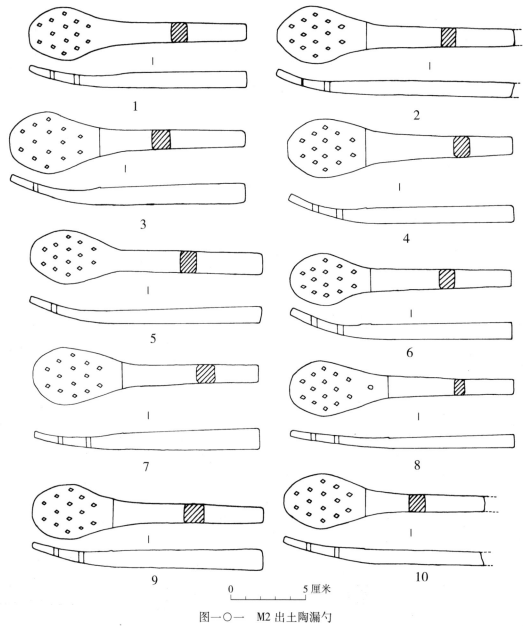

图一〇一　M2 出土陶漏勺

1. A 型漏勺（M2：583）　　2. A 型漏勺（M2：576）　　3. A 型漏勺（M2：582）　　4. A 型漏勺（M2：580）

5. B 型漏勺（M2：575）　　6. B 型漏勺（M2：577）　　7. B 型漏勺（M2：579）　　8. B 型漏勺（M2：578）

9. B 型漏勺（M2：581）　　10. B 型漏勺（M2：574）

3. 盒　1 件（M2：966）。泥质灰陶，素面。圆形，方唇，内壁较直，外壁沿部内收，平底。直径 9.9 厘米、高 2 厘米、腹深 1.2 厘米（图一一〇：1；彩版七三：3）。

4. 多子槅　1 件（M2：404）。素面，泥质灰陶。已残。圆形，圆唇，直壁，子母口，口向内收缩，外沿呈外高内低的斜坡状。平底，底部中间有一阴刻螺旋纹，下部有 3 个乳钉状足，足上部与盒子粘接处有一泥饼状托。盒子中部为一圆桶状盒子，外有 7 个挡板与外壁相连，挡板高度与中间圆形盒子及内口相同，将盒子平均分为 7 个扇形格子。有一圆形盖，盖上有 3 个乳丁状足。盒子外径 23.8 厘米、内径 21.7 厘米，底径 23 厘米，盒身高 4.8 厘米、子母口高 1.2 厘米、足高 1.1 厘米、通高 7.1 厘米，中间圆形盒子直径 6.9 厘米，扇形格的边长 5.5 厘米，长弧边长约 9 厘米，短弧边长约 3 厘米，盒子深度一样，均为 4.5 厘米（图六八：3、4；彩版七三：5、6）。

5. 熏炉　1件（M2∶403）。素面，泥质灰陶，已残，仅存其上半部。鼓腹呈球形，顶部凸起为乳尖状，中空，周身镂长方形孔，上下共计6排。下部较平，有一大型圆孔。口径4.5厘米、最大径10.3厘米、高7.1厘米（图七四∶1；彩版七四∶1）。

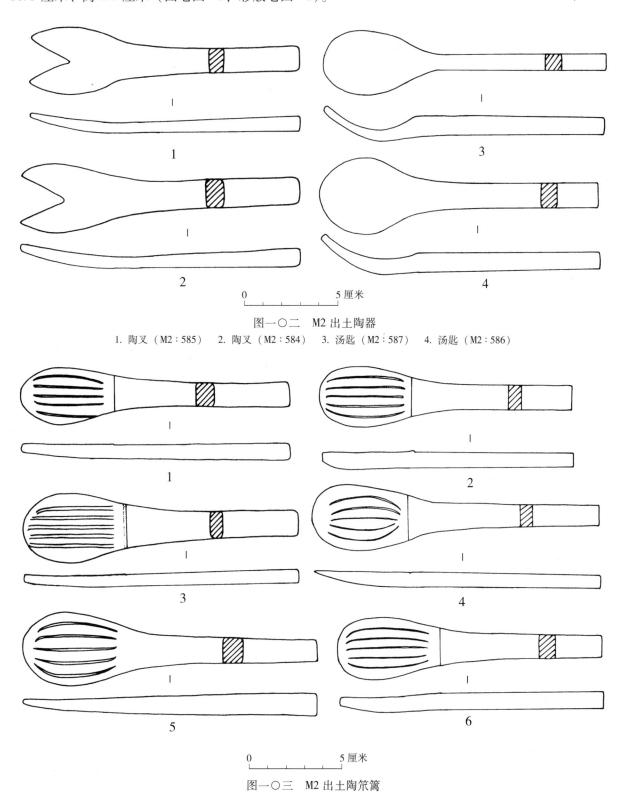

图一〇二　M2 出土陶器

1. 陶叉（M2∶585）　2. 陶叉（M2∶584）　3. 汤匙（M2∶587）　4. 汤匙（M2∶586）

图一〇三　M2 出土陶笊篱

1. 陶笊篱（M2∶588）　2. 陶笊篱（M2∶590）　3. 陶笊篱（M2∶596）　4. 陶笊篱（M2∶591）　5. 陶笊篱（M2∶593）
6. 陶笊篱（M2∶597）

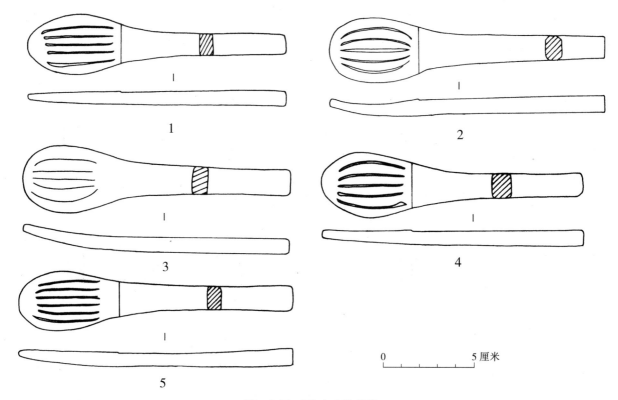

图一〇四 M2 出土陶笊篱

1. 陶笊篱（M2：598） 2. 陶笊篱（M2：589） 3. 陶笊篱（M2：595） 4. 陶笊篱（M2：592） 6. 陶笊篱（M2：594）

6. 三足中空盆 1件（M2：371）。素面，泥质灰陶，已破。器体为盆状，浅腹，宽折沿，方唇，直口，沿边缘上翘。盆内直壁，腹下部为弧形，底中间有一中空柱，柱下粗上细，下部直径6.5厘米、上部直径4.6厘米。柱内壁为直筒状，上下口外侈，柱外壁有两道粗大凹弦纹。柱孔内径3.2厘米、口径4.2厘米，高4.8厘米，高出盆沿0.7厘米。盆外侧为斜壁，向下变为折腹突然内收，平底中部有一喇叭形凹窝，凹窝中间为一粗孔，与盆内柱子中孔相通；盆底有三兽蹄足。盆沿宽2.2厘米、口径16.5厘米、盆高6厘米、腹深4.1厘米、腿高4.3厘米，通高9.89厘米（图一〇六：1；彩版七四：2）。

五 生活设施类

计有井、圈厕、磨等类型。

1. 井 2件。泥质灰陶，均已残。按照其形状，分为2型。

A型 1件（M2：400）。素面，泥质灰陶。已残。由井口、护栏、井台和井亭四部分组成。井台为圆形，中间为井口，井台周边的下部有一周宽裙边，裙边上下沿各附一周齿轮状凸弦纹的花边。井口圆形，周围有3道凹弦纹，中部束腰形，下部呈喇叭状外侈。井口周围有方形护栏。护栏由4根枋组成，即在井的四角各立一根立柱，上部枕以方木，与四角立柱以榫卯结构相连接，将井台与护栏连为一个体，并露出榫头，榫头下部为正方体，上部呈覆斗状。每根枋的两端长出护栏，在四角形成井的四出。柱中间为护墙。口上部为井亭，井亭为牌楼形式。即在井栏外侧的两边，左右对称各斜立一个扁形立柱，上托火焰形坊额，在坊额前后的中间部位，对应各阴刻着⋈形图案，最上端为一四阿式楼顶，作为井盖，楼顶正脊两端向上高挑，四面斜坡瓦垄清晰可见。井台周边有

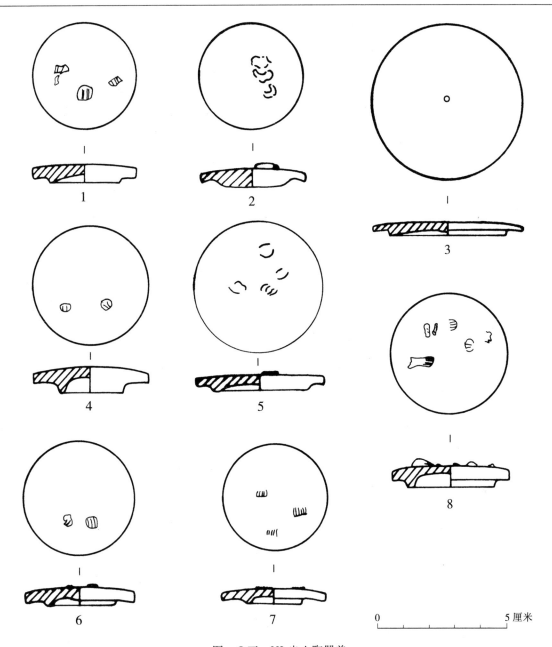

图一〇五　M2 出土陶器盖

1. Bc 型器盖（M2：14）　　2. Ba 型器盖（M2：48）　　3. A 型器盖（M2：940）　　4. Bb 型器盖（M2：44）
5. Bb 型器盖（M2：397）　　6. Bb 型器盖（M2：6）　　7. Bb 型器盖（M2：467）　　8. Bb 型器盖（M2：418）

3 圈平行的凹弦纹，在它们和护栏之间的台面上，对应护栏的四面，每面各有两组相交叉的 V 形图案，每组图案由 3 道平行的凹弦纹组成。井口直径 8.5 厘米、底部直径 16.1 厘米，井台直径 27.1 厘米、井台裙边宽 4 厘米，井栏宽 13 厘米、高 5 厘米，井亭高 26.5 厘米、通高 35.2 厘米（图八一：1；彩版七六：1）。

B 型　1 件（M2：375）。素面，泥质灰陶。已残。由井口、井台和井亭 3 部分组成，体形小于前者。井口圆形，口部外侈，下部为束腰形，底部为喇叭状圈足底。圆形井台，井台周边的下部有一周宽裙边，裙边上下沿各附一周绳纹状凸弦纹的花边。井口上部同样有井亭，形状与井 M2：400 上的井亭形状一样。井口直径 8.5 厘米，井台直径 19.2 厘米、裙边宽 3 厘米，底部直径 11 厘米，井亭高

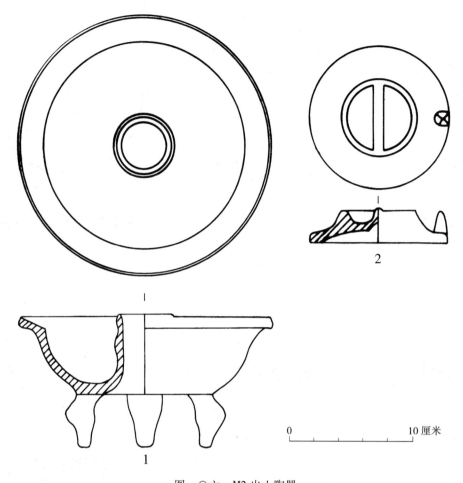

图一〇六　M2 出土陶器

1. 三足中空陶盆（M2∶371）　2. 陶磨（M2∶402）

16.6 厘米，通高 25.8 厘米（图六七∶2；彩版七六∶2）。

2. 圈厕　1 件（M2∶401）。素面，泥质灰陶。已残。平面呈前窄后宽梯形，下部为猪圈，上部为厕所。猪圈周边围墙，后部靠右有一长方形猪舍，猪舍顶部镂有长 4 厘米、宽 1.4 厘米的长方形便坑孔，上面的厕所建筑已缺失。围墙高 6 厘米、厚 1 厘米，猪舍长 8.6 厘米、宽 9 厘米、墙高 6.8 厘米，通长 23 厘米、宽 18—20 厘米（图六八∶2；彩版七五∶3）。

3. 磨　1 件（M2∶402）。素面，泥质灰陶，仅存磨盘的上半扇。圆形，上面为两个相对的半月形凹槽，其边沿有一乳丁状錾手。底部平沿，中间内凹，中心部位有一圆形小孔。磨盘直径 11 厘米，凹槽直径 6.5 厘米、深 1.1 厘米，厚 2.8 厘米，錾手高 1 厘米（图一〇六∶2；彩版七六∶4）。

六　文房游戏用具类

仅发现有砚台。

砚台　1 件（M2∶74）。泥质灰陶。稍残，基本完整。前宽后窄，略近长方形；平底，三边高高凸起，中间为沟槽状。凸起三边外侧平直，内侧为斜坡状。长 16.6 厘米、前部宽 7.4 厘米、后部宽 7.2 厘米、底厚 0.8 厘米，槽前宽 6.6 厘米、后部宽 6.4 厘米、深 0.9 厘米、长 15.7 厘米，底部前宽 5.4 厘米、后部宽 5.3 厘米（图七三∶1；彩版七六∶3）。

七　陶俑

包括人物俑和动物俑两类。

1. 人物俑　2 件。泥质灰陶，素面。出土于墓前室南侧室底部。一个保存完整，另一个仅存上部，胸部以下缺失。标本 M2：231，保存完整。头戴平巾帻，后高前低，头右顶部有一圆形发髻，身穿交领深衣，两袖宽大，腰部紧束，下摆宽大，呈喇叭状，衣长曳地，掩不见足，裙摆下部饰有一道花边。高 14.5 厘米（图一〇七：1；彩版七七：2）。标本 M2：232，下部已残，仅存胸部以上部分。服饰与标本 M2：231 完全一样。残高 8.5 厘米（图一〇七：2；彩版七七：1）。

2. 动物俑　3 个。泥质灰陶，素面。已残，均为熊的形象。其中，标本 M2：34，两前肢支起，头前伸触地，两后肢后伸，背部隆起，熊尾紧缩，贴在两腿之间。两前肢肩部各有一道圆环装饰。长6.5 厘米、高 3.1 厘米（彩版七七：3、4）。标本 M2：353，形状和姿势与标本 M2：34 完全一样，所不

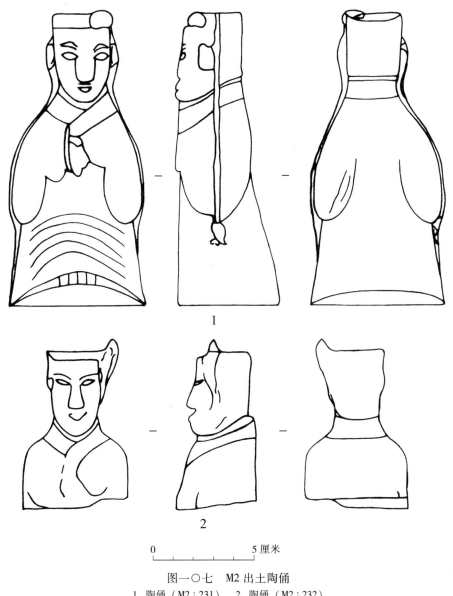

图一〇七　M2 出土陶俑

1. 陶俑（M2：231）　2. 陶俑（M2：232）

同之处在于其腿和尾部、脖颈等处均有刻画出来的鬃毛纹饰，未有圆环装饰，形体比前者略大（彩版七七：5）。标本 M2：931，仅存前身和腿的局部。推测它们是器盖上的纽。

八　其他文物

有龙头器柄、扁长方形器柄、簪、钩状物、支架等。

1. 器柄

出土器物柄部多个，其中有龙头器柄、纺锤形器柄、扁平条状器柄等类型。

A 型　7 件。为龙头器柄，按照龙头的形状，又分为以下 4 个亚型。

Aa 型　4 件（图一〇八）。素面，泥质灰陶。均已残，仅存龙头部分。标本 M2：926，龙头颈部大尺度弯曲，眉骨高耸，鼻梁挺直，龙嘴大张，牙齿外露，两眼目视前方，形象十分生动逼真。上下均有一条明显的脊线，为模制印痕残留。残长 6 厘米（图一〇八：1；彩版七八：1）。

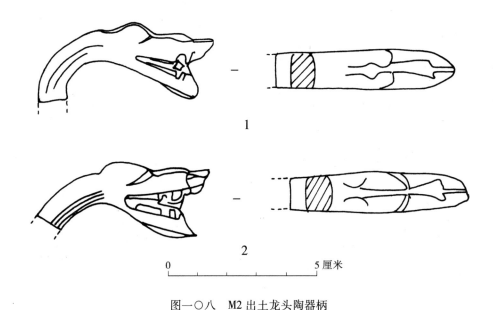

0 ——————— 5 厘米

图一〇八　M2 出土龙头陶器柄
1. Aa 型陶器柄（M2：926）　　2. Aa 型陶器柄（M2：927）

Ab 型　1 件（M2：930）。素面，泥质灰陶。已破，从中部断裂，拼接之后，基本完整。柄较短，为八面柱体，中部略微向上歪曲，柄下面较平，下端呈斜坡状，中间有一圆形凸起，似为榫卯结构，与下面器物衔接，下端上部有断茬，所连器物形状不详。柄的上端为一龙头形象，为刀刻，工匠用简略数刀，便生动地雕刻出一个龙头的形象。柄长 10.3 厘米（图一〇九：2）。

Ac 型　1 件（M2：932）。素面，泥质灰陶。已破，断为 3 节，可以拼对在一起。柄较长，为圆柱形，下端向两侧分叉，所连器物形状不详。另一端为龙头，为刀刻，仅雕刻出龙头大致形状，十分简单抽象。柄长 22 厘米，直径 1 厘米（图一〇九：3）。

Ad 型　1 件（M2：934）。素面，泥质灰陶。下部残缺，仅存柄端。柄体为圆柱形，脖颈向下弯曲，龙头较小，为刀刻，十分简略，比标本 M2：932 更为抽象，仅有龙头的大致轮廓。残长 5.5 厘米（图一〇九：1）。

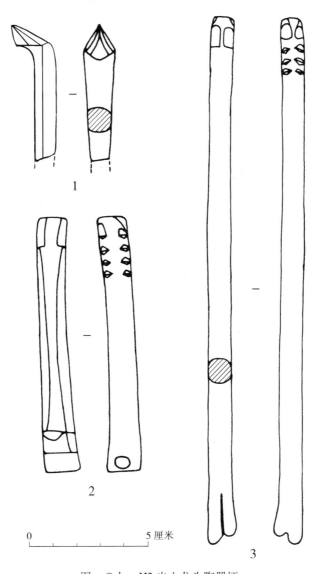

图一〇九　M2 出土龙头陶器柄
1. Ad 型陶器柄（M2：934）　2. Ab 型陶器柄（M2：930）　3. Ac 型陶器柄（M2：932）

B 型　1 件（M2：663）。为纺锤形器柄，素面，泥质灰陶。已残，下部残缺。柄体为圆柱形，两端细，中间粗，形似纺锤。残长 9.65 厘米、细端直径 1.2 厘米、中间最粗处直径 2 厘米（图一一〇：3）。

C 型　2 件。为扁平条状器柄，素面，泥质灰陶。已残。标本 M2：727，断为 3 节，下部残缺。横断面为长方形，上下面较宽，平直。长 17.5 厘米、宽 1.6 厘米、厚 0.65 厘米。标本 M2：933，形状与标本 M2：727 相似，体型略微宽厚，上部完整，下部残缺。残长 17.6 厘米、宽 1.9 厘米、厚 0.7 厘米（图一一〇：5）。

D 型　2 件。为圆柱形器柄，素面，泥质灰陶。标本 M2：936，下部残缺，仅存柄的后部。横截面为圆形，上细下粗。残长 3.85 厘米、柄端直径 0.7 厘米（图一一〇：2）。

2. 簪

1 件（M2：935）。素面，泥质灰陶。下部残缺，仅存柄端。簪体为圆锥形，柄端向下弯曲，形成圆环状。残长 14 厘米（图七三：2；彩版七八：2）。

3. 钩状物

1件（M2：110）。素面，泥质灰陶。保存完整，体型很小，身如纺锤状，一头向后有一很细的倒钩，用途不详。长2.3厘米（图一一〇：4）。

4. 支架

11件。泥质灰陶。分为2型。

A 型　10件（图一一一、一一二：1、2、4、5）。保存完整，大小形状完全相同。标本 M2：499，整体为靴状，多数为素面，个别出土时呈黑色。下部为一方台形底座，一边呈90°折起，至高1.75厘米处，变为前窄后宽的束腰状。中部有一个三角形图案，该图案下有两道平行的凹弦纹。顶部前低后

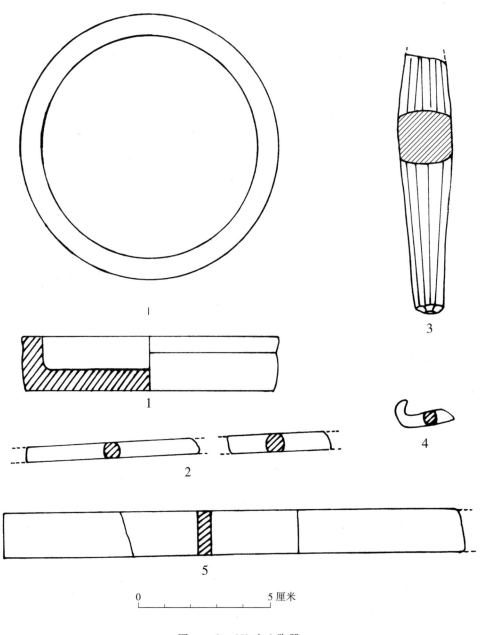

图一一〇　M2 出土陶器

1. 陶盒（M2：966）　2. D 型陶器柄（M2：936）　3. B 型陶器柄（M2：663）　4. 陶钩状物
（M2：110）　5. C 型陶器柄（M2：933）

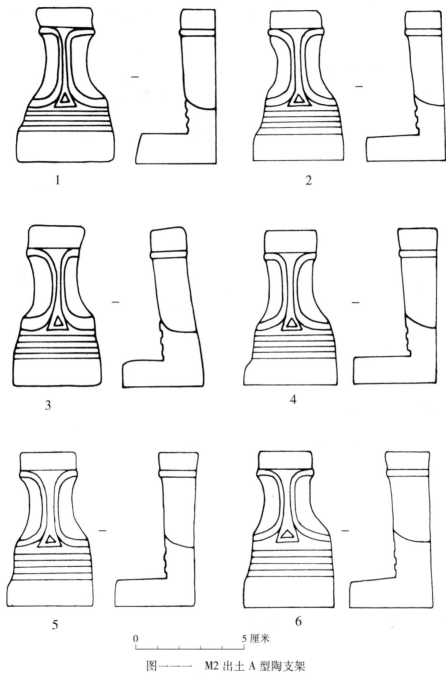

0   5 厘米

图一一一 M2 出土 A 型陶支架

1. 陶支架（M2：502） 2. 陶支架（M2：508） 3. 陶支架（M2：500） 4. 陶支架

（M2：507） 5. 陶支架（M2：505） 6. 陶支架（M2：504）

高，为官帽形，前脸略微前倾，后部平整。底座长 3.7 厘米、宽 4.35 厘米、厚 1.35 厘米、通高 6.9
厘米（图一一二：4；彩版七八：3）。

B 型 1 件（M2：938）。泥质灰陶，素面。下部有一半圆形基座，基座后底部有 3 个半圆形凹槽，
上部为八面体柱子，柱子向外弧形弯曲。通高 7.3 厘米（图一一二：3；彩版七八：4）。

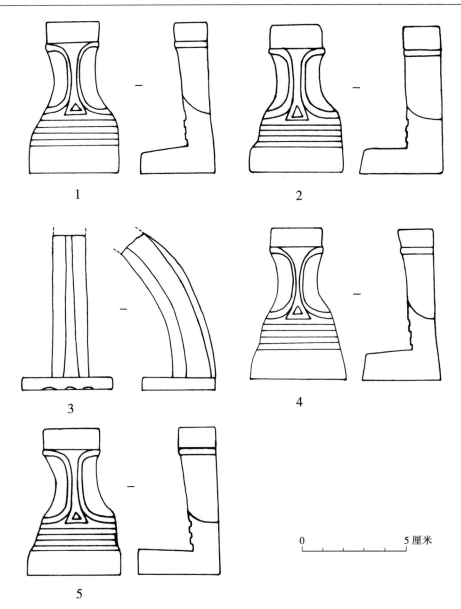

图一一二　M2 出土陶支架

1. A 型陶支架（M2：503）　　2. A 型陶支架（M2：506）　　3. B 型陶支架（M2：938）
4. A 型陶支架（M2：499）　　5. A 型陶支架（M2：137）

第五节　二号墓出土石器

二号墓（M2）中出土多种石质文物，按照类型分，有石牌、石圭、石璧、镶角饰件、无字石板和画像石等，分别介绍如下。

一　石牌

石牌总计 66 块。按照其形状分为两类，一类为圭形石牌（10 件），另一类为六边形石牌（55 件），上面均刻有铭文，内容为随葬品的名称和数量。另有一件（M2：973）形状不明（彩版九一:2)。圭形石牌形状特殊,形状为圭形,下部为长方形,上部有一尖,整体显得瘦长。六边形石牌下部为长方形,上尖部被从中间截断,形成一个横短边,两边形成两个斜短边,因此,我们称之为"六边形石牌",该类石牌一般比较宽,体形较短。

圭形石牌的尖部中间部位有一圆孔,内穿一圆形铜环,环内套接一铜链,铜链尾部有一个挺直柱状铜棍,应该是用来插在某种东西上,起到悬挂石牌的作用。该类石牌的形状,与许昌市鄢陵县受禅台旁所立的禅让碑的形状完全一样,且石牌上的铭文中,均有"魏武王"三字,据此推测,这种形状的石牌,意义非同六边形石牌,应该是代表着一种较高的规格。其上记录的内容均为"魏武王常所用"之物,如"挌虎大刀""挌虎大戟""挌虎短矛""长犀盾"等兵器,往往成对或多件出现,且一件兵器对应一块石牌,并不像六边形石牌那样,往往将一类物品统一记录在一块石牌上,然后注明该类物品的数量。因此,更突出了该类石牌的与众不同,所记录物品的重要性和特殊性。笔者推测该类石牌所记录的这些兵器,应该是墓主人生前所使用的仪仗组合。由于在一块六边形石牌中明确记载着随葬品中有"卤薄"字样,笔者判断,这类石牌所指之物,可能就是墓主人生前出行时所用之卤簿,也就是上述所说的仪仗。

1. 圭形石牌　10件。石质,大小和形状完全相同。下部为长方形,上部两斜边内收,呈三角形的尖部,整体为圭形。其中一件石牌(M2:972)已残。刻铭内容为"常所用长犀盾"(彩版七九:1)圭首中部有一圆形穿孔,内有铜环相衔,环上连缀一条铜链。长边8.9厘米、上斜短边长2.55厘米、宽3.15厘米、厚0.8厘米、通长10.95厘米。该类石牌全部残破,散落于墓室内不同地方;或仅存部分残块,共出土残块13个。经过拼接,归类为9个石牌个体,能够修复完整的石牌有2件,刻铭内容分别是"魏武王常所用挌虎短矛""魏武王常所用挌虎大戟",字体均为汉隶(彩版七九、八〇)。

标本M2:382,已破,中间断裂,可以拼为完整石牌。穿孔中套有一圆形铜环,环内衔接一铜链,链尾部连接一根细铜棍,可能是用于插在某处,起到固定或悬挂石牌的作用。刻铭内容为"魏武王常所用挌虎短矛"(彩版七九:2)。

标本M2:58、M2:139,已破,下部从虎字处断裂,可以拼为完整石牌。穿孔中套一圆形铜环,环内衔接一铜链,链尾部连接一根细铜棍。刻铭内容为"魏武王常所用挌虎大戟"(彩版七九:3)。

标本M2:176、M2:177,已残,下部保存完整,该残存部分上铭刻文字为:"挌虎短矛"四字。石牌从"挌"字处断开,上部从中间部位竖裂为两块,分为左、右两部分,其中左半部残缺,仅存右半部。从残存的右半部上的半幅文字看出,上面的刻录文字为"魏武王常所用",该石牌的完整刻铭内容应该是"魏武王常所用挌虎短矛"(彩版七九:4)。

标本M2:357,已残,石牌从"常"字上部断裂,其中上半部残缺,仅存下半部,下半部残牌上的刻铭内容为"常所用长犀盾",全牌的刻铭内容应该为"魏武王常所用长犀盾"。

标本M2:107、M2:124,已残,分别从"王"字下部和"所"字下部断裂。最上部一节残缺,仅保留下部两段,可以拼接在一起,残存石牌上的刻铭为"王常所用挌虎短矛",从残存"王"字看,其上部应该为"魏武王"三字,全牌刻铭内容应该为"魏武王常所用挌虎短矛"(彩版八〇:1)。

标本M2:58,已残,断为三截,分别从"魏"字中部和"所"字中部断裂,保留有石牌的上部和下部,中部残缺。上部圭形尖部保存完好,刻铭为"魏"字上部;下部残牌上的刻铭为"所用挌虎大戟"。全牌的刻铭内容应该为"魏武王常所用挌虎大戟"。

标本M2:55,已残,断为数块。其中,上部从尖部穿孔处断裂,最上部残缺;中部一段残缺,仅保存下部。该石牌不同于以上石牌,其他石牌铭文均为单行竖刻,而该石牌的铭文则为两排并列竖刻。

上部残块上并列刻有二字，右边一“魏”字、左边一“狩”字。下部残块并列两排共刻有六字，每排三字，其中，右排三字自上而下为“常所用”，左排三字自上而下为“锥（?）二枚”，推测其应该为一块石牌（彩版八〇：2）。

标本M2：146，已残，刻铭仅余“所用挌虎大戟”（彩版八〇：4）。同时，该墓中出土一圭形石牌的残部（M2：86），为其尖部，石牌上保存有圆孔，短斜边保存完整。该石牌与上述相比，体型较薄，厚度仅为0.55厘米。笔者认为，它虽然同属圭形石牌，可能属于不同批次的随葬石牌（彩版八〇：3）。

另外，还从盗墓分子手中追缴过可以修复起来、比较完整的同类石牌一件，上面的刻铭为“魏武王常所用挌虎大刀”。其形状、大小、石材、字体均与出土的圭形石牌完全一样，因此，推测为该墓中出土，暂未列入出土石牌数量中。本书本章第十五节有详细介绍。

2. 六边形石牌　55件。石质。下部为长方形，上部两边各抹去一角，形成两短斜边，整体为六边形。其中，两长边长7.2厘米、两短斜边长1.8厘米、宽4.8厘米、上部横短边长2.3厘米、通高8.4厘米、厚0.8厘米。该类石牌又分为单列铭文、双列铭文两种（彩版八一至九〇）。

一种六边形石牌是单列竖刻铭文，绝大多数字体为汉隶，笔画工整，遒劲有力，只有“□□鞶一”、“墨畫（画）衣枷（架）一”两个石牌刻铭字体潦草。石牌刻铭有“刀尺一具”、“文铻母一”、“洓（漆）唾壶一”、“洓（漆）浆臺（台）一”、“書（书）案一”、“璧四”、“珪一”、“竹翣一”、“木绳叉一”、“□□鞶一”、“鐞（镘）莱蔮一”、“樗蒲床一”、“竹簪五千枚”、“胡粉二斤”、“轩杅一”、“渠枕一”、“镜臺（台）一”、“墨畫（画）衣枷（架）一”、“沐具一具”、“木墨行清一”、“香囊卅双”、“墨硏一”、“墨廉薑函一”、“玄三早绯”、“绒二幅一”、“白練（练）单帬一”、“冒一”、“绒手巾一”、“紫臂褠一具”、“丹绡襜襦一”、“绛疏披一”、“勳（勋）二绛绯”、“黄绫袍锦领袖一”、“绛白复帬一”、“白練单衫二”、“白練絑（袜）一量”、“绛文复袴一”等。

另一种六边形石牌为两排并列竖刻铭文，又分为隶书和楷书两类。其中，“輴（辐）车上廣（广）四尺长一丈三尺五寸漆升帐构一具”，“绛标（杯）文绮四幅被一”，“一尺五寸两葉（叶）绛缘鐞（镘）屏風（风）一”，“三尺五寸两葉（叶）畫（画）屏風（风）一”，“紫绡披衫、黄绡袄一”，“文藻豆囊一具”，“黄绮披丹绮缘一”，“长命绮复衫、丹文謶一”，“丹文直领一，白绮帬自副”，“紫绮大褟一、刺補自副”，“墨表赤裹（里）書（书）水椀（碗）一”等石牌均为汉隶，刻字工整。但是，“五尺洓（漆）薄机一、食单一”石牌却是例外，其右列所刻“五尺洓薄机一”六字为汉隶，字体工整，左侧所刻的“食单一”三字则字体略显潦草，好像是后来另行加刻上去的。在同类石牌中，“墨畫（画）零状荐苹蒻簟一具”，“白缣画卤薄（簿）、游观、食厨各一具”，“黄蜜金廿饼、白蜜银廿饼、億（亿）巳钱五萬（万）”，“黄豆二升、木鈲机一”，“木墨敛二合、八寸机一”，“廣（广）四尺长五尺绛绢升帐一具、構（构）自副”等六块石牌，刻铭为草书，字体潦草。

二　礼器

分为圭、璧两种。

1. 圭　1件（M2：333）。石质，断为两截，下部残块在前室扰土中出土，上部残块出土于后室靠近南侧室门口淤土中。圭的主体为扁平长方体，上部两边斜坡内收，形成圭尖。表层呈黑色，表皮多有脱落，使表面略显粗糙。长宽比为4：1。两长边长为22.8厘米、宽7.2厘米，两短斜边长6.8厘米，通高28.8厘米，厚0.9厘米（图一一三：1；彩版九一：3）。

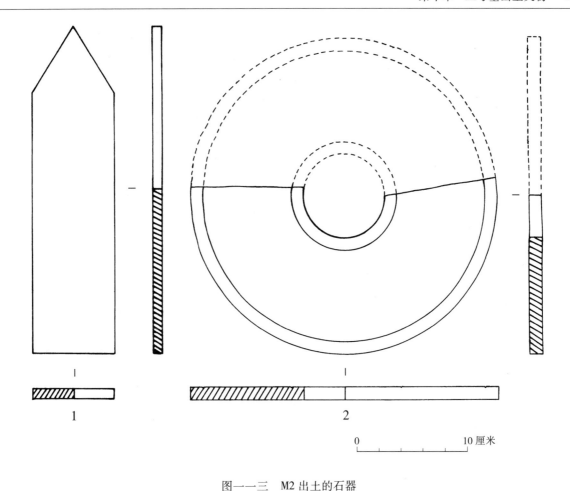

图一一三　M2 出土的石器
1. 石圭（M2：333）　2. 石璧（M2：87）

2. 璧　3 件。石质。石璧大小、形状完全相同，均已残。整体为圆饼状，中间有一圆形穿，素面。璧的两面完全相同，均无纹饰，仅在靠近外缘部位和中间穿的外侧，各有一圈很浅的凹弦纹。直径约 28.9 厘米、穿径约 6.8 厘米、厚 1.2 厘米。

标本 M2：105 的残存部分断为两块，与被盗墓分子盗出的三块残璧可以拼接在一起，形成一个几近完整的石璧。标本 M2：87，保存半幅，其他部分残缺。直径 28 厘米、穿径 7 厘米（图一一三：2）。标本 M2：300，残损严重，多有缺失，残存部分断裂为 5 块，可以拼接在一起，形成璧的大致轮廓。

三　方形石片

1 件（M2：239）。微残。白色，四方形，上下均为平面，上面平滑，局部有黑漆残留，背部略显粗糙，表面密布圆形点状自然纹理。长 3.6 厘米、宽 3.6 厘米、厚 0.4 厘米。

四　画像石

在对 M2 墓室的清理过程中，始终伴随有大批画像石残块出土，尤其是在最底层的原始淤泥中，也有不少画像石碎块。有几块画像石残块直接叠压在最底部的一处漆木器之上，显然没有被晚期扰动过。在早期盗洞的回填土中清理出来的几块画像石中，有一块门柱残块，格外引人注意。在这些画像石残块中，既有瓦当，亦有门柱，由此有专家认为，这些画像石中，部分应该和葬具中的石椁有关，本人也持相同的观点。另外，有些画像石体积较大，十分厚重，笔者推测，应该和墓门有关。

这些画像石均遭到了破坏，破损严重，形成细小的残块，数量多达上万块。其中，只有少量得以成块地保存下来，保存相对完整，画面完好，但是，和石棺床一样，它们均被盗墓分子在历次盗墓中盗走，后来，公安部门从破获的盗墓分子手中追缴回来数块。

这些画像石残块出土于4个不同位置。大部分出土于1号盗洞周围，少部分出土于墓圹下部填土的夯层中，一部分出土于墓室内的扰土内，另一部分来源于墓室内的铺地石和墙壁下的奠基石。

出土于1号盗洞周围的画像石残块相对集中，但是，比较细碎，大多为小块，个别画像石残块相对较大，画面保存较好。根据走访村民调查得知，这些残块多为盗墓分子从墓室中盗出，随意丢弃在西部取土坑内的农田中，因为影响耕种，农民将它们捡拾起来，集中放置在二号墓1号盗洞周围，故在一号盗洞周围形成了很厚的画像石残块堆积。

出土于墓圹填土夯层内的画像石，一般比较破碎，少有大块出土。

出土于墓室内的画像石，多数体型较大，甚至有完整的画像石出土，画面保存较好。

出土于墓室墙壁下，作为墙基基石的画像石，一般体积巨大，保存较好，但是，其画面全部遭到人为破坏，画面上被凿出细密的斜纹，隐隐约约可以看出原始画面。笔者认为，应该是修墓时故意为之，推测为二次利用。

这些画像石正面均经过打磨抛光，十分光滑平整，刻法娴熟，线条流畅，画面精美，内容写实，是研究汉代画像石难得的艺术精品。

从画像石的功能上看，既有建筑构件，如瓦当、门柱、门板、板瓦等，又有装饰性的壁画，如历史故事、各种神鸟神兽等。

从雕刻技法上说，有减地线刻，有浮雕、半浮雕、圆雕等，如圆雕龙的形象，雕刻技法丰富。既有双面刻画，又有单面画像。

画像石画面内容极为丰富，既有传说中的神鸟神兽，如阳燧鸟、熊离，又有大量历史故事，更有古代圣王先贤画像、宴享乐舞、车马出行等。还有大量装饰性纹饰，如五铢钱币纹、菱形篦纹、卷草纹、波折纹和宝相花等。历史故事和神兽等画面的上方，往往都有题记，如"孝子伯榆""宋王车""饮酒人""咬人"等。其中，涉及大量东汉生活画面，如车马、建筑、服饰等。建筑中，有庭院、阙、楼阁、桥等。人物所持兵器中，有手戟、钩镶、宝剑、大戟、盾牌等汉代传统武器，内容十分丰富。车辆中有轺车、辎车、安车等，既有侧面，又有正面，其中正面车马十分少见，是研究汉代壁画的难得资料（图一一四至一二四；彩版九二、九三）。

五　石板

M2中出土有无字石板残块11块，石板较薄，两面平整，正面光滑，背面稍显粗糙，似有粘接痕迹。其中4块为黑色，7块为灰色，经过拼对，知道其为4个不同个体。

标本M2：25和标本M2：246颜色均为黑色，材质、厚度和形状相同，应该为一个个体，两块标本分别为器物的上、下两端，中部有残缺。该石板整体形状为上窄下宽的梯形，表面较光滑，背面略显粗糙，其中一条长边为斜坡状，另三边平直，作用不详。该石板长约18.8厘米、上端宽4厘米、下端宽5厘米、厚0.5厘米。

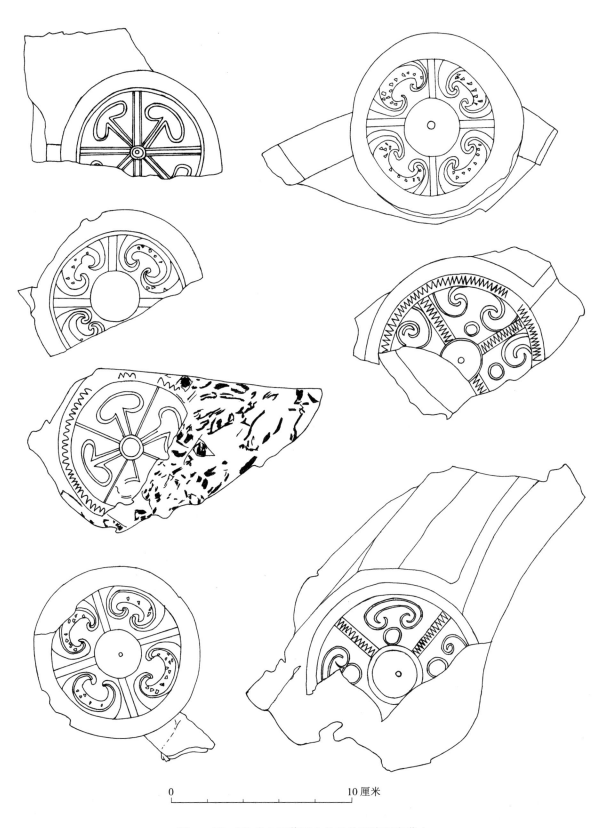

0   10 厘米

图一一四　M2 出土画像石上的云纹瓦当图案摹本

图一一五　M2 出土画像石上的人物形象摹本

　　标本 M2：355 与标本 M2：108 颜色均为黑色，厚度和形状相同，可以拼在一起，但是两端残缺，仅可以看出两长边的局部。从残存部分看，其中，一条长边平直，另一长边则为斜坡状，因此，应该与上述石板为同一类型，但是，上述石板宽大，该石板却显得较窄。标本 M2：355，石板残块，上刻"大阿"两字（彩版九一：1）。残长 7.8 厘米、宽 7.2 厘米、厚 0.5 厘米。

　　其他石板残片，均为灰色，从材质和特征上分，应该为两个个体，因为中间残缺较多，无法拼对在一起，难以看出其完整形状。标本 M2：25，体形较大，断裂为 4 个残块，可以拼接在一起，一角较完整，其他部位残缺。从完整的一角看，其相邻两边呈直角。从残存部分看，其一面平整，另一面四边光滑，中间粗糙，表面有许多类似酸液腐蚀后产生的小孔。该石板残长 20.8 厘米、残宽 7 厘米、厚 0.5 厘米。

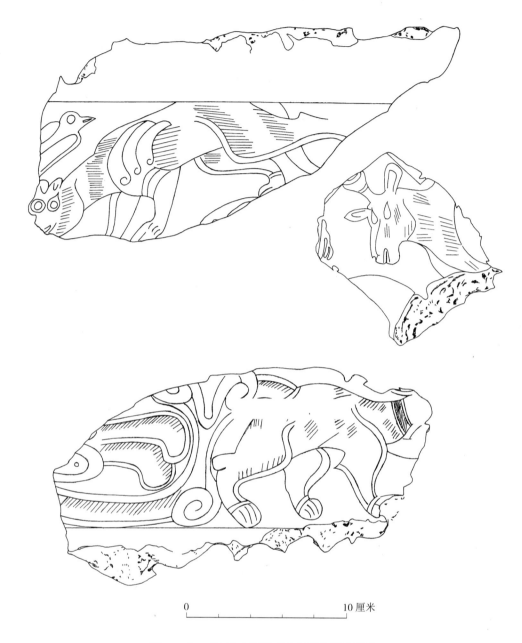

0   10 厘米

图一一六 M2 出土画像石上的神兽形象摹本

标本 M2：249，颜色与标本 M2：25 相同，共出土 3 个残块，可以拼对在一起，同样仅有一角保存完整，也为直角，由于残缺较多，整体形状不明。石板残长 8.1 厘米、残宽 7.7 厘米、厚 0.35 厘米。

六 箱饰件

仅见石质镶角一类。

石镶角 2 件。石质，保存完整，形状和材质完全相同，均出土于后室北侧室扰土中。标本 M2：68，一角呈直角三角形，两直边平直，另一角在两边的中部突然向内收缩，中间凸起呈圆弧状。正面平整光滑，背面靠近直角的中部，有一圆形凸起。石头纹理丰富，有自然麦粒状纹饰，十分漂亮。因为背面附着一层黑色朽木残痕，故推测，其可能为木质家具上的镶角（图一五〇：2）。

图一一七　M2 出土画像石残块图案摹本

1. 人物形象　2. 饮酒人残块　3. 五铢钱连珠纹

0　　　　　　　　　　　　10厘米

图一一八　M2 出土画像石残块图案摹本
1. 神兽形象　2. 羽人形象

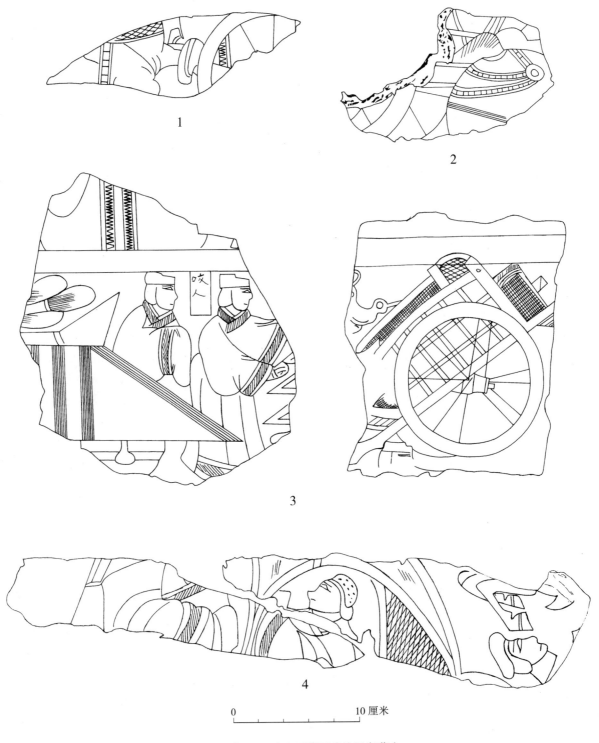

图一一九　M2 出土画像石残块图案摹本

1. 车马残缺　2. 车马残块　3. "咬人"与车　4. 人物

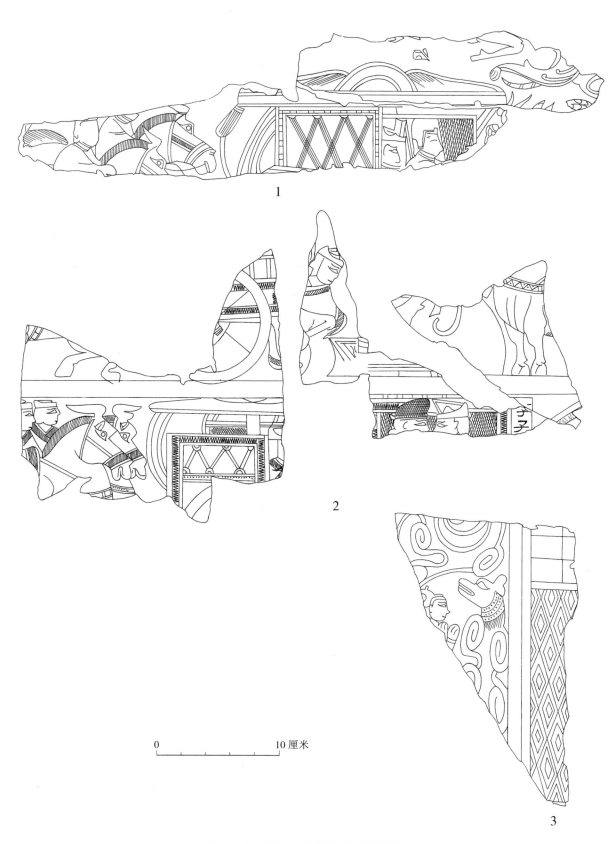

0 ⎯⎯⎯⎯⎯⎯ 10 厘米

图一二〇　M2 出土画像石残块图案摹本
1. 车马出行　2. 车马出行　3. 人物与神兽

0　　　　　　　　　　　　10 厘米

图一二一　M2 出土画像石残块拓片

0 ⸻⸻⸻⸻⸻ 10厘米

图一二二　M2 出土画像石残块拓片

图一二三　M2 出土画像石残块拓片

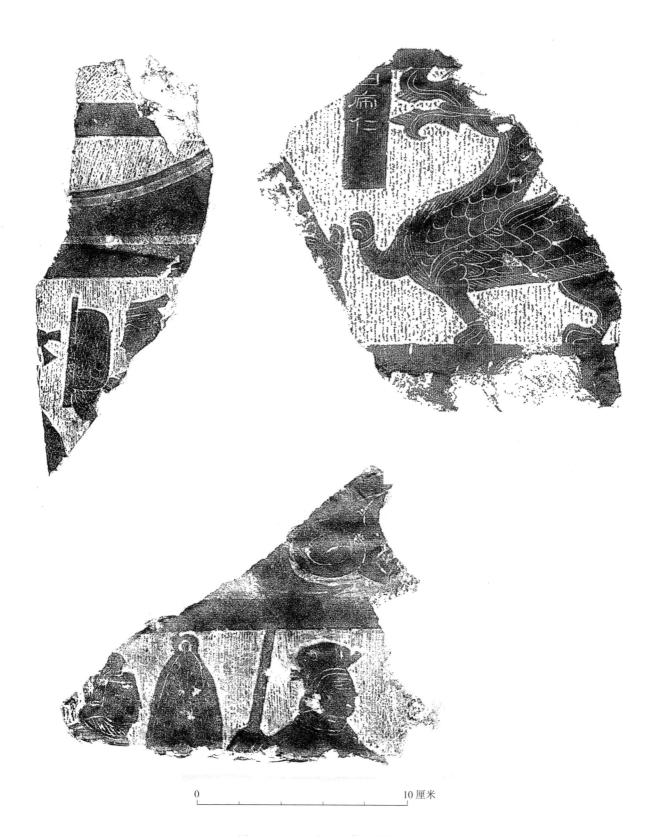

0   10 厘米

图一二四　M2 出土画像石残块拓片

第六节　二号墓出土铜器

二号墓（M2）出土的青铜器数量虽少，但是种类繁多，体形普遍偏小，均为各种饰件和实用品。大致可以分为头上饰件、随身配饰、乐器、日常生活用品、小型生产工具、家具饰件、伞具和车配件，以及其他器物等几大类。

一　头饰

有鸟形钗、三珠钗两类。

1. 鸟形钗　1件（M2∶171）。出土于前室扰土中，铜质。鸟脖颈细长，为一圆柱铜丝，其后部分分为两枝，形成钗身，钗尖较钝。鸟头呈桃形环状，中间孔部为鸟眼，喙部较尖，上、下喙合拢紧闭。整体修长，结构简约，鸟颈向上抬起，颈部弯曲，在其前部突然向后折弯，鸟首作回望状，极具动感。钗通体长14.5厘米（图一二五∶3；彩版九四∶1）。

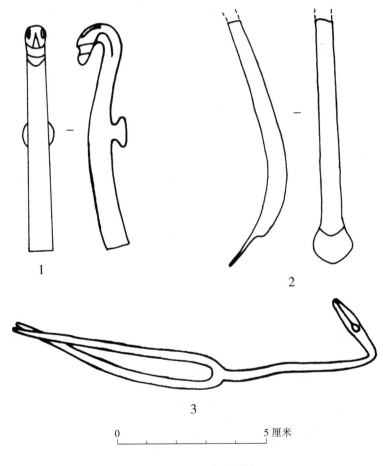

图一二五　M2 出土铜器
1. 铜带钩（M2∶123）　2. 铜匕（M2∶192）　3. 鸟形铜钗（M2∶171）

2. 三珠钗　1件（M2∶336）。出土于后室南侧室门口下部早期淤土中。钗身呈长条形横框，中间有一竖梁，两端为对称的三叉形，每端各有 4 个叉头，呈"品"字形分布，环头有缺口。每个叉头上均有一个小圆孔，外侧有一个浅沟槽，使叉头呈圆形。两端叉头向上微微翘起，出土时，横框上有木朽残痕。通长 15 厘米（图一二六：4；彩版九四：2）。

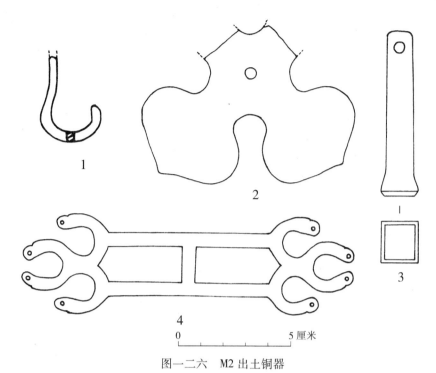

图一二六　M2 出土铜器

1. 铜帐钩（M2：39）　2. 铜质箱饰件（M2：272）　3. 铜栓（M2：100）　4. 三珠钗（M2：336）

二　配饰

种类有戒指、龙头带钩、舌形活动手柄和带扣等。

1. 戒指　5 件。出土于前墓室扰土中，保存完整。均为青铜质，形状、大小完全相同（彩版九六：1）。其中，标本 M2：61，圆环状，环内壁为平面，外壁中部隆起呈弧形，表面光滑，没有纹饰。内径 1.5 厘米、厚 0.15 厘米、外径 1.8 厘米、宽 0.4 厘米。

2. 带钩　1 件（M2：123）。铜质。钩首为龙头，向后弯曲，作回首状，两角分列于头两侧。钩身为圆柱状，前细后粗，身体向上拱起。背部凹窝处有一柱形纽，纽外端为伞盖状，钩尾平齐。通长7.3 厘米、钩身直径 0.6—0.79 厘米（图一二五：1；彩版九四：3）。

3. 活动手柄　1 件（M2：21）。铜质。出土于前室南侧室扰土中，形状为钝三角形，柄框上、下两面均有凸起，中间由薄铜片相连，后部有一横长方形穿孔，中间穿一铜片，通过该铜片固定在其他物品上。该铜片头部呈宽五边形，另一端为长条舌形，穿过手柄后部的长方形孔后再回折，叠压在一起，通过铆钉将两端与其他物体固定在一起。铜片中间形成一个套环，手柄可以在套环中自由上下转动。活动手柄长 2.3 厘米、最宽处 1.3 厘米，铜片长 1.5 厘米（图一二七：4；彩版九五：1）。

4. 带扣　M2 中出土有多种铜带扣，种类繁多，用途各异，按照其形状，可以分为 5 型。

A 型　1 件（M2：121）。铜质，出土于前室扰土中。扣框呈前宽后窄的梯形，上、下面平直，框内侧为直壁，两长边和前横长边外侧抹边，呈斜坡状，故上平面较窄，下平面较宽；后短边外壁垂直，上、下面等宽。中间有一方柱状活动扣舌，柱正面靠中间部位有一个 X 形花纹，花纹前后各有 3 道平

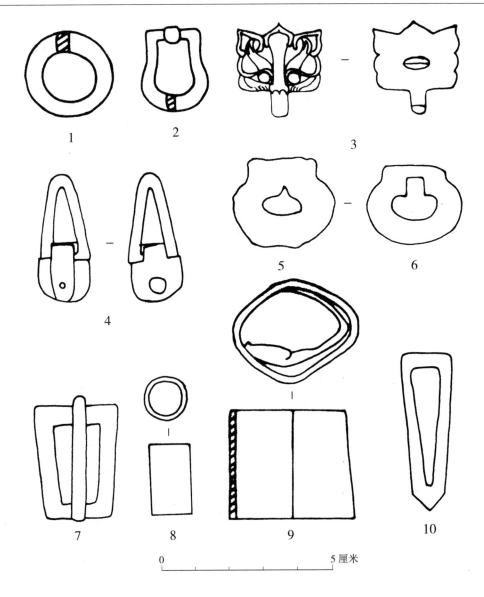

图一二七　M2 出土铜器

1. B 型铜环（M2：281）　2. B 型铜带扣（M2：354）　3. A 型铜铺兽衔环（M2：128）　4. 铜
活动手柄（M2：21）　5. C 型铜带扣（M2：215）　6. C 型铜带扣（M2：76）　7. A 型铜带扣
（M2：121）　8. 铜杆帽（M2：225）　9. A 型铜管（M2：277）　10. Eb 型铜带扣（M2：72）

行凹弦纹。框长 3.3 厘米、横短边长 2 厘米、横长边长 2.45 厘米，中间扣舌长 3.6 厘米（图一二七：
7；彩版九五：2）。

　　B 型　1 件（M2：354）。基本保存完整，出土于前室北侧室门道扰土中。框为铜质，铁质扣舌，
整体扁平。框后部为方形，前部向两边呈弧形外凸，前部为圆弧状。框下部为平面，上部为弧面，外
沿较薄。框后部中间部位，有一铁质活动扣舌。由于锈蚀，扣舌仅存很少一部分，故形状不详。带扣
框长 2.3、最宽处 2、窄处 1.6、厚 0.3 厘米（图一二七：2；彩版九五：3）。

　　C 型　2 件（图一二七：5、6）。标本 M2：76，铜质，完整，出土于前室南侧室扰土中。框体扁
平，后部为横长方形，中间有一方形銎，前部横呈椭圆形，框体短宽。底部较平，上为弧面，边缘较
薄。前部椭圆部位外长径 2.75 厘米、短径 1.8 厘米、孔前部横长径 1.4 厘米、竖短径 0.65 厘米，后
部横长方形部分外宽 1.9 厘米、长 0.4 厘米，厚 0.18 厘米（图一二七：6；彩版九五：4）。

D 型　1 件（M2：149）。铜质，出土于前室扰土中，出土时，外表包裹在一层铁锈中，器表凹凸不平。后部呈方框形，前端弧形外侈，内框呈环状，至前部外框弧形收缩，在前端形成一尖，呈桃形，中间有一长条形活动舌。框上宽下窄，均为平面，外壁为斜坡状，内为直壁。扣舌前细后粗，端部圆钝如蛇头，中部靠后处有一个 X 形凹弦纹饰，该纹饰前有 3 道平行的凹弦纹，后有两道平行凹弦纹。整体修长，通体鎏金（彩版九五：5）。

E 型　2 件。铜质，均出土于墓室扰土中。形状基本相同，但是长度和宽窄略有差别，按照长短和宽窄的不同，可以分为两个亚型（彩版九五：6）。

Ea 型　1 件（M2：95）。出土于前室北侧室扰土中。前窄后宽，两长边中部微向内收，尖部外侈，形成一定的弧度，至前端突然收缩，形成等腰三角形的尖部。边框略宽，上下两面皆为平面，外沿呈斜坡状，上下两面，上窄下宽，扣舌不存，通体鎏银。整体长短适中。

Eb 型　1 件（M2：72）。出土于前室北侧室扰土中。前窄后宽，边框较窄，两长边中部轻微内收，尖部略向外侈，形成很小的弧度，至前端突然内收，形成等腰三角形的尖部。整体显得修长。扣舌不存，通体鎏金（图一二七：10）。

三　泡钉

79 个。可能是箱子或铠甲上的装饰物。分为特大、大、中、小、微型 5 种，每种又分为多种类型（彩版九六：3）。

1. 特大型泡钉　1 件（M2：7）。出土于前室扰土中。圆形，上部铜泡为圆球状，下部有一周窄边，尖唇，窄边与球体交界处有折角，表面鎏金。泡内中间有一方锥形钉，泡钉内有黑色腐朽物，材质不明。泡钉直径 3.5 厘米、沿宽 0.5 厘米、弧顶高 1.5 厘米、通高 1.83 厘米（图一二八：1）。

2. 大型泡钉　5 件。其中 4 个出土于前室扰土中，1 件个出土于后室北侧室扰土中。根据其形状分为 2 型。

A 型　4 件。圆形，上部铜泡为圆球形，下部有一周较宽边，边靠里较厚，外沿很薄，薄如刀刃，边与球体交界处为弧形，边呈里高外低的斜坡状，泡钉下有一方锥形钉，起固定作用。标本 M2：115，出土于后室北耳室的扰土中。保存完整，通体呈银灰色，下部有一层较厚的黑色腐质物，钉穿透该层腐质物，尖微露于外。泡钉直径 3.5 厘米、沿宽 0.5 厘米、弧顶高 1.5 厘米、通高 1.8 厘米（图一二八：2）。

B 型　1 件（M2：278）。出土于后室北耳室扰土中。边微残。圆形，上部钉泡为球形，高高隆起，周围有一周窄边，边周边下垂，表面鎏金。下部方锥形钉较长，穿过一层黑色腐质物，突出外面许多。泡钉直径 2.8 厘米、沿宽 0.3 厘米、弧顶高 1.4 厘米、通高 2 厘米（图一二八：3）。

3. 中型泡钉　39 件。按照其形状不同，分为 2 型。

A 型　29 件。窄沿，根据其钉泡弧顶形状的不同分为 5 个亚型。

Aa 型　1 件（M2：97）。出土于后室北耳室扰土中。微残。上部钉泡弧顶圆顺，下部较粗，整体为半球形，下部一周边较窄，中部有一方柱型钉。泡钉直径 2.2 厘米、沿宽 0.2 厘米、弧顶高 1.15 厘米、通高 1.4 厘米（图一二八：4）。

Ab 型　7 件。其中 5 件出土于后室扰土中，一件出土于前室扰土中。保存完整，形状相同。标本 M2：348，出土于后室北侧室扰土中。上部钉泡呈球状，低弧顶，十分圆顺，折边稍宽，边沿下垂，尖

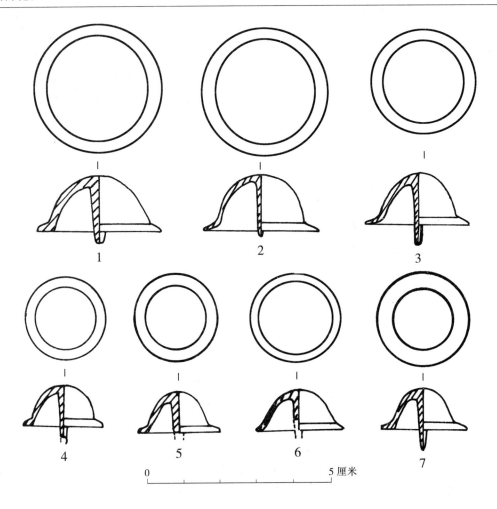

图一二八　M2 出土铜泡钉

1. 特大型铜泡钉（M2：7）　2. 大型 A 型铜泡钉（M2：115）　3. 大型 B 型铜泡钉（M2：278）
4. 中型 Aa 型铜泡钉（M2：97）　5. 中型 Ab 型铜泡钉（M2：181）　6. 中型 Ad 型铜泡钉（M2：
93）　7. 中型 Ac 型铜泡钉（M2：228）

唇，中部有一方锥形钉，通体鎏金。泡钉直径 2.05 厘米、沿宽 0.3 厘米、弧顶高 0.9 厘米、通高 1.18
厘米。标本 M2：237，出土于后室扰土中。与标本 M2：348 相比，形体略大，弧顶略高，通体鎏金。
泡钉直径 2.2 厘米、弧顶高 1.2 厘米、通高 1.4 厘米。另外 4 个未见鎏金现象。标本 M2：181，出土于
前室扰土中。形状与上述二者相同，表面未见鎏金（图一二八：5）。

　　Ac 型　6 件。均出土于前室扰土中。与前两式相比，钉泡顶部较尖，下体稍瘦，窄沿，沿边缘较
薄，尖唇。标本 M2：228，直径 2.3 厘米、弧顶 1.18 厘米、通高 1.7 厘米（图一二八：7）。

　　Ad 型　3 件。均出土于前室扰土中。形状与 Ac 型完全相同，所不同之处在于其底部钉的形状，
前者为方锥形，后者为扁平状。表面均有鎏金现象，但是多有脱落。标本 M2：93，泡内有一条模柱留
下的印痕。直径 2.4 厘米、弧顶高 1.15 厘米（图一二八：6）。

　　Ae 型　12 件。均出土于后室扰土中，多集中出土于后室北侧室内，保存均完好。顶部形状与 Ac
型基本相同，所不同之处在与其边缘稍宽平，较厚，方唇，整体显得厚重结实，均未发现有鎏金现象。
标本 M2：201，直径 2.45 厘米、弧顶高 1.2 厘米（图一二九：1）。

　　B 型　10 件。根据其形状差别，分为 4 型。

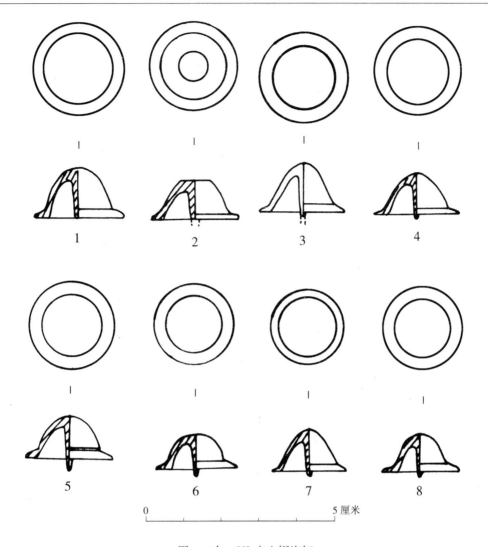

图一二九　M2 出土铜泡钉

1. 中型 Ae 型铜泡钉（M2：201）　2. 中型 Ba 型铜泡钉（M2：313）　3. 中型 Bb 型铜泡钉
（M2：180）　4. 中型 Bc 型铜泡钉（M2：41）　5. 中型 Bd 型铜泡钉（M2：359）　6. 小型 A
型铜泡钉（M2：337）　7. 小型 B 型铜泡钉（M2：120）　8. 小型 C 型铜泡钉（M2：63）

Ba 型　5 件。均出土于后室北侧室扰土中（图一二九：2、一三一：1—3）。平顶，宽边，下有一方锥形铆钉。如标本 M2：313，泡钉上部为一小平面，边较宽，边沿与泡下部交界处有明显的折痕。直径 2.3 厘米、高 1 厘米（图一二九：2）。

Bb 型　1 件（M2：180）。出土于前室扰土中。尖顶，宽边，边较厚，边缘下垂，方唇，整体厚重。边与泡下部交接处有一束腰。直径 2.3 厘米、泡顶高 1.6 厘米（图一二九：3）。

Bc 型　1 件（M2：41）。出土于前室扰土中。宽沿，圆弧形顶，泡钉下部较直，与沿有明显的折角。直径 2.2 厘米、弧顶高 1 厘米（图一二九：4）。

Bd 型　3 件。其中两个出土于后室北侧室内的扰土中，一个出土于前室扰土中。窄边，弧形顶，钉泡底部与边交接处有明显的折角，边外沿下垂，尖唇。标本 M2：359，直径 2.2 厘米、弧顶高 1 厘米、加钉通高 1.25 厘米（图一二九：5）。

4. 小型泡钉　8 件。根据其形状差别，分为 5 型。

A 型　1 件（M2：337）。出土于后室南侧室内扰土中。圆形，上部为圆球形顶，弧顶浑圆，下部有一周宽平边，边沿较厚，钉泡下部与边交接处折角明显，下中部有一方椎体铆钉，通体鎏金。底部附有一层黑色腐质物，钉尖穿过腐质物，微露于外。直径 2.1 厘米、沿宽 2.1 厘米、高 0.9 厘米、通高 1.06 厘米（图一二九：6）。

B 型　2 件。均出土于后室扰土中。圆形，高弧顶，窄沿，沿里厚外薄，呈斜坡状，泡下部与沿交接处有一明显的浅槽，因此二者之间界限分明。底部附有一层腐质物，表面有明显的布纹，铆钉穿过该层腐质物，钉尖微外露。标本 M2：120，体形稍大，出土于后室北侧室扰土中。直径 2 厘米、沿宽 0.16 厘米、弧顶高 1 厘米、通高 1.15 厘米（图一二九：7）。

C 型　1 件（M2：63）。出土于前室北侧室扰土中。边部已破。圆形，宽边，弧形顶，顶部浑圆如球状，钉泡较小，通体鎏金。下部附有一层黑色腐质物，该层腐质物的表面有明显的布纹，腐质物下部粘有一层较厚的铜锈。直径 2.1 厘米、沿宽 0.3 厘米、弧顶高 1.1 厘米（图一二九：8）。

D 型　3 件。均出土于后室扰土中。标本 M2：273，圆形，钉泡为球状，高弧顶，上部稍细，窄边，窄边里厚外薄，上面为斜坡状。下部附有一层黑色腐质物。直径 2.05 厘米、弧顶高 1 厘米、通高 1.3 厘米（图一三○：6）。

E 型　1 件（M2：258）。出土于后室扰土中。圆形，高弧顶，顶部呈尖状，上部较细，宽边，边与钉泡下部交接处呈弧形，边上面为里高外低的斜坡状。底部附有一层黑色腐质物，方锥形铆钉穿过该层腐质物，钉尖微外露。直径 2.1 厘米、弧顶高 1.1 厘米、通高 1.3 厘米（图一三○：7）。

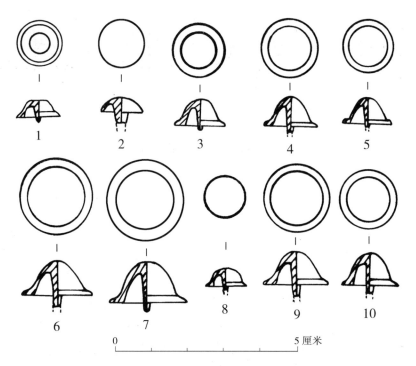

图一三○　M2 出土铜泡钉

1. 微型 A 型铜泡钉（M2：84）　2. 微型 B 型铜泡钉（M2：71）　3. 微型 Ca 型铜泡钉（M2：274）
4. 微型 Cf 型铜泡钉（M2：219）　5. 微型 Ch 型铜泡钉（M2：199）　6. 小型 D 型铜泡钉（M2：273）　7. 小型 E 型铜泡钉（M2：258）　8. 微型 Cb 型铜泡钉（M2：142）　9. 微型 Cc 型铜泡钉（M2：187）　10. 微型 Ce 型铜泡钉（M2：122）

5. 微型泡钉　26 个。体形一般微小，顶帽直径在 2 厘米之下。按照其形状的不同，分为 3 型。

A 型　1 件（M2：84）。出土于后室扰土中。体形微小，平顶，较矮，宽边，边与钉泡下部交接处呈弧形。下底部附有一层黑色腐质物，铆钉穿过该层腐质物，钉尖微露。直径 0.7 厘米、顶高 0.4 厘米、边宽 0.15 厘米、通高 0.5 厘米（图一三〇：1）。

B 型　2 件。出土于前室上层扰土中。圆形，无边，弧形顶，顶部较低，中间有一粗大的方锥形铆钉。标本 M2：71，直径 1.15 厘米、弧顶高 0.38 厘米、通高 0.7 厘米（图一三〇：2）。标本 M2：63 的形状与标本 M2：71 相同，已残。

C 型　23 件。钉泡如球状，弧形顶，下部周围有一圈边，根据其形状的差异，分为 8 个亚型。

Ca 型　2 件。标本 M2：274。圆形，弧顶，形状如球状，弧顶较低，下部有宽平边，边与钉泡下部交接处为弧形。下底部附有一层黑色腐质物，铆钉穿过该层腐质物，钉尖微露。直径 1.4 厘米、弧顶高 0.6 厘米、通高 0.8 厘米（图一三〇：3）。标本 M2：102，出土于后室北侧室内的扰土中。圆形，宽边，弧形顶，很低。直径 1.75 厘米、弧顶高 0.7 厘米、通高 0.85 厘米。

Cb 型　6 件。形状相同，均出土于后室扰土中。圆形，上部为圆球形顶，弧顶浑圆，下部有一周窄边，边里高外低呈斜坡状，边沿较薄，钉泡下部与边交接处折角明显，下中部有一方椎体铆钉。下底部附有一层黑色腐质物，铆钉穿过该层腐质物，钉尖微露。标本 M2：240，出土于后室扰土中。直径 1.45 厘米、弧顶高 0.7 厘米、通高 0.92 厘米。标本 M2：230，出土于前室南侧室内的扰土中。直径 1.6 厘米、弧顶高 0.74 厘米、通高 0.85 厘米。标本 M2：142，出土于前室扰土中。体形较小。直径 1.11 厘米、弧顶高 0.6 厘米（图一三〇：8）。

Cc 型　2 件。标本 M2：187，体形较小，出土于后室北侧室盗坑扰土中。圆形，高弧顶，窄边，边里厚外薄，呈斜坡状，边缘极薄，泡下部与沿交接处有一明显的浅槽，因此二者之间界限分明。直径 1.7 厘米、沿宽 0.16 厘米、弧顶高 0.9 厘米、通高 1.15 厘米（图一三〇：9）。标本 M2：182，形状与标本 M2：187 相同，体形略小。

Cd 型　3 件。标本 M2：315，出土于前室北侧室扰土中。形状与标本 M2：63 相同，圆形，宽边，弧形顶，顶部浑圆如球状，钉泡较小，体形较小，未有鎏金现象。直径 1.5 厘米、弧顶高 0.8 厘米、通高 0.98 厘米。

标本 M2：111，出土于后室扰土中。与标本 M2：71 相比，钉泡稍大。直径 1.6 厘米、弧顶高 0.8 厘米、通高 1.02 厘米。标本 M2：194，体形较小，通体鎏金，下部有一层铜锈。直径 1.4 厘米、弧顶高 0.6 厘米。

Ce 型　4 件。标本 M2：189，出土于后室扰土中。圆形，钉泡为球状，高弧顶，上部稍细，窄边，边里厚外薄，上面为斜坡状。直径 1.6 厘米、弧顶高 0.9 厘米、通高 1.11 厘米。标本 M2：339，出土于后室北侧室内的扰土中。圆形，窄边，高弧顶，边上表面呈里高外低的斜坡状，中间有一圆锥形铆钉。直径 1.65 厘米、弧顶高 0.9 厘米、通高 1.1 厘米。标本 M2：122，形状、大小与标本 M2：339 完全一样（图一三〇：10）。标本 M2：242，出土于后室扰土中。直径 1.5 厘米、弧顶高 0.8 厘米。

Cf 型　3 件。形状和大小相同。标本 M2：454，出土于前室南侧室扰土中。圆形，高弧顶，顶部呈尖状，上部较细，宽边，边与钉泡下部交接处呈弧形，边上面为里高外低的斜坡状。直径 1.7 厘米、弧顶高 0.9 厘米、通高 1.13 厘米。标本 M2：219，出土于后室扰土中。体形较小，圆形，宽边，高弧顶。底部附有一层黑色腐质物，腐质物表面有明显的布纹，铆钉穿过该层腐质物，钉尖微露。直径 1.5 厘米、弧顶高 0.8 厘米、通高 1 厘米（图一三〇：4）。

Cg 型　2 件。标本 M2：64，出土于前室北侧室的扰土中。体形较小，圆形，高弧顶，上部较细，窄边呈里高外低的斜坡状，与泡下部交接处有明显的折角。下底部附有一层黑色腐质物，腐质物表面有明显的布纹，铆钉穿过该层腐质物，钉尖微露。直径1.5厘米、弧顶高0.8厘米、通高1.05厘米。标本M2∶116，形状和大小与标本M2∶64相同。

Ch型　1件（M2∶199）。出土于前室南侧室扰土中。圆形，弧形顶如圆球状，窄边，边靠近钉泡处有一周浅浅的凹弦纹，周边稍高，尖唇。直径1.4厘米、弧顶高0.6厘米（图一三〇∶5）。

四　乐器

鎏银张合器　1件（M2∶27）。铜质，耳部略残。出土于前室上部扰土中。分为左右对称两部分。下部为对称的半圆形桶状，上部各有一耳，耳上部外侈，两半合在一起，形成一个完整的铃铛状筒形，下部靠近口沿部位有一周凸弦纹。上耳下部有榫卯，左右两半可以自由张合。转轴部分为圆形，一侧中间有一沟槽，形成卯状，另一侧两面凹陷，形成半圆形框，中间伸出一蛇形榫，插入另一侧的卯内，榫卯合在一起，中间有一圆孔，一轴相穿，可以左右张合。左右两侧的双耳，形成手柄。器形厚重，做工精良，通体鎏银。下部筒外径3.4厘米、内径2.8厘米、筒体高4.3厘米、中部转轴部位直径2.8厘米、厚0.6厘米、一耳残长1.2厘米、另一耳残长1厘米、通高7.15厘米（图一三二∶1）。

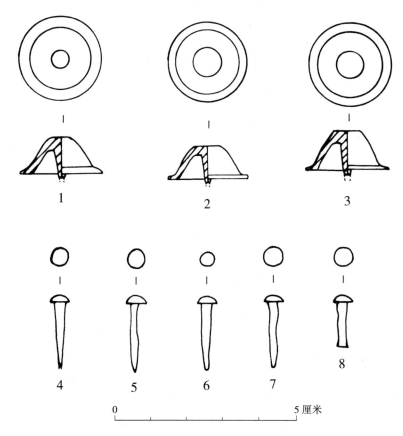

图一三一　M2出土铜泡钉、鎏金铜钉

1. 中型Ba型铜泡钉（M2∶78）　2. 中型Ba型铜泡钉（M2∶125）　3. 中型Ba型铜泡钉（M2∶349）　4. A型铜钉（M2∶221）　5. A型铜钉（M2∶153）　6. A型铜钉（M2∶235）　7. A型铜钉（M2∶257）　8. B型铜钉（M2∶141）

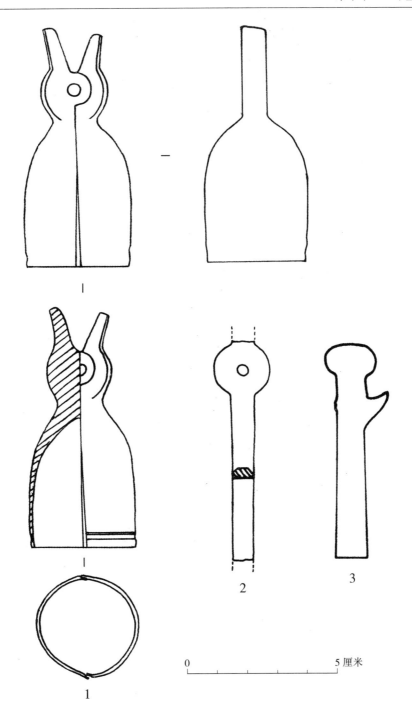

图一三二　M2 出土铜器

1. 鎏银铜张合器（M2∶27）　2. 铜器柄（M2∶164）　3. 鎏金铜盖弓帽（M2∶31）

五　生活用品

种类有印、五铢钱、帐钩、匕、灯、耳勺等。

1. 印　1 件（M2∶205）。铜质，保存完整。出土于后室扰土下层。矮方体，底面为正方形，桥形纽，纽较宽，纽靠下中部接近台面处有一细小穿孔。底部中部阴刻一铺首衔环图案，刻槽深凹。印符外部有一层纹理极细密的布纹残痕。印台边长 2.55 厘米、台高 0.95 厘米，纽高 0.97 厘米、宽 1.4 厘米，通高 1.92 厘米（图一三三；彩版九七∶1、2）。

2. 钱币　4 枚，皆为五铢钱，既有东汉典型五铢钱，又有剪轮五铢。其中一枚出土于墓道填土内，3 枚出土于墓室内的扰土中。

剪轮五铢　1 枚（M2∶38）。铜质。出土于墓道填土中。钱的四周绝大部分被剪去，方形穿的周围仅留下很窄的一小部分，外沿呈不规则圆形，在穿外侧的一角留下一个倒 V 形图案。穿的正面四周起棱，反面较平。直径 1.2 厘米、厚 0.12 厘米、穿边长 0.7 厘米（彩版九七∶3）。

五铢钱　3 枚。铜质。其中，一枚出土于前室北侧室扰土中，另外两枚出土于后室扰土中。标本 M2∶67，出土于前室北侧室扰土中。较薄，圆形，方形穿。穿四周与钱币周边无廓。整体已变形，"五铢"二字略显模糊。直径 2.55 厘米、穿边长 1 厘米、厚 0.1 厘米（彩版九七∶4）。标本 M2∶51，出土于后

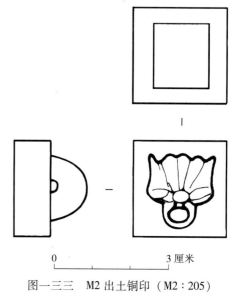

图一三三　M2 出土铜印（M2∶205）

室扰土中。保存较好，整体厚重，圆形，方形穿。钱币正反两面周边均有廓，正面的穿的四周没有廓；背面的穿的四周有很矮的廓。"五铢"二字较为清晰，其中"五"字中间两笔弯曲，上下两横不出头。直径 2.55 厘米、穿长 1 厘米、厚 0.2 厘米（彩版九七∶4）。标本 M2∶83，出土于后室扰土中。整体厚重，圆形，方形穿，正反两面的周边均有廓。正面的穿四边无廓，背面的穿有廓，廓既高又宽，轮廓十分明显。"五铢"二字非常清晰。直径 2.55 厘米、穿长 1 厘米、厚 0.2 厘米。

3. 帐钩　1 件（M2∶39）。铜质，已残。出土于前室扰土中，上部微残。直柄，柄上部挺直，下部弯曲成弧形钩状，钩尖内弯。钩体两面扁平，整体简约，未有纹饰。残长 3.75 厘米（图一二六∶1；彩版九七∶5）。

4. 匕　1 件（M2∶192）。铜质，已残。出土于前室南侧室的扰土中。匕头呈菱形铲状，面较平，四边稍薄，圆筒形细曲柄。柄端已残，上部挺直，下部向前弧形弯曲。整个器物为一条铜片加工而成。前部在中间部位裁出一菱形铲头，后部向后卷曲成筒状，形成柄部，在后部留下一条很细的对接缝。柄残长 7.8 厘米、铲头长 1.3 厘米、宽 1.1 厘米、长 1.1 厘米、菱形匕头每边长 0.6 厘米（图一二五∶2；彩版九七∶6）。

5. 灯　2 件。铜质，均已残。出土于墓室扰土中。标本 M2∶53，出土于前室扰土中。仅存灯盏部位。呈盏状，整体较薄，表面漆黑。敞口，宽平沿，周围有一圈宽裙边，弧腹，圜底，底部中心有一圆孔，其他部分已经不存。盏部与裙边分为两次浇铸而成，然后焊接在一起，出土时，绝大部分焊接处已经开裂。灯盏内有一层黑色积碳痕。灯盏口径 6.5 厘米、深 1.4 厘米、沿宽 0.8 厘米、裙边宽 0.7 厘米、中心孔径 0.8 厘米、壁厚 1 厘米（图一三四∶1；彩版九八∶1）。标本 M2∶193，出土于后室。破损和变形严重，仅存局部，但是，大致可以看出其轮廓。灯盏体形较大，盏为浅盘状，盏内存有积碳痕。整体厚重，通体鎏银。

6. 耳勺　1 个（M2∶922）。铜质，已残。出土于后室扰土中。柄部残缺，仅存勺头部分。勺头呈圆瓢形，勺腔呈水滴形；后部为铜片向上圈起，形成筒状柄，在柄上面留下一很细的对接缝。勺头长径 1.2 厘米、勺腔深 1 厘米、柄外径 0.3 厘米、残长 1.3 厘米。

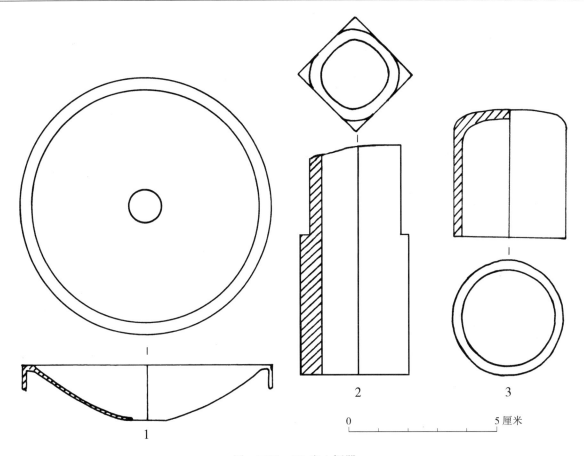

图一三四 M2 出土铜器

1. 铜灯（M2：53） 2. 铜伞箍（M2：216） 3. 铜伞帽（M2：29）

六 兵器

剑格 1 件（M2：238）。铜质，已残。出土于后室扰土中。一端保存完整，为羊角状。上部一侧呈弧形内收，形成羊角状，整体向一侧弯曲，下部有一椭圆形銎，銎两侧向外隆起，外侧各有一棱，下部呈斜坡内收，銎内壁残留有铁锈。銎下部残缺。残长 5.3 厘米、宽 1.7 厘米。

七 伞具和车配件

出土的主要为伞上配件，如鎏金盖弓帽、伞帽、伞箍等，另有方帽柱体铜栓和铜制杆帽，推测为车上的配件。

1. 鎏金盖弓帽 6 件。铜质。出土于前室扰土中，形状和大小完全相同。标本 M2：31，中空，顶端为扁圆形球体，束颈，后部成圆管状，逐渐外侈，尾部为喇叭口状。颈下部有 3 道凸弦纹，其中，中间那道弦纹较高，上下两弦纹相对低矮。弦纹下部有一圆锥形枝杈，呈弧形向上挑起，尖部锐利。弦纹至盖弓帽枝杈内侧突然断缺，变为一平面。通体鎏金。出土时外裹绿色铜锈，铜锈下部有一层粉红色附着物，成分不详。尾部孔腔内有朽木残存，朽木收缩呈细杆状。顶部球长径 1.5 厘米、短径 1.1 厘米，最细的颈部外径 0.8 厘米、尾部管外径 1 厘米、内径约 0.8 厘米，管壁厚 0.2 厘米、钩长 1.4 厘米、通长 7.15 厘米（图一三二：3；彩版九八：2）。

2. 伞帽 1 件（M2：29）。铜质。出土于前室扰土中。一端封闭，圆筒状，中空，直壁，横截面为正圆形，顶部中间微微凸起呈漫圆形。出土时，腔内残存有木屑。外径3.6厘米、内径3厘米、壁厚0.1厘米、壁高3.6厘米、顶高0.4厘米、通高4厘米（图一三四：3；彩版九八：3）。

3. 伞箍　1件（M2：216）。铜质，上部残缺。出土于墓室扰土中。上部为圆管状，下部为方柱体，横截面近正方形，中有一圆孔，上下贯通，通体鎏银。上部圆管外径2.8厘米、下部方柱体长4.9厘米，底部边长2.7厘米，中间孔径1.8厘米、通长7.6厘米（图一三四：2；彩版九八：4）。

4. 栓　1件（M2：100）。铜质。出土于后室扰土中。平顶，方形帽，帽上沿四边抹边呈小斜坡状，下沿亦呈斜坡内收，两坡之间有一周凹弦纹，下接圆柱体，下部略细，下端为弧面，靠下端部有一圆孔。帽顶四边长均为1.75厘米、帽高0.8厘米，柱上部直径1.4厘米、下部直径1.2厘米、圆柱体长6.5厘米，通长7.3厘米、下部孔直径0.5厘米（图一二六：3；彩版九八：5）。

5. 杆帽　1件（M2：225）。铜质。出土于后室北侧室扰土中。圆筒状，一端封闭，平顶，中空，壁直，腔横截面呈正圆形。出土时，腔内有腐朽的木杆残留，已碳化收缩成柱状。筒外径1.2厘米、内径1厘米、壁厚1厘米、高1.9厘米（图一二七：8；彩版九八：6）。

八　家具饰件

种类有箱子上的铜饰件、环、器腿、饰片等。

1. 箱饰件　1件（M2：272）。铜质，已残。出土于后室北侧室扰土中。宝相花形状，花分四瓣，两两对应，整体形成一个巨大的盘状。其中两瓣残缺。每个花瓣均为桃形，中部向外弧形凸起，尖部弧形收缩。花瓣中部有一小孔，应该是铆钉位置，起固定作用。背后有丝织品残存，丝织品已朽，厚0.21厘米。花瓣最宽处5厘米、长4.6厘米、厚0.2厘米，中间小孔直径0.45厘米，整个饰件长11.2厘米（图一二六：2）。

2. 衔环　4件。均为青铜质。其中，1件出土于前室扰土中，1件出土于前室南侧室扰土中，另2件出土于后室下层扰土。按照形状，分为3型。

A型　2件。铜质，保存完整。形状基本相同，所不同之处在于环的大小。环体横截面为正圆形。柄部前端为环状，圆环套在柄前端的环内，可以自由活动。柄部后端向两侧微微张开，固定在类似箱子等家具的壁上（彩版九九：2）。标本M2：167，环内径0.9厘米、外径1.55厘米，衔柄残长1.2厘米。标本M2：195，环内径0.7厘米、外径1.15厘米，衔柄长1.3厘米。

B型　1件（M2：256）。铜质，保存完整。出土于后室扰土中。柄前端为球状，中间有一小孔，柄身为四方柱体。环呈正圆形，环体横截面为正圆形，套在柄前端的圆孔中，可以上下自由转动。孔后有一圆形铛，柄后部亦有一圆形铛，以增加固定强度，柄尾部与后部圆形铛铆接在一起。衔环内径0.6厘米、外径1.1厘米，柄柱体长0.92厘米、通长1.75厘米（彩版九九：3）。

C型　1件（M2：365）。铜质，保存完整。出土于墓室内的扰土中。环呈椭圆形，上、下两面扁平，柄较薄，前宽后窄，宽端折为环状，套在圆环上。窄端有一小孔，铆在其他物体上。通体鎏金。圆环内长径约1.38厘米、短径约1.15厘米、外长径约2.21厘米、外短径约1.9厘米、厚0.3厘米、宽约0.48厘米，柄最宽处8.5厘米、厚0.1厘米（彩版九九：3）。

3. 环　3件。铜质。均出土于前室扰土中，按照形状分为2型。

A型　1件（M2：223）。铜质。标本M2：223，圆环形，体形较小，环体横截面为正圆形。内径0.75厘米、外径约1.09厘米。

B 型 2 件。铜质。均出土于前室扰土中。形状基本相同，大小略有差异，皆为椭圆形，环体扁平，宽窄不均，表面粗糙，表面鎏金（彩版九九：4）。标本 M2：281，形体略大，窄长边较薄。内长径 1.6 厘米、短径 1.4 厘米，环体宽 0.4—0.5 厘米，厚 0.3—0.4 厘米（图一二七：1）。标本 M2：282，形体略小，厚薄均匀，一长边较宽，另一长边较窄。内长径 1.5 厘米、短径 1.32 厘米，环体宽 0.4—0.5 厘米，厚 0.31 厘米。

4. 铺首衔环 4 件。铜质。均出土于墓室扰土中。兽面保存较好，衔环多有脱落或缺失。分为 2 型。

A 型 1 件（M2：128）。出土于前室扰土中。整体略呈方形，双目靠下，目光下视，眉骨高耸，眉毛弯卷，双耳呈桃形分列两边，眉头、鬃毛竖起呈山形，鼻子凸起，前有两个小孔，鼻下前伸，弯曲形成衔环，环已不存。背部还残存部分朽木，中间有一横扁錾（图一二七：3；彩版九九：5）。

B 型 3 件。标本 M2：99，出土于后室北侧室扰土中。整体略呈方形，上部呈山形，体形略大。兽面，双目靠下，眉毛卷曲，两角高耸，双目靠下，目光下视，双足向内卷缩，俯卧在脸的下方，鼻部以下残缺。背部残存有部分朽木残痕，中间有一横扁錾，錾上有一竖圆孔。

标本 M2：26，出土于前室扰土中。上宽下窄，略呈倒梯形，上部呈山形，体形较小，表面鎏金，多已脱落。兽面，与标本 M2：99 相同，鼻部以下残缺。背面横錾厚大，前端有竖圆孔，孔中穿有一铁质圆柱，用来固定在箱壁上。

标本 M2：255，出土于后室扰土中。兽面图案极大小与标本 M2：26 完全一样，但是上部略窄，整体呈长方形。鼻部以下保存完好，衔环保存完整，通体鎏银，环为银质。背部内凹，横扁錾断裂，仅存很短部分（彩版九九：6）。

5. 器腿 2 件。铜质。一个出土于前室扰土中，另一个出土于前室北侧室门道扰土中。上部向外半球形隆起，整体为水滴状，向下整体突然收缩，较细，然后，外侈形成兽蹄形足，中间最细处有一粗壮的凸弦纹，腿内侧，面平直。半球体内侧上半部的面平直，较薄，下部较厚，二者之间错位形成一个宽 0.3 厘米的台面，台面上有朽木残痕，中部有一铆钉，穿过该层朽木。由此可知，该兽足是通过该铆钉固定在木质家具的下部。沿台面下部边缘处，有一道横向凸棱，用以增加台面的宽度，起到加固上面镶嵌木质家具的作用。中下部平直，至蹄足部突然外撇，蹄部中间有一倒 V 形凹槽。标本 M2：280，兽足通高 3.2 厘米（图一三五：4；彩版九九：1）。

6. 鎏银铜饰片 4 件。铜质，均已残。皆出土于墓室扰土中。长条片状，形状相同，正面的两长边均有抹边现象，通体鎏银，有圆形穿孔，用铆钉固定，因为挤压，均已变形。

标本 M2：136，出土于甬道扰土中。上部有一圆孔，内有一鎏银铆钉，下部从一孔处断裂。宽 1.2 厘米、残长约 9.3 厘米、厚 0.01 厘米。标本 M2：50，出土于后室扰土中。上下均有残断痕，中部有一圆孔，孔周围有铆钉痕迹，下部从圆孔处断裂。宽 1.15 厘米、残长约 9.4 厘米、厚 0.02 厘米。标本 M2：923，出土于前室扰土中。上下两端均从圆孔处断裂，因为扭曲变形严重，准确长度不清楚。扭曲后的长度 5.7 厘米，宽 1.2 厘米、厚 0.02 厘米。

7. 鎏银铜拉片 2 件。铜质，已残。均出土于前室扰土中。呈上宽下窄的长条状，上端为圆弧形，上部向下弯曲，呈圆角方钩状，下部向外倾斜，弯钩部分与倾斜的下体之间形成一个宽 1.8 厘米的间距，拐角上面的中部有一圆孔，里面有一较小鎏银铜铆钉。中部靠上处有一较大圆孔，中间穿一稍大鎏银铜铆钉，该铆钉的长度与上部弯钩所形成的间距相同。下行至 4.3 厘米处，突然向外大幅度倾斜，

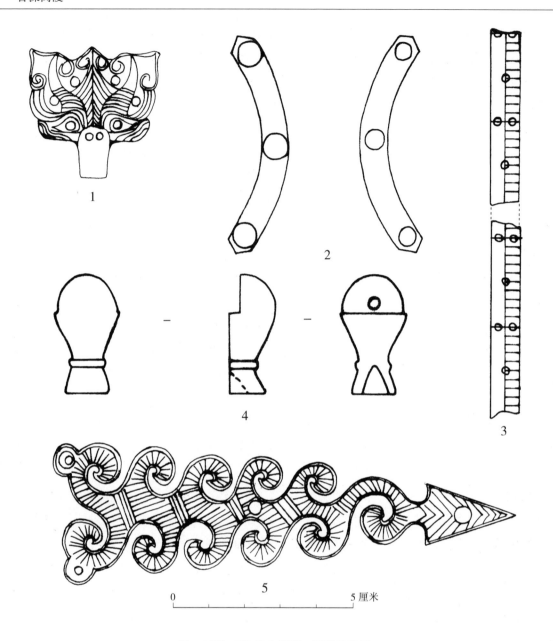

图一三五　M2 出土铜器、银器和骨尺

1. 银铺首衔环（M2∶69）　　2. 弧形银饰件（M2∶185）　　3. 骨尺（M2∶144）　　4. 铜器腿（M2∶280）
5. 叶状银饰片（M2∶163）

倾斜面的下部有一较大圆孔，中间穿一稍大鎏银铜铆钉。铆钉帽皆为半球形，钉身为四棱锥体。顶部铆钉稍小，下面两个铆钉大小相同，通体鎏银。根据其形状特征，判断为固定胡床（今天的折叠椅）扶手上的拉片（彩版一○○∶1）。

标本 M2∶32，下部有断痕。上部最宽处1.7厘米、下部最窄处1.1厘米、残长10厘米，顶部小铆钉长1.2厘米、中部稍大铆钉长1.8厘米、最下部铆钉残长1.4厘米。标本 M2∶356，形状、大小与标本 M2∶32 完全相同，钩顶中部亦保留有一较小鎏银铜铆钉，中部有一圆孔，铆钉不存，最下部从穿孔处断裂。由于下部严重扭曲变形，扭曲后的长度为8.4厘米。

8. 鎏金铜饰片　2件，铜质，已残。均出土于墓室扰土中。片状长条形，上面有圆形穿孔，孔间皆为距6.2厘米，由半球状铆钉固定，通体鎏金，但是，多有脱落，表面粗糙（彩版一○○∶3）。标本 M2：36，出土于前室扰土中，两端均在圆孔处断裂，仅保存中间局部。宽 1.2 厘米、残长约 6.7 厘米、厚 0.13 厘米。标本 M2：90，出土于甬道扰土中，两端均有断裂残痕。上端微有弯曲，上部有一小圆孔，靠下处有一较大圆孔，孔内有一半球形铆钉。宽 1.2 厘米、长 9 厘米、厚 0.11 厘米。

9. 钉　M2 出土的铜钉，做工精细，十分考究，尤其是有的钉外表鎏金。按照其形状，可以分为 2 型。

A 型　7 件。铜质。出土于后室南侧室扰土中。大小、形状相似（图一三一：4—7；彩版一〇〇：2）。标本 M2：221，钉帽为半球形。帽中下部有一细长小钉，钉体上粗下细，为四方椎体，整体显得细长，表面鎏金。帽径 0.5 厘米、帽高 0.2 厘米、钉长 1.8 厘米、通长 2 厘米（图一三一：4）。

B 型　2 件。铜质。出土于前室扰土中。形状与 A 型钉基本相同，但是整体显得短粗。半球形钉帽，钉身较粗。标本 M2：152，钉身长 1 厘米，钉下端有铆接痕迹。标本 M2：141，钉身长 1.4 厘米（图一三一：8）。

10. 铆钉

A 型　4 件。铜质，保存完整。其中 3 枚出土于前室南侧室扰土中，一枚出土于后室扰土中。铜质，大小、形状完全相同。标本 M2：213，钉帽圆形，较大，中空如伞状，顶帽表面鎏银，但保存不太好，大部分脱落，仅在周边有少许保存。下部中心有一细长小钉，钉身呈四方锥形，上粗下细，下端尖锐。钉帽直径 1 厘米、帽高 0.3 厘米、钉长介于 1.5—1.7 厘米之间。

B 型　1 件（M2：214）。铜质，下尖部已残。出土于前室南侧室扰土中。钉帽下部为方形，上部有三齿，呈山形，表面较平，周边抹边，呈斜坡状。下部中间有一圆柱形小钉，尖部残缺。出土时，钉身插在一铜片上的圆孔中，应该为该铜片的铆钉。铜片为长条形，已弯曲变形，两端为圆弧状，表面鎏银，推测其为箱饰件。钉帽宽 1.1 厘米、长 1.15 厘米、齿长 0.3 厘米，钉身直径 0.3 厘米、残长 1.3 厘米，铜片宽 1 厘米、厚 0.1 厘米、长约 6.2 厘米。

九　其他文物

种类有铜链、管状器柄、鎏银叉形器、管、六面体器柄等。

1. 链　1 件（M2：47）。铜质，后部残断。出土于前室南侧室扰土中。铜链每节均为双股，应为一完整铜环经上下、左右两次折叠而成，相互套接在一起，构成整个链条，后部有一挺直铜柱。因为其与圭形石牌上的铜链完全相同，故推测其应该为圭形石牌上的铜链。该铜链前部原本应该套在一圆形铜环之中。

2. 器柄　1 件（M2：164）。铜质，已残。出土于前室扰土中，出土时外表裹一层铁锈。后部为饼状椭圆形器柄，中间有一小圆孔，柄后有断痕。前部柄体挺直为长条形，前窄后宽，下部较平，略宽，上部两边有抹边现象，形成两斜面，斜面宽度与上部平面宽度相同，两边为窄直壁，横截面为宽扁六边形，前端已残断。器物外表锈蚀严重，凹凸不平。柄部长径约 1.9 厘米、短径约 1.5 厘米、厚 0.3 厘米，柄身长 5.3 厘米、宽 0.68—0.72 厘米、厚约 0.4 厘米，柄身上平面与两边斜面宽度均为 0.31 厘米，两直壁宽约为 0.28 厘米，通长 7.2 厘米（图一三二：2）。

3. 鎏银叉形器　1 件（M2：876）。铜质，已残。出土于墓室扰土中。后部平齐，两边平行外出，分为两个方柱状枝杈，形成叉形，表面光滑，通体鎏银，整个器形显得厚重结实。每个枝杈的横截面为正方形，均已残断，一个枝杈保存稍长，另一个保存较短，断面参差不齐。出土时，器表粘附着一层浅红色粉末，成分不详。因为有残缺，器形不明，功用不详。后部长、宽均为 1.9 厘米、厚 0.5 厘米。枝权横截面长、宽均为 0.5 厘米，两枝权的残长分别为 4.1 厘米、5.95 厘米。

4. 管　6 件。分为粗细两种，其中，粗管 1 件、细管 3 件、鎏银八面铜管 1 件，均出土于墓室扰土中。按照其形状可以分为 5 型。

A 型　1 件（M2∶277）。铜质，已残。出土于后室北耳室门道扰土中。圆筒状，较短，管径粗大，已经严重变形，一端整齐，另一端有断痕，残长 3.2 厘米（图一二七∶9）。

B 型　1 件（M2∶260）。铜质，已残。出土于后室扰土中。是用一较薄铜片卷成圆筒状，在管的一侧留下对接缝，直径比 A 型管细，壁更薄，因为外力作用而变形。作用不详，极有可能是某种器物上的套管。

C 型　1 件（M2∶81）。铜质，已残。出土于墓室上部扰土中。圆筒状，一端粗一端细，素面鎏金。较粗一端平整，较细一端断面则参差不齐，有断裂痕。壁厚 0.15 厘米、粗端外径 1.6 厘米、细端外径 0.9 厘米、残长 4.05 厘米。

D 型　2 件。圆筒状，较细，通体鎏银，已残。一个出土于甬道扰土中，一个出土于后室北耳室门道扰土中。粗细均匀，通体鎏银，光滑锃亮，上面均有铭文。标本 M2∶134，一端保存完整，横截面为正圆形，另一端因为受外力作用，开裂并破损，有断裂残痕。距离破损端的管身处，有一行竖刻错金铭文，铭文第一个字距离另一端 2.3 厘米。因为断裂残缺，文字内容不全，仅"第八"二字较为完整，其他字要么保留局部，要么残缺，根据残存痕迹判断，"八"字后面应该为"二"，其后面的一字仅存一短横残部，再后面的内容不详。该管外径 1 厘米、壁厚 0.1 厘米、残长 5.9 厘米（彩版一〇〇∶4）。

标本 M2∶276，出土于后室北耳室门道扰土中。与标本 M2∶134 的形状、大小、铭文位置，铭文的字体完全一样。保存较好的一端横截面齐整，但是由于受到外力挤压，变为不规则的椭圆形。另一端因为断裂，截面参差不齐。在距离保存较好一端 2.3 厘米的管身上，同样有一行竖刻错金铭文，文字内容为"第一三五□……"，因为后部断裂，文字内容不全。其中，"第一三"三字完整，后面的"五"字仅存上半部，其后面的文字不详。由于两管后部均已残缺，其用途不明（彩版一〇〇∶5）。

E 型　1 件（M2∶942）。出土于甬道扰土内。铜质，已残，断为两截。表面有 8 个面，中空，中间为圆形腔，两端平齐，表面鎏银，靠一端的一个面上有一行竖排错金铭文，内容为"三尺三"。管长 13.7 厘米、外径 1 厘米、每面宽 0.4 厘米，内空径 0.7 厘米、壁厚 0.15 厘米。（彩版一〇〇∶6）

5. 管状器柄　2 件。已残，出土于墓室扰土中。标本 M2∶267，已残，仅保留局部。圆筒状，背后有很细的对缝，下部呈弧形弯曲。残长 7.1 厘米。

第七节　二号墓出土金银器

二号墓（M2）中出土的金银器极少，而且器形偏小，多为饰件。

一　金质器物

均为衣服上饰品，种类较少，仅有有纽扣、金簧、金丝三类。

1. 纽扣　1 件（M2∶88）。金质，出土于后室扰土中。圆形，中间凸起呈半球状，平底，底部有两个相贯通的圆形穿孔。直径 0.7 厘米、厚 0.3 厘米、两孔距离 0.3 厘米（彩版一〇一：1、2）。

2. 簧 1 件（M2：75）。金质，已残。出土于前室南侧室扰土中。由圆形金丝盘旋成弹簧状。金丝直径约为 0.08 厘米、弹簧外径 0.5 厘米，内径 0.34 厘米、簧残高 0.5 厘米（彩版一〇一：3）。

3. 金丝 若干。散落分布于后室扰土和淤土中。分为两种，一种为圆柱形金丝，另一种是用较薄的金箔捻成长条形细丝。其中，一根圆柱形金丝直径约 0.02 厘米，残长约 4.3 厘米，用途不详。用金箔捻成的金丝非常细软，多呈盘旋状，推测为衣物上图案遗存（彩版一〇一：4—6）。

二 银质器物

数量较少，多为箱上饰件，如铺首衔环、箱饰件、菊瓣形饰片、叶状箱饰件、银环等，另有少量器物构件，如方斗形器、环首器柄、弧形器，以及散乱的银丝和银丝图案。

1. 叶状饰片 2 件。银质，其中一件完整，另一件破裂。均出土于前室扰土中。标本 M2：57—1，扁平叶状，前部为锐三角形，尖部锐利，颈部连接在一弯曲的叶干上，叶干较窄，两边为卷齿状，一边卷齿 6 个，另一边卷齿 5 个，器身修长，整体前窄后宽，呈三角状。沿叶片边缘均刻有一条凹槽纹，中间填以斜的凹槽纹。后部两翅外侧各有一圆环，中有一孔，孔内各穿有一银质铆钉。器身中部有一圆孔，孔中贯一铆钉，前端三角部位亦有一孔，孔内穿一铆钉。背部平整，素面。整个饰片身长 12.95 厘米、后部最宽 3.78 厘米、厚 0.1 厘米。铆钉的帽平面呈圆形，顶部隆起为半圆形，钉身长约 0.65 厘米（彩版一〇二：1）。标本 M2：163，形状与前者完全相同，卷齿卷曲的方向相反，二者图案对称。前部断裂为两节。铆钉钉身稍长，长约 0.8 厘米（图一三五：5）。

2. 铺首衔环 1 件（M2：69）。银质，保存完整。出土于前室北侧室扰土中。整体为横长方形，中部向前隆起。兽面，上部鬃毛竖起，呈山形，双目靠下，目光下视，眉骨高耸，眉毛向两侧弯卷，头上有两角，角中下部饰以弦纹，双耳呈桃形分列两侧，头中部，鬃毛层层竖起，鼻子向前凸起，上有两个圆形鼻孔，鼻下嘴部向前伸出，卷曲成半环状，中间衔环，但是衔环已不存。两脚横卧，双爪内向，十分威严。在眉毛与双角之间各有一小圆孔，鬃毛与双角之间亦各有一个圆孔，应该是用来固定的铆钉位置。背后中部向凹陷，靠中间部位有一横扁錾，錾前端有一极细小孔，孔内贯穿一横棍。整体鎏金，因为脱落，仅存极少部分。铺首背后仍残存有部分黑色朽木残痕。宽 4.2 厘米、高 3.5 厘米（图一三五：1；彩版一〇三：1）。

3. 弧形饰件 1 件（M2：185）。银质。出土于前室扰土中。器身扁平，向一侧弯曲成圆弧状，两端均为等腰三角形的尖状，中部和器物两端，等距离分布着 3 个圆形小孔，孔间距 2.69 厘米，孔内各穿一银质铆钉。铆钉钉帽为蘑菇状，钉身长 0.65 厘米、直径 0.2 厘米，钉后端皆有一圆形薄垫片。器身长 5.95 厘米、宽 0.72 厘米、厚 0.2 厘米（图一三五：2；彩版一〇二：2、3）。

4. 环 4 件。银质，完整，均出土于墓室扰土中。普遍偏小，按照其形状的不同，可以分为以下 2 型。

A 型 2 件。银质，完整，壁薄，呈筒状。均出土有前室南侧室扰土中。二者的形状、内外径大小完全相同，皆为圆形，环状，扁平薄壁，矮桶状圆环。标本 M2：211，内径 0.8 厘米、外径 0.9 厘米、高 0.3 厘米。标本 M2：196，高 0.15 厘米（彩版一〇四：1、2）。

B 型 2 件。银质，完整，横截面呈圆形。均出土有前室扰土中。二者的形状、内外径大小完全相同，皆为圆形，环状。标本 M2：65，环内径 0.7 厘米、外径 1.1 厘米、环体直径 0.2 厘米（彩版一〇四：1、2）。参考在后室出土的一个鎏银铜铺首，其衔环为银质，其大小形状与这两个银环完全相同，我们推侧，它们可能是其他同类铺首的衔环。

5. 方斗形器　1件（M2：23）。银质，出土于前室扰土中。平底呈正方形，四边折起呈斗状，口外侈略大于底部。口部对应两边平直，另外相对应的两边上，各有3个倒三角形缺口，缺口大小相同，两边对称。器面平整光滑，未有纹饰。底边长 2.7 厘米、口部边长 2.82 厘米、斗深 1 厘米，三角形缺口距边长均 0.59 厘米，三角形之间的间距 0.5 厘米，三角形口宽 0.35 厘米、深 0.5 厘米。用途不详（彩版一〇三：2）。

6. 环首器柄　1件（M2：943）。银质，已残，出土于前室扰土中。圆形环首，柄身挺直，较细，为抹角长柱形，上下两面较平，前部向上略有弯曲，前端似有一孔，从孔处断裂，故残缺部分形状不明。环首外径 1.2 厘米、内径 0.62 厘米、柄身残长 5.7 厘米、通长 6.9 厘米，柄身宽 0.4 厘米、厚 0.3 厘米（彩版一〇四：3）。

7. 菊瓣形饰片　2件。银质。保存完整，出土于前室北侧室门口的扰土中。二者完全相同。标本 M2：944，形状如一片菊花瓣，一端宽一端细，两端皆为圆弧形，在宽端的中部有一圆形小孔。表面光滑，无纹饰。用途不详（彩版一〇三：3）。

8. 银丝图案　3件。出土于前室扰土下层。图案用极细的银丝圈曲而成，既有圆圈形状，又有圈曲的植物须蔓形状。

标本 M2：968—1，图案分为内外两层，为圈曲植物蔓须状。图案向一个方向卷曲，在其周围点缀着一个个圆环。因为其附着在一层很薄已朽的黑色纺织品上，故判断其可能是官服类纺织品上的图案。但是，由于已经腐朽，纺织品质料不详。该类银丝皆用极薄的银箔捻成线状，放大后，可以清楚地看出其上面银箔圈曲所留下的痕迹。出土时，该图案仍然保持着原来的样子。由于遭到损坏，保存面积较小，仅存局部图案，整个图案内容不详。为了保存其原始状态，出土时，连同其下面的泥土和黑色附着物一并进行了提取（彩版一〇三：4—6）。

标本 M2：969，圈曲的植物蔓须形状，圈曲向相反的两个方向。标本 M2：970，仅存一圆圈。

第八节　二号墓出土铁器

二号墓（M2）中出土的铁器数量较大，种类繁多，除了上面介绍过的葬具中的铁器外，还有大量铁器发现，根据统计，出土的铁器残块达 4000 余件。因为该墓多次被盗掘，原始环境遭到破坏，铁器保存较差，出土的铁器一般锈蚀严重，残缺不全。经过初步除锈、修复和整理，我们对其进行了分类。根据它们的用途，大致分为兵器类、生产工具类、日常生活用具类和葬具类 4 种。

这些铁器不仅数量丰富，而且类型繁多，单种器物往往又能分出好多种样式，仅刀的样式就分好几种。从刀的大小来看，就可以分为大、中、小、微型刀 4 种；从刀的形状上来看，又可以分为多个类型；根据其功能的不同来推测，又可以分为兵器、工具和日常生活用具等。有关铁器的详细情况，现分述于下。

一　兵器

数量最多，种类有铠甲、胄、镞、刀、剑、蒺藜、匕首等。

1. 镞 23 枚。绝大多数出土于墓葬前室内的扰土和淤土中，根据镞头形状的不同，分为 5 个类型。

A 型 6 件。为四棱方锥体镞。铁质，均出土于墓室扰土中。镞头呈四棱方锥体，镞体四面较平，大小、形状完全相同，前部呈斜坡状逐渐收缩，在最前部形成锥尖。后部抹棱，呈八面体。再向后形成较细的圆柱形铤部，插入竹制箭竿之内，外用极细的丝线缠绕，然后，在丝线外部再髹漆。按照其棱面宽窄，铤的粗细分，又分为 4 个亚型。

Aa 型 1 件。体型较大，镞头四面较宽，最宽处靠后，铤较粗，镞尖显得短而稍顿。该型镞头整体显得粗大、沉重。标本 M2∶646，镞身四面宽 1.3 厘米，锥体长 4 厘米、铤部直径约 0.7 厘米、残长 7 厘米。锥体后部仍保留有箭杆残存，从残存部分看，箭杆应该为竹制，外部缠绕着一层细密丝线，外部再髹漆（图一三六∶7；彩版一〇六∶1）。

Ab 型 2 件。形状与前者完全相同，体形相对略显窄细，锥体四面前后宽窄基本相同，圆柱形铁铤较粗壮。标本 M2∶662，铤部亦保留有箭杆残存，材质与前者箭杆相同，外部缠以细密丝线，外部髹漆。镞身四面宽均约 1 厘米、锥体部分长 4 厘米，铤部直径约 0.75 厘米、残长 8.2 厘米（图一三六∶2；彩版一〇六∶2）。标本 M2∶151，形状和大小与 M2∶662，完全相同，锈蚀较为严重，多有脱落。残长 9.7 厘米（图一三六∶6）。

Ac 型 2 件。形状与前 2 型相似，区别在于其锥体更细，四面更窄，锥体四面前后宽窄基本相同，后部镞铤细长。标本 M2∶661，镞身四面宽均为 0.9 厘米、锥体部分长 4 厘米，铤部直径 0.6 厘米、残长 8.65 厘米（图一三六∶3；彩版一〇六∶3）。标本 M2∶660，残长 10.4 厘米（图一三六∶1）。

Ad 型 1 件。形体更细小，铤部相对较粗。标本 M2∶968—2，锥体四面宽 0.85 厘米、锥体长 3.8 厘米、铤部直径 0.6 厘米，残长 7.6 厘米（图一三六∶9；彩版一〇六∶4）。

B 型 6 件。镞头呈扇面状。铁质，均出土于墓室扰土中。按照其形状，又分为 3 个亚型。

Ba 型 1 件（M2∶658）。为扇面平头镞。已残，铤部残缺，仅存根部一小部分。镞身较短，较厚，上、下两面呈斜坡状，两边斜外侈，前部呈扇面状，平头，圆柱形铁铤。整体显得十分厚重结实。镞身长约 4 厘米，最厚处 1.6 厘米，镞头扇面宽约 2.7 厘米、铤根部直径 0.6 厘米。

Bb 型 4 件。形状与前者相同，亦为扇面平头镞，不同之处在于其体形相对稍小。标本 M2∶659，镞头扇面保存完整，但是后部已经残缺，扇面宽 2.5 厘米、残长 3.5 厘米（图一三六∶8）。标本 M2∶656，刃部稍残，其他部位保存相对较好，整体厚重，铤圆形，粗壮，保存较好，仍保留有部分竹制箭杆。铤后部与箭杆连接处用细丝线缠绕，外部髹漆。残长 7.6 厘米（图一三六∶12；彩版一〇六∶5）。

标本 M2∶160，镞头残损较重，但是后部保存较好，从铤部看，为圆柱形铁铤，插入竹制箭杆内，外部细密缠绕着一层丝线，起到加固作用，丝线外表髹漆。该镞身厚 1.1 厘米，身长 3.6 厘米，铁铤直径 0.6 厘米，残长 7.2 厘米。标本 M2∶59，保存相对较好，镞头完整，铤部保存较长。铤部残长 4.1 厘米，通体残长 7.8 厘米（图一三六∶10）。

Bc 型 1 件（M2∶652）。扇面尖头镞。出土于墓室扰土中。铁质，已残，铤后部残断。镞头前宽后窄，近似扇形，两面扁平，体形轻薄。镞身较薄，为扁平状，后部较窄，平齐，两侧往前向外伸展呈弧形外侈，形成宽大的镞头，刃部中间向前有三角凸起，形成镞尖，刃部锋利。后部有方柱形铁铤，铤部前粗后细，整体较细，以插在箭杆之内。该类镞整体显得轻薄。镞头宽 3 厘米、后部宽 0.9 厘米、镞尖前凸 0.5 厘米、镞身长 4.6 厘米、前部厚 0.03 厘米、后部最厚处厚 0.4 厘米，铤残长 1.3 厘米，

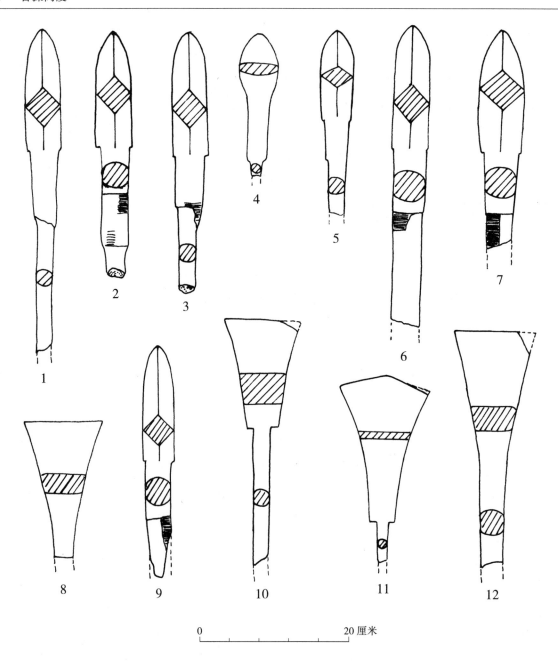

图一三六　M2 出土铁镞

1. Ac 型铁镞（M2∶660）　2. Ab 型铁镞（M2∶662）　3. Ac 型铁镞（M2∶661）　4. E 型铁镞（M2∶649）　5. C 型
铁镞（M2∶657）　6. Ab 型铁镞（M2∶151）　7. Aa 型铁镞（M2∶646）　8. Bb 型铁镞（M2∶659）　9. Ad 型铁镞
（M2∶968—2）　10. Bb 型铁镞（M2∶59）　11. Bc 型铁镞（M2∶652）　12. Bb 型铁镞（M2∶656）

通体残长 5.95 厘米（图一三六∶11；彩版一〇六∶6）。

C 型　10 件。为菱形镞。铁质，已残，铤后部断裂，出土于墓室扰土中。标本 M2∶657，镞
头细长，中部起棱，前端呈菱形，铤部较细，连接竹制箭杆。该类镞整体显得修长轻巧（图一三
六∶5）。标本 M2∶22，为 6 枚镞锈蚀在一起，仍然保持着原来的形状。

D 型　1 件（M2∶653）。柳叶形镞。铁质，已残，后部不存，发现于墓室扰土中。镞头偏小，两
面扁平，前部如柳叶形，尖部呈圆弧状。

E 型　1 件（M2∶649）。蛇头形镞。铁质，已残。镞头扁平，平面呈蛇头形，铤为细圆柱形（图

一三六：4)。

另外，还发现有锈蚀胶结在一起的大量镞铤。

2. 铠甲　M2 出土有大量铁制铠甲残片，散落在各个墓室的扰土和淤土中。既有单个完整的散片，又有单个残甲片，更有多片锈蚀在一起，胶结成大块，保存着原始状态的甲片。根据统计，共出土铠甲残片3071 片（彩版一〇九：3—6)。

甲片种类繁多，包括鱼鳞状小型甲片、大型鱼鳞状甲片、长条舌状甲片、大型直边宽甲片、长条状巨型甲片、短宽如瓦状的弧形甲片、长条形弓背甲片、长条形直甲片等多个类型。

绝大多数铠甲片为小型鱼鳞甲片。该类甲片十分轻薄，中部均向外隆起，四周略低，以增加抗击性，周边有穿孔。从锈蚀在一起成组的铠甲片来看，甲片呈横向排列，边缘用牛皮包边，上下左右相邻的铠甲片之间，用牛筋相连缀，像鱼鳞一样排列在一起，十分规整。

出土时，我们注意到一个现象，在成组出土的铠甲的外部，均有一层粗布残痕。我们推测在随葬时，这些铠甲片很可能是用布包裹。此外，经过仔细观察，在一些散甲片的背后，也发现有布的残痕，因此推测，在铠甲的内部，原本有一层粗布垫层，以定型和加固铠甲，并增加穿着这些铠甲的舒适度。

由于铠甲片数量众多，尚未来得及修复和详细分类，现仅挑出 7 类典型甲片进行介绍。

A 型　鱼鳞状小型甲片。铁质。该类甲片，体型偏小，上沿平齐，两边中部向外凸起呈弧形，下边为圆弧状，甲片中部略向外隆起，四周低垂，表面有一定的弧度，周边有穿孔，整体为鱼的鳞片状。根据大小，分为大小两种，根据穿孔数量和孔所处位置的不同，较大的鱼鳞甲片中又分为 3 个亚型。

Aa 型　铁质。该类甲片如标本 M2：946，靠近上沿处，横排有两个圆形缀孔，缀孔间距约 1 厘米。在两竖边的中部，靠近竖边处，各对应有两个竖排缀孔，两孔间距约 0.6 厘米。靠下部的中间部位，竖排着两个缀孔，两孔间距约 0.6 厘米，个别缀孔中仍残存有牛筋残痕。长 4.65 厘米、最宽处约 3.2厘米、厚 0.2 厘米（图一三七：5；彩版一〇七：1)。

标本 M2：46，为多片该类甲片锈蚀在一起的残块，上下收缩在一起，横向保持着原始排列状态。上下共分为 8 层，总计 27 个甲片个体。可以清楚地看到，甲片依次横向排列，上下叠压，整体呈鱼鳞状。每排的上沿，均有明显的牛皮包边残痕，牛筋连缀针眼亦清晰可见，相邻甲片横向叠压部分宽 1厘米左右。

Ab 型　铁质。形状、大小均与 Aa 型相同，不同之处是其缀孔数量较多，位置也有所不同。标本M2：947，上沿缀孔 4 个，两两一组，分别靠近两边的上部。两边缀孔各为 3 个，下部靠近中间部位竖排两个缀孔（彩版一〇七：2)。

Ac 型　铁质。形状与大者相同，只是略小。标本 M2：948，长 4.4 厘米，宽 3 厘米，厚 0.2 厘米。

B 型　大型鱼鳞状甲片。铁质。该类甲片上边平齐，两长边微向外弧，下部为弧形舌状，中部隆起，周边有缀孔，用来与其他甲片相连。沿上边横排着两个缀孔，靠近两长边的中部，各有两个竖排圆孔，靠近下部中间位置，有两个竖排缀孔，整体显得短宽。根据大小不同，分为 3 个亚型。

Ba 型　铁质。体形略大。标本 M2：949，两块完整甲片胶结在一起，保持着原始状态。每片甲片长 5.4 厘米、宽 4.2 厘米（彩版一〇七：3)。

Bb 型　铁质。体形略小，显得矮宽。标本 M2：950，为保存完整单个甲片，长 5.2 厘米、宽 4.35厘米。

Bc 型　铁质。体形最小，标本 M2：951，长 5 厘米、宽 4.1 厘米（彩版一〇七：4)。

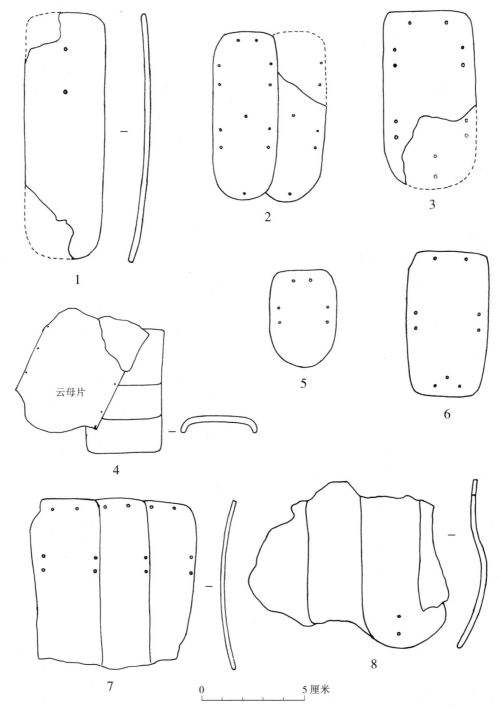

图一三七　M2 出土铁铠甲片

1. Fb 型铁铠甲片（M2：960）　2. Cb 型铁铠甲片（M2：953）　3. D 型铁铠甲片（M2：878）　4. Gb 型铁铠甲片（M2：962）　5. Aa 型铁铠甲片（M2：946）　6. Ec 型铁铠甲片（M2：957）　7. Fd 型铁铠甲片（M2：967—1）　8. Ga 型铁铠甲片（M2：963）

C 型　长条舌状甲片。铁质。长条形，下部弧边为舌状，两长边平直，没有弧度。根据宽窄大小，分为下列 4 个亚型。

Ca 型　铁质。该类甲片整体修长，上边和两长边平直，至下部变窄，最下部逐渐内收成弧形，形似舌状。中部稍厚，外缘较薄。缀孔与上述甲片相同，在其靠近下部的中间部位，有上下两个圆形缀孔。该类甲片横向排列，交互叠压，相邻两片叠压宽度为 1 厘米。标本 M2：952，为多片甲片胶结在一起的残块，甲片上下分为5层，约有31个个体。上部牛皮包边，相邻牛筋连缀痕迹均十分清晰。该类甲片单片长7.5厘米、宽3.6厘米、厚0.2厘米（图一三八：4；彩版一〇七：5）。

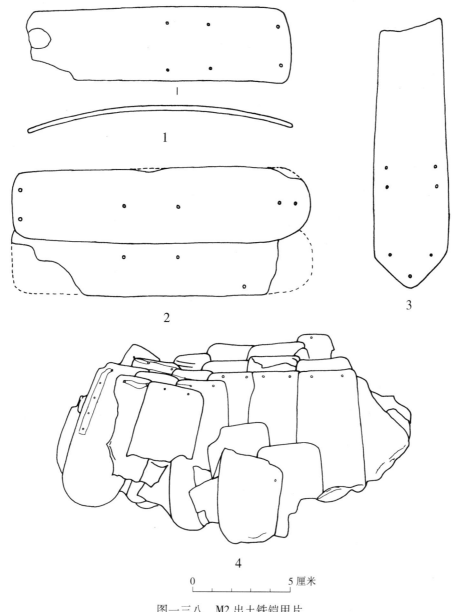

图一三八　M2出土铁铠甲片

1.Fc型铁铠甲片（M2：961）　　2.Cc型铁铠甲片（M2：954）　　3.Fa型铁铠甲片（M2：959）

4.Ca型铁铠甲片（M2：952）

Cb型　铁质。形状与前者基本相同，体型平直，与Ca型相比，形体略窄，显得狭长。除了周边的缀孔外，其中部又增加了一个圆形缀孔。标本M2：953，为两片甲片连接在一起的残块，其中一片体型完整，另一片仅存下半部，二者仍保存着原始状态。单个甲片长8.1厘米、宽3.2厘米、厚0.2厘米（图一三七：2；彩版一〇七：6）。

Cc型　大型长条形甲片。铁质。该类甲片整体细长，上沿平齐，两长边平直，下部为圆弧形。在靠近上沿处，横排有两个圆形缀孔，每个长边的内侧，各有两组竖排缀孔，分别靠近上下两端，每组缀孔各有两个小圆孔组成，每组圆孔间距约0.8厘米。靠近下端的中部，有一较大缀孔。甲片长15厘米、宽 3.8 厘米、厚 0.2 厘米。标本 M2：954，为两片甲片胶结在一起，其中一片完整，另一片上下部残缺，仍保持着原始状态。甲片依次横向排列，一边叠压在另一边下部，另一边叠压在相邻甲片的上部，相邻两片铠甲用牛筋相连缀，叠压部分宽约 0.6 厘米。此类甲上下平直，连接在一起后，横向形成一定的弧度（图一三八：2）。

Cd 型　铁质。标本 M2：958，已残，仅存上半部，下部形状不明。从残存部分看，上部用牛筋连缀，针脚保存完整。单片甲片宽 4 厘米、残长 7.1 厘米（彩版一〇八：1）。

D 型　巨型直边宽面甲片。铁质。该类甲片整体显得宽大，上沿平直，两长边平直，下部弧形内收成圆弧的舌状。标本 M2：878，靠近上沿的下部，横排有两个圆形缀孔，两孔间距 1.6 厘米。两长边各有两组圆形缀孔，两组缀孔之间的距离约 2.5 厘米。每组由两个缀孔组成，两孔间距约 0.6 厘米。靠近下部的中间位置，有两个竖向排列的较大圆形缀孔，两孔间距约为 1.5 厘米。该类甲片为横向排列，交互叠压。甲片长约 8.5 厘米、宽 4.5 厘米、厚 2 厘米（图一三七：3；彩版一〇八：2）。

E 型　梯形甲片。铁质。该类甲片上、下两边平齐，其中，上边长，下边略短，两长边的中部略微向外弧，形状近似梯形。表面相对较平，中部略向外隆起，靠近上、下两边处，各有两个横向排列的缀孔，两长边中部，各有两个竖向排列的缀孔，下中部同样有两个竖排穿孔。根据大小，分为大、中、小三种。

Ea 型　铁质。体型最大，上边长 3.7 厘米、下边长 3.4 厘米、两长边长 6.8 厘米，中间最宽处宽 4 厘米，厚约 0.2 厘米。标本 M2：955，为多片锈蚀胶结在一起大块甲片，收缩在一起，上下分为 5 层，共计 14 个甲片个体，其上沿同样用牛皮包边，牛筋连缀，针脚保存较好（彩版一〇八：3）。

Eb 型　铁质。形状与前者完全一样，形状略小。上边长 3.55 厘米、下边长 2.9 厘米、两长边长 6.5 厘米，中间最宽处 3.8 厘米，厚约 0.2 厘米。标本 M2：956，为 5 片叠压在一起大块甲片，其中一块保存完整（彩版一〇八：4）。

Ec 型　铁质。形状与前两者相同，形状更小。标本 M2：957，为多片甲片锈蚀在一起的残块，甲片均有残损，仅知道其横长边长为 3.3 厘米，长度不详（图一三七：6；彩版一〇八：5）。

F 型　长条形弓背甲片。铁质。该类甲片呈狭长条状，上边平齐，中间微向外隆起，中部向外隆起，两端向后弯曲成弓形。根据其个别部位形状不同，又分为 4 个亚型。

Fa 型　长条形弓背三角形尖头甲片。铁质。标本 M2：959，整体为长条状，上宽下窄，中间隆起，两端向内弯曲，下部为三角形尖状。上部因为残缺，具体长度和形状均不详，参考同类其他甲片的特征，推测其上沿应该为短齐边。中部靠下，两长边的内侧，各有两个竖排缀孔，在下端尖部的两侧，各有一个缀孔，尖部中间靠上位置，有一个圆形缀孔，表面有一层布纹。残长 13.5 厘米，下部最宽处宽 3.7 厘米，尖部两斜边长 2.3 厘米，厚 0.3 厘米（图一三八：3；彩版一〇八：6）

Fb 型　长条形弓背弧形头甲片。铁质。标本 M2：960，长条状，上下等宽，上边平齐，下端呈弧形，中部向外大幅度隆起，两头向内弯曲，形成弓形。甲片宽 3.8 厘米、长约 11.5 厘米，厚 2 厘米（图一三七：1）。

Fc 型　上宽下窄长条形弓背甲片。铁质。该类甲片如标本 M2：961，已残。长条状，上宽下窄，中部向外大幅度隆起，两端向内弯曲，上横边平齐，靠近上边的两侧，有两组横向排列的缀孔。对应该排缀孔的下面，甲片的中间部位，有一较大的圆形缀孔。中部靠近两长边的内侧，各有两个竖向排列的缀孔。甲片背面的中间部位，有一排竖向凸起，似为一排铆钉。下端部残缺，故形状和穿缀情况不详。残长 13.5 厘米，上部最宽处宽 3.8 厘米、下部最窄处宽 3.55 厘米，厚 0.2 厘米（图一三八：1；彩版一〇九：1）。

Fd 型 长条形曲背甲片。铁质。标本 M2：967—1，为 3 片横向排列的长条形曲背甲片，上半部保存完好，下部已残。该类甲片上宽下窄，狭长呈条形，其弯曲方向与前三类正好相反，中部向内凹，上部大幅度向外弯曲。3 片排列在一起，整体上看，其上部呈喇叭状外侈。该类甲片的上沿平齐，用牛皮包边。每片甲片的上端均有两组横向排列的缀孔，中部靠近的凹窝处，有两个竖排缀孔，孔中有牛筋残痕。因为下部残缺，形状和长度不明。根据该缀孔所处的位置，参考其他类型甲片，推测其下部残缺部分不会太长。单片甲片残长 8 厘米，上部宽 3.5 厘米，下部残存最窄处宽 3.3 厘米。

因为内侧有布纹残痕，据此推测，当初在该甲片的背部，应该附有一层粗布垫层。该型甲片形状奇特，与其他类型的甲片形状差异较大，我们认为，它们有可能是铁胄下部连缀之甲片，也可能是用来护卫颈部的盆领（图一三七：7）。

G 型 异形甲片。又分为 3 个亚型。

Ga 型 铁质。上部较窄，两边挺直，表面较平。两长边的下部弧形外侈，呈舌状弧形。下中部整体向外大幅度隆起，然后向下歪曲成弧面。标本 M2：963，为 3 片该类甲片锈蚀在一起的甲片组合，基本保持着原始排列状态。其中一片的下部保存完好，上部局部有残损；其他两片保存状况较差。从中我们知道，该类甲片为横向排列，中间用牛筋相连缀。铠甲的表面局部有布纹残存。保存较好的那片甲片残部的上部宽 3.3 厘米，长度不详。下部弧形弯曲部分，长约 4.7 厘米、弧面最宽处宽约 4 厘米。整个甲片残长 7.2 厘米，因为残缺，总长度不详（图一三七：8；彩版一〇九：2）。

Gb 型 短宽瓦状弧形甲片。铁质。该类甲片上下较短，下大上小，四边平直，平面为梯形，横向较宽，中部弧形内凹，上下两端又略向外翘起似瓦状。每片甲片的上部边缘处，均有两组横向排列的缀孔，缀孔接近中间位置；因为锈蚀，下部穿孔情况不明，根据上部穿孔情况，推测下部也应该有两组横排穿孔。

标本 M2：962，为 3 块该型的组合，甲片竖向排列，锈蚀在一起，它们仍然保存着原始状态。从中可以清楚地看出它们之间的和排列顺序，均为上下竖向排列，每片甲片的上部宽度，接近于下部相邻甲片的上部宽度。最上面的那块甲片，上下等宽，均为 3.75 厘米，平面呈横向长方形，上沿平齐规整，其应该为该组甲片的最上部。向下依次排列的第二块甲片，上沿宽 3.88 厘米、下沿宽 4.1 厘米；最下面那块甲片，上沿宽 4 厘米、下沿宽 4.25 厘米，每块甲片长均为 2.6 厘米。下面甲片的下沿，均叠压在上面甲片的下部，两边基本平齐，3 片甲片排列在一起，平面呈梯形，整体向外翘起，形成较大的弧形。在最下面那片甲片背部的中间部位，有一块锈蚀，与之相对应的甲片外部位置上，有个凸起，形似铆钉的顶帽，顶帽下面铆钉着一块残甲片，该甲片与下部甲片之间，夹着一块长方形云母片。由于三者锈蚀在一起，十分牢固，故不能判断该云母片是偶尔锈蚀粘接在上面，还是原来就是该组铠甲上的附属装饰（图一三七：4）。

Gc 型 铁质，已残。标本 M2：971，仅存局部，一角保存完整，从残存的部分看，该甲片为较大扁平片状，有一直角，具体形状不详。该类甲片仅见一片，其中间较厚，周边较薄，二者有明显的界线，沿周边有一周缀孔。

3. 护肩甲片 2 片（图一三九：3、4）。铁质。已残。标本 M2：939，上宽下窄，上部较宽，边平齐，中部较窄，两长边弧形外侈，下部宽大，整体呈扇形。下部已残，形状不明。该甲片体型巨大，自上而下，中间部位向上隆起为弧形，两边有较窄的平边，整体上下向上微翘。上端宽5.7厘米，下部最宽处宽8.5厘米，中部隆起处弧顶高约1厘米，残长20厘米（图一三九：4；彩版一一〇：1、2）。

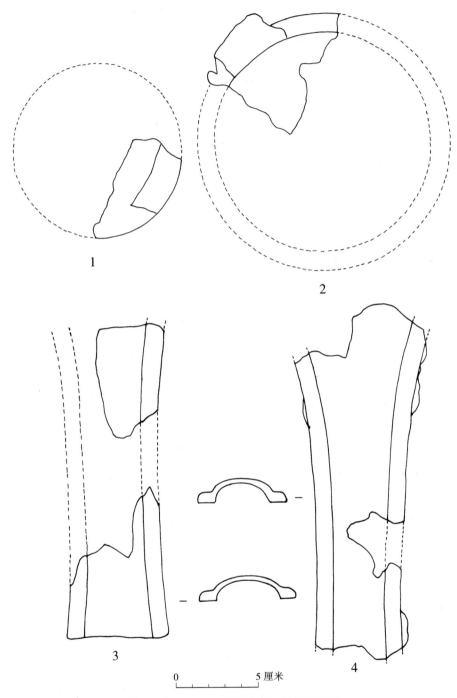

图一三九　M2 出土护胸铁镜、护肩铁甲片

1. 护胸铁镜（M2：967—2）　2. 护胸铁镜（M2：965）　3. 护肩铁甲片（M2：222）　4. 护肩铁甲片（M2：939）

4. 护胸铁镜残片　M2 出土有大型圆盘状甲片残片，铁质，较薄。标本 M2：967—2 和 M2：965，盘中部均较薄，周边叠压均有一周薄片，似是锻造在一起，因此，外缘显得略厚。由于锈蚀，薄片多有脱落。因为此类甲片为圆形，体积较大，故推测其可能是铠甲上的胸部护镜（图一三九：1、2）。

5. 铁胄　该墓还出土有胄（头盔）的残块，铁质。出土于墓室扰土中。已残为数块，多处有缺失。标本 M2：964，残块较大，为圆弧形，外表光滑，有一层红色髹漆，内部有多层垫布，推测可能是铁胄残块（彩版一一〇：3、4）。

6. 蒺藜　4 个。铁质，形状完全相同，其中一个稍残，另 3 个保存完整（图一四〇：4—6）。出土于前室底层。标本 M2：150，有 5 个等长的铁刺组成。其中 4 个铁刺位于同一平面上，分别伸向 4 个不同方向；另一个铁刺与它们呈直角，伸向正上方。残长 4.8 厘米（图一四〇：4；彩版一一一：1）。

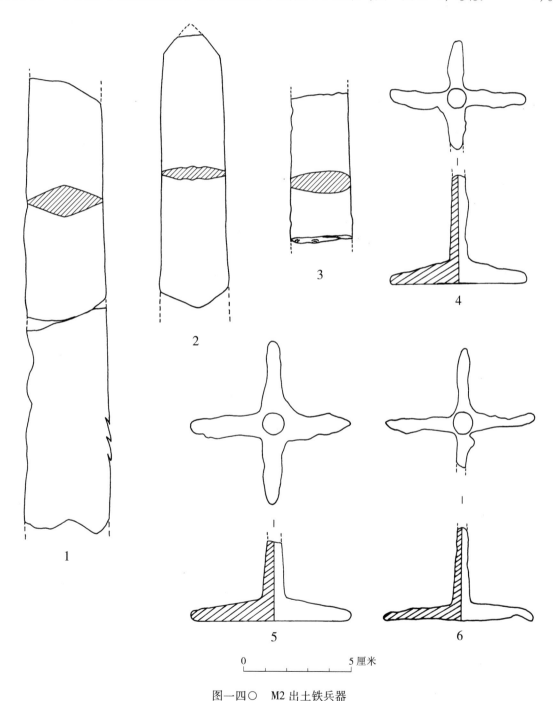

图一四〇　M2 出土铁兵器

1. 铁剑残块（M2：600）　2. 铁剑残块（M2：13）　3. 铁剑残块（M2：614）　4. 铁蒺藜（M2：150）
5. 铁蒺藜（M2：647）　6. 铁蒺藜（M2：648）

关于该器形，因为个别个体的铁刺上附有朽木残痕，推测也有可能为器座。

7. 剑 　该墓共发现 4 块剑身残块，其中 2 块可以修复到一起。另外 2 块由于表面锈蚀和厚薄与前者有较大区别，而且它们二者之间也有不同，故认为这两块与前者应该分属于 3 个不同个体。因为破损严重，整体形状不明，故我们在这里只进行简单的器形特征描述。

标本 M2：600，钢质，已残，断为数节，仅发现两节剑身的局部残块，剑首、柄部和尖部残缺。出土于墓室扰土中。从现存这两块残块看，双刃，剑身直挺，整体显得宽大厚重，中间有凸起的剑铤，剑身前窄后宽，表面铁锈呈黑色。由于生锈，剑身表面显得凹凸不平，在一刃的后部有 3 个锯齿状倒刺。外表还残留有剑鞘的木质残痕。剑身宽 3.1—3.8 厘米、中部厚 1.3 厘米，残长约 21 厘米（图一四〇：1）。

标本 M2：614，钢质，已残，仅存很短的剑身前部一节。出土于墓室扰土中。剑身挺直，前窄后宽，前薄后厚，横断面为扁椭圆形。残块最宽处为 3 厘米、最窄处 2.5 厘米、最厚 1.2 厘米、残长 6.6 厘米（图一四〇：3）。

标本 M2：13，钢质，仅存剑的前部，尖部稍有残缺。出土于墓室扰土中。双刃，舌形尖，剑身挺直，轻薄，较宽，剑身一侧竖刻一道很浅的沟槽。表面还残留有剑鞘遗留下的朽木残痕。最宽处 3.15 厘米，前部宽 2.65 厘米、厚 0.5—0.8 厘米、残长 12.5 厘米（图一四〇：2；彩版一一一：2）。

8. 刀 　分为大、中、小型三种，多被折断，残缺不全。其中，大型刀 4 件，另有刀柄 2 件；中型刀 2 件，根据其形状分为 2 型，另外还有多块刀身残块；小型刀 11 件。

(1) 大型刀 　4 件。按照刀体厚薄，形状不同，分为 3 型。

A 型 　1 件（M2：616）。钢质，已残。出土于墓室扰土中。仅存刀身局部，其他部位残缺。因受外力挤压，刀身变形，向一侧弯曲。因为两端均有缺失，故整体形状不详。单刃，刀身较宽，刀背滚圆，外表呈黑色，体形硕大厚重。刀背一侧仍残留有刀鞘的朽木残存。刀身宽 3.4 厘米、厚 1.3 厘米、残长约 13.2 厘米（图一四一：4；彩版一一一：3）。

B 型 　2 件。直柄刀。钢质，均已残，断为数节，其中一把保存相对完整，另一把残断。该类刀的器形特征为直柄，单刃，弧形刀尖，直柄，柄部扁宽，柄与刀身交界处有一横长方形铜箍，外有鞘。鞘内侧为竹制，外侧为铁皮包裹，刀身短而宽。标本 M2：604，柄后部有残缺，刀身断为 4 节。长直柄，柄上缠绕布，柄与刀身之间有一横长方形铜箍，铜箍平面为横长方形，中间略向外鼓铜，上下两窄面较平，上面稍宽。在铜箍一侧的中间部位，附有一横长方形桥形纽。另一侧靠近铜箍的刀身上，有一较小的环形铜纽，纽内套一小铜环，出土时该铜纽已脱落，仅留一柱形残痕。刀背平而宽，挺直，单刃，为双面弧形刃。从刀尖处开始，刃部逐渐向刀背方向收起，变成弧形如削状。刀身与尖部之间有少部分残缺。刀身外有竹质刀鞘，大部分已腐朽脱落，仅局部仍存残痕。刀柄从铜箍处断裂，后部有残损。刀身长 19 厘米，背厚 1.15 厘米、最宽处 2.7 厘米，铜箍壁厚约 0.1 厘米、长 3.1 厘米、宽 3 厘米、背部厚 1.11 厘米、下部厚 0.8 厘米、中部最厚处 1.3 厘米，方形系宽 0.9 厘米、长 1.3 厘米、高 0.45 厘米，通长 34.7 厘米（图一四二：1；彩版一一一：4、6）。

标本 M2：635，钢质，已残，断为数节，仅发现 3 节。出土于墓室扰土中。形状、大小均与标本 M2：604 完全相同。柄部残缺，刀身中后部和刀尖之间有多处残缺。铜箍保存基本完好，仅在背部的一侧开裂。铜箍上的铜环部分保存完整。与刀（M2：604）不同的是，前者刀柄的铁铤较宽，而标本 M2：635 的刀柄铁铤较窄，铁铤周围包裹有木屑，因此推测，此刀柄可能是木质。现存部分一块残长

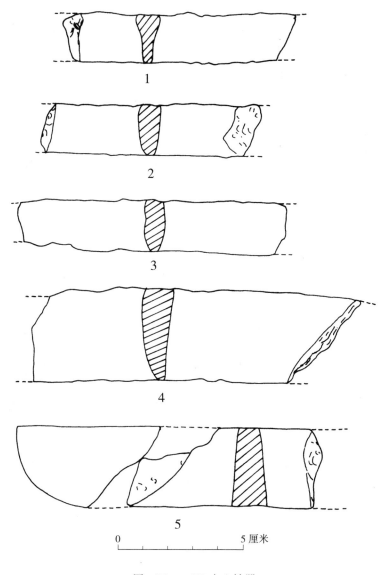

图一四一　M2 出土铁器

1. B 型铁匕首残块（M2：613）　2. 中型铁刀（M2：611）　3. 中型铁刀
（M2：615）　4. 大型 A 型铁刀（M2：616）　5. 半弧形铁刀柄（M2：603）

9.1 厘米，其他两块残长分别为 8.6 厘米和 4.7 厘米（图一四二：2）。

C 型　1 件（M2：602）。环首刀。钢质，断为 6 节，可以拼凑在一起，形成一把较为完整的刀，表面锈蚀严重。柄部平直，刀身扁平，后宽前窄，中部向下弯曲，尖部向上微微挑起，刃部局部有轻微崩落。后部保留有朽木残痕，应为刀鞘或刀柄遗存。刀首为椭圆形，锈蚀严重，其上面保留有已朽丝织品残留和用金丝编织成的布状物。刀首长径 5.1 厘米，短径长约 3.2 厘米，刀身残长 29.5 厘米，通长 33 厘米（彩版一一一：5）。

另外出土一把半弧形刀柄（M2：603），钢质，断裂为两块，中间有残缺。出土于墓室扰土中。一块为刀柄的后端，另一块为刀柄的中部残块。与刀相对应柄的背部较厚，与刀刃相对应柄的下部略薄。整体为黑色，柄身两侧各有数道横向平行的凹弦纹。柄端下部较长，向上逐渐内收，形成弧形刀首，刀首尾端的两面边部均有凸起棱边。柄的前部残断背厚约 1.3 厘米、宽处 3.1 厘米，残长 7.8 厘米，刀首残长 5.8 厘米（图一四一：5）。

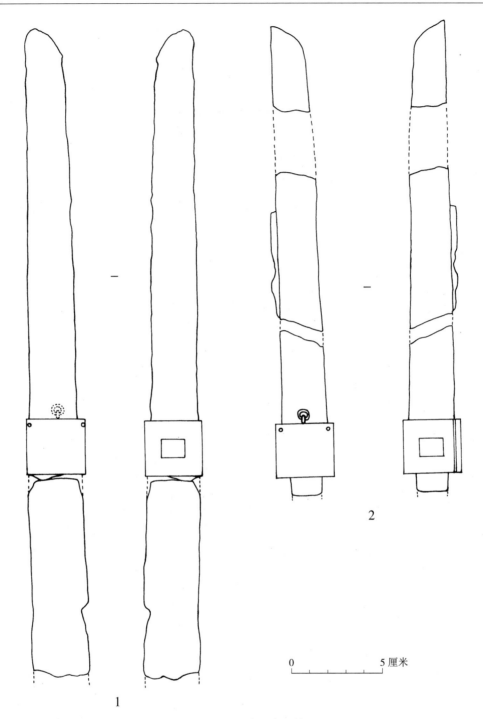

图一四二　M2 出土大型铁刀
1. B 型铁刀（M2：604）　2. B 型铁刀（M2：635）

（2）中型刀　2 件。钢质。均已残，断为数节。出土有 3 节，均出土于前室扰土中。其中两节可以拼对在一起，应为一个个体；另一节因为前后断却，长度和尖部、柄部情况不明。根据其形状、刀身宽度、刃部特征，判断其与前者属于为不同个体，应属于两把刀身上的残块。此类刀均为单面单刃，前宽后窄，刀身狭窄厚重。

标本 M2：615，为刀身后部一段，锈蚀严重，因挤压严重变形，向一侧弯曲。刀身局部残存有部分皮质刀鞘。刀身宽 1.95—2.1 厘米之间，背部最厚处 1 厘米左右，残长 8.85 厘米（图一四一：3）。

标本 M2：611，为刀的前部，断为两节。锈蚀严重。圆背，单刃，为双面弧形刃前部刃部有崩落，尖部和后部不存。外部有木质刀鞘。因外力挤压，向一侧略有弯曲变形。刀身宽 1.6—2.2 厘米，背部最厚处 0.85 厘米，残长 10.95 厘米（图一四一：2）。

（3）小型刀 12 件。钢质，除一把保存完好外，绝大多数都有残缺。出土于墓室扰土或淤土中。此类刀一般刀身较窄，体形狭长，刃部极窄，略微突出柄部。根据首部和刃部的不同，可以分为以下类型。

A 型 方首平头刀，7 件。其中，一把保存完整，其余均有残损。该类型刀均有以下特征，方形刀首，普遍偏小，刀身狭窄挺直。根据刃部的不同，分为 2 个亚型。

Aa 型 5 件。为双面开刃方首平头刀。钢质，皆为方首，刀首为横长方形，刀身挺直，狭窄修长，宽度基本和柄部相当，仅刃部略微向外突出，略宽于柄部，单面刃，刃为双面斜锋口，平头。柄部横截面为长方形，外裹木质刀柄，外有刀鞘。标本 M2：605，保存完整，木质刀柄已朽蚀，仅保存部分朽木残痕。刀身局部地方仍保留有竹质刀鞘残存。刀首长 1.3 厘米、宽 1.85 厘米，刀柄长 9.4 厘米、宽 1.2 厘米、厚 0.7 厘米，刀身长 15 厘米、宽 1.3 厘米、背厚 0.3—0.5 厘米，通长 24.4 厘米（图一四三：3；彩版一一二：1）。

标本 M2：618，形状与标本 M2：605 完全相同。柄部仅存半侧，刀身断为数节，现存刀身断为两节，前部残缺。刀身一侧，竹质刀鞘保存较好。柄部长 8 厘米，残长 17.8 厘米（图一四三：4）。

标本 M2：619，形状与标本 M2：605 完全相同。柄部完整，残存部分断为两节，可以拼对在一起，前部残缺。柄部长 8.15 厘米，刀首长 1.1 厘米、宽 1.75 厘米，刀身宽 1.55 厘米、刀残长约 17.7 厘米（图一四三：5）。

标本 M2：612 和标本 M2：630，仅存刀柄部分（图一四三：2）。

Ab 型 2 件。为单开刃方首刀。钢质，已残。标本 M2：621，柄部保存完整，仅存刀身局部。方形刀首，窄长方体刀柄，刃部较窄，为单刃，单面开刃，整体偏小。刀头形状不明，参照标本 M2：605 之刀头，推测其亦为平头。外部保留有刀鞘局部，从刀鞘残存看，刀鞘里层应为竹质，外裹一层布，最外层髹漆。刀柄宽 1.2 厘米、厚 0.6 厘米、长 9 厘米，方形刀首宽 1.75 厘米、长 1.1 厘米，刀身宽 1.45 厘米、刃部残长 2.6 厘米，刀残长 17.3 厘米（图一四三：1；彩版一一二：2）。

标本 M2：633，形状与标本 M2：621 相同，已残。刀首和刀柄完整，保存刀身局部，中间有残缺。刀柄部分残长 11.2 厘米，刀身部分锈蚀严重，残长 3.7 厘米（图一四三：6）。

B 型 5 件。钢质，环首刀，均已残。出土于墓室扰土中。环状刀首，刀身狭窄细长，与 A 型刀相同，身略宽于刀柄，刃部较窄。根据刀身形状不同，分为 4 个亚型。

Ba 型 2 件。钢质，均已残。标本 M2：609，柄部保存完整，刀身断为 3 节，前部残缺。环状刀首，孔为扁平椭圆形，环下部与刀柄连接处平直。刀柄为长方柱体，刃部极窄，略宽于刀柄，单刃，双面开刃，背部挺直。刀身局部保留有较好的刀鞘，刀鞘为木质，外面髹漆。刀柄长 7.4 厘米、宽 1.2 厘米、厚 0.5 厘米，环形刀首外的长径 1.7 厘米、短径 1.2 厘米，刃宽 0.1 厘米，残长 12 厘米（图一四四：1）。

标本 M2：634，环形刀首大部分残缺，仅留局部。柄部保存完整，刀身刃部多崩落。刀身部分保留有竹质刀鞘残存。柄部长约 7.2 厘米、残长 17.5 厘米（图一四四：4；彩版一一二：3）。

Bb 型 1 件（M2：636）。钢质。已残，断为 3 节，前部残缺。刀首型呈椭圆形，孔较大，环体较

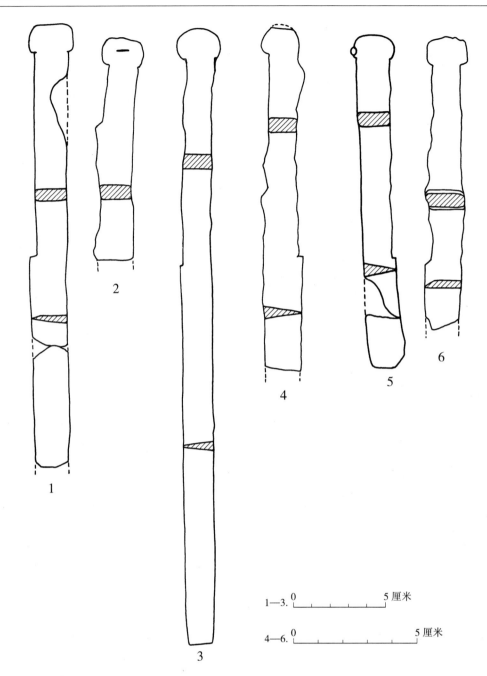

图一四三　M2 出土小型铁刀

1. Ab 型铁刀（M2：621）　2. Aa 型铁刀（M2：612）　3. Aa 型铁刀（M2：605）　4. Aa 型
铁刀（M2：618）　5. Aa 型铁刀（M2：619）　6. Ab 型铁刀（M2：633）

细，横截面为正圆形。刀柄呈长方柱体，但是，较薄，易弯曲断裂。刃部因为刀鞘所包裹，情况不明。
根据刀鞘判断，其刃部应该和 M2：609 相同。环形刀首的长外径 2.35 厘米、外短径 2 厘米，内长径
1.5 厘米、内短径 0.9 厘米，柄部长 7.5 厘米，残长 8.8 厘米（图一四四：2；彩版一一二：4）。

　　Bc 型　1 件（M2：620）。钢质。已残，断为六块。环形刀首呈椭圆形，环体较宽，呈扁平状。刀
身狭窄平直。刀身局部带有木质刀鞘。残长 5.8 厘米（图一四四：3；彩版一一二：5）。

　　Bd 型　1 件（M2：622）。钢质，已残。仅存首部、刀柄和刀身局部，刀首为圆环状。

　　另外，还出土了多个与 Bc 型刀相同的环形刀首（图一四九：3）。

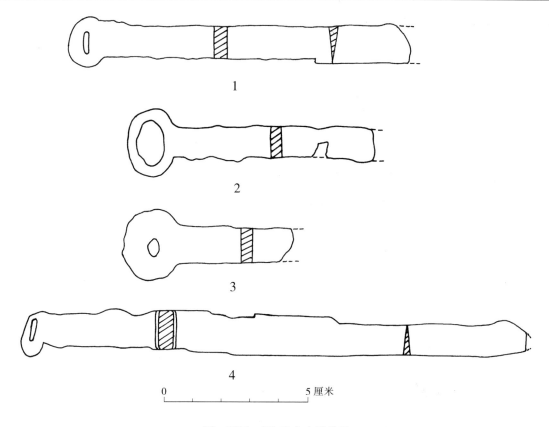

图一四四　M2 出土小型铁刀

1. Ba 型铁刀（M2∶609）　2. Bb 型铁刀（M2∶636）　3. Bc 型铁刀（M2∶620）　4. Ba 型铁刀（M2∶634）

9. 匕首　M2 发现 3 把匕首，按照其形状分为 2 型。

A 型　2 件。钢质，弧刃匕首。出土于墓室扰土中。标本 M2∶607，锈蚀严重，已残。柄部为扁方形，外部用布缠绕，布外再包以兽皮作为护手，故呈椭圆形。柄的后部残缺。刀体宽扁，弧形刃，锋部有残损。残长约 14.3 厘米（彩版一一二∶6）。标本 M2∶608，钢质，锈蚀严重。形状与标本 M2∶607 类似，但整体稍显细窄，体形更加修长。椭圆形柄，刀身前部宽扁，弧形刃，齐头。柄外用布缠绕，布外再包以兽皮作为护手。柄部长 11.5 厘米、刃部宽 1.8 厘米，刀头长 2.8 厘米、通长 14.3 厘米。

B 型　1 件（M2∶613）。带凹槽匕首。钢质，已残，仅存刀身部分，断为两节，尖部和柄部以及刀首等处残缺，故整体形状不明。刀身挺直，圆背，单刃，为双面弧形刃。刀身两侧的中部，沿刀身方向各有一道内凹沟槽，刃部略钝。外部有朽木痕迹，推测可能是刀鞘残存。从残存部分看，刀身前后宽窄相同，整体显得窄而狭长。由于刃部较钝，推测其应该为匕首之类武器。刀身宽 1.9 厘米、背厚 0.9 厘米、中部凹槽处厚 0.7 厘米，残长 9.5 厘米（图一四一∶1）。

二　车马器

M2 出土的铁质车马器有马衔、马镳以及其他器物，分述于下。

1. 马衔　2 件。铁质，均已残。标本 M2∶880，出土于前室扰土中。外环断裂缺失。衔分为两节，每节为直杆式，杆体为两细圆形铁柱相互缠绕而成，外表呈螺旋绳纹状，内环为圆形，相互套在一起。其中，一镳的外环中仍保留有一镳。镳锈蚀严重，变为一很细的圆柱状，一端残损，另一端保存尚好，可以大概看出其轮廓。中间粗，两边细，端部有一较粗的圆球（图一四五∶2；彩版一一三∶1）。

标本 M2∶52，形状与制作方法与标本 M2∶880 相同，其一镝断裂，仅存半个；另一镝保存较好，外环保留局部。残长 9.5 厘米（图一四五∶1）。

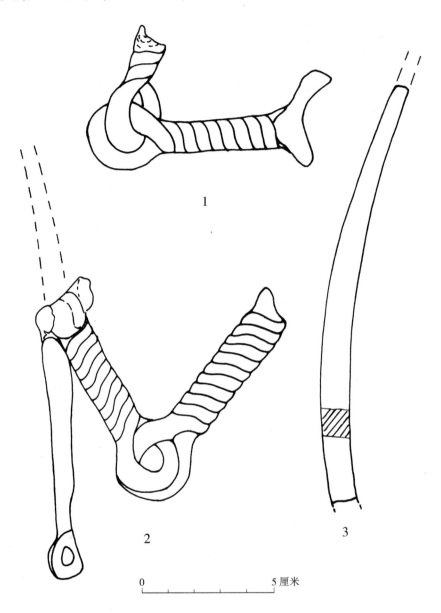

0　　　　　　　　5 厘米

图一四五　M2 出土铁车马器

1. 铁马衔（M2∶52）　2. 铁马衔（M2∶880）　3. 铁马镳（M2∶731）

2. 马镳　2 件。铁质。发现于墓室扰土中。柱状，中间呈弧形弯曲，标本 M2∶753，两端为方柱状，残长 15.6 厘米。标本 M2∶731，圆柱体，中间呈弧形弯曲。锈蚀严重，两端有残缺。残长 14.2 厘米（图一四五∶3；彩版一一三∶2）。

除了以上器物之外，还有以下几件器物推测应该与车马有关，故列入此节介绍。

3. 其他车马器

A 型车马器　1 件（M2∶879）。铁质，保存较好。出土于墓室早期淤土中。钩形，一边较短，另一边较长。短边一端有一细横柱；长边粗壮，后部有一纽，纽上有一细小圆孔。长边的上端横置一大型铁环。用途不明。长 7.5 厘米（图一四六∶3；彩版一一三∶3）。

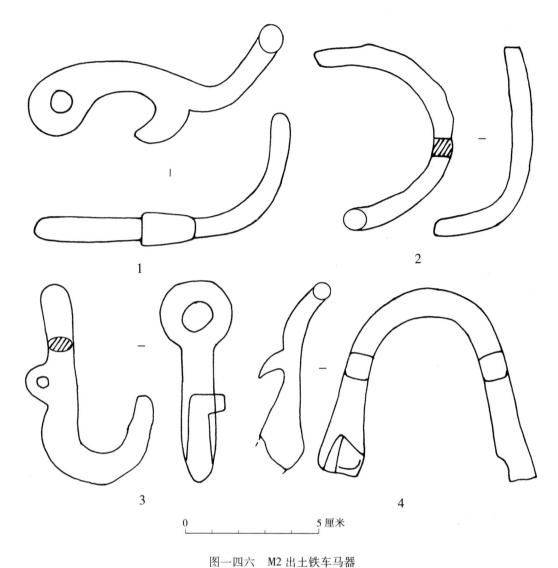

图一四六 M2 出土铁车马器

1. B 型铁车马器（M2∶157） 2. D 型铁车马器（M2∶197） 3. A 型铁车马器（M2∶879） 4. C 型铁车马器（M2∶884）

B 型车马器 2 件。铁质，保存较好。出土于墓室早期淤土中。上部粗壮，整体似如意状，上部为环形，中间一孔，器身向内弯曲，至下部变为一短粗钩，钩下部有一较细的圆柱体，扭曲向后弯曲，尾部向一侧弯曲。标本 M2∶157 与标本 M2∶883 结构相同，但是方向相反，应该是一组器物。长 10 厘米（图一四六∶1；彩版一一三∶4）。

C 型车马器 1 件（M2∶884）。铁质，保存较好。出土于墓室早期淤土中。呈 U 形，下部横折起，与两边成 60°夹角。两边挺直，上口略向外撇，每边后侧下部，均有一个向上弯曲钩。每边的上端部，向后亦有一环状分支，因为其断裂缺失，具体情况不详。但是，从断裂的痕迹看，应该为一圆环。用途不详（图一四六∶4；彩版一一三∶5）。

D 型车马器 1 件（M2∶197）。铁质，锈蚀严重，外层剥落，仅能看出其大致形状。下部为横钩状，一端断裂，另一端保存相对较好，向一侧弯曲，与横钩呈 105°夹角，其上有朽木残痕（图一四六∶2；彩版一一三∶6）。

三　生产工具

类型有锤、刻刀、铲、夯锤、铁链等。

1. 锤　1件（M2：643）。铁质，铁柄断裂缺失，仅存锤的头部。出土于墓室扰土中。锤头为长方柱体，上、下两面为长方形，较平，四立面为长方形，其中，一侧有因为敲击造成崩落的痕迹。长方形銎，贯穿锤体中部，中间穿铁柄，柄大部分残缺。锤头高4.65厘米，锤面一边长2.4厘米、另一边长2.5厘米、銎高1.5厘米，宽0.86厘米，柄部残长0.9厘米（图一四七：3；彩版一一四：1）。

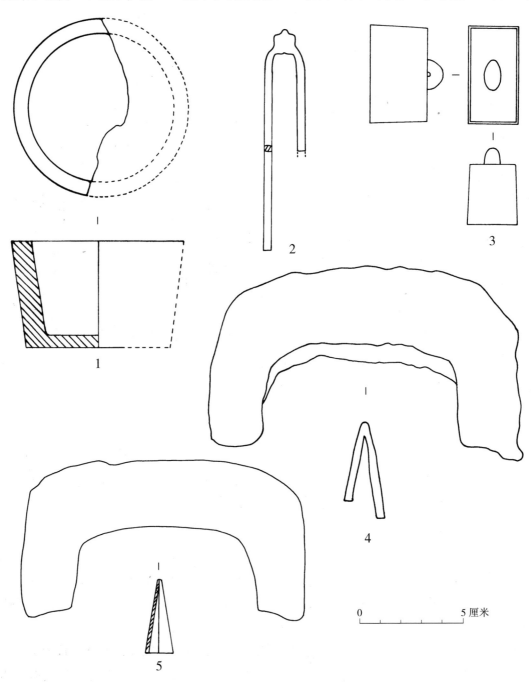

图一四七　M2出土铁工具

1. 铁夯锤（M2：640）　2. 铁镊子（M2：639）　3. 铁锤（M2：643）　4. A型铁铲（M2：1）　5. A型铁铲（M2：664）

2. 刻刀　4件。根据其刃部形状的不同，分为3型。

A型　1件（M2：610）。窄平刃刻刀。出土于墓室扰土中。钢质。上部为圆柱形刀柄，下部刀头较窄，呈扁方形，刃部平齐，为双面斜坡刃，刀头宽度与柄部几乎相同。刀柄长12.4厘米、直径0.5厘米，刀头长1.7厘米、刃部宽0.6厘米，通长14.1厘米（图一四八：1；彩版一一四：3）。

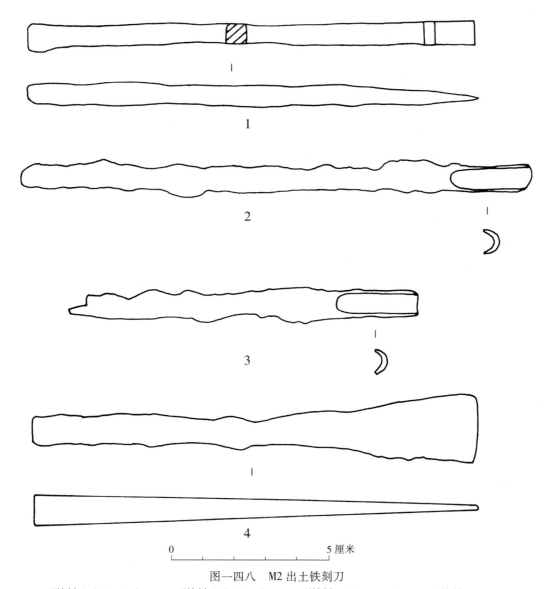

图一四八　M2出土铁刻刀
1. A型铁刻刀（M2：610）　2. B型铁刻刀（M2：10）　3. B型铁刻刀（M2：645）　4. C型铁刻刀（M2：24）

B型　2件。弧刃刻刀。出土于墓室扰土中。钢质。标本M2：10，锈蚀严重，多处脱落，柄部稍残。扁方体刀柄，刀头有一弧形凹槽，形成半圆形刀头，刀口有崩落现象。柄长13.1厘米、刀头长3.1厘米、通长16.2厘米（图一四八：2；彩版一一四：4）。

标本M2：645，形状与标本M2：10完全一样，但是柄部锈蚀严重，刀头长3.1厘米、残长11.3厘米（图一四八：3）。

C型　1件（M2：24）。宽头平刃刻刀。钢质。出土于前室扰土中。圆柱形刀柄，外裹以布，布外包有皮革。刀头呈扁平三角形。刀头宽2.1厘米、长14.2厘米（图一四八：4；彩版一一四：2）。

3. 铲　3件。铁质，锈蚀严重，其中一件出土于墓道填土下部，另两件出土于墓室扰土中。根据其形状不同，可以分为 2 型。

A 型　2 件。"凹"字形铁铲。整体呈"凹"字形，銎两边呈长方形，两翼较宽，銎内有一周凹槽，用于镶嵌木质锨板，弧刃。标本 M2：1，器形完整，铲体宽 15.2 厘米、銎的两翼长 3.4 厘米、两翼宽约 3 厘米，通长 7.5 厘米，刃部宽 4.5 厘米、銎口宽 8.8 厘米（图一四七：4；彩版一一四：5）。

标本 M2：664，体形略小，显得轻薄。铲体上部宽 14 厘米，下部宽 13.4 厘米、刃部宽 3.4 厘米，銎口宽 8.8 厘米、銎两翼长 3.4 厘米、两翼宽 2.6 厘米（图一四七：5）。

B 型　1 件（M2：644）。"一"字形铁铲。完整，出土于墓室内扰土中。整体呈上宽下窄的梯形，平直刃，刃部较宽，上部有一较宽横槽，用以镶嵌木质锨板。整体器形显得厚重。上部最宽处宽 13.9 厘米、下部宽约 12 厘米、刃宽约 5.8 厘米（彩版一一四：6）。

4. 铁链　1 件（M2：47）。出土于墓室扰土中。仅出土两节的局部，其他部分残缺，每节链环为长环形，环两长边平行，两端弧形，环身为圆柱体，两环套在一起，形成长链。

5. 夯锤　1 件（M2：640）。铁质，已残，半部缺失。出土于墓室扰土中。圆桶形，敞口，方唇，斜直壁，平底。器形厚重，坚实。高 5.1 厘米、壁厚 0.8 厘米，口部外径 8.3 厘米、内径 6.7 厘米，底部外径 7 厘米、内径约 5.6 厘米（图一四七：1）。

四　生活用具

种类有镊子、剪刀、错金铁镜、微型刀、带扣、环首器柄等。

1. 镊子　1 件（M2：639）。出土于墓室扰土中。钢质。后部保存完整，前部断裂缺失。整体呈 U 形，是用一条宽 1.1 厘米、厚约 0.35 厘米的扁形长条铁片折叠而成。中间经过 6 次折叠，形成一花朵形柄，镊两枝平行前出。一枝完整，另一枝残断。一枝长 9.15 厘米、另一枝残长 4.2 厘米，柄长 1.15 厘米、全长 10.3 厘米，两枝间距宽 1.4 厘米（图一四七：2；彩版一一五：1）。

2. 剪刀　3 件。铁质，出土于墓室扰土中。均残损严重，经过拼对，可以分辨出形状的计有 3 件。其他还有几块剪刀残片，因其与发现其他剪刀拼合不到一起，故推测有可能是另外剪刀上的残部。

标本 M2：641，锈蚀严重，刀体的后部残缺，柄部不存，刀身的前半部不存。刀面较宽，呈前窄后宽状，刀尖从背部向刃部外凸呈弧形收缩，剪刀两刀面刃部相向交叉。一个刀身保存较长，刀尖部仍存，但是中间有残缺。该剪刀一个刀身残长 11.8 厘米、残存部分最宽处宽 1.7 厘米、最窄处宽 1.2 厘米，尖部残长 3.9 厘米、最宽处 1.2 厘米；另一个刀身残长 3.9 厘米，最宽处宽 1.7 厘米、最窄处宽 1.3 厘米（图一四九：6；彩版一一五：2）。

标本 M2：642，锈蚀严重，柄部和一个刀体残缺，另一个刀体从中部断裂。柄的根部为扁圆柱体，推测后部应该为圆弧形柱状。刀身前窄后宽，刃部与柄部交汇处为弧形，刀头亦为弧形。两个刀面刃部相向交叉。刀刃长 9.6 厘米、尖部窄处宽 0.5 厘米、后部最宽处宽 1.5 厘米（图一四九：5）。标本 M2：875，已残，锈蚀严重，仅存刀柄局部，前部残缺，并锈蚀在一起，整体形状不明。

3. 错金铁镜　1 件（M2：252）。圆形，正面平整，背面中部有桥形纽，纽内有穿绳，绳外栓有一铁棍。经过 CT 扫描，在铁镜背后发现有图案，并有金丝露出，故推测，镜背面应该有错金现象。镜的两边各有一个短轴状的外突。该铁镜发现于后室底部靠近南侧室门口的一组漆木器上，根据石牌记载，墓葬内随葬有镜台 1 件，因此，推测该漆木器应该为镜台，铁镜原本是放置在镜台之上。从残存遗痕

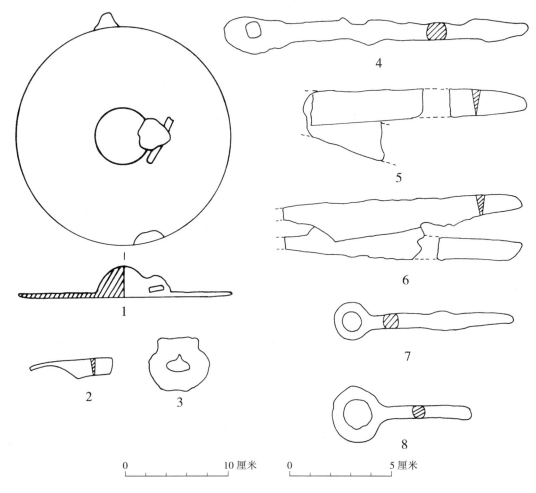

图一四九　M2 出土铁器

1. 错金铁镜（M2：252）　2. 微型铁刀（M2：601）　3. 环形铁刀首（M2：624）　4. 环首铁钉（M2：638）
5. 铁剪刀（M2：642）　6. 铁剪刀（M2：641）　7. 环首铁钉（M2：637）　8. 环首铁器柄（M2：677）

看，铁镜外面原来包裹有数层丝织品，其中内层丝织品十分细密，外层较为粗糙。直径20.5厘米（图一四九：1；彩版一一五：3、4）。

4. 微型刀　1件（M2：601）。钢质，刀身较宽，后部呈斜坡状内收。刀头背部较直，向刃部逐渐内收，呈斜坡状。刀身后部与前部相较略宽，单刃，刃部极为锋利。沿刀背向后延伸为柱状刀柄，刀柄根部较粗，向后逐渐变细，并弯曲，刀柄极为细小。整体显得小巧玲珑。刀背长3厘米、刃部长1厘米、宽0.6—0.7厘米，背厚0.1厘米，刀柄长1厘米，通长4厘米（图一四九：2；彩版一一五：5）。

5. 带扣　1件（M2：9）。出土于前室扰土中。铁质。后部为方框状，前部稍宽外侈，中间外凸呈弧形。中部有一柱形舌。体形较大。框后部宽约3厘米、长4.4厘米（彩版一一五：6）。

6. 环首器柄　1件（M2：677）。出土于墓室扰土中。铁质，已残。圆柱体，下部残缺，形状不详，上部为圆环状柄。柱体直径1.1厘米，圆环外径2.7厘米，长6.8厘米（图一四九：8）。

7. 长方形环　2件。出土于墓室扰土中。铁质，保存基本完整，整体偏小。标本M2：675，为不规则长方形，圈体竖扁，内侧为直壁，外侧中间略向外凸，呈弧状。标本M2：676，一侧较细，中间有一缺口。

五　其他铁质文物

另外，M2 还出土有大量铁钉，有环首钉（图一四九：4、7）、帽钉和钩形钉几种类型。其中，帽钉数量为最多，有大、中、小之分。而环首钉和钩形钉多为墓壁上脱落。

帽钉中，大型帽钉如标本 M2：705，残长 10 厘米。中型帽钉如标本 M2：748，残长 5.1 厘米；标本 M2：739，残长 4.8 厘米。小型帽钉如标本 M2：740，残长 3.2 厘米；标本 M2：754，残长 2.8 厘米。

第九节　二号墓出土玉石器

二号墓（M2）出土玉器不多。从质地上说，分为青玉、白玉、玛瑙、水晶等；从器形上分，有珠、饼、璧、觿等；从功用上分，有礼器、葬玉、身上的配饰等。除了珠类保存较好外，其他类玉器多有损坏，如玉璧、玉觿等，均有残损或仅存局部。

1. 珠　8 件。多出土于前墓室扰土中，个别出土于后室南侧室内。根据大小，可以分为小型玉珠和大型玉珠，其中大玉珠 2 件，小玉珠 6 件。按照材质和颜色分，又分为青玉珠、白玉珠、黑玉珠和玛瑙珠，其中青玉珠 4 件、白玉珠 2 件、玛瑙珠 1 件、黑色玉珠 1 件。

（1）小玉珠　6 件。体形偏小，分为青玉珠、白玉珠、玛瑙珠三种，大玉珠为白色和黑色两种。

青玉珠　4 件。两个出土于前室扰土下层，两个出土于后室南侧室内。标本 M2：178，器形滚圆，有一圆孔，位于玉珠的中部，前后贯穿。其中一个玉珠孔径两端开口较大，中间略细。另 3 个玉珠，孔径大小基本一致。玉珠呈淡青色，质地温润，透明度较好。直径 0.7 厘米（彩版一一六：1、3、4）。

白玉珠　1 件（M2：170）。出土于前室扰土下层。形状和穿孔与青玉珠相同，但是体形略小，玉质纯白，有明显的纹理，透明度较差。直径 0.6 厘米（彩版一一六：2）。

玛瑙珠　1 件（M2：175）。保存完整，出土于前室扰土中。圆球状，上部为较深的酱红色，中部环绕一周白色纹带，下部为铬黄色。中部上下贯一圆形穿孔，穿孔口径上大下小。直径 0.7 厘米，孔径 0.1—0.2 厘米（彩版一一六：5、6）。

（2）大玉珠　2 件。根据它们穿孔位置的不同，分为以下 2 型。

A 型　1 件（M2：131）。出土于前室扰土中。推测为玉佩组件中的串珠。圆球形，器形相对较大，直径 0.98 厘米。骨白色，不透明。玉珠的一侧有一个穿孔，俗称牛鼻穿。孔两端距离约 0.4 厘米，孔径约 0.1 厘米（彩版一一七：1）。

B 型　1 件（M2：57—2）。黑色，材质为缠丝玛瑙，前室扰土中出土。体型较大，黑色不透明。中部一细孔贯穿上下。直径 1.6 厘米（彩版一一七：2）。

2. 玉璧　1 件（M2：202）。出土于后室扰土中。青玉。仅余残块，整体呈扇形。外为直壁，在直壁靠近一面的上部边缘处，有两周极细的凹弦纹。两面图案完全一样，中间部位均匀密布着蒲纹，边缘处有一周平滑的窄边，略低于中部的纹饰。从雕刻技法和纹饰看，具有典型的汉代玉璧特征。残存部分弧边宽 5.1 厘米，斜边长 4 厘米，边缘处厚 0.45 厘米，中部纹饰部位厚 0.5 厘米。从残存的弧形边来测算，完整璧的直径应该为16.5厘米左右。残存部分较小，孔径大小不详（彩版一一八：1）。

3. 玉剑格 1件（M2：236）。出土于后室扰土中。残存很小一部分。白玉，质地纯净，温润光滑，有玻璃质光泽。从保存部分看，器形粗矮，外表呈多棱状，经过抛光，十分光滑，内有一较大椭圆孔，壁略薄。下沿较平，残存部分上沿为斜坡状，至壁棱的最高处向下有一斜坡。由于残存部分较小，其外侧棱的数目不详，因为孔内为拉丝工艺，在壁上留下沟槽状痕迹。孔表面和下端均有一层铁锈，故推测其应该为剑格残块。残高2.3厘米、壁厚0.6—0.7厘米。根据残存部分测算，其孔径约为4.85厘米（图一五○：4；彩版一一八：3、4）。

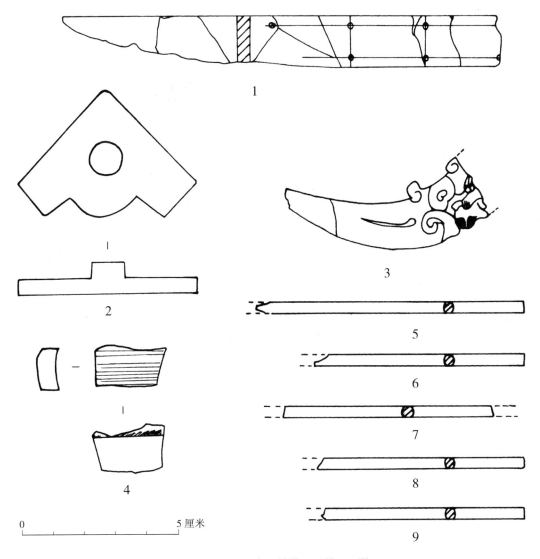

图一五○ M2出土骨器、石器、玉器

1. 骨刀尺（M2：350） 2. 石镶角（M2：68） 3. 玉觽（M2：147） 4. 玉剑格（M2：236） 5、6、7、8、
9. 骨簪（M2：77、M2：198、M2：244、M2：233、M2：206）

4. 玉觽 1件（M2：147）。已残，中部断裂为两截，两端残缺，出土于前室扰土中。白玉，质地纯净，温润光滑，晶莹剔透。器体扁薄，一头宽大，透雕一灵芝，上伏一卧虎，虎头紧紧贴在灵芝上。另一端尖状，整体弯曲呈牛角形。上端已残，仅存虎的头部、双耳和一个前肢，虎身的下半身不存。现下端尖部已残缺，均为旧痕。器身中部透雕一锥状窄缝，窄缝上端向上弯曲呈一圆孔状。窄缝两侧

的沿器体向下凹陷，上下两侧各有两组细小的凹陷纹，每组均由两条平行的弧形纹组成。两面纹饰基本相同。残长6.6厘米、最宽处2.2厘米、厚0.25厘米（图一五〇：3；彩版一一八：2）。

5. 玛瑙饼　1件（M2：183）。完整出土于前室扰土中。圆形饼状，两面较平，边沿中间向外凸起呈圆弧状。上部为较深的酱红色，下部逐渐变浅，为铬黄色，中部呈波浪形横贯一组白色纹带，将饼的上下自然分为两个色块。白色纹带共计5条，其中最上一条较宽，向下依次平行分布的4条纹带逐渐变细。通体晶莹剔透，华丽美观。直径3.7厘米、厚1.05厘米（彩版一一七：4）。

6. 水晶珠　1件（M2：168）。完整，出土于前室南侧室过道扰土。椭圆体。质地纯净，通体光滑，晶莹剔透。长径2厘米、短径1.4厘米（彩版一一七：3）。

7. 珍珠　1件（M2：250）。完整，出土于后室扰土（彩版一一七：5、6）。

第十节　二号墓出土骨器

二号墓（M2）出土有一定数量的骨器，种类有骨尺、牙签、骨簪、骨刀尺、骨雕、骨质板形器、方形骨块等。

1. 骨尺　1件（M2：144）。已残，断为数节，只发现其中两段，其他部位残缺。一节残长4.8厘米，出土于前室扰土中；另一节残长5.4厘米，出土于后室北侧室扰土中。细窄长条状，横断面为长方形。正面光滑，有刻度，背面为素面，未经修饰，比较粗糙。骨尺正面沿中间有一条横长线，将尺面分为上下两部分，上半幅布满刻度，下半幅无刻度。刻度为刀刻出的等距离平行竖线，满五格沿中间线刻画出一小圆，代表为半寸，满十格上下两幅对应各有两个小圆，表示为一寸，每个圆圈中心均有一个圆点，为刻度的起始点。骨尺宽约0.7厘米，厚0.25—0.3厘米。根据测量，该尺每寸相当于今天的2.2厘米（图一三五：3；彩版一一九：1）。

2. 方形骨块　数块，骨质，出土于墓室扰土中。标本M2：251，长方体，质地纯白，极易起层脱落或破损，用途不详。长边1.6厘米、短边1.45厘米、厚0.6厘米（彩版一二〇：1）。

3. 圆柱形骨雕　1件（M2：43）。骨质，下部断裂缺失，仅存上部。出土于前室扰土中。圆柱体，骨质发黄，周遭雕满图案，因为破损，内容不详，仅能看出图案局部。似为圆形器柄。圆柱直径0.8厘米、残长约3厘米（彩版一二〇：2）。

4. 骨板　1件（M2：20）。骨质，出土于前室扰土中。形状特征为长条板状，柄部略宽，上下面光滑，柄部较厚，向下逐渐变薄，略微向上翘起，平齐头，形成极薄的刃部；柄部为半圆形，中部有一小圆孔。骨质纯白，光滑。长4.9厘米、柄部厚0.4厘米、宽1.06厘米，下部宽0.95厘米（彩版一一九：2）。

5. 牙签　9件。多出土于后室和前室的扰土中。骨质，均已残断，尖部残缺。柄部为圆柱形，十分纤细，柄端为圆形，中间微微凸起，表面十分光滑，泛青色，有玉的质感。

标本M2：30，出土于前室扰土中。已残，后部和前端残缺。一端表面青色，另一端为褐色。残长5厘米、残存部分的直径0.27—0.3厘米。

标本M2：158，出土于前室扰土中。已残，仅存后段柄部。表面呈青绿色，光滑如玉。残长5.84厘米，柄部直径0.34厘米、残部前端直径0.3厘米。

标本 M2：186，出土于前室南侧室扰土中。已残，仅存后段和柄部，中部断为两节。表面呈青绿色，光滑如玉。残长 7.4 厘米，柄部直径 0.3 厘米、残部前端直径 0.25 厘米。

标本 M2：224，出土于前室南侧室扰土中。已残，后部和前端残缺。表面呈青绿色，夹杂褐色斑点，光滑如玉。残长 6.11 厘米，残存部分直径 0.24—0.29 厘米（彩版一二〇：3）。

标本 M2：227，出土于后室扰土中。已残，但尖部和后部残缺，仅存前部。表面呈青绿色，夹杂着褐色斑点，光滑如玉。残长 4.39 厘米，残存部分直径 0.2—0.26 厘米（彩版一二〇：3）。

标本 M2：243，出土于后室扰土中。已残，仅存后段和柄部，表面呈褐色，光滑。残长 5.71 厘米、柄端直径 0.3 厘米（彩版一二〇：3）。

标本 M2：265，出土于后室扰土中。已残，仅存后段和柄部，断为 4 段。表面白色泛青，光滑。残长 6.7 厘米，柄部直径 0.33 厘米、最细部直径 0.29 厘米。

标本 M2：266，仅存柄部，残长 2.6 厘米，柄粗 0.3 厘米。

标本 M2：279，出土于后室北侧室墓道扰土中。已残，仅存后段和柄部。表面青色泛白，光滑如玉。残长 5.61 厘米，柄部直径 0.3 厘米，最细部直径 0.28 厘米。

6. 骨簪（笄）　17 件。出土于前后室的扰土中。圆柱状，类似牙签，但是形体较大，较粗壮，甚至弯曲。柄端横截面为圆形，中间略突起，四周弧形外侈。尖部均残缺，个别仅保存一小段。

标本 M2：77，出土于前室扰土中。已残，仅存后半部。表面光滑，前部呈骨白色，柄部为浅青色；略微弯曲。残长 8.7 厘米、柄部直径 0.51 厘米、最细处直径 0.45 厘米（图一五〇：5）。

标本 M2：126，出土于前室扰土中。仅存柄部，柄端面平齐，表面光滑，呈骨白色略微泛青。柄部粗 0.51 厘米、残长 3.92 厘米。

标本 M2：127，出土于前室扰土中。已残，仅存后半部。表面光滑，骨质呈浅青色。表面剥落严重。残长 3.9 厘米，柄部直径 0.55 厘米、最细处直径 0.48 厘米。

标本 M2：130，出土于前室扰土中。已残，仅存后半部。表面光滑，前部呈骨白色，略微泛青。残长 4.5 厘米，柄部直径 0.5 厘米、最细处直径 0.47 厘米。

标本 M2：135，出土于后室扰土中。已残，仅存后半部。略微弯曲，呈骨白色。残长 4.76 厘米，柄部直径 0.5 厘米、最细处直径 0.45 厘米。

标本 M2：145，出土于前室扰土中。已残，仅存后半部。弯曲严重，整体呈 S 形弯曲。表面呈浅青色。残长 7.8 厘米，柄部直径 0.5 厘米、最细处直径 0.45 厘米。

标本 M2：159，出土于前室扰土中。已残，两端残缺，仅存中部一段。略有弯曲，呈骨白色。残长 4.2 厘米，最粗处直径 0.43 厘米、最细处直径 0.35 厘米。

标本 M2：166，出土于前室扰土中。已残，两端残缺，仅存中部一段。略有弯曲，呈骨白色。残长 5.6 厘米、直径 0.35 厘米。

标本 M2：188，出土于后室扰土中。已残，两端残缺，仅存中部一段。略有弯曲，呈骨褐色。残长 4.4 厘米，最粗处直径 0.35 厘米、最细处直径 0.31 厘米。

标本 M2：198，出土于前室南侧室扰土中。已残，仅存后半部。弯曲严重，表面光滑，呈骨白色略微泛青。残长 6.81 厘米，柄部直径 0.51 厘米、最细处直径 0.45 厘米（图一五〇：6）。

标本 M2：206，出土于前室南侧室扰土中。已残，两端残缺，仅存中部一段。略有弯曲，呈骨白色。残长 6.5 厘米、直径 0.35 厘米（图一五〇：9）。

标本 M2：207，出土于前室南侧室扰土中。已残，仅存后半部。呈骨白色。残长 4.1 厘米，柄部直径 0.52 厘米、最细处直径 0.35 厘米。

标本 M2：226，出土于后室扰土中。已残，仅存后半部。柄端面圆形，平齐，呈骨白色。残长 4.1 厘米，柄部直径 0.35 厘米、最细处直径 0.32 厘米。

标本 M2：233，出土于前室南侧室扰土中。已破，前部断为两截，尖部稍残。表面光滑，呈骨白色。残长 6.6 厘米，柄部直径 0.5 厘米、最细处直径 0.2 厘米（图一五〇：8）。

标本 M2：244，出土于后室扰土中。已残，两端残缺，仅存中部一段，中间断裂，剥蚀严重，有多处脱落。略有弯曲，呈骨白色。残长 6.8 厘米、直径 0.32 厘米（图一五〇：7）。

标本 M2：264，仅存中间一小段。

标本 M2：340，出土于后室北侧室。已残，两端残缺，仅存中部一小段。弯曲严重，表面光滑，呈骨白色。残长 4.35 厘米，最粗处直径 0.48 厘米、最细处直径 0.41 厘米。

7. 骨刀尺　1 件（M2：350）。骨质，已残，前半部为刀，后半部为尺。仅保存刀身和尺子的前半部。残存部分正面和背面多有脱落，故不平整。刀背挺直，另一边呈圆弧状逐渐收缩，最后形成尖状的刀头。刃部为两面收缩，形成十分锋利的刀刃。刃部正面光滑，尖部背面有刻度。刀的后半部正面扁平，刀体至 9.04 厘米处有一横线，连接两个圆圈的中心点，为尺子的起始端。从这两点开始向后，顺着刀身有两条相距 0.6 厘米的平行刻线，上面有刻度，最小刻度为寸，每寸的起始点同样有两个圆圈，分别刻在两条平行线上，圆圈中心各有一个圆点，连接两个圆点刻有一条竖线。裁刀残长 13.9 厘米、刀体最宽处 1.4 厘米（图一五〇：1；彩版一一九：3）。

第十一节　二号墓出土漆木器

在二号墓（M2）中，所发现的漆木器遗迹主要有两处，其中一处位于连接前室和后室的后甬道内；另一处位于后室南部，接近南侧室门口外侧。

分布于后甬道内的漆木器分为东、西两部分，可能是两件器物，均遭到严重破坏。西部仅见部分漆皮，西部与南部绝大部分被一现代盗坑所盗扰，已经不存，无法判断为何物。东半部分遗迹仅存一角，中间的绝大部分亦被破坏，无法看到全貌。但是，从保留的这一部分看，似为一案面。外表为黑色，底漆为红色。案面分为内外两部分，外为边框，为双重框，外框平整，内框呈漫圆形凸起，略高于外框和中间案面。边框对角清晰可见。

分布于后室南部，接近南侧室门口外侧的那处漆木器，因为叠压在一起，无法判明器物类型，因为其叠压在铁镜之下，故推测它可能与镜台有关。在其上部叠压有石璧、画像石残块等文物，最下部叠压着"墨廉董函一"六边形石牌，因此，也不能排除其与墨廉董函有关。

同时，在清理墓室内的整个过程中，在现代扰土中不断有漆片出土，我们推测，该墓葬中当初随葬有漆器。因为所出土的漆片均为碎片，难以分辨出器物形状。根据出土石牌上记载，该墓葬中随葬有"涞（漆）唾壶一"、"涞（漆）浆臺（台）一"、"墨表赤里书水椀（碗）一"和"五尺涞薄机（几）一、食单一"。有关专家认为，"涞"即"漆"也，是漆字的别写。因此，笔者认为应该是漆器。

第十二节　二号墓出土纺织品与编织物

　　二号墓（M2）出土的多种文物上，都有纺织品的痕迹，如铁镜、铁镞、铠甲片、铜印符、刀柄等上，都有纺织品遗存。根据观察，既有纹理比较粗的麻布，又有纹理致密的丝织品，还有用金丝编制的纺织品。根据出土石牌记载，M2 随葬的丝织品种类有绮、绡、练、缣、绫、绢、绒、锦等，至于这些纺织品到底为何种材质，还有待研究。

　　铁镞的铤部与箭杆交接处，均用细线缠绕，进行加固。在成束的箭镞外面，一般均包裹有纺织品。如标本 M2：655，为集束箭镞，外面残留有布纹残存，但是，其纹理稍粗。

　　在铁铠甲的背面，用纺织品作为衬里，铠甲外面包裹有布匹。在成组出土的铠甲的外部，均有粗布残痕，推测是用布包裹。另外，在一些散甲片的背后，也留下了不少纺织品残痕，推测有粗布垫层。

　　在铁匕首柄部和铁刻刀柄部，都缠有布的残存。比如标本 M2：24 刻刀和标本 M2：607 匕首。

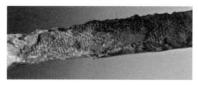

　　又如铁镜（M2：252），表面包有至少 3 层纺织品，甚至 4 层，其中最外层纺织品纹理较粗，里面两层纹理细密。

铜印（M2：205）上的布纹线条纤细，纹理更加致密（彩版九七：1、2）。

在一把环首刀的环首上，既发现有纺织品的残存，还有用金箔编织的类似布的编织物，包裹在刀首上。

第十三节　二号墓出土其他材质文物

二号墓（M2）中还出土有云母片、煤精虎雕和珍珠等文物。

1. 云母片　M2 出土许多云母片，多数已经破损，少部分保存较好。根据形状看，分为长方形、圆形、月牙形、水滴形等多种形式。

A 型　长方形云母片，19 件。出土于后室内。整体为长方形，片体很薄，透明度极高，周围均匀分布有穿孔（图一五一：1—13、16）。

其中，标本 M2：849，长方形，周边均匀分布有穿孔，长边有 6 个穿孔，短边有 5 个穿孔。长 6.6 厘米、宽 4.5 厘米（图一五一：13）。

标本 M2：857，微残。长方形，周边均匀分布有穿孔，长边和短边两端共用一孔，长边有 6 个穿孔，短边有 5 个穿孔。长 6.1 厘米、宽 4.5 厘米（图一五一：1）。

标本 M2：860，微残。长方形，周边均匀分布有穿孔，长边和短边两端共用一孔，长边有 6 个穿孔，短边有 4 个穿孔。长 6.5 厘米、宽 4.2 厘米（图一五一：12）。

标本 M2：858，一角残缺。长方形，周边均匀分布有穿孔，长边和短边两端共用一孔，长边有 6 个穿孔，一短边有 4 个穿孔，另一短边有 5 个穿孔。长 6.3 厘米、宽 4.6 厘米（图一五一：2）。

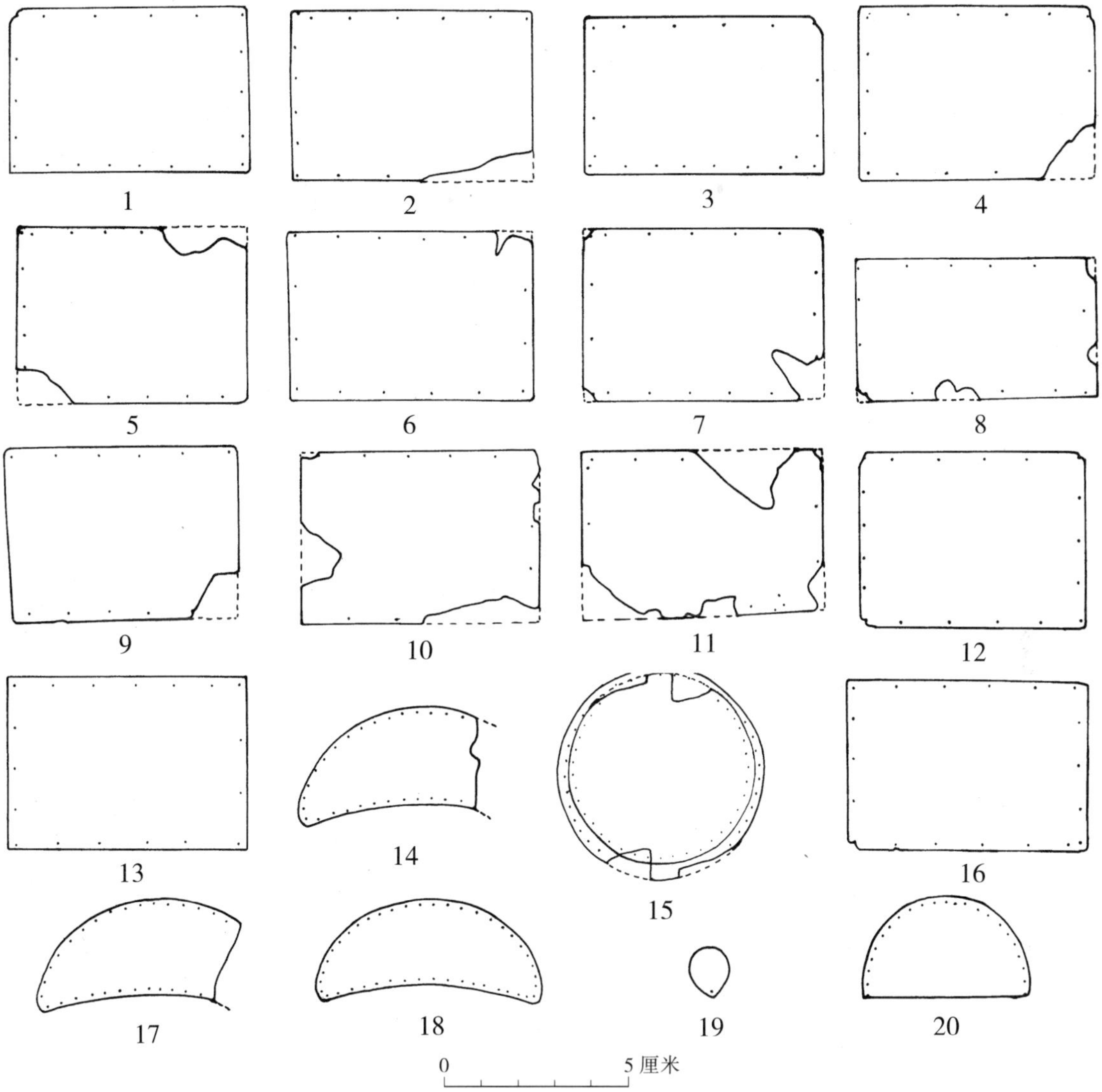

图一五一　M2 出土云母片

1. A 型云母（M2：857）　2. A 型云母（M2：858）　3. A 型云母（M2：851）　4. A 型云母（M2：852）　5. A 型云母（M2：853）　6. A 型云母（M2：850）　7. A 型云母（M2：363）　8. A 型云母（M2：856）　9. A 型云母（M2：191）　10. A 型云母（M2：854）　11. A 型云母（M2：859）　12. A 型云母（M2：860）　13. A 型云母（M2：849）　14. D 型云母（M2：865）　15. B 型云母（M2：868）　16. A 型云母（M2：864）　17. D 型云母（M2：866）　18. D 型云母（M2：867）　19. C 型云母（M2：844）　20. B 型云母（M2：843）

标本 M2：864，长方形，周边均匀分布有穿孔，长边和短边两端共用一孔，长边有 8 个穿孔，短边有 5 个穿孔。长 6.6 厘米、宽 4.2 厘米（图一五一：16）。

标本 M2：854，一长边和一短边有残缺，另两边微残。长方形，周边均匀分布有穿孔，长边和短边两端共用一孔，长边有 6 个穿孔，短边有 6 个穿孔。长 6.5 厘米、宽 4.4 厘米（图一五一：10）。

标本 M2：853，两对角残缺。长方形，周边均匀分布有穿孔，长边和短边两端共用一孔，长边有 6 个穿孔，一短边有 6 个穿孔，另一短边无穿孔。长 6.3 厘米、宽 4.6 厘米（图一五一：5）。

标本 M2：851，一角微残，其他部分完好。长方形，周边均匀分布有穿孔，长边和短边两端共用一孔，长边有 6 个穿孔，短边有 4 个穿孔。长 6.45 厘米、宽 4.1 厘米（图一五一：3）。

标本 M2：852，一角残缺，另一角微残。长方形，周边均匀分布有穿孔，长边和短边两端共用一孔，长边有 6 个穿孔，一短边有 5 个穿孔，另一短边无穿孔。长 6.4 厘米、宽 4.5 厘米（图一五一：4）。

标本 M2：363，一角残缺，另两角微残。长方形，周边均匀分布有穿孔，长边和短边两端共用一孔，长边有 6 个穿孔，一短边有 5 个穿孔，另一短边无穿孔。长 6.5 厘米、宽 4.5 厘米（图一五一：7）。

标本 M2：850，一角稍残，其他三角完整。长方形，周边均匀分布有穿孔，长边和短边两端共用一孔，长边有 6 个穿孔，一短边有 5 个穿孔，另一短边无穿孔。一面粘满红色粉状物。长 6.6 厘米、宽 4.5 厘米（图一五一：6）。

标本 M2：856，一长边和一短边有残缺，两对角略残。长方形，周边均匀分布有穿孔，长边和短边两端共用一孔，长边有 6 个穿孔，一短边有 5 个穿孔，另一短边无穿孔。长 6.5 厘米、宽 4.5 厘米（图一五一：8）。

标本 M2：191，一角残缺，其他部分完整。长方形，周边均匀分布有穿孔，长边和短边两端共用一孔，长边有 6 个穿孔，一短边有 4 个穿孔。长 6.5 厘米、宽 3.8 厘米（图一五一：9）。

标本 M2：845，三角残缺，两边有残损。长方形，周边均匀分布有穿孔，长边和短边两端共用一孔，一长边残存 3 个穿孔，另一长边有 2 个穿孔，另有 2 个横排穿孔。一短边残存穿孔 2 个，另一短边残存穿孔 1 个。长 6.5 厘米、宽 4.3 厘米。

标本 M2：846，已残，一端残损。长方形，周边均匀分布有穿孔。一长边残存 3 个穿孔，另一长边有 2 个穿孔。一短边有穿孔 6 个，另一短边不存。宽 4.4 厘米、残长 5.5 厘米。

标本 M2：859，四边均有残缺，只有一角保存完好。长方形，周边均匀分布有穿孔。一长边残存 3 个穿孔，另一长边有 3 个穿孔；一短边残存穿孔 3 个。宽 4.6 厘米、长 6.5 厘米（图一五一：11）。

标本 M2：847，已残，一端残损，另一端一角残缺。长方形，周边均匀分布有穿孔。一长边残存 3 个穿孔，另一长边有 3 个穿孔；短边穿孔不存。宽 4.5 厘米、长 6.2 厘米。

标本 M2：848，已残，一端两角残损，另一端一角残。长方形，周边均匀分布有穿孔。一长边残存 1 个穿孔，另一长边有 3 个穿孔；两条短边各残存穿孔 1 个。宽 4.6 厘米、长 6.4 厘米。

标本 M2：855，已残，一端和半幅残缺，仅存一角。长方形，周边均匀分布有穿孔，长边和短边两端共用一孔。一长边残存 4 个穿孔，一短边残存穿孔 3 个。残宽 3.1 厘米、残长 4.8 厘米。

B 型　圆形云母片，2 件。圆形，极薄，透明度很好，周围均匀分布有细小穿孔。标本 M2：868，出土于后室南耳室内。微残，圆形，直径 5.5 厘米。周边均匀分布有穿孔，孔间距 0.4 厘米（图一五一：15）。

标本 M2：843，出土于后室内。形状与 M2：843 相同，但整体较小。已残，仅存半幅。直径 4.6 厘米，穿孔间距 0.35 厘米（图一五一：20）。

C 型　水滴形云母片　1 件（M2：844）。出土于后室扰土中。保存完整。极薄，透明度很好。上部呈三角尖状，靠近尖部中间有一细小穿孔，下部为圆形。形体较小，小巧玲珑。长 1.35 厘米、下部圆形直径 1.1 厘米（图一五一：19）。

D 型　月牙形云母片，3 件。两片出土于后室扰土中，一片出土于后室南侧室内。形状为月牙形，极薄，透明度极好。沿周边均匀分布有细小的穿孔。标本 M2：867，出土于后室内。月牙形，外边为圆弧形，内边微向内弧，在两端形成钝角；周边均匀分布有小孔，两孔间距 0.3 厘米。长 6 厘米、宽 2.2 厘米（图一五一：18）。

标本 M2：865，出土于后室内。已残，仅存半幅。形状与标本 M2：867 完全相同。宽 2.5 厘米、残长 5.5 厘米，两孔间距 0.4 厘米（图一五一：14）。

标本 M2：866，出土于后室南侧室门道内。已残，仅存半幅。形状与 M2：867 完全相同。宽 2.5 厘米、残长 5.9 厘米，两孔间距 0.4 厘米（图一五一：17）。

根据云母片的形状和周边有圆形缀孔，我们推测，它们原本连缀在衣服上，为云母衣残存。

2. 珍珠 1 件（M2：250）。出土于后室扰土中。保存完整。整体为橄榄形，沿长轴中部有一细小穿孔。最大径在中部，通体闪现着银色光泽。体长 0.75 厘米，最大径 0.6 厘米，孔径约 0.1 厘米。

3. 煤精虎雕 1 件（M2：12）。出土于前室扰土下层。煤精石，黑色，四肢呈蹲卧状，昂首，双目圆睁，目视前方，四爪抓地，腰部下沉，臀部向上高高隆起，作随时向前奔跑状。腰部中间横贯一圆孔。憨态可掬，十分惹人喜爱。体长 3.7 厘米、高 2.6 厘米。虎雕刻法娴熟，用刀简捷，寥寥数刀就将一个生动的小老虎活灵活现地展现出来，反映了雕刻师傅的高超技艺，是汉代雕刻中难得的精品（彩版一一八：5、6）。

第十四节　二号墓出土文字

二号墓（M2）内出土的许多文物，如石牌、画像石、陶器和一些铜器等，上面都带有文字。其中石牌 66 块，经过统计，这些石牌上的文字就达 396 个。其中多数文字为汉隶。但是，有 8 个石牌上的刻字属于楷书。8 个石牌分别是"墨画零状荐苹蒻簟一具"，"白缣畫卤薄、游观、食厨各一具"，"黄蜜金廿饼、白蜜银廿饼、億巳钱五萬"，"黄豆二升、木轵机一"，"木墨斂二合、八寸机一"，"竹翣一"，"广四尺、长五尺绛绢升帐一具、构自副"，"五尺涑薄机一、食单一"石牌（最后三个字，字体较为潦草），总计有 74 个文字。

画像石上的题刻有"梁高行""孝子伯榆""熊离也""……重瓦车……王也""文王十子""饮酒人""咬人""□□仁"，文字有 27 个，另有"五铢"等字。还有一些文字仅存半个，内容无法确认。

在一些鎏银铜管上，有错金文字，比如"三尺三""第一三五……""第八二……"等，可认定的文字有 10 个字。

在出土陶盘上，也有刻字或印戳出现，如标本 M2：450 上，有两个刻字。标本 M2：435 上，也有两处类似文字的划痕。

第十五节　二号墓被盗文物

二号墓（M2）经历多次盗掘，许多文物流失在外，截止到发掘之前，安丰乡派出所曾先后破获 4 批针对该墓的盗掘案件，抓获盗墓分子 38 名。在抓捕盗墓分子过程中，公安部门追回了部分文物，计有画像石、石枕、圭形石牌和石壁残块。

经过与 M2 出土文物进行比对，发现这些文物与该墓葬中所出土的同类文物无论材质还是大小，文物特征完全一样，甚至可以拼对在一起。又有盗墓分子指认现场，因此可以确认，这些文物是从该墓中盗掘出土，为研究 M2 提供了重要的实物资料，也是对我们考古发现的一个重要补充。为了让大家更全面地了解这些文物，深入研究 M2，在这里另辟专章进行介绍。

1. 画像石　被追回画像石有多块，保存相对较好，均为青石质地，表面经打磨抛光，十分平整，画面采用线刻，或减地线刻，十分精美，画面内容十分丰富。现将部分画像石介绍如下。

画像石一　"义人赵宣行善图画像石"。体型较大，右边保存较好，左边和上、下均已残，保留部分高 105 厘米、宽 91—92 厘米、厚约 11 厘米。青石质地。从仅存部分看，画像自上而下分为 5 层（图一五二）。

最上层画面中间靠右为一贵人模样的男性，双手笼于袖中，正面跽坐，脸转向其右侧，看着面前向其躬身施礼的 5 个下人。他身后的小亭子里，端坐一女子，半露面在外。画面最右边有一躬身施礼的侍者。因为上部残缺，侍者上半身均不存。

第二层画面中间是一座房子，房内侧身跽坐一位长须老者，头戴通天冠，身着长衣，其上面的题刻为"晋沙公时也"。老者双手张开，惊慌地看着门外。门外，一个漆质食盒被打翻在地，一条狗痛苦地翻身腾跳于半空。一年轻男子头戴进贤冠，躬身面向老者，右手持匕首指向自己的咽喉，作自杀状。自杀男子的右上角的题刻为"前妇子字申生"。男子身后有一个同样头戴进贤冠的年轻人，正在掩面哭泣。老者身后坐着两个侍者，年轻人身后躬身站立两个头戴皮弁的侍者。大房子后面有一座小房子，里面端坐一女子，冷漠地看着眼前发生的一切。在小房子后面，躬身站立两个手持笏板、头戴皮弁的侍从，二人上面的题记为"侍郎"。从故事内容来看，应当是春秋时期晋献公听信骊姬谗言，冤杀太子申生的故事。

第三层画面从左向右展开，最左侧的画面为一个正面行驶而来的轺车，上面端坐一人，头戴进贤冠，正在扭头往其左侧看。人物左上方题刻"赵宣车马"。紧接着的画面是，赵宣从车上走下来，弯身向一个跪在树下的人进行施舍，赵宣左侧的题刻是"义人赵宣"，被施舍者左侧的题刻为"饿人零辄"。右侧的画面中间，为一个头戴通天冠、身佩长剑的老者，其身后跟随着两个头戴皮弁、手持笏板的侍从。老者的前方有一个官员模样的人，正在手持弓箭，射向前方，箭镞被一个手托餐具、正在上楼梯的厨子模样的人用餐具挡住，由于射箭人用力过猛，箭镞直接射进餐具内。从画面看，描写的应该是赵宣子桑树下救人，后来晋灵公设宴欲杀赵宣，被其施舍的人又舍身救赵宣子的故事。

该画面下有三层装饰纹，上面的一层为菱形纹，第二层是波浪纹，第三层是幔帐纹。

装饰纹的下面是第四层画面。最左面是一座高台房子，里面端坐着一个体型瘦小的女子，向其右侧转身，看着一个头戴皮弁、手持笏板的侍者。画面中间为一个头戴通天冠、身佩长剑的老者，其身后站立着一个同样身佩长剑、头戴进贤冠、个子矮小的官员，在矮者的右上方，题刻"齐王晏子"四字。他们身后躬身侍立两个手持笏板、头戴皮弁的侍从和一个笼手而立的仆人，这些人都紧张地看着前面。在老者的面前，是两个头戴进贤冠、手持佩剑的人，他们中间摆放着一个豆，豆内放着三个桃子。二人均为左手持剑，右手前伸，面向豆内的桃子。其中一人的上方题刻"陈阖强"，另一人的上方题刻"管仲"。

最下面一层画面，均为古代传说中的神鸟、神兽。最左侧的神兽已残，看不出形状。其后面的神兽，口衔圆珠，双目圆睁，头顶双角，鬃毛竖起，旁边题刻"舍利也"。中间一只神鸟，体态肥胖，双翅振动，嘴衔一物，题刻"阳遂（燧）鸟"。其后为一个头长双角、肩生双翼的狮子模样的神兽，旁边题刻"辟龙离也"。该画面的最右侧，是一个手持大网的人，正在网一只奔跑的兔子。此人身后有两只狗，其中一只正在追逐逃跑的兔子，另一只狗回头看着主人。

图一五二　“义人赵宣行善图”画像石摹本

图一五三　"宴饮出行图"画像石摹本

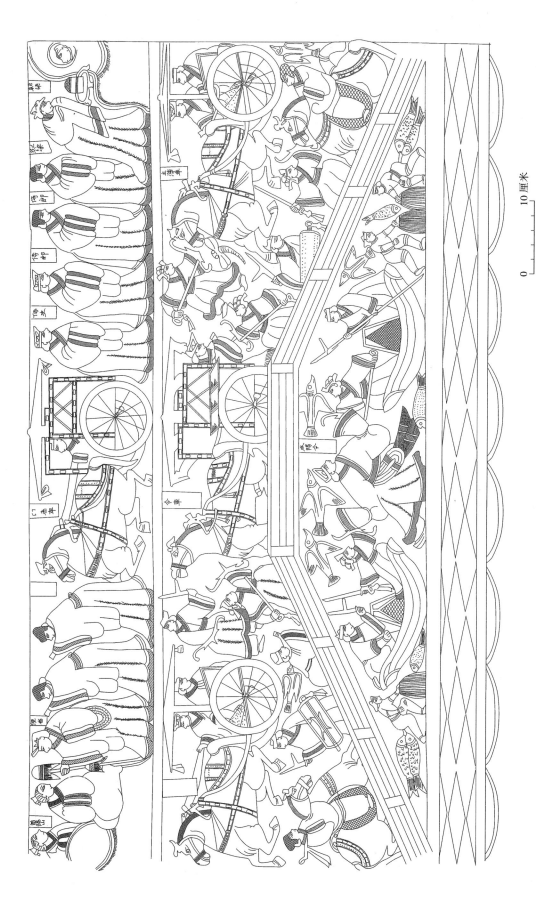

图一五四　"七女复仇图"画像石摹本

　　画像石二　"宴饮出行图"画像石（图一五三）。质地与上述画像石相同。已残，从残存部分看，画面至少自上而下分为4层。上层因为残缺较多，无法辨认。第二层和第三层均为车马出行图，最下面一层为宴饮图。门前有双阙的豪华院子里面，正在举行宴饮。门前两侍者正在恭迎客人，客厅里对坐夫妻二人，由一位侍者伺候。旁边地上摆着酒樽和耳杯。第四层画面与上面第三层画面之间，用五铢纹、波浪纹和幔帐纹区隔开。

　　画像石三　"七女复仇图"画像石。宽1.28厘米、高0.71厘米、厚约11厘米。减地线刻（图一五四）。画面内容分为上、下两层。上层画面最左侧为两个人，踞坐于地，回头看着身后的一队人马。二人旁边题刻"首阳山"。根据史书记载，此二人就是商末周初的两位隐士伯夷、叔齐。面朝左侧的这队人马皆身穿长衣，头戴官帽，向伯夷、叔齐躬身作揖，领头的人手持符节，其旁边题刻"使者"二字。这队使者的后面有一辆车，旁边题刻"使者车"。车子的右边为5个官员模样的人，面朝右侧，正在祭奠一个人，5个人依次题刻"侍史""侍郎""侍郎""纪梁""纪梁"。

　　下层画像的内容为东汉时期流行的"七女复仇图"。画面上有七名女子，手持兵器，在桥上狙击官员的车辆，官员从车里探头张望。车旁题刻"令车"。桥下画面表现官员已经坠河，二女子坐船对其追杀。官员前面题刻"咸阳令"。

　　画像石四　内容亦为车马出行图，因为残缺较多，具体内容不详（图一五五）。画面左侧似乎描绘《汉乐府》中的"罗敷采桑"故事。汉乐府之《陌上桑》："罗敷喜采桑，采桑城南隅。青丝为笼系，桂枝为笼钩。……使君从南来，五马立踟蹰。……使君谢罗敷：'宁可共载不？'罗敷前置辞：'使君一何愚！使君自有妇，罗敷自有夫。'"画面生动形象。

0　　　　　10厘米

图一五五　"车马出行图"画像石摹本

　　2. 石枕　1件。整体为长方形，背面平整，竖刻有"魏武王常所用慰项石"九个大字，字体为典型汉隶，正面中部呈弧形凹陷。上下两面的各角均有碰撞剥落痕迹，背面有划痕。根据M2出土的一块石牌上有"渠枕"之记载，知道该石枕的名称应该为"渠枕"。该渠枕长24.6厘米、宽17.3厘米、厚8.4厘米（图一五六；彩版一二二）。

　　3. 圭形石牌　1件。形状为圭形，上刻有"魏武王常所用挌虎大刀"。其材质、大小、厚薄和字体等，均与M2所出的圭形石牌完全相同。中间有断裂，形成上、下两块，二者可以拼对在一起，形成一个基本完整的石牌。该石牌无论刻字技法，还是铭文用语特征，均与该墓内所出土

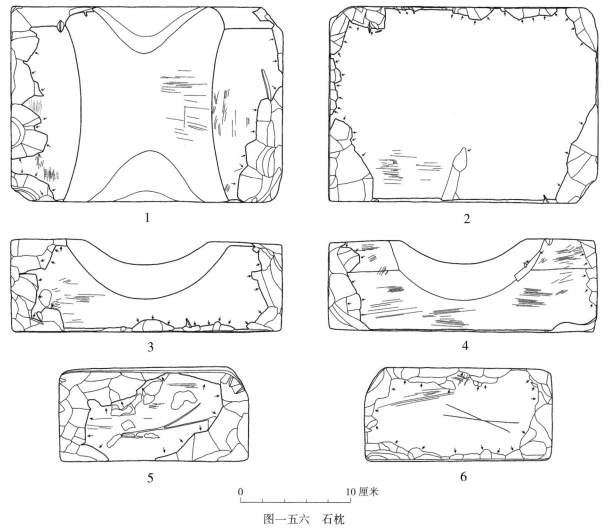

图一五六　石枕
1. 顶面　2. 底面　3. 前侧面　4. 后侧面　5. 左侧面　6. 右侧面

的同类石牌一样。

4. 石璧残块　3 件。材质、大小、厚薄、表面纹理等均与 M2 出土石璧相同。3 块残块可以拼对在一起，形成半个石璧个体。经过比对，它们又可以和 M2 出土的石璧标本 M2：105 拼接在一起，形成一个几乎完整的石璧，因此知道，它们应该同属一个石璧个体。

这 3 块石璧残块与"魏武王常所用挌虎大刀"圭形石牌，是从一个盗墓分子手中收缴过来的。

第四篇　一号墓与寝园

第十一章 一号墓的发现与发掘

第一节 一号墓的位置

一号墓（M1）位于西高穴村正南的一处高岗地上，在二号墓（M2）的北侧，南距二号墓 20 米，北临寝园北墙，过寝园北墙便是西高穴村民的院落（图四）。

M1 西部，同样为窑厂取土所形成的一个深达 5 米左右的大坑，墓葬西部的一部分被窑厂取土破坏，在其西部形成一个深 5 米左右的断崖，使墓室上部填土的夯层直接暴露在外，对墓室上部造成了巨大破坏，也引起了盗墓分子的注意，从而对该墓进行多次盗掘。

第二节 一号墓的发现

考古队进驻工地之后，对二号墓（M2）进行现场调查时，即发现了一号墓（M1）西部在断崖上所暴露出来的夯层，因为距离 M2 有一定距离，因此断定其为另一座墓葬。经过钻探，发现该墓。

因为其位置最北，考虑到北部紧邻住家院落，今后调查和发掘比较困难，主要工作方向应该向南发现，故将其编号为起始号一号墓（M1），向南依次为二号墓（M2）。

第三节 一号墓的发掘

一 发掘经过

在二号墓（M2）发掘的同时，我们对一号墓（M1）进行了考古发掘。在钻探过程中，我们发现，在 M1 西部的取土坑中，有多个大型盗洞，对墓葬造成严重破坏。

发掘该墓之前，我们首先对 M1 西面的那些盗洞进行清理，在清理过程中，发现墓室顶部出现裂缝，继而有大块土方向西滑坡的现象，于是，立即停止清理，对开裂部位进行支护，以免其继续坍塌，清理盗洞工作只好暂停。

接下来，我们对盗洞进行了钻探，结果发现盗洞很深，如果继续清理下去，势必造成其西部更大规模的坍塌，对工作人员造成安全隐患。考虑到墓室内部情况不明，墓室上部填土时刻有坍塌的危险，对发掘过程中的工作人员有安全威胁，我们决定对 M1 采取大揭顶式的发掘。首先揭取其上部填土，计划在上面危险填土清理完毕、消灭坍塌隐患后，再对盗洞进行清理（图一五七）。

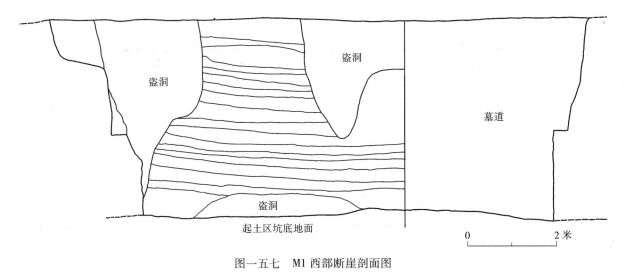

图一五七　M1 西部断崖剖面图

因为这些盗洞均有意避开了墓室顶部坚硬的夯土部位，因此，我们对墓室上部的填土进行清理时，不会影响到下面的盗洞。这样一来，更方便下面对盗洞的清理工作，以便摸清楚盗洞的开口层位、洞口形状、结构，以及对墓葬内部造成的破坏。

二　过程回顾

M1 的发掘工作开始于 2009 年 1 月 14 日，结束于 2011 年 5 月 4 日。

首先是揭取上面的晚期文化层，墓葬开口完全暴露出来。然后，对墓葬开口形状、层位，以及周边遗迹进行记录、照相、绘图，该项工作至 2009 年 4 月 12 日完成。

2009 年 4 月 13 日，开始清理墓室西部断崖部位的现代扰土，以摸清墓室西部范围、盗洞情况。该项工作至 4 月 14 日结束。

2009 年 6 月 15 日，开始清理墓道内填土，2009 年 9 月 4 日，墓道的清理工作结束。

2009 年 9 月 6 日，开始清理 D1、D3 和西部断崖下面的现代盗洞，同时清理前堂内填土。9 月 6 日，D1 清理结束。西部盗洞因为墓室顶部开始出现裂缝，故暂时放弃清理。10 月 15 日，D3 清理工作结束。

2009 年 10 月 9 日，开始清理后室填土，至 2010 年 6 月 15 日，因为某种原因暂停发掘。

2011 年 3 月 17 日，恢复发掘工作，5 月 3 日，工作全部结束。

第四节　一号墓重要发现

一号墓（M1）平面呈刀把形，坐西向东，墓道南北两边各有一排两两对应的长方形坑，长方形坑两边又各有一排圆形柱洞（彩版一二三至一二五）。

墓葬由墓道、前堂、后室三部分组成，后室与前堂有门相通，门两旁有生土门柱，门柱向外一面涂有白灰面。后室内底部西南处有一竖井式窖井。前堂南壁、东壁和墓道两旁的墓圹壁上，均有平行的竖槽。前堂地面有草木灰垫层，西北处发现一把铁刀，附近有一铁棍插入地面。

第五节 一号墓被盗情况

一号墓（M1）共发现 6 个盗洞。其中 D1 为早期盗洞，从开口层位看，应该是明清时期；D2、D3、D4、D5、D6 五个盗洞为现代盗洞，直接深入到墓室内，几乎将墓室挖空，对墓室造成了巨大破坏。下面将盗洞情况分别进行介绍如下。

1. D1 位于 M1 前堂的东部，少部分破坏了墓室南壁。

该盗洞开口于第 2 层下，应该在明清时候盗掘，深达 9.74 米。盗洞开口为不规则椭圆形，开口巨大，南北长 7.5 米、东西宽 2.2—4 米，向下逐渐缩小。东壁凹凸不平，至 3.1 米处突然缩小至 1.7 米左右。向下又多次收缩，至下部变成长方形，南北长 1.4 米、东西宽 0.78 米。在盗洞中下部，发现有盗墓分子遗留下的鸡骨残块（图一五八）。

该盗洞虽然直达墓底，但是由于其下部较细，对前堂破坏较小，主要破坏了墓室前堂的上部填土。

2. D2 位于 M1 西部，主体部分在断崖下，为现代盗洞，深 7.3 米。该盗洞特别巨大，开口平面呈不规则椭圆形，南北长约 7.5 米、东西宽约 3.6 米，东部打破 D5 西部，北部打破 D4，对墓室西部造成较大破坏。垂直向下盗掘（图一五九）。

盗洞上部填土的土色黄灰，土质较疏松，内含大量现代红砖碎块、煤屑、土坯残块。4.1 米以下至底填土为黄褐花土，土质疏松，含有料礓石块和白灰颗粒、青砖碎块和少量陶器残片，其底部出土有盗墓分子遗留下来的塑料袋、手套等现代遗物。

该盗洞上部呈喇叭状，至 2 米处突然收窄至 1.1 米左右，向下至 5 米处，向周围延伸，向东延伸，横向掏出一个高 1.4 米、深 1.6 米的巨大洞窟，对墓室西部和前堂的西北部造成一定破坏。

3. D3 位于墓室北壁偏西处，开口于墓圹北壁上，因为未盗及墓室内，故没有清理到底，其深度不明。开口近椭圆形，西部被断崖破坏，东西残长 2 米、南北长 2.86 米。上部呈漏斗状，口大底小，开口处破坏墓室上部的部分填土，至 2.3 米处，变成一南北向长的长方形，南北长 1.26 米、东西宽 0.84 米，全部处在墓室之外的墓圹上，向下打破生土，但没有通向墓室，未对墓室内部造成影响。考虑到继续向下清理没有意义，将对墓圹造成破坏，不利于将来对遗迹的保存，故而停止。内部出土物多为现代建筑材料砖、瓦残块（图一六〇）。

4. D4 主体部分位于墓室的西北部的墓圹外，少部分位于墓室西北角，因此，其上部对墓室填土造成局部破坏（图一六一）。

该盗洞开口于耕土层下，为一现代盗洞。开口为圆形，口径 1.3 米，垂直向下盗掘深达 12 米以上，越过墓室底部深度一直向下盗掘。该盗洞结构十分复杂，上下共分 3 层。至深 8.1 米处，开始向东呈斜坡状向下横挖，横深 2 米处，改为平行盗洞，洞口宽 1.1 米、高 1.75 米。向东平行盗挖约 2 米处，向下挖一东西宽 0.8 米、南北长 0.9 米、深 1 米的盗坑，坑底距洞顶高约 2.2 米。然后，分别向东、东南、正北方向盗掘。从该坑中心向东盗掘 4 米后，开始就地向周围扩展盗掘，形成一个南北向

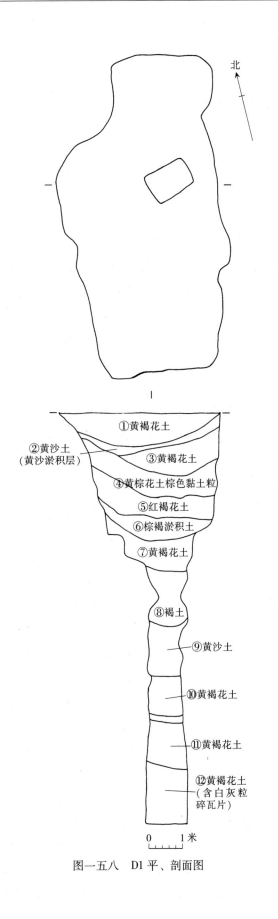

图一五八　D1 平、剖面图

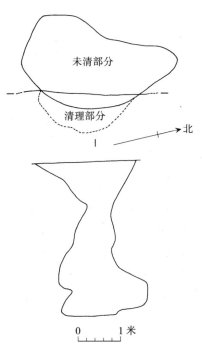

图一五九　D2 平、剖面图

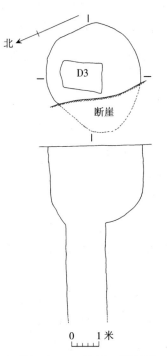

图一六〇　D3 平、剖面图

的不规则椭圆形坑，该坑南北长约 1.3 米、东西宽约 0.68 米、深约 0.6 米，直接打破墓圹东壁。向东南方向盗掘的盗洞，洞高 0.92 米、宽 0.7 米、长约 3.6 米。距前述竖坑中心向前延伸至 3 米处，开始向周围盗掘，东西两侧分别盗掘，形成一个东西长 1.3 米、南北宽约 0.4 米的不规则狭长坑，对墓门下部造成了破坏。向北盗掘的盗洞长 1.72 米、洞高 1.16 米、宽约 0.62 米，直接打破了墓圹北壁。

第 2 层盗洞距墓葬开口层位深约 9.05 米处，分别向东和东北方向横向盗掘，盗洞长均为 2.5 米左右，向东盗洞洞口高约 1.5 米，打破生土层。向东北方向盗洞洞口 1.46 米，进入墓圹北壁下部，对墓圹造成一定破坏。

第 3 层盗洞开口距墓葬开口深约 12 米处，向北平行盗掘，直接深入到北面住户院子内，未对墓室造成破坏。洞口高约 0.6 米，深度不详。

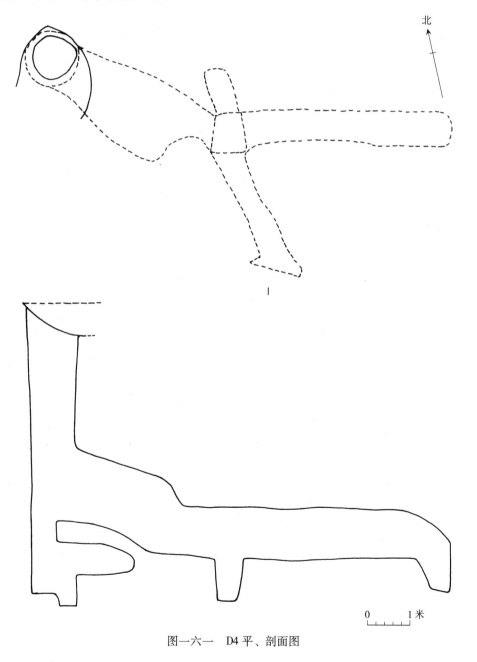

图一六一　D4 平、剖面图

在竖向盗洞中，出土有秸秆、木棍和编织袋，塑料包装袋；在第1层横向盗洞内，出土有香烟盒、衣服、方便面包装袋、饮料瓶；在第2层横向盗洞内，出土有木棍、塑料包装袋，旧衣服，还有香烟盒、饮料瓶、白酒瓶、方便袋、手电筒等盗墓分子遗留下来的现代遗物。发掘时，部分地方里面没有回填土，还保持着原始的空腔状态。

5. D5　位于 M1 墓室西部，其西半部被 D2 和断崖所打破，仅存东半部局部。从现存部分看，开口为椭圆形，南北短径 2.84 米、东西残宽 1.18 米，直壁向下，呈筒状，深 9.5 米，圜底，底长 2.2 米、

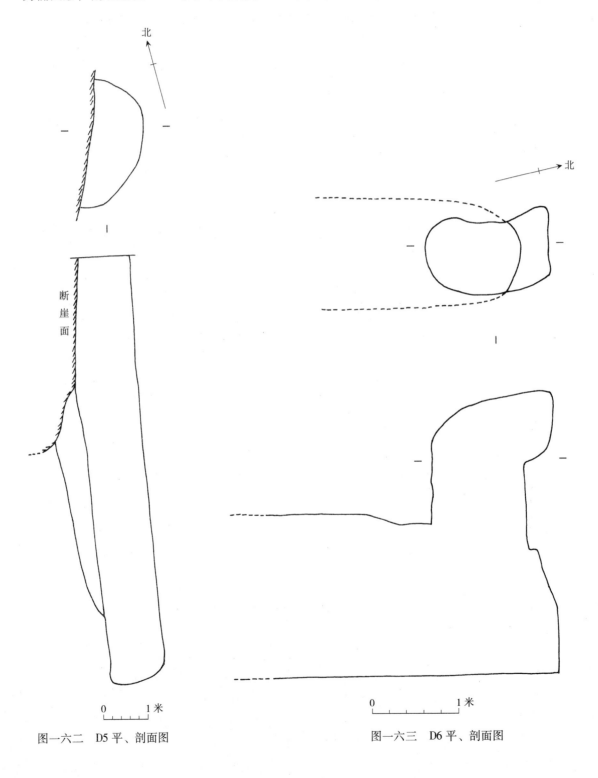

图一六二　D5 平、剖面图　　　　　　　　　图一六三　D6 平、剖面图

宽1.24米。盗洞内填灰褐土，土质较杂，质地疏松，含有少量的现代碎砖块、瓦片和料礓石等物。该盗洞对墓室西部造成一定破坏（图一六二）。

6. D6 位于M1前堂中部偏北处，后室墓门前面，是通过M2前室北侧室北壁横向盗掘，经过20多米后，进入M1前堂下部，然后向上盗掘而成。该盗洞止于前堂，未进入后室，对墓葬结构破坏轻微（图一六三）。

该盗洞在前堂底部暴露开口近似圆形，直径约0.78米，向下深2.45米。在开口部位向北横盗一洞，洞径0.5米，深约0.3米，对后室墓门底部稍有破坏。

因为盗洞直接进入墓室和墓室下部，纵横交错，对墓室内部造成巨大破坏。

第十二章　一号墓墓葬形制

第一节　一号墓开口层位及墓圹

一　开口层位

一号墓（M1）上面堆积的晚期地层厚1.55米，共分为5个文化层，从上向下依次分别是第1层为现代耕土层，厚0.2—0.25米；第2层为明清文化层，厚约0.2米；第3层宋元文化层，厚约0.5米；第4层为唐宋文化层，厚0.3—0.4米；第5层为南北朝隋文化层，厚0.2—0.3米；M1开口于5层下的东汉晚期地层。

二　墓圹

墓圹口大底小，开口处南北宽约12米、东西长约9.7米，加上墓道长24.54米。底部南北宽约7.76米、东西长约8.56米，深9.15米，至墓底垫层下，最深约10.56米（图一六四、一六五）。

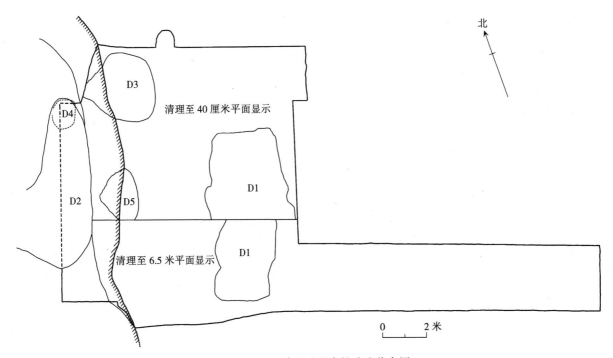

图一六四　M1清理过程中的遗迹分布图

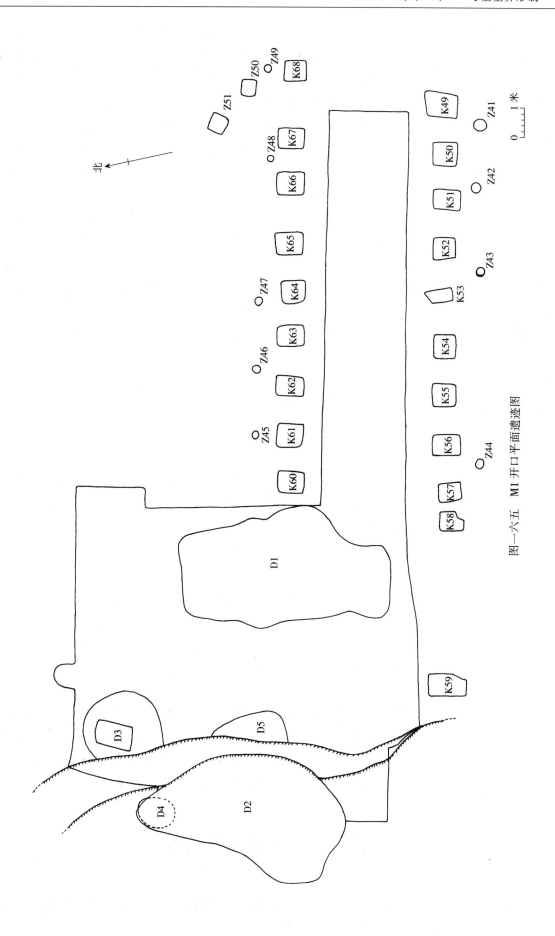

图一六五　M1 开口平面遗迹图

墓圹四壁上部呈斜坡状，下部垂直。在墓圹的北壁，上、下共发现有两条阶梯，阶梯分为上、下两层，均为东西方向，自上而下逐级降低。因为其上部都被 D3 所破坏，最上位置不明，推测其应该是通向上部开口。最上一条阶梯最高处距墓葬开口 1.7 米处，向东抵达东部北端，最低处距墓葬开口 4.6 米，每层阶梯高低宽窄都不一样，共有台阶 12 层。相隔 0.7 米或 1 米有一个较宽的平台。第 2 条阶梯，西部最高处距墓葬开口 3.02 米处，向东延伸 3.46 米，向下最深处距墓葬开口 5 米。

在第二条阶梯下面，从西向东有一排"凹"字形平台，共计 3 个，它们之间相隔均为 1.4 米。西边两个平台均宽约 0.6 米。自西向东，三平台的深度依次加深。最西侧平台深 0.92 米，中间平台深 1.2 米；最东面平台最宽，也最深，其宽度达 1.8 米，深 1.72 米，其西部口沿正好与第二层台阶下部相接。东边两个平台在同一高度，距墓圹开口 7 米，最西那个平台的底部位置，高于东部两平台 0.2 米。推测它们的作用为上下转运土所用。其下为直壁，十分光滑规整。

东壁亦有一处阶梯，始于东北角，最高处距离墓圹开口 0.4 米，向下逐级降低。因为南部墓圹塌方严重，阶梯被毁坏，故原始长度和下沿深度不明。从现存阶梯看，共分为 5 层台阶。其中第三层台阶最长，达 0.94 米，距上部开 1.4 米；最低一层台阶仅存很小一部分，距上部开口 2.26 米。

北壁东部和东壁北部，在靠近墓圹东北角处，上下交错各有一排脚窝，估计是当时修筑墓室的人上下攀爬所用。

西壁因为被盗洞破坏，形状不详。推测其应该和东壁的形状和设置类似。

南壁和前堂南壁相重合，其结构和情况，详见后面前堂部分关于南壁的介绍。

三　填土

从发掘的情况看，下部填土共分 3 个部分。首先是墓室填土，然后是前堂部分，最后是墓道，每部分的填土均经过夯打，层次清晰，每个部分界限分明。前堂和后室内的填土填至距离墓圹开口 2 米高处时，不再分开，而是整层铺垫，夯层连在一起。

墓室内的填土为黄褐花土，上部夯层厚度在 0.2—0.25 米。下部填土明显分为两块。一块位于墓室的中后部，内含有大块褐色黏土颗粒，且分布不均，同时有料礓石块和细碎的砖、瓦片残块和陶器残片，夯层厚度在 0.18—0.3 米。另一块位于南半部，红褐黏土颗粒较小，分布较均匀，土质略硬，夯层厚度在 0.2—0.25 米。

前堂填土为黄褐花土与黄沙土交替出现，分层填入，然后进行夯打。每层夯层表面均匀铺有一层黄沙土，以防粘连夯具。夯层上下厚薄不均，上部夯层厚度为 0.18—0.22 米，下部夯层厚度为 0.2—0.25 米。夯窝直径 6 厘米，平夯。

墓道内填土比较纯净，较少杂物出现。上部夯层厚 0.12—0.17 米，下部夯层厚 0.2—0.25 米，最下部夯层厚达 0.3—0.45 米，其中含有大量料礓石和少量残瓦碎块。

后室填土至距墓葬开口 6.6 米高时，在坐标东距墓壁 3.05 米、北距北壁 3.25 米处，有两块竖砖，呈"丁"字形摆放，砖的规格长 29 厘米、宽 16.5 厘米、厚 6 厘米，用意不详。

第二节　一号墓墓室结构

一号墓（M1）整体呈刀把形，坐西向东，方向 110°，开口距墓底 9.15 米，墓底距现代地表 10.7

米。采用斜坡加台阶相结合的单墓道形势，墓室为前堂后室的布局结构。故整个墓葬由墓道、前堂、后室三部分组成（图一六七）。现将有关情况介绍如下。

一 墓道

位于整个墓葬的东南位置，方向110°，东西水平长14.84米。墓道底部斜坡长度18.3米，距墓葬开口深9.15米，坡度35°。上部开口东窄西宽，东部最宽处为2.94米，西部最宽处3.08米。底部东宽西窄，东部宽2.94米，西部最窄处为1.6米，十分狭窄陡峭。

墓道为直壁，两壁垂直向下，表面光滑，十分规整。墓道两侧开口向下1.92米处，各有一个二层台，北侧二层台宽0.22米，南侧二层台宽0.15—0.48米。

墓道底部分为南、北两部分，南部为阶梯状，北部为斜坡状。南部台阶，二层台以上14层台阶南北宽0.7米，以下宽均为0.5米。阶面宽窄不均，上部台面宽0.16米，下部台面宽0.33米，除上部开口处的6层台阶较低（约为0.08米）外，其余台阶高度均为0.22米，自上而下共有48层台阶。北半部为斜坡状，东宽西窄，东面最宽处2.12米，西部最窄处仅1.02米，坡面上有一层很薄的垫层，表面十分光滑。

在墓道的西部，南、北两壁上各有3处竖槽，它们相互平行，南北两两对应。竖槽宽窄不等，在0.2—0.34米之间，深0.06米，相邻竖槽之间的间隔约0.7米，大约为两个台阶的宽度。个别竖槽内面上保留有白灰痕迹。竖槽从墓道底部向上伸展，高均为2.7米，其上端随着墓道底部的坡度向下依次呈坡状降低。

墓道两侧的二层台阶以上的南、北两壁上，亦均匀分布着6个竖槽，东起于二层台东端，西止于墓道向西1.36米处，这些竖槽均较短，长0.82米、宽0.2米、深0.06米。

二 前堂

位于墓道西面，后室南面。平面为东西向的长方形，东西长8.56米，南北宽约3.28米，面积约28.08平方米（图一六六、一六八）。

南壁竖直，上部亦有二层台，与墓道南壁二层台相通，在同一高度。二层台下的墓壁上，从东向西依次排列6个竖槽，最东竖槽距前堂东壁0.8米。竖槽长短不一、间距不等，最东和最西两个竖槽与相邻竖槽的间距相对较大，宽约1.02米，其余间隔相对较窄，宽约0.9米。其中，第一、第五、第六竖槽底部距前堂底部高度相同，相对较长，均在3.4米左右；第二、第四竖槽下部位置相对略高，长度相对较短，宽度相同，宽、高分别均为0.22米、2.94米；第三个竖槽长度最短，相对较窄，下端距墓底也最高，宽0.2米、长度为2.16米。第二、第四竖槽分别对应前堂北面的东西两个门柱，最短的、下端位置最靠上的第三个竖槽对着墓道中间（图一六九）。北壁中间部位，有两个相隔2米的生土柱子，生土柱东西宽约0.7米，南北厚0.8米，高约1.2米。柱子南侧、面向前堂一侧的外表面，均用草拌泥抹平，外敷一层白灰面，白灰面涂抹面积超出了生土柱子本身，延伸到了两侧部分夯土的表面上。白灰面十分光滑平整，个别地方有红色彩绘痕迹，怀疑其上最初有图案。由于附着力较差，发掘时白灰面多有脱落。

两柱之间的底部平铺一层小青砖，外层砖被D6所破坏。该层砖上部的两柱之间用夯土填实，土质很杂，内夹杂着大量墙青砖和白灰碎块。

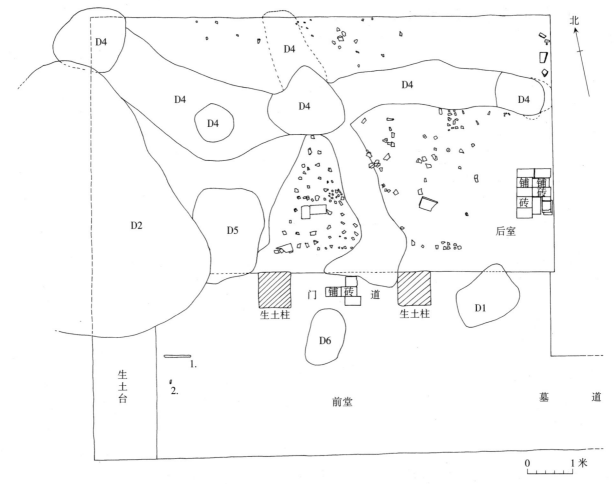

图一六六　M1墓室清理至9.15米处遗迹分布图
1. 铁刀　2. 铁棒

前堂的西部有一个生土台阶。前堂底部十分平整，地表有一层厚约0.1米的垫层。垫层分为两层，最下层为厚约0.06米的黄土层，土质较硬。下部普遍有一层草木灰。在靠近两生土柱白灰面下面的地面上，散落着脱落下来的白灰颗粒和碎片。

在西部生土台阶下面，靠近北壁的地面上，平放着一个铁刀，铁刀外部带木鞘，保存完好。

在铁刀南0.42米处，有一个斜插入下面生土中的圆柱状铁棒，一端弯曲。在前堂门前偏南东部位的垫层下面，有一个很浅的不规则圆形坑，在坑的东半部，放置两块残砖和一个陶罐残片。

前堂的西部被D5、D2所打破。

三　后室

位于前堂之北，中间被两个生土台门柱隔开，门柱之间有通道与前堂相通。

后室平面呈东西向的长方形，南北宽4.48、东西长约8米，面积约38.24平方米，墓底距墓开口处深9.15米，距现代地表深10.7米。

后室东、南、北三壁保存较好，西壁全部被盗毁。

东壁同样有平行竖槽，开凿在生土壁上，因为受到东部盗洞影响，造成部分坍塌，目前仅能看到靠南的两道竖槽。

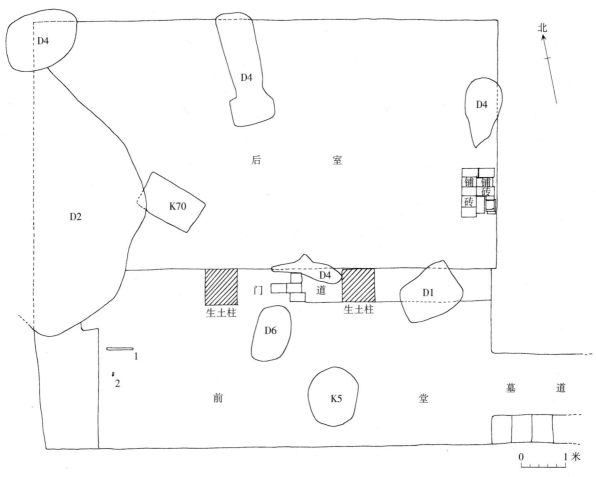

图一六八　M1墓室底部遗迹分布图

1. 铁刀　2. 铁棒

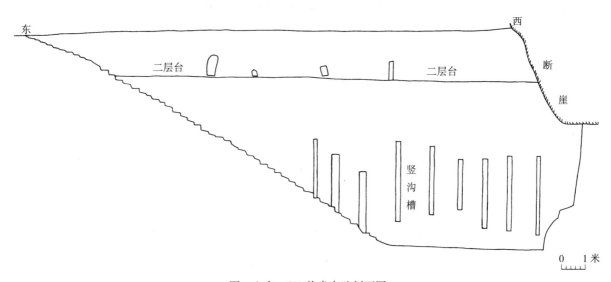

图一六九　M1前堂南壁剖面图

　　后室底部靠近东壁处，有一处垒砖，采用内层横，外层横竖交错，其东部向外扩展，宽度比封门墙宽，共有两层，整体呈方形，对应上部墓圹上第二个竖槽，推测其类似柱础的作用。

　　在后室中部，墓底下有深1.6米的夯土垫层，夯土层共分13层，第1层和第2层分别厚0.2米，这两个夯层内普遍有一层碎砖块和白灰碎块，土质十分杂乱。靠近北壁下部的地面上有一小片碎骨，能够分辨出来的有两颗牙齿。第 3 层至第 6 层，土质纯净，第 7 层以下各层含料礓石较多，十分坚硬。

在后室东南部的第 2 层下，有一开口为长方形的竖井式坑（K70），坑口长 1.1 米，宽 0.65 米，方向东南—西北，深达 6.4 米。坑口向下 2.2 米，直壁光滑，两短边壁上，分别有距离不等的脚窝，脚窝长 0.22 米至 0.3 米不等，深 0.3—0.22 米。2.2 米以下，坑壁变为菱形。坑底高低不平，里面呈三角形摆放着 3 块残砖。其中一块较为特别，厚 12 厘米、宽 24 厘米，和 M2 墓室用砖规格相同，应该为同一类型大青砖，这是在此墓中发现的唯一一块，其下面叠压着一小块近似方形的陶片，陶片正面墨蓝，背面浅灰，有细密布纹，十分致密。

两门柱之间的门道北部向下，有厚 0.5 厘米的垫土，因为担心两门柱的安全，故没有清理。推测其下面应该有台阶，作为上下之用，等后室垫土完成后，将其填平至前堂地面高度，然后平铺一层小青砖，上部填土夯实，以象征封门。

第三节　一号墓地面遗迹

一号墓（M1）和二号墓（M2）一样，在其墓道的南北两边的地面上，各有一排东西向排列的长方形坑，其中北边 9 个，南边 11 个，除了南边一个位于墓葬西部和第 3 个外，其他 9 个与北边的 9 个长方形坑两两对应，其间距大体相同（图一六五）。

在两排长方形坑的外侧，还发现有一排柱洞，其布局与 M2 墓道两边的布局基本相同。

第四节　一号墓出土文物

铁刀　1 件（M1：1）。出土于前堂靠西底部，后室门西侧。钢质，保存完整。因为其带有刀鞘，刀鞘锈蚀较重，进行封闭保护，不便打开，故形状不详。根据其暴露出来的柄部特征，和 M2 所出大型刀中的 B 型相同，应该为同类刀（彩版一二五：5）。

铁棒　1 件（M1：2）。出土于前堂靠西底部，一端插入地面下，另一端露出地面，露出的一端弯曲。铁棒直径 1.15 厘米、长约 65 厘米，棒体上有明显的锻打痕迹（彩版一二五：6）。

方形陶片　1 件（M1：3）。出土于墓葬后室窨井底部。为不规则方形，三边大致为直角，另一边为斜边。四壁扭曲，凹凸不平，十分不规则。上下两面较平，一面有印纹，靠近一边有一道斜刻出来的凹弦纹；另一面有布纹。推测其应该是大型板瓦的残片。四边长度分别为 3.9 厘米、3.98 厘米、4.5 厘米、4.4 厘米，厚 1.6 厘米。

另有陶盆残块若干。出土于墓室前堂东部，靠近南壁底部的一圆坑内。泥质灰陶。

第十三章　寝园北墙基槽

第一节　发掘经过

一号墓（M1）北面的那条夯土带的发掘工作，是与一号墓同步进行。根据钻探资料，M1 北面有一条狭长的夯土带，长度 80 米左右。因此，在清理 M1 时，同时开始清理上部的晚期文化堆积。至 2009 年 4 月 12 日，叠压在上部的晚期地层清理工作完成。下部遗迹暴露出来，发现其与 M1 之间还有 0.4 米左右的距离，二者没有直接关系，从而排除了其为 M1 墓道的可能性。

2009 年 5 月 1 日，开始对该夯土带进行解剖，至 6 月 20 日，解剖工作完全结束。通过解剖，确定该遗迹为寝园北墙的基槽（图一七〇）。

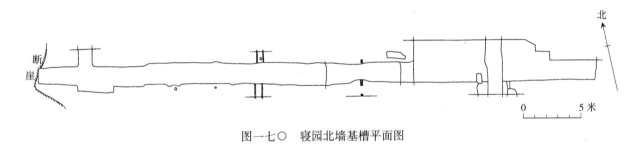

图一七〇　寝园北墙基槽平面图

为了全面搞清楚基槽的性质，我们对墓地周围进行大范围的遥感测试，然后又对发现的遗迹现象进行考古钻探。

第二节　遗迹现象及重要收获

该遗迹西部被断崖所打破，长度不详。十分下窄，宽约 3 米，呈东西向延伸，东西长 105 米，直接与东部河沟相连。

该遗迹中部，一号墓（M1）的东面，正对二号墓（M2）墓道中部位置，有两处车辙遗迹。经过测量，车辙两轮之间的距离为 1.2 米左右。

距西部断崖 58 米处的汉代地面上，有一道南北向的砖墙，被该遗迹打破。该砖墙砖的大小与 M2 墓道护坡所用的砖规格相同，皆为长 30 厘米、宽 18 厘米、厚 6 厘米，单砖东西向平铺，故墙厚 30 厘米。从发掘出来的砖墙部分看，仅发现墙底部的一层青砖，应该是被人破坏过。砖墙向南北延伸，叠压在探方壁下，长度不详。

从西部断崖向东至 65.5 米处，有一道宽 1.8 米左右的南北向沟槽，打破该夯土带。向东至 67.7 米处，夯土带北部突然增宽。北部因为延伸到村民家中，故未进行发掘，范围不详。经过钻探，发现增宽部分下部较深，10 米左右。向东至 81.7 米处，有一宽约 3 米的南北向夯土带与其相交叉，并向南北两个方向延伸。

经过解剖我们发现，该基槽内部的填土，成分与 M1 和 M2 内的填土基本相同，为五花土，内含有少量料礓石和砖瓦碎块。土色偏白，均经过夯筑，夯层厚度 0.1—0.25 米，质地十分坚硬。

该基槽东部的底部为平底，西部为圜底。上口宽 3.6 米，底部宽 3 米。西部深约 2 米，东部深约 1.5 米。

为了确定该遗迹的性质，我们对 M1 和 M2 周围进行了大范围的遥感测试，发现墓地内有多处类似的夯土带。为了验证遥感测试结果，我们对发现遗迹的位置进行了考古钻探。结果证实，在 M2 南面，也有一道东西向的夯土带，与该基槽东部南北向的基槽组成一个长方形的院落。而且，东面基槽正对着 M1 和 M2 的前面，均有一个开口。

接下来，我们又对 M1 和 M2 之间进行遥感测试，发现它们之间也有一个东西向的夯土遗迹，推测应该是 M1 和 M2 之间的界墙。

第五篇　初步研究与结论

第十四章　一号墓与二号墓的关系以及墓主人身份的推定

第一节　一号墓是一座完整墓还是废弃的墓

在一号墓（M1）后室底部夯层中，普遍有大量碎砖残块和白灰残渣，靠近东壁的墓底，部分地方发现有两层铺砖，看似一座废弃的墓葬。但是，从种种迹象来看，笔者认为，它并不是一座废弃的墓，而是一座完整墓葬。理由如下：

首先，墓室分为墓道、前堂、后室，结构完备。后室地面上有一层夯层内包含有大量碎砖和白灰残块，按照正常道理，如果是被废弃的墓葬，其拆掉的砖被运出去另用，所造成的大量白灰残渣和残砖块，应该全部或大部分遗弃在墓坑内或回填土中，甚至在墓道底部也可能有散落，但是，在前堂内没有发现一点残砖、白灰碎块撒落，上面的回填土中更没有发现这种废弃物，墓道的底部也没有发现碎砖或白灰残存遗迹。

其次是该墓葬进行回填的方式和顺序。从发掘的情况看，该墓葬的回填土不仅被仔细夯实，而且是分步骤、有次序进行的，每部分填土的土质又有区别。其大致步骤是先填后室，土为黄褐花土，夹杂有褐色黏土粒，内含大量料礓石颗粒，这一点与二号墓（M2）内填土相同。个别夯层里有少量碎砖块、瓦片和陶器残片，每层经过夯实，填至距墓圹开口 2 米处停止。第二步是回填前堂，填土为黄褐花土与黄沙土交替，分层填入，进行夯打，每个夯层的表面均匀铺有一层黄沙土，以防粘连夯具，填土里面几乎没有什么包含物，填土十分细致，而且最下层均匀铺垫着一层草木灰。前堂和后室之间的竖接面界限分明。第三步就是封闭墓道，墓道内的填土更是纯净，没有包含物。3 处地方的夯土层厚度均不相同，土质区别较大。其中墓室内的填土最杂，部分夯土内含有一定量的细碎砖块、碎瓦残块和陶片，从出土残瓦块来看，这些土应该来源于外部，不应该全是墓葬开挖时的原土。

值得注意的是，后室前面的那两个生土台外面的白灰抹层，覆盖有部分夯土，显然，这些白灰面的涂抹时间应该晚于墓室内夯土的形成时间。前堂底部那层草木灰垫层更是用心铺垫。

再次，在墓室前堂南壁和东壁上都有平行的竖立沟槽，西壁因为被破坏，所以没有发现。南壁的竖槽两边两个较长，与相邻竖槽间距较宽，间距宽度相同。第一个竖槽和第五个、第六个竖槽的长度、与墓底的高度基本相同；第二和第四个竖槽的长度相同，与地面距离等高，略高于以上 3 个竖槽；它们分别与第三个竖槽的间距相当。中间的第三个竖槽距离墓底最高，也最短，它正好对应着北面两立柱（门柱）之间的铺砖位置。东壁的一个沟槽下部对应着一个四方形二层铺砖。这种现象不应该是偶然的，它们之间应该存在着某种内在的联系，是墓室结构的组成部分，极有可能具有象征意义。我们推测，其可能是用来象征地面建筑的房屋的明柱。

墓室上部、距离墓圹开口6.6米深的填土中那两块呈"丁"字形摆放的竖砖，也不是偶然放在那里，有可能是象征墓室顶部的高度。

由于后室自下而上全部为夯土填实，故该墓葬里并没有真正的墓室，也没有发现葬具和墓主人的遗骸。我们推测，M1是一个具有象征性质的衣冠冢。

第二节　一号墓与二号墓的关系

从目前发掘的情况看，一号墓（M1）不应该是一座被废弃的墓葬，它和二号墓（M2）之间应该存在着某种关系。

一　两座墓之间的层位关系

两座墓均开口于东汉地层上，叠压于魏晋地层之下，说明其建造于在同一时代，时间相距不远。

二　两座墓之间的早晚关系

虽然M1和M2建造的时代很近，但是，它们之间是否有早晚关系？根据我们研究的结论，M1的建造时间应该晚于M2，理由如下。

首先，在M1的墓道两边同样出现了两排排列有序的长方形坑，推测其性质应该和M2墓道两边出现的磬形坑和长方形坑相同。但是，根据发掘，我们知道M2两边的那些长方形坑和磬形坑有早晚关系，长方形坑形成的时间晚于那些磬形坑形成的时间，磬形坑的时代和墓葬的时间相同，而那些长方形坑的时间略晚于磬形坑，应该是卞氏合葬进该墓时所留下的遗迹。这种现象说明，曹操夫人卞氏安葬时，在墓道两边所使用的这种长方形坑的礼遇，要低于安葬曹操时在墓道两边所使用的那些磬形坑的礼遇。也许，这种礼遇是后来形成的一种制度，因此推测，同样采用长方形坑的M1要略晚于M2。

其次，从M1内出土有少量M2所使用的大型青砖残块这一点来看，M1所形成的时代也晚于M2。

再次，M1地面上也没有封土，说明了它采用了与M2相同的葬制，而这种"不封不树"的丧葬制度始于曹操，因此，这也就决定了M1形成的时间晚于M2。

三　一号墓和二号墓之间的关系

第一，两座墓在同一个陵园内。M2规模巨大，等级较高，M1在其北20米处，距离很近，甚至在同一个寝园内。这说明了M1的墓主人与M2的墓主人之间关系密切，绝非一般关系。

第二，两座墓的地面上均没有封土。M1也和M2一样，在地面上没有发现封土痕迹，说明它和M2一样，遵照了曹操推行的"不封不树"这一丧葬制度。

第三，两座墓的方向相同，都是坐西向东。根据西高穴M2、曹操亳州祖茔内的曹腾、曹嵩墓葬方向以及在洛阳发现的曹休墓的方向来看，它们都是坐西向东。因而我们基本可以认定，曹魏皇室成员的墓葬墓方向，皆为坐西向东，有别于东汉时期所流行的坐北向南。而M1的方向也是坐西向东，和曹魏皇室墓葬的这一特征完全相符，说明了二者之间的紧密关系。

第四，布局相同。虽然 M2 规模大、规格高，为多室砖室墓，M1 相对来说规格低、规模较小，结构差距较大，但是，基本布局和地面附属设施相似，均为斜坡墓道，墓道两边皆有排列规整、两两对应的长方形坑或磬形坑，在这些坑的两边均有一排圆形柱洞。

第五，M1 中出土有 M2 墓葬专用砖。在 M1 墓室的窨井底部，出土一块残砖，厚 12 厘米、宽 24 厘米，与 M2 墓室建筑用砖规格相同。而这种规格的大青砖为 M2 建筑专用，除了用来垒砌墓室外，在二号墓的墓道两边所垒砌的两道护坡中，都没有发现这种规格的大砖，这足以说明了这种规格的大青砖的珍贵，如此贵重的大青砖在 M1 的墓室内出现，实非偶然，说明了二者之间有着某种特殊联系。

第六，出土文物之间有关联。在 M1 前堂的底部，出土了一把铁刀，与 M2 墓室内出土的 B 型大刀形状、大小完全一样，说明了两座墓主人之间的特殊关系。

第七，建安二十三年（218）六月，曹操在为自己预制寿陵时曾下令："古之葬者，必居瘠薄之地。其规西门豹祠西原上为寿陵，因高为基，不封不树。周礼冢人掌公墓之地，凡诸侯居左右以前，卿大夫居后，汉制亦谓之陪陵。其公卿大臣列将有功者，宜陪寿陵，其广为兆域，使足相容。"[1] 要求其亲近大臣要陪葬高陵，从而说明，曹操高陵内应该是有陪葬墓存在的。而一号墓出现在高陵内，推测它应该是曹操高陵的陪葬墓。

第三节 一号墓墓主人身份的推定

一号墓（M1）的墓主人到底是谁，我们首先应该排除的是皇太后卞氏。由于曹操曾经留下"凡诸侯居左右以前，卿大夫居后"的旨令，M1 位于曹操墓的右前方，位处尊位，是陪葬诸侯的位置，因此我们推测，M1 的主人至少是曹操的一个被分封为列侯的儿子。那么他到底是谁呢？我们大胆推测，M1 墓主可能是曹操的长子曹昂，理由如下。

曹昂是曹操的长子，曾经被魏文帝曹丕追谥为丰悼公，后来追封为丰悼王，符合诸侯身份。曹昂早死，后来曹丕继承了魏王爵位，成为魏王曹操的嫡长子。但是，作为曹操的长子，曹昂在曹操心目中的位置始终不变，曹操对他的喜爱也是始终存在的。关于这一点，我们可以从曹丕的一段话中得到印证。曹丕即位后，经常对大臣们说："家兄孝廉，自其分也。若使仓舒在，我亦无天下。"这句话从曹丕口中说出，应该是对这种关系的认可。

曹操在去世之前，曾经留下一大遗憾。他对臣属们说："我前后行意，于心未曾有所负也。假令死而有灵，子修若问'我母所在'，我将何辞以答！"言外之意，是让其后继者对长子曹昂和他母亲刘氏有所安排。

魏文帝曹丕深知父亲对兄长曹昂和亡弟曹冲的喜爱，因此，在其称帝的第二年也就是黄初二年（221），下令追赠曹冲谥号为邓哀侯，后来又追加其号为公。其策令说："惟黄初二年八月丙午，皇帝曰：咨尔邓哀侯冲，昔皇天钟美于尔躬，俾聪哲之才，成于弱年。当永享显祚，克成厥终。如何不禄，早世夭昏！朕承天序，享有四海，并建亲亲，以藩王室，惟尔不逮斯荣，且葬礼未备。追悼之怀，怆

---

① （晋）陈寿：《三国志·魏书·武帝纪》，中华书局 1959 年版。

然攸伤。今迁葬于高陵，使使持节兼谒者仆射郎中陈承，追赐号曰邓公，祠以太牢。魂而有灵，休兹宠荣。呜呼哀哉！"

既然曹丕能够将父亲喜欢的儿子、他的弟弟曹冲移葬高陵来陪葬父亲，我们有理由推测，曹丕也有可能将对他的地位已经没有任何威胁的兄长曹昂移葬到高陵里来，借此来显示自己对父亲意志的尊重，向世人彰显自己对父亲、兄弟的孝悌之情。

那么，为什么说这座墓是曹昂的而不是曹冲的呢？这是因为曹冲后死，黄初二年（221）时，曹冲的遗骨应该还在，随葬品也应该不少，对其迁葬，必定要修建正常的墓室。而 M1 没有真正的墓室。另外，曹冲作为庶出幼子，虽然曹操对他钟爱有加，但是有曹昂在，作为主事的曹冲兄长曹丕，不可能不顾及尊卑关系，将曹冲安排到如此显赫的位置。因此，曹昂的长子地位决定了它应该处于 M1 这个位置。这样的安排也符合昭穆制的排序。类似的墓葬安排，在安徽亳州曹操祖茔中也有体现。被认为是曹操父亲曹嵩、祖父曹腾墓的董园一号墓、董园二号墓，方向也是坐西向东，作为儿子的曹嵩墓（一号墓），也是位于其父亲曹腾（二号墓）的北面，略微向前突出一点。这种布局与高陵中的一号墓（M1）、二号墓（M2）完全一样。

曹昂的尸骨未存，而 M1 正符合曹昂衣冠冢的特征。为了显示他与父亲曹操的父子关系，将曹操曾经铸造的 5 把百辟刀随葬在曹昂墓中，也是正常的。

根据有关文献记载，曹操生前曾经铸造 5 把百辟刀，他在《百辟刀令》中说："往岁作百辟刀五枚，适成，先以一与五官将，其余四，吾诸子中有不好武而好文学者，将以次与之。"根据曹植的《宝刀赋》记载，其中一把刀送给了曹操的长子曹丕，一把刀送给了曹操的三子曹植，另一把刀送给了曹林，剩下两把留作自用。M2（曹操墓）中发现一把铁刀与 M1 中出土的铁刀相同，因此推测，其有可能就是史料记载的百辟刀。

第十五章 一号墓北面夯土遗迹的性质判断

第一节 夯土遗迹的时代

在清理完叠压在该遗迹上的晚期地层后，我们发现，原来根据钻探资料一直认为是一号墓（M1）墓道的北面那条狭长的夯土带，实际上与 M1 的墓室之间还有一定的距离，显然，二者之间没有直接关系，因此也就排除了其为 M1 墓道的可能性。我们判断其为另一处独立的遗迹。

从西部断崖的断面上看，该夯土带一直向西延伸，向西到底还有多长，因为被取土区所破坏，情况不明。但是，经过对平面进行仔细铲刮，发现在该夯土带的西部也就是 M1 的西北角，该夯土带向北又有一个分支，与该夯土带呈直角，向北延伸。北面不远处即为断崖，该分支一直延伸到了断崖。因为断崖外面是村民的院落，紧挨断崖村民砌起了围墙，无法进行观察，故向北是否继续延伸，无法判断，情况不明。

由于该夯土带的开口与 M1 和 M2 在同一层位下，从而判断，它们应该是同一时代建成的。该基槽中的填土和 M1 内的填土成分相同，也经过夯筑，建造方法相同，而且距离这两座墓非常近，说明它们之间有一定的关系，建造的时间相距不会太远。根据考古发现我们判断，二者形成的时间确实有早晚关系。因为在汉代地表上发现的那道砖墙，砖的规格与 M1 墓道护坡用砖完全一样，而且与墓葬的开口位于同一文化层上，距离墓葬较近，其走向为 M2 墓道的前方，二者应该为同一时期。在正对 M2 墓道的位置有两处南北向的车辙痕迹，推测该车辙应该是建造 M2 时，运输土方或其他建筑材料所形成。该基槽打破砖墙和车辙，这说明，夯土带的形成时间略晚于 M2 的建造时间。

第二节 结构与布局

经过遥感探测和考古钻探，发现在 M2 的南侧，同样有一条东西走向的夯土带，3 条夯土带能够连接在一起，在墓地东部形成一个半封闭的长方形。M1 和 M2 的墓道前均有一个开口，两座墓之间也有一条夯土带，将它们分隔开来。因此我们推测，其应该是一处保护墓葬的围墙式建筑遗迹。令人遗憾的是，西部由于被取土破坏掉，遗迹不存，情况不明。既然是作为保护墓葬的围墙，我们推测，在墓葬西面原来也应该有一条南北向的基槽，与南北两道东西向的基槽形成封闭（图一七一）。

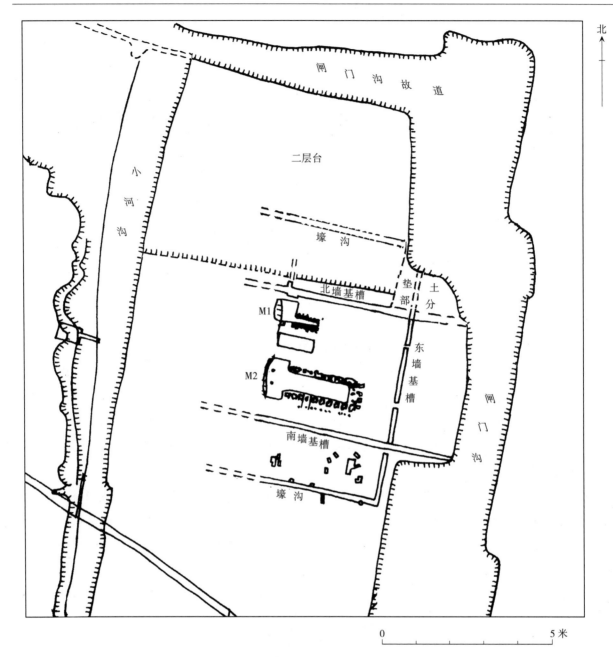

图一七一　曹操高陵北部原始地貌及闸门沟走向图

第三节　遗迹性质的判断

对该遗迹的认识有一个复杂的过程。我们最初是根据钻探队提供的钻探资料进行布方发掘的，开始时，一直误认为夯土带是一号墓（M1）的墓道，但是，当其开口完全暴露出来之后，发现与我们最初的判断有较大的偏差。于是，我们及时调整了发掘思路，开始考虑该遗迹是否是陵园北墙基槽这个问题。但是，考虑到其位置距离 M1 位置太近，距离二号墓（M2）也不远，认为其是陵园北墙的可能性很小，这也不符合曹操在遗令中所提到的"凡诸侯居左右以前，卿大夫居后，汉制亦谓之陪陵。其公卿大臣列将有功者，宜陪寿陵，其广为兆域，使足相容"。因此，对它的认识一直困扰了我们很长一段时间。

于是，我们开始考虑一个问题，古人视死如生，帝王们往往将地下墓室的建筑结构模仿其生前宫殿结构来设计修建，那么，曹操陵园的设置又会不会仿照其生前所建造和生活中的魏国都城——邺城来进行布局呢？曹操在修建邺城时，将城内分为宫城和外城两部分，据此推测，他对其陵园的设置也极有可能会模仿邺城的布局，将其分为寝园和陵园两部分。由于这处围墙内仅仅包括这两座墓，所以，作为高陵陵园的面积过于狭小。

根据前期调查，在 M2 的西北方向，距离该墓 1000 多米的漳河南岸，有一个高于 M2 约 5 米的台地，在该处地面的农田里，随处可以捡到汉代砖瓦，渔洋村有村民曾经在该台地上采集到大型鎏金铜泡钉、大型板瓦。1998 年，在距离该处东北约 80 米的地方，窑厂取土时，发现了后赵建武十一年（345）的大仆卿驸马都尉鲁潜墓志，上面明确记载鲁潜墓的位置，在"故魏武帝高陵西北角西行四十三步"，换算成今天的距离，也就是 50—60 米。也就是说，高陵的西北角，应该就在这块台地附近。渔阳村民所采集到的那些大型板瓦和大型鎏金铜泡钉，是否是陵园角楼或北门的建筑，值得考虑。因此，这也就排除了该组围墙是高陵陵园的可能性。笔者推断，它们应该是高陵的寝园围墙的遗迹。我们所揭露出来的那条基槽，应该是寝园北墙基槽，相当于邺城内的宫城，M2 南面的那条东西向夯土带，应该是寝园南墙的基槽。

后来，我们在 M2 的后面也就是西面，正对该墓葬的取土坑西岸的高台地上，接连又清理了两座墓葬，时代均为曹魏时期。笔者认为，它们应该是高陵内的陪葬墓，这样符合曹操《终令》中的"凡诸侯居左右以前，卿大夫居后"的要求。

同时，我们在对 M1 和 M2 周围进行钻探的过程中，在寝园之外的，南北两侧，均发现各有一条东西向壕沟，与寝园南北两墙平行，它们与寝园南北墙的基槽之间的距离大致相当。寝园的东墙一直向南北延伸，与这两个壕沟呈封闭状态。因此我们判断，壕沟也应该是这两座墓的护卫设施之一，类似于城外的护城河。

从其西部向北有一个分支，与该夯土带呈直角，并一直向北延伸。从这一情况来看，其北面应该还有其他设施。

从发现的遗迹看，虽然 M1 和 M2 共用一个寝园（高陵），但是其内部又是相互独立。该推断是否正确，有待于今后的工作来证实。

第四节　闸门沟及其与高陵的关系

一　关于闸门沟遗址

在西高穴村南，紧邻曹操高陵（M1 和 M2）东部有一条大沟，当地人叫"闸门沟"，相传是战国时期西门豹治邺时，在漳河南岸所修建的十二支渠的总渠所在地。在西高穴村西、漳河南岸的一高台地上，至今还保存着一个砖砌涵洞，据传是西门豹治邺时的渠首，虽然已经废弃多年，但是，这里仍然保留着用沙石垒砌的河岸。

　　这里到底是不是当年的渠首所在地，曹操墓东面的闸门沟是不是当初西门豹所修的水渠？这个问题决定了在曹操修建高陵时，这条河沟是否已经存在，涉及它与曹操高陵的关系，因此，在这里对它进行考证是十分必要的。

　　根据《水经注》记载，献帝建安十八年（213），也曾仿照西门豹，在邺城修复水渠，进行灌溉。《水经注》卷十《浊漳水、清漳水》：“魏武王又竭漳水，回流东注，号天井堰。二十里中，作十二墱，墱相去三百步，令互相灌注，一源分为十二流，皆悬水门。”他所修建的天井堰，是不是在西门豹所修的十二渠旧址之上呢？关于这个问题，我们在同书中就可以找到答案。《水经注》卷十说：“魏武又以郡国之旧，引漳流自城西东入，径铜雀台下，伏流入城东注，谓之长明沟也。”笔者认为，这里所说的“郡国之旧”中的“郡国”，应该是指其所封地魏国，也就是西门豹当年治邺的地方。“之旧”二字，指的就是魏地境内的西门豹所修的水渠旧址，否则无法解释。在同书同条中，又引述了与曹操生活时代相近的西晋陆翙所撰写的《邺中记》关于这件事的记载，陆翙在《邺中记》中说：“水所溉之处，名曰堰陵泽。”而南宋的王应麟在其所编著的《玉海》中说，堰陵泽“在邺西二十八里”。曹操高陵（M1 和 M2）位于邺西三十里，这样一来，堰陵泽的位置就可以确定，应该是在西高穴村之东不远处。

　　根据史料记载，曹操所修建的天井堰后来又经过多次疏浚修复。其中一次是在东魏天平年间（534—537），这一次，东魏政府将天井堰改名为“天平渠”。根据有关资料记载，天平渠的走向是从西高穴西地的渠首往东，至西高穴村折向南，在西高穴村西南角又折向东，经过张显屯到达邵家屯，这里地面上沟渠还很清楚。从邵家屯村村西，过一铁路涵洞，穿过邵家屯和郭家屯村，到马庄村西，又折向南，经洪河屯、北李庄、小崔庄，到后净渠。河道从邵家屯到后净渠这一段，地面上便看不到河道的踪影了。到底河道是不是这个走向呢？2008 年 3 月，安阳市文物考古研究所在配合南水北调中线工程建设中，在安阳段第九标段发现了天平渠遗址，该遗址位于安阳县八李庄与小崔庄之间。该渠掩埋在地表下 1.3 米处，残深 1.5 米，呈东西走向。在渠底部两侧发现部分砖墙，考古队认为，这可能是分水闸的遗迹。在水渠的底部的墙砖上，发现刻有“癸亥天平渠底”铭文，从而证明了该处遗迹应该是天平渠的一段。这一发现证明了上述记载是正确的。

　　根据《水经注》记载，曹操所修建的“魏武王又竭漳水，回流东注……作十二墱，墱相去三百步，令互相灌注，一源分为十二流，皆悬水门”，以及“引漳流自城西东入，径铜雀台下，伏流入城东注”。我们知道，天井堰也就是说后来的天平渠，是自流而下的。

　　这里所说的“作十二墱，墱相去三百步”，笔者认为，是在天井堰上所设的分水口，每个分水口均设有闸门，进行分流，灌溉周围的农田，这也需要有自流的条件才能完成这一要求。

　　西晋左思在其《魏都赋》中，描述西门豹引漳水灌邺田时说：“墱流十二，同源异口，蓄为屯云，泄为行雨”，可以想见渠水激流之湍急，河水之浩荡，奔流之凶猛。左思描写西门豹修建的十二渠水流的情景，笔者认为，他一定是看了当时魏武帝曹操所修建的天井堰水流的状况，才激发了他对当年西门豹所修建的十二渠的想象。

　　那么，天平渠的渠首是否就是西高穴村村西的那个遗址呢？笔者认为，要看从这里引漳河水能不能自流，这是解决这一问题的关键。

　　根据调查，人们所指的位于西高穴村西地的渠首遗址，就在曹操高陵西北角、濒临漳河的那块高台地上，这里海拔 110.4 米。曹操高陵所在的位置海拔 105 米，虽然相距 1000 米左右，落差却高达 5.4 米。距离该处 3 公里、位于其东南、渠道所经过的邵家屯村，和发现渠道遗址的小崔庄的海拔只有 91 米左右，落差更高达 14 米。而邺城遗址的海拔更是低至 76 米。这样巨大的落差，足以满足自流的要求，更能够满足分流灌溉的要求。

综上所述，闸门沟建遗址是天井堰（天平渠）渠首和当年西门豹所修建十二渠的总渠。

二　闸门沟与曹操高陵的关系

闸门沟这条沟渠早已存在，说明曹操在选择陵址时是有意选择在这里。为什么他要将自己的陵址选择在这里，选择在濒临自己所修建的天井堰干渠附近呢？它和曹操高陵到底有什么关系？

为了探明这一问题，我们对曹操墓寝园东部进行了考古钻探，结果发现一个重要现象：寝园南北两道垣墙东出东墙后，还一直向东延伸，直抵东面的闸门沟。这种情况说明，在选择陵址之初，曹操就已经考虑到将闸门沟作为保护寝园的一道自然屏障，使之成为高陵（M1 和 M2）防护设施的组成部分。这也很好地解释了距离寝园南北垣墙不远处各有一道壕沟，而在东墙外相同的位置上，却没有发现壕沟的原因之所在。

如此一来，闸门沟和东、南、北三道墙，在寝园的东面又隔离出一块独立的空地。笔者推测，这里应该分布一些附属性建筑，比如祭殿类的建筑。如果该推测能够在将来考古中得到验证，这就更符合曹操生前所住过的邺城宫城的布局：前殿后宫。

由此笔者推断，与二号墓（M2）墓道相对应的闸门沟的两岸，还应该有一座桥，作为通往寝园的通道。

第五节　北墙基槽东部北扩部分的成因

为了解决寝园北墙基槽东部向北扩大的成因，我们对曹操高陵周边的地形进行了调查研究。经过测量，发现寝园的北墙之外一米左右，地势突然下降，形成一个断崖，断崖呈东西走向，十分齐整，北墙沿着断崖边缘修建。断崖下部与上部形成一个二层台地，低于上面约 2 米。这里的村民院落，都是后来取南面台地上的土，回填后夯垫起来的。

在曹操高陵（M1 和 M2）所处高台地与西高穴村之间，原来地势都非常低，形成一个很深的大坑，低于台地 10 米左右，大坑的东北部向外突出，特别明显。而这个位置正对应着闸门沟自东向南转折处。我们认为，这种现象并非偶然，推测这是河水冲刷的结果。因为闸门沟向西并不宽，最宽处 30 米，最窄处仅 20 米，如此狭窄的河道，落差巨大，当初的水流一定很急，对大坑的东北角造成冲击，经过常年浸泡和冲刷，形成现在的地形。

同时我们发现，闸门沟在高陵南北都非常宽，宽度 60 米左右，而在高陵正东的位置突然变窄，宽度仅有 12 米左右，像闸门一样控制着奔涌的河水。而且在这里，高陵所在台地呈舌形外凸，侵占了渠道河床的绝大部分，渠道在此处向东有一个转弯，绕高陵而过。笔者认为，这种台地外凸的地形是自然原因造成的；但是，渠道的开凿却是后来人为的，是不是有意安排，尚不得而知。

由于台地外凸，河道变窄，河水突然变急，对台地外凸部分的东北角造成巨大冲击，导致台地在这里不断塌陷，影响了高陵陵区的完整性。为了加固这里，保证陵区形状的完整性和安全，时人对这里采取回填、夯实等加固措施，这可能是夯土面增宽的主要原因。

　　为了了解闸门沟在这里的结构和深度，我们曾经对其进行了考古钻探。闸门沟和北面的大坑以及南面的河道都很深，深度达 10 米以上，而且河床在这里特别宽。这种深度是否会影响到通水。经过实地调查和测量，发现这里的海拔为 105 米，而几千米之外的水渠经过的地方，海拔多在 91 米左右，其周围地区的海拔多数为 80 多米。即使这样，河底也高于下游的地面，并不影响向下游通水，更不会影响对周围农田的灌溉。

　　安阳市文物考古研究所在小崔庄发掘出来的天平渠河道遗址，河道宽度接近 4 米，闸门宽度 2 米左右。而高陵南、北河床的宽度为 60—70 米，这就很好地解释了左思在《魏都赋》中所描述的干渠"墱流十二，同源异口，蓄为屯云，泄为行雨"，说明干渠在闸门沟这一段，不仅能够向下游输水，更具有蓄水的特殊功能。

第十六章　结论

二号墓（M2）出土文物较多，所反映的文化信息极为丰富，根据对这些信息的整理研究，我们认为，墓主人的身份非常明确，应该是曹魏政权的奠基者，东汉末期政权的实际控制者，汉丞相、魏武王，被魏文帝曹丕追尊为太祖魏武帝曹操的陵墓，该墓地应该就是魏武帝曹操的高陵。理由如下。

一　墓葬的位置符合文献中有关高陵的记载

据《三国志·魏书·武帝纪》，早在曹操去世前的一年半，也就是建安二十三年（218）六月，他曾下令为自己预置寿陵，其令曰："古之葬者，必居瘠薄之地。其规西门豹祠西原上为寿陵。"

曹操于建安二十五年（220）正月病逝于洛阳。二月，他的灵柩被运回邺城，葬在了高陵，即他在遗令中所强调的"西陵"。据史书记载，曹操死后确实是葬在邺城的，如《三国志·魏书·武帝纪》载："庚子，王崩于洛阳，年六十六。……二月丁卯，葬高陵。"

关于曹操灵柩运回邺城安葬这件事，史料也有明确记载。《三国志·魏书·贾逵传》记载："太祖崩洛阳，逵典丧事。……遂奉梓宫还邺。"《三国志·魏书·夏侯尚传》记载："太祖崩于洛阳，尚持节，奉梓宫还邺。"《晋书·宣帝纪》记载："及魏武薨于洛阳，朝野危惧。帝（注：指宣帝司马懿）纲纪丧事，内外肃然。乃奉梓宫还邺。"这些史料均告诉我们，曹操去世于洛阳，然后被运回到了邺城，被安葬在了高陵，从而排除了葬在其他地方的可能性。不仅如此，以上两条史料还清楚地告诉我们谁负责典礼丧事，谁负责陪护梓宫回邺城的。

关于高陵的位置，过去一直是清晰的，历经西晋、十六国、南北朝，直到唐代还有明确记载。如晚唐的李吉甫在《元和郡县图志》相州邺县条记载："西门豹祠在县西十五里，魏武帝西陵在县西三十里。"唐初，太宗李世民于贞观十九年（645）二月远征高丽，路过邺城时，曾亲自前往高陵祭奠曹操，并写下了《祭魏太祖文》。

据史料记载，邺城毁于隋代，郡治迁到安阳，后来又修复和迁回到邺城，因此，相对位置非常明确。关于西门豹祠的位置，《水经注·浊漳水》上有如下记载："漳水又东径武城南……漳水又东北径西门豹祠前。祠东侧有碑，隐起为字，祠堂东头石柱勒铭曰：'赵建武中所修也。'"其故址在今天安丰乡丰乐镇北丰村东，在京广铁路与107国道之间。这里曾经出土了《水经注》上面所提到那块勒铭石柱，其上面的刻文与《水经注》上所写的文字内容完全一样，从而证明了该遗址的具体位置和准确时代。西门豹祠位于邺城故址西15华里（注：7.5千米），与《元和郡县志》所写的完全符合，说明了其资料的真实性。西高穴曹操高陵位于邺城西约15千米，东距西门豹祠西约7.5千米，与《元和郡县志》所记载的内容完全一致（图一七二）。

截至目前，考古所发现的东汉一代诸侯王墓，均建在其王国都城附近的高地或山冈之上，应该是一种制度规定。魏武王曹操建在邺城附近的西高穴，也符合这种惯例。

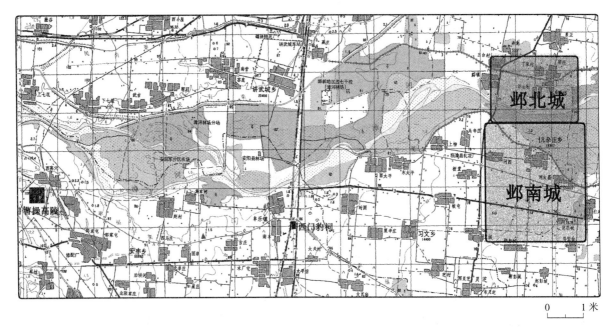

图一七二   曹操高陵与邺城位置关系图

二   有说服力的旁证

《元和郡县图志》相州邺县条明确记载："西门豹祠在县西十五里，魏武帝西陵在县西三十里。"曹操在其遗令也提到，预置寿陵在西门豹祠西，因此，西门豹祠遗就成了确定曹操高陵位置的关键。从李吉甫的《元和郡县图志》可知，唐代中晚期，曹操高陵的位置还很明确。我们测定的安丰乡丰乐镇的西门豹祠遗址和西高穴二号墓的位置，与《元和郡县图志》所记述的与邺城的距离、方向均一致，而该西门豹祠在《水经注》上亦有记载，并出土有勒铭石柱。这说明，《元和郡县图志》的记载是正确无误的，这也为认定西高穴二号墓（M2）为曹操墓提供了有力的旁证。

1998 年，在西高穴村西，距 M2 不远的位置出土后赵鲁潜墓志，上面记载："墓在高决桥陌西行一千四百廿步，南下去陌一百七十步，故魏武帝陵西北角西行四十三步，北回至墓名堂二百五十步。"以曹操高陵的位置作为鲁潜墓位置的具体坐标，记录了二者之间的相互位置关系。既然在唐代时，高陵的位置还很明确，那么，距曹操去世仅 125 年的后赵，其位置也是明确无误的，这也是鲁潜墓以他为坐标的原因之所在。鲁潜墓志这一早在十年前发现于地下的文献资料，是确认 M2 为曹操墓的有力证据。

三   "不封不树"葬制符合曹操的遗令

建安二十三年（218）六月，曹操下令曰："古之葬者，必居瘠薄之地。其规西门豹祠西原上为寿陵，因高为基，不封不树。《周礼》冢人掌公墓之地，凡诸侯居左右以前，卿大夫居后，汉制亦谓之陪陵。其公卿大臣列将有功者，宜陪寿陵，其广为兆域，使足相容。""因高为基、不封不树"成为曹操高陵的一个重要特征。

所谓"因高为基"，就是将陵墓建在地势比较的地方；所谓"不封不树"，就是地面上不加封土，墓道前的神道两旁不立碑。

曹操高陵位于太行山山麓向东部平原的过渡地带，地势比周围都高，黄土深厚，而且位于西门豹祠的西面不远处，非常符合曹操选择陵址的标准。

二号墓在发掘过程中，地面上没有发现有封土痕迹，墓道之前更没有发现石刻、碑刻，因此，完全与曹操遗令相符。

四 地层关系决定了曹操墓的时代为东汉晚期

曹操墓（M2）开口于第5层之下。其上面叠压的历代文化层中，最上面的文化层为现代耕土层，第2层为明清地层，第3层为宋元文化堆积，第4层为隋唐文化层，第5层为魏晋南北朝地层，下面的文化层即为汉代文化层。曹操墓开口在第5层之下、汉代文化层上，这样的地层关系，决定了它的时代为汉代末期，从考古学角度确定了这座墓的时代。

五 墓葬结构符合东汉时代特征

砖室墓起源于战国晚期的空心砖墓，更受到早期的洞穴墓和竖穴木椁墓的影响。西汉中期，随着经济的发展，砖室墓得以广泛流行，并且盛行于东汉及以后来的各个朝代。带侧室和前、后室的多墓室砖室墓，起源于东汉中期。

二号墓（M2）平面为"甲"字形，由墓道、前室、后室和4个侧室构成。四角攒尖式的顶部结构，是东汉中期以后才开始出现。此后，到了西晋和南北朝时期，这种墓葬结构演变为单墓室的四壁带一定弧度的砖室墓。因此，二号墓的时代只能界定在东汉中晚期至曹魏时期。

考古发现表明，三国时代东吴高级贵族墓（或帝王陵墓），例如江苏南京江宁区上坊墓、安徽马鞍山宋山墓（东吴景帝孙休墓）、安徽马鞍山朱然及家族墓，其墓葬形制均由墓道、前室、后室及侧室（或耳室）等部分组成，墓内安置有石门。墓室地面铺地砖规格较大，例如安徽马鞍山宋山墓、江苏南京上坊墓的铺地砖，边长50厘米。宋山墓墓室长17.68米、宽6.6米；上坊墓墓室长20.16米、宽10.5米，前后二室平面均近方形，顶部为四隅券进式穹隆顶，前室与后室两侧各有2个耳室。可见，多墓室砖室墓是这一时期高等级贵族墓葬的重要特征。

洛阳曹休墓，以及同是曹魏时期的洛阳正始八年（247）墓，同样是由前、后室和左、右侧室组成的多墓室砖室墓，均为券顶，说明，这种墓葬结构也是曹魏时期高等级贵族墓的主要特征。

结合二号墓（M2）开口的层位关系和墓葬形制等特征，可以判定，此墓为东汉末年至曹魏时期的墓葬，与曹操去世的时代相符。

由于东汉晚期帝王陵墓未曾发掘，所以不清楚其墓顶特征。但是，从目前发掘出土的同时期墓葬的资料看，我们认为，四角攒尖顶的墓葬结构应该是最高等级。关于这一点，可以从后来的帝王陵墓北魏宣武帝的景陵[1]、冯太后的永固陵[2]以及被认为是北齐文宣帝高洋陵墓的湾漳大墓[3]得以验证。

---

① 潘伟斌：《魏晋南北朝隋陵》，中国青年出版社2004年版，第464页。
② 同上书，第455页。
③ 中国社会科学院考古研究所、河北省文物研究所邺城考古工作队：《河北磁县湾漳北朝墓》，《考古》1990年第7期。

六 墓室幽深印证了曹植《诔文》和曹丕《哀册》的有关记载

曹植在其为父亲所写的《武帝诔》中，有如下记载："窈窈玄宇，三光不入。潜闼一扃，尊灵永蛰。"其兄长曹丕在其为父亲所写的《武帝哀册》中更是写道："卜葬既从，大隧既通。漫漫长夜，窈窈玄宫。有晦无明，曷有所穷。"这些内容无不描述曹操墓墓道宽大，墓室幽深，里面十分阴暗。二号墓的墓道长40米左右，宽近10米，深达10多米，与上面两文中所记载的情况相符。

"闼"为门解，"扃"是关门的意思，说明曹操墓是有墓门封闭的，这也和二号墓的情况相符。曹操墓里十分幽暗，我们在多处墓门两侧的墙壁上发现有灯火烧灼痕迹，也印证了这一点。

曹丕在其所写的《武帝哀策》中，有"弃此宫廷，陟彼山阿"一句，点明了曹操高陵是在一高地上。我们认为，这里的"山"不应该理解为真正的山冈，更应该理解为陵墓，因为古代帝王陵墓又被称为"山陵"，形容其高大，故山陵是帝陵的代名词。

七 墓葬规格符合魏武王曹操的级别

在曹操墓发掘之前，经考古发掘出土的汉代诸侯王墓近50座，其中东汉时期的诸侯王墓共有7座。在这7座东汉诸侯王墓中，东汉前期的墓葬有2座、中期的有3座、晚期的有2座。东汉晚期两座诸侯王墓，分别是河北定县北陵头43号墓（东汉中山国中山穆王刘畅墓）、江苏徐州土山墓（东汉晚期某代彭城王或王后墓）。这两座墓均由墓道、前室、后室及左、右耳室或侧室组成。

墓葬等级主要表现在墓室规模、墓葬内部结构和相关附属设施之间的差别。以上两座墓看，东汉晚期诸侯王墓的结构均为多墓室，由墓道、前室、后室与左、右耳室或侧室组成。西高穴二号墓属于大型墓葬，由墓道、前室、后室与左、右4个侧室组成，墓室结构具有东汉晚期王侯一级的墓葬的特征，与魏武王曹操的身份相符。

曹操墓（M2）的墓道朝东，大砖垒砌，四角攒尖顶，石板铺地，结构严整，与同一时期、同等级别的诸侯王墓略有差别，显示出更高级别，并呈现出向魏晋墓过渡的特点。

目前发现的东汉诸侯王墓中，与西高穴曹操墓时代最为接近的，是灵帝熹平三年（174）去世的中山穆王刘畅夫妇墓。两座墓形制相近，都是斜坡墓道，墓道与墓门之间没有甬道，前、后室外面加双侧室结构。不同之处在于，刘畅墓占地面积较小，南北长27米、东西宽13.8米，面积372.6平方米，墓道较窄，分为前、中、后三个主室，和左、右两个侧室，其墓室多为长方形，皆为券形顶[①]。而曹操墓（M2）墓室占地面积近400平方米，总占地面积近700平方米。墓室的前、后主室均为正方形，4个侧室两两对称分布，结构与之相比更加规整，大青石铺地，主室为四角攒尖顶。曹操的棺木放于后主室，南、北两侧室分别放置两位夫人，陪伴其左右，这种布局更加突出了墓主人曹操身份的尊贵。这说明，曹操墓的规格高于刘畅夫妇墓，曹操的地位远比中山穆王刘畅更高。

东汉前期的诸侯王墓，形制多是题凑石墙回廊多室墓结构，东汉晚期诸侯王和三国时期的高等级墓葬，则多为单墓道、前后室及侧室（或耳室）、穹隆顶的砖室墓。西高穴二号墓（M2）的墓葬形制，恰与东汉晚期诸侯王墓形制相同。尤其重要的是，该墓所用砖为大型青砖，与洛阳邙山上发掘出土的大型皇室墓用砖一样。墓底用大型铺地石，四角攒尖顶，其规格比一般东汉诸侯王更高。因此，

---

① 定县博物馆：《河北定县43号汉墓发掘简报》，《文物》1973年第11期。

从考古学和墓葬规格上说，M2 的级别高于一般王陵，远高于在洛阳发现的征东大将军、大司马、长平侯曹休的墓葬，M2 应该是帝王一级的陵墓，与位在诸侯王之上的魏武王曹操身份相符。

八 墓葬方向符合曹操家族特征

1973 年夏，亳州市博物馆对分布在安徽亳州近郊的曹操家族墓地进行了考古发掘。清理发现，曹操父亲曹嵩墓葬的董园一号墓和其祖父曹腾墓葬的董园二号墓均是坐西向东，因此我们认为，这种情况也许是曹操家族的一大特征。

董园一号墓由甬道、前室、中室、后室和南、北两个偏室组成，董园二号墓由墓道、前室、中室、后室和南、北耳室、偏室组成。这种墓室结构也是符合东汉时期的墓葬特征。

本次发掘的西高穴二号墓（M2）坐西向东，方向 110°，既符合亳州曹操家族墓的坐西向东这一特征，又略微偏南，指向其家乡位置，我们不能就此认为这是一种简单的偶然巧合，更像是一种刻意安排。

九 出土文物符合魏武王曹操超越王侯一级的帝王特征

根据《后汉书·礼仪志》记载，天子随葬明器中的用鼎制度为瓦鼎十二。二号墓出土的陶鼎，其数量正好是 12 个，这说明，曹操的葬礼高于王侯一级的礼制，是按照帝王等级进行安葬的。墓中出土的大型圭、璧也说明了这一点，因为圭、璧合用是表明墓主人帝王身份的突出特征。

据《三国志·魏书·武帝纪》记载：建安十七年（212）春正月，"天子命公（曹操）赞拜不名，入朝不趋，剑履上殿，如萧何故事"。建安十九年（214）三月，"天子使魏公位在诸侯王上，改授金玺，赤绂、远游冠"。同年十二月，天子命公置旄头，宫殿设钟虡。二十年（215）九月，"天子命公承制封拜诸侯守相"。二十一年（216）五月，"天子进公爵为魏王"。二十二年（217）四月，"天子命王设天子旌旗，出入称警跸。五月，作泮宫"。同年十月，"天子命王冕十有二旒，乘金根车，驾六马，设五时副车，以五官中郎将丕为魏太子"。所有这些都足以证明，曹操去世时，已经取得了作为一个帝王的所有特权和礼制，只是名义上没有称皇帝罢了。他的这种身份特权，一定会在其随葬品中得到体现。

因此，除了以上这些礼器外，在二号墓（M2）里，出土有大量标志帝王身份的文物，比如龙的形象大量出现。其中匏勺为龙柄，画像石、铜带钩等文物上皆有龙的形象。

另外，M2 出土了一面铁镜，直径达 21 厘米，是帝王一级专用的器物。中国社会科学院考古研究所白云翔先生认为，东汉时期，直径 20 厘米以上的大型铁镜均发现于王侯墓葬之中，如河北定县中山简王刘焉墓、中山穆王刘畅墓。这些都反映了墓主人具有王一级的身份和地位。

曹操在其《上杂物疏》上记载："御物有尺二寸金错铁镜一枚，皇后杂物用纯银错七寸铁镜四枚；贵人至公主九寸铁镜四十枚。"[①] 可见，大型错金铁镜应该为皇帝御用之物。

经过 CT 扫描，我们发现，这面铁镜背后有错金纹饰，这也证明了曹操所用之物是帝王级别的。

根据出土石牌记载，二号墓的随葬物品中，还有卤簿、辒车、竹翣等，这些都是皇帝才能享用的礼仪。根据文献记载，辒车是专门用来运载灵柩的车子。《礼记·檀弓上》："天子之殡也。"郑玄注："天子殡以辒（辒）车，画辕为龙。"翣是古代帝王仪仗中的大掌扇，曹操墓中随葬这类物品，也是曹

---

① （清）严可均：《全三国文》，商务印书馆 1999 年版。

操以天子之礼仪安葬的明证。

曹操虽然主张薄葬，但是，其生前位在诸侯王之上的崇高地位和特殊身份，决定了他的葬礼必须具有一定的地位象征，其生前所获得的等同天子的礼仪，在随葬品上也要有所体现，因此，在其墓葬中出土12个陶鼎和圭璧组合，虽然超出诸侯一级的天子礼制，也是完全可以理解的。其墓葬中所出土的那些云母片，笔者推测，它们应该是其殓衣上的饰品。也就是说，曹操虽然没有采用汉代诸侯王一级的银缕玉衣，更没有用天子一级的金缕玉衣，但是采用了以云母片作为替代品的云母殓衣。

十　出土文物符合曹操生前身份和时代特征

曹操墓（M2）中出土的一块石牌上记载"香囊卅双"，说明曹操墓中随葬了30双香囊。香囊的出现，也证明了有关曹操生前用香的记载。曹植在其《迷迭香赋》中，还对香的特性、产地、功用和如何使用进行了详细记述："播西都之丽草兮，应青春而凝晖。流翠叶于纤柯兮，结微根于丹墀。信繁华之速实兮，弗见凋于严霜。芳暮秋之幽兰兮，丽昆仑之英芝。既经时而收采兮，遂幽杀以增芳，去枝叶而特御兮，入绡縠之雾裳。附玉体以行止兮，顺微风而舒光。"[1] 此赋中所描述的使用方法，就是制作随身携带或用来熏衣的香囊。由于产自域外，故而十分珍贵，朝臣士大夫趋之若鹜。为了禁止奢靡之风，曹操曾经反复下令，禁止属下和自己家人用香。他的女儿曹节、曹宪入宫后，不得已下令："房屋不洁，听烧枫胶及蕙香。"[2] 他在《内戒令》中说："昔天下初定，吾便禁家内不得熏香。后诸女配国家，因此得烧香。吾不烧香，恨不遂初禁，令复禁不得烧香。其所藏衣，香著身亦不得。"[3] 也就是说，他因为女儿入宫，嫁给了汉献帝，出于礼制的需要，不得已开始熏香，但是，后来他还是下令禁止烧香，身体力行，为群臣作表率。

曹操在《与诸葛亮书》说："今奉鸡舌香五斤，以表微意。"[4] 这些都说明，曹操不仅家中藏有熏香，而且将其作为国礼，送给其他要人。

陆机在《吊魏武帝文》中说，自己曾经游历秘阁，亲眼看到过曹操的遗令。遗令中有"余香可分与诸夫人"，说明曹操家中不仅储存有香，还欲在其死后，将剩下的香分给各位夫人。曹操既然以房屋不洁为由下令熏香，为了保持墓葬内的清洁，墓内用香囊也是必要的。石牌的记载便证明了这一点。

二号墓（M2）出土的一个煤精虎雕，在其腹部靠下有一个横穿圆孔，这种穿法流行于汉代，东汉之后再无这种穿法。

二号墓（M2）中出土的玉觽，后部透雕一虎，该虎身体蜷曲，头部呈俯卧状，双眼外凸，头部有一角向后掠，其形态与江苏扬州汉广陵王刘胥墓中所出土的玉佩上的虎形完全一致，具有典型的汉代特征。该物品在东汉之后很少出现，因此，应该是汉末之物。

十一　出土文物印证了曹操"殓以时服"遗令

除了"不封不树"印证了曹操的遗令外，二号墓（M2）中出土的一些文物也印证了曹操的遗令。

根据《三国志·魏书·武帝纪》引《魏书》文载，曹操生前"常以送终之制，袭称之数，繁而无

---

① （唐）欧阳询：《艺文类聚》卷八一，上海古籍出版社1982年版。

② （宋）李昉、李穆、徐铉等：《太平御览》九八二卷，中华书局1960年版。

③ 同上书，九八一卷。

④ （清）严可均：《全三国文》，商务印书馆1999年版。

益，俗又过之，故预自制终亡衣服，四箧而已。"这也和他去世前遗令中的"殓以时服"相符合。关于这一点，曹植在《武帝诔》中也说，他说其父亲安葬时"既即梓宫，躬御缀衣"，意思是说曹操在入葬时，身上穿的是打了补丁的衣服，是其生前正在穿的旧衣服。

在 M2 中发现一块玉觿，断为两截，其尖端已经残损，残损为旧痕，说明它是墓主人的日常用品，为其生前所佩戴。这也印证了安葬曹操时，确实是按照曹操遗令中的"殓以时服"进行的。

十二　出土文物的特征符合曹操遗令

根据《三国志》记载，曹操在遗令中要求，"无藏金玉珍宝"。曹操墓中出土了少量金玉文物，但都是衣服或佩剑上的饰件，没有大型礼器。所出土的礼器中，圭为石质；4 件璧中，除了一件为玉璧外，其他三件都是石质，以石圭、石璧代替玉圭和玉璧。

十三　出土文物的特征符合有关文献记载

M2 出土的陶器均为明器，体形偏小，做工粗糙，皆为素面灰陶，完全符合曹植在为父亲所写的《武帝诔》中的有关记载。如他在该文中说："明器无饰，陶素是嘉。"曹操墓中发现的陶器都是明器，没有纹饰和彩绘。这些也反证了曹植诔文的真实性。

十四　未发现印玺反证该墓是曹操墓。

曹植在其所写的诔文《武帝诔》中说："玺不存身，唯绋是荷。"意思是说，曹操墓中没有随葬玺印，只是象征性地将捆绑玺印的丝带随葬在其身边，这也是为什么没有在曹操墓中发现其玺印的原因之一。

曹植诔文内容是真实可靠的，因此，如果曹操墓出土了曹操的印玺，反而说明这座墓不是曹操的墓葬。

十五　出土文字点明了墓主人的身份

M2 出土了数块圭形石牌，上面刻着"魏武王"三个字，其中"魏"是曹操的封国号，"王"是曹操生前的爵位，"武"字是他死后的谥号，这是已故王侯惯用称谓。该石牌的出土，直接点出了墓主人的身份，是确认该墓葬为魏武王曹操墓的直接证据。

十六　出土文物证明墓主人文武兼备，符合曹操生前的双重身份

M2 出土了大量兵器，种类繁多，说明了墓主人生前"武"的一面，表明了他的职业特征。同时，该墓还出土书案、墨、陶砚等，亦表明了墓主人生前"文"的一面。曹操生前既是军事将领、军事统帅，又是文学家、诗人、书法家。随葬品反映墓主人双重身份，这在古代墓葬中是很少见的，符合曹操生前的双重身份。

十七　出土石牌印证了曹丕的哀册内容

M2 出土的石牌上，记载有"白缣畫卤薄、游观、食厨各一具"、"竹翣一"、"辒车上广四尺长一丈三尺五寸漆升帐构一具"等物品，说明其殡葬时使用卤簿、竹翣和辒车，还有那些刻铭着"魏武王

常所用挌虎大戟""魏武王常所用挌虎短矛""魏武王常所用长犀盾"等圭形石牌，我们认为，这应该就是曹操安葬时所用的卤簿等物，也就是出行仪仗。

关于这一点，我们从魏文帝曹丕在其《武帝哀册》一文中得到了印证，他在文中生动地描写道："卤簿既整，三官骈罗。前驱建旗，方相执戈。弃此宫廷，陟彼山阿。"也就是说，曹操入殓和出殡时，确实有卤簿齐整的礼仪，使用羽葆的辒辌车（丧车），其前排列有送葬的节、挽歌、鼓吹、幢、麾、曲盖、介士（手执武器仪仗的武士）等浩浩荡荡的送葬队伍。

十八 曹操墓建筑内的情况符合曹操去世的季节

在曹操墓（M2）的前室北侧室内，我们发现了一个非常特殊的现象，其他墓室墙壁表面都用白灰抹面，但是这个墓室没有任何白灰抹面，这种迹象告诉我们一个事实，那就是也许在曹操去世时，这个墓室还没有完全建成。

我们知道，曹操是在建安二十三年（218）六月下令预选寿陵的。曹操去世十分突然，建安二十四年（219）十月，他率领大军刚刚征讨汉中后回到洛阳，紧接着又率大军前往解樊城之围，途至摩陂时，听说樊城之围已解，于建安二十五年（220）正月返回洛阳。到洛阳后，他还接待了孙权派来的使者，接受了孙权称臣的要求和他送来关羽的头颅，并对关羽进行了厚葬。然而到洛阳后不久，曹操便突然去世了。如果此时曹操身体欠佳，不可能率军反复出征，更不可能亲自接待孙权的使者和亲自安排厚葬关羽。事实上，当时他的身体表面上还是很好的，因为当樊城之围解除后、徐晃振旅还摩陂时，曹操还亲自迎徐晃于七里之外，然后置酒大会众将，并举酒与他们痛饮。他对徐晃说："全樊、襄阳，将军之功也。"论功行赏时，曹操还上表汉献帝，表孙权为骠骑将军，领荆州牧，封南昌侯。后来，曹操到达洛阳后，孙权曾派梁寓为使者，上书劝曹操废掉汉献帝，自己称帝。曹操不仅没有上当，反而将孙权的书信展示给大臣们，并说："是儿欲踞吾着炉火上邪！"侍中陈群、尚书桓阶也趁机劝他称帝，曹操清醒地说："若天命在吾，吾为周文王矣。"

从以上这几件事可以看出，曹操初到洛阳时，身体并无大恙，头脑十分冷静。但是，令人没有想到的是，他突然去世，这完全出乎大家所料。关于这一点，我们根据当时群臣和曹丕的反应就可窥见一斑。根据《晋书》卷一《宣帝纪》记载："及魏武薨于洛阳，朝野危惧。帝（注：晋宣帝）纲纪丧事，内外肃然。乃奉梓宫还邺。"说明当时大家突然听到曹操去世后，十分震惊和恐慌。当时曹丕远在邺城，当他听说父亲去世的消息，更是恸哭不已，哀伤过度。当时，留守在邺城、辅佐曹丕的司马孚劝谏他说："大行晏驾，天下恃殿下为命。当上为宗庙，下为万国，奈何效匹夫之孝乎！"曹丕良久才止住哭声，回答说："卿言是也。"《晋书》卷三七《司马孚传》记载："时群臣初闻帝崩，相聚号哭，无复行列。孚厉声于朝曰：'今大行晏驾，天下震动，当早拜嗣君，以镇海内，而但哭邪！'孚与尚书和洽罢群臣，备禁卫，具丧事，奉太子以即位，是为文帝。"可见当时，曹丕和留守在邺城的大臣们，听到这个噩耗时，是多么突然、震惊和慌乱。

根据《三国志·魏书·武帝纪》记载，曹操是在建安二十三年（218）六月预置寿陵的，他去世的时间是在建安二十五年（220）正月，二月便安葬了，其留给墓葬建造的时间仅仅一年多一点。如此大规模的墓葬，在一年半的时间内，既要派人选择吉地位置，又要修建墓室，时间是根本不够，所以，当曹操突然去世时，墓葬的建造工作可能尚未结束，但是为了赶葬期，墓葬的建造必须完成，所以，工匠们只好赶工，不能按照正常的建造工序进行。于是，前室北侧室上面来不及用白灰勾缝，草草建成。我们推测，由于时值冬日，气候寒冷，墓室又深埋于地下，正在修建的墓室内的湿度一定很大。当前室北侧室仓促建成后，外表抹石灰，很难挂在墙壁上，最后只好放弃，因此才会出现上面的现象。

古人视死如视生，对自己的墓葬特别重视，鉴于曹操的特殊地位和身份，一般情况下，工匠是不敢省工减料的，只有上述这种解释，才能够说得通为何 M2 前室北侧室墙面没有经过粉刷，上部垒砖没有用白灰勾缝。

十九　考古发现曹操墓初次被盗的时间与有关文献记载相符，被盗文物与石牌记载的内容可以相互印证

我们清理了 M2 墓室后部一个盗洞（D3），因为该盗洞开口于第 5 层下，原来一直以为它没有到底，考虑到墓室的安全，没有对它进行清理。后来我们在裁直断崖时，发现它一直向下延伸，竟然和断崖下面靠北的那个早期盗洞相通。经过清理，发现该盗洞打破后室顶部偏北处，在墓壁上形成一个洞。因为它开口于第 5 层下，故我们认为，其形成的年代应该在西晋时期。经过查找资料，果真发现曹操墓最早被盗发生在西晋晚期，相关文章还对其被盗文物有所记载。

《四库全书集部别集类·陆士龙集》中的《与兄平原书》记载："一日案行，并视曹公器物。床荐、席具、寒夏被七枚。介帻如吴帻。平天冠、远游冠具在。严器方七八寸，高四寸余，中吴隔，如吴小人严具状，刷腻处尚可识。疏枇、剔齿纤挺皆在。拭目黄絮二在，垢，垢黑，目泪所沾污。手衣、卧笼、挽蒲棋局、书籍亦在。奏案大小五枚，书车又作岐案，以卧视书。扇如吴扇，要扇亦在。书箱，想兄识彦高书籍，甚似之。笔亦如吴笔，砚亦尔。书刀五枚。琉璃笔一枚所希闻。景初三年七月，刘婕好折之……见此期复使人怅然有感处。器物皆素，今送邺宫。大尺间数，前已白。其缥帐及望墓田处，是清河时……文昌殿北有阁道，去殿文（丈），内中在东，殿东便属陈留王内，不可得见也。""又，近日复案行曹公器物，取其剔齿纤一个，今以送兄。"有专家考证，这可能是从曹操墓中被盗的遗物①。陆云（陆士龙）写信给自己的兄长陆机，告诉他这件事。陆云当时是驻守在邺城的成都王司马颖的大将军司马，时间在西晋八王之乱时，正与笔者的推测契合。笔者专门写有论文，对这次盗墓的性质进行了论述②。事实上，陆云所记述中的这些物品，许多都在出土的石牌上有所记载，如黄絮、介帻、挽蒲棋局、案、夏被、严具、席具、严器、剔齿纤挺等。当然，二号墓（M2）经过多次盗掘，石牌已经不全。另外，由于陆云为南方吴地人，又经历了数十年，他对一些器物的名称认识和称谓，不一定与曹操入葬时所使用的名称完全一样。例如，他称如"吴小人严具状"的"吴隔"，可能就是曹操墓中出土石牌上所记录的木墨行清或者涞（漆）唾壶；他所提及的"剔齿纤挺"有可能是石牌上所记录的竹簪，介帻可能是石牌上所记录的帽，挽蒲棋局可能是石牌上所记录的樗蒲床。由此可知，许多文物在当时就已经被盗了。

二十　二次葬的发现，印证了文献中有关卞氏合葬高陵的记载

根据史料记载，曹操的夫人卞太后去世于曹操死后的第十年，也就是魏明帝太和四年（230）五

---

① 陈长崎：《曹操高陵早期被盗问题考略》，《历史研究》2012 年第 6 期。
② 潘伟斌、聂凡：《曹操墓首次被盗问题探讨》，《中原文物》2012 年第 4 期。

月，七月，卜太后合葬高陵①。

　　M2 有明显的二次打开的痕迹。其中一处在墓道的最东端，那里遗留有曹操墓原来的墓道痕迹。第二处是在墓道东部的两侧，打破了两边的磬形坑，说明其时代晚于这些磬形坑。第三处位于墓道的西部，打破了墓室前部封土，一直向西延伸，平面和剖面都十分清晰。第四处是在墓门正上方，墓道打破了贯穿南北的一条夯土带，而夯土带又打破了磬形坑。经过考古发掘我们知道，磬形坑与原来墓道为同期遗迹，夯土带略晚，而墓道两边的长方形坑和现今墓道最晚，为同一时期遗迹。

　　在 M2 内发现三具遗骨，其中一具为女性，五十多岁，应该就是卞氏。关于卞氏去世时的真实年龄，本人专门有论文进行了详细考证，文附于后，可作参考。

　　二次葬的存在，证实了卞氏确实是合葬在曹操墓内，印证了有关历史记载。

二十一　第三个遗骨的出现，正好契合了曹操临终的遗愿。

　　《三国志·魏书·后妃传》引《魏略》记载，曹操于病危之迹提及儿子曹昂时说道："我前后行意，于心未曾有所负也。假令死而有灵，子修若问'我母所在'，我将何辞以答！"曹操的意思是他死后，要给曹昂和其母亲有个安排。虽然曹操在这里的用意有可能是指其原配丁氏，但是，丁氏早年已经与曹操离婚，失去了夫人的地位，因此，曹昂的生身母亲刘氏合葬的可能性最大。根据鉴定，该墓葬中出土的另一具女性遗骸，年龄在十七八岁左右，推测应该是曹昂的生母刘氏。

第二十二　地面建筑遗址被破坏，符合有关文献记载

　　高陵的陵园内地面上建有祭殿，这是有明确记载的。② 黄初三年（222），曹丕下了《毁高陵祭殿诏》，诏令曰："先帝躬履节俭，遗诏省约。子以述父为孝，臣以继事为忠。古不墓祭，皆设于庙。高陵上殿屋皆毁坏，车马还厩，衣服藏府，以从先帝俭德之志。"③ 从此之后，高陵地面上再没有了祭殿这类的建筑。

　　我们在曹操墓前和南侧均发现有建筑遗址，应该是这些建筑的基址遗存，这也证明，曹丕毁高陵祭殿这件事并非虚传。由于这些建筑只在原始地面上保存有柱洞，并无突出地面的建筑物残存，如墙壁、砖瓦等，说明这些建筑很早就已经被破坏，被彻底清除掉了，并不是后世的自然损毁和坍塌。

　　综上所述，二号墓（M2）的墓主人应该就是曹操，在西高穴发现的墓园，就是曹操的高陵。

---

① （晋）陈寿：《三国志·魏书卷·五后妃》之《武宣卞皇后传》，中华书局 1959 年版。
② 《历代陵寝备考》卷十六："魏武帝葬高陵，有司依汉立陵上祭殿。至文帝黄初三年……高陵上殿屋皆毁坏，车马还厩，衣服藏府，以从先帝俭德之志。"
③ （清）严可均：《全三国文》，商务印书馆 1999 年版。

第十七章　相关研究成果

第一节　曹操墓人骨鉴定报告

王明辉（中国社会科学院研究所　研究员）

根据西高穴墓地出土人骨的材料，我们可以初步判定，二号墓（M2）至少包含三个个体，分别是前室出土一例，后室现出土两例。前室人骨编为 1 号，后室人骨为 2 号、3 号。

前室的 1 号个体，目前收集和观察到许多残片，主要是残的颅骨片，也就是头盖骨的上半部分，下边还有带两枚残牙的右侧残上颌骨，还有残的趾骨片。初步的鉴定结果是男性，年龄在 60 岁左右。因为保存的数量比较少，关键部位缺失比较多。

判断性别特征的依据是，头骨相对来说比较硕大、粗壮，骨壁比较厚，枕外骨突比较发育，乳突比较大，这些就是男性头骨的明显特征。

年龄判断的依据，是根据颅骨骨缝愈合程度和牙齿磨耗程度。关于颅骨的骨缝，人字缝、前面的矢状缝、冠状缝是头骨上的三大缝，这三大缝都已经完全愈合，显示这个人年龄较大。一般来讲，如果这三大缝都愈合，表明年龄就超过 50 岁了。更重要的是，我们还发现了一枚额蝶骨残片，即太阳穴位置的残片，接近完全愈合。一般人的年龄显示，这个骨缝是在 65 岁左右才会完全愈合。当然，由于个体差异，可能会有几岁的差别。同时，我们在上颌骨的牙齿上看到臼齿（也就是后面的大牙）磨耗。1 号头骨仅剩两颗牙齿，一个是第二前臼齿、一个是臼齿。因为有严重的龋齿，前臼齿仅剩齿根，臼齿上面有一个龋洞，但是还能看到磨耗，基本达到五级磨耗。五级磨耗是指齿端的釉质白色部分磨耗殆尽，齿质里面的黄色部分已经暴露。一般来说，达到这种磨耗程度需要到 56 岁以上。考虑到个体差异以及营养的差别造成骨缝愈合程度、牙齿磨耗程度的不同，我们初步鉴定 1 号头骨为 60 岁左右。这个个体口腔卫生状况比较差，仅存的两颗牙齿都患有严重的龋齿，还有比较严重的牙周炎和齿根脓肿，造成齿根完全暴露。

2 号头骨、3 号头骨的特征比较明显，头骨比较小，前额平直，骨壁比较薄，眶上沿比较薄锐，各种肌脊不发达，根据这个特征，我们判断此二人为女性。唯一的区别就是 2 号头骨显示年龄比较小，3 号头骨显示年龄比较大。同时，我们也在这两个头骨附近发现了两个下颌骨，通过研究我们认为，这两个下颌骨分别属于这两个头骨个体。

根据颅骨骨缝的愈合程度，还有下颌骨上残留的牙齿的磨耗程度以及骨密度的变化，我们判断，2 号头骨比较年轻，在 20—25 岁左右，因为她的骨缝刚开始愈合，还没有完全愈合，甚至她的枕骨已经缺失了，在骨缝处缺失。另外，牙齿磨耗程度非常低，基本没磨耗。

3号头骨的牙齿磨耗是四级，比1号头骨低很多。她的表现是釉质有一部分磨耗，齿质点扩大，颅骨缝多处已经开始愈合。我们曾经在邺城元祜墓发现人骨，史书记载他死于55岁，元祜墓牙齿磨耗比这个大得多。由于这两个地域比较接近，时代也比较接近，两座墓葬古人的地位也比较接近。根据对比，我们认为，3号头骨的年龄应该在50岁左右。

另外，3号人骨的肢骨比较完整，我们还对肢骨和髋骨进行了观察和测量，有明显的女性特征，其中髋骨最明显。从髋骨的坐骨架切脊、耳状关节面特征来看，是非常明显的女性特征。肢骨也是比较纤细的，下股骨脊之类显示的特征部位都明显，所以，从其肢骨、髋骨认为也是女性。两个股骨长376毫米左右，按现在推算公式推算，身高是151厘米左右；还有一对肱骨的长度283毫米，根据这个公式推算，身高是155厘米左右。

三个个体骨质比较好，无论男性还是两个女性，骨质疏松程度都比较小，骨质增生特征也很少，显示营养程度比较高。另外，生活逍遥，比较安逸，从事体力劳动比较少，在骨骼上很少有那种功能压抑造成的骨质增生等变化。传统的体质类学特征，都是属于典型的圆颅型颅囊。从长宽指数来看，应该属于中颅性或者圆颅性，长高指数是高颅，颅宽高指数属于中阔颅型，面处没有，面处和颅底都缺失了，这些特征不大清楚。目前从这些特征来看，与先秦时期中原地区典型居民接近。目前还没有发现其他种族有此特征。

发现于后室的3号个体，头骨冠状缝后部有一圈横贯颅骨的平缓凹线，呈一条带状，说明这个人从小就戴布条勒的冠、帽子之类，凹线可能是长期佩戴勒条状帽子所形成的痕迹。

第二节　专家论证会专家发言辑录

1. 黄景略：看完这座墓，我有两个感触，一个是这座墓大；再一个，这两个前室、后室就像现在咱们的四室两厅规模的大房子，这样的墓室结构还不太多。而且建筑的规模，无论是从面积上说还是从墓道规模上说，都是很大的。从这几个方面看，规格相当高。这种形式的墓葬，我认为它的时间大体上是在东汉后期一直到魏晋时期，按照这座墓的规格很大，墓主最少相当于公侯的级别。

虽然墓葬做了一年了，我感觉现在还有很多工作没做。这个时候要考虑，应该有个陵园，所以下一步工作量还不小，下一步工作怎么搞，一定要进行一个很好的研究。我个人认为，是不是做一些勘探的工作。但是，还是要挖，要做这样一个遗址，要把它保护下来。这个墓葬将来要留下来，将它保护起来，供大家来认识它，必须把这个陵园做好。现在出土的文物并不算多，精品不多，因为盗得挺厉害。我们要让人家认识到这个墓到底是谁的，结合它的整个陵园来考察会更好一些。

曹操当时不愿意让别人知道他到底埋在哪儿，可能就是怕盗墓吧。中国盗墓的历史，从文献上记载，早在春秋战国时候就开始了。从西汉晚期到东汉后期，农民起义盗墓是很厉害的，所以，曹操肯定要考虑到他的埋葬。墓上头也没有封土，也不做标记，比较隐蔽。但是他的墓仍然被盗了，而且盗得厉害。我估计同，可能在他死了以后不久就被盗了。

北齐的军队，因为当时打仗没有武器，怎么办呢？派他们的一些兵去盗墓，盗出金银铜铁，用来做兵器。所以这座墓如果是早年被盗，跟那时候有关系。

所以我想，将来首先是把曹操墓保护下来，二是要把陵园搞清楚，才能有看头。即使不保护下来，作为考古工作者，我们也要把整个陵园的规模搞清楚。如果将来我们搞几年做出来它的享堂了，内容会丰富一些。即使不开放，从我们考古本身的角度，这个工作我们也应该做，这也就是明年的工作。

近期我们还有很多事情要做，包括一号墓，现在还没有发现墓门，我看是还没有挖到底。

应该加紧修复出土的画像石。东汉时期，中国的画像石主要集中在三个地区：一个是江苏徐州到鲁南，以徐州为中心；另一个地区就是在河南的南阳地区；还有一片是陕西绥德到山西吕梁。从出土的画像石内容看，二号墓（M2）的画像石画面结构与南阳的不大一样。南阳的画像石都是减地的。在整个豫北地区出土的类似画像石不多。所以，这个画像石本身的内容相当不错，内容比较丰富。当然，破坏了一些，不管你保存了多少，应该把它们粘对起来。

2. 李伯谦：我说几点我的感性认识，首先谈谈二号墓发现的意义。第一是墓葬的性质。我认为这是曹操的墓，应该是确定无疑。证据有五个方面，根据有关文献的记载和鲁潜墓志的方位，从这个墓葬的位置来看，是曹操的墓，这是没有疑问的。

第二是它的时代。刚才黄景略先生讲，它是东汉晚期的墓葬，从其随葬的器物和墓葬结构来看，都是东汉时期的特点，所以从时代来看，二号墓（M2）是和曹操生活的时代相符的。

第三是墓葬的规模，刚才黄先生讲，这个墓葬的规模是公侯一级的。这使我想起了南京市博物馆大前年孙权墓，也没有出太多东西，盗得光光的，就出了一些瓷器，结果，没评上当年的十大考古发现。在挖到的吴国墓中，孙权墓是最大的，跟这个墓规模差不多，所以从规模来看，这座墓也是符合曹操身份的。

第四是出土那些铭文的石牌，直接点名了这就是魏武王。

这些明器都是他生前用的东西，"常所用"主要是这些，有兵器，有白练，还有香囊。我想，这是最直接的文字证明，证明它是曹操墓。

第五是人骨的鉴定，那个男性60岁左右，和曹操死的时候（66岁）基本上是一致的。

从这五个方面来看，二号墓（M2）是曹操的墓，应该是确凿无疑，这是判断墓葬性质的问题。有了这个性质判断以后，那意义就非常重要了。因为曹操生活的时代，东汉就快结束了，然后就是三国、魏晋，正好是时代转换的时候，体现在它的墓葬结构，也是可以看出来的。

由于这个墓葬被盗得厉害，它的随葬制度我们不清楚。但是，我感觉它和东汉墓葬是不完全一样的，跟后来魏晋的墓有相似之处。所以，从墓葬制度来看，是一个大转换时期。所以，我觉得，对于研究这一阶段各方面的制度，二号墓（M2）提供了一个非常好的材料。

其次是后续的考古工作，我同意刚才黄景略先生讲的。现在看好像是这座墓快挖完了，旁边那座墓也快到底了。实际上，相关的问题还是非常多的。黄先生讲了一个陵园的问题，这个时期应该是有陵园的。考古队已经制订了一个大致的计划，要进行大范围的钻探调查，我觉得这是今后要抓紧做的工作。

同时，就已经暴露出的现象看，要弄清楚都是怎么回事。比如说墓葬两边刮出来的用石灰标出来的那些遗迹现象（磬形坑），到底是干什么用的，要弄清楚。另外，北边的夯土又铺了一条小道，正好盖在墓上面，这是什么？它往西北方向拐了吗？南边还有没有？这都是要思考的。

另外，一般的墓葬，都有祭祀的享堂，二号墓（M2）那么大的墓，按照常规来讲应该是有的。它为什么不设享堂？如果不设这些东西，他的后代当了皇帝，他的儿子去祭祀他，要不要在墓前来祭祀，祭祀场所在哪儿？从文献上讲，在汉代时期，也是放衣冠在享堂的，这地方有没有？这就要靠在座的考古工作者来做。

　　我想，需要制订一个比较详细的后续考古工作计划。一步一步来，绝对不能够赶速度，一定要做得更细一点。

　　再次保护问题。一方面，对我们现在出土文物的保护、修复，必须马上做。实际上，在发掘队组成上，应该有一位做文物保护的人随时在现场跟着，紧急情况就要紧急处理。就是要考虑到，如果它是一个曹氏家族很大的墓地，我们钻探以后发现很多陪葬墓，或者说是家族的墓，制订一个什么样的保护规划，恐怕现在就需要考虑了。

　　墓群的保护规划由谁来做？我觉得必须是由考古队为主，和有资质的规划单位一块来做，而不能像以前有些遗址的规划那样，规划单位到那个地方，半个月或者一个月、两个月，几十万块钱一拿走，然后呢，从这个文本上抄一抄，就形成了一个保护规划，绝对要避免这种现象。因为我们这个太特殊了，一般的保护规划在这里是不适用的。

　　第四是展示的问题。展示我想是不可避免的。只要你一公布是曹操的墓，势必在社会上引起轰动，我想这对我们是一个压力。但是，要利用广大人民群众对这个墓的关心、热爱，促进我们的文物保护，从这一点来说，我们也需要进行展示。

　　展示也需要做规划，这个可以缓一缓。但是，也是一个不可避免的问题，要做一个规划。如果说要建博物馆，我考虑不要仅仅是这两座墓，包括附近的，固岸的重要发现都可经统一考虑进来，将来这有可能成为现实，这是展示的问题。因此，我们都必须走在前头来做一些事情。

　　最后一个问题，我想在这里说一说，你们这次发掘是一个抢救性的工作，我觉得这个是非常对的。我们文物方针不是保护为主，抢救第一吗？那我们这就是抢救，盗墓贼那么猖狂，在我们没法保的情况下，作为一个考古工作者，我觉得责无旁贷地要去抢，抢就是救，所以就要抢救。我们是反对挖大墓的，尤其是帝王的陵墓。但是，帝王陵墓被盗了，在这种情况下，你就是要去抢，抢救就是保护。

　　曹操墓是一个重大发现，应该引起我们的高度重视。为了使这个工作做得更好，我建议咱们河南省所，应该有一个从学术上来考虑的顾问咨询组，请一些在第一线做工作的、在这一段特别有经验的人，随时可以提供咨询。有些新东西我们解释不了，像现在许多新现象我们都不知道，为了使我们这个工作做得更好，需要请一些专家，随时咨询。

　　3. 郝本性：我觉得二号墓（M2）是前堂、后室双室墓，再加上四个耳室，这是东汉晚期所流行的。我们在焦作调查汉献帝墓，汉献帝后来禅位了，被封为山阳公。他死后葬的时候，也是按照汉制来葬的，也是前、后两个室。而且据记载，是前堂方一丈八尺，后堂方一丈五尺，角广六尺，他的墓叫"禅陵"，也是不起坟，深五丈，比较一下大小，也差不太多。但是，汉献帝后来降到山阳公了。而曹操呢，从魏公已经晋升为王爵。当时，曹操不接受孙权的建议，不愿意当皇帝，他说你这个小儿啊，你要我在火上烤，你要我当皇帝，我不干。他说如果是天命在我，我愿意当周文王。也就是说，我可以死后让我的子孙（例如曹丕）来当皇帝，他自己不当。

　　所以，说起曹操墓的这个规制，当时，他在邺城实际上已经超过了皇帝，"挟天子以令诸侯"，他头上可以戴王冠，有前后12串旒的那种，他坐的车可以（是）金根车，可以六匹马驾，天子驾六，他可以驾的。所以，二号墓里面出土盖弓帽，鎏金的，规格很高，应当说，他实质上已经是天子规格了。

　　但是，曹操的墓在葬制本身来说，他只能称魏武王。那个"武"是他死后的谥号，他生前是魏王。曹操死后，八个月之后，他儿子曹丕代汉自立，继承皇帝位，也就是魏文帝，所以才追谥他为魏武帝。因此，这时候他只能是魏武王，有墓中出土石牌为证。

而且，我们可以看到，石牌这个字体就是那个时期的。这个字体是隶书的后期，八分体，和以前出土的东汉晚期的碑刻对比，完全一样。

曹操的丧事是谁办的呢？是贾逵，贾逵是著名的经师。所以我认为，这个牌上所写的，都是曹操死后写的。

这种石牌，相当于过去历史上的遣册。战国时候，是在竹简上写遣册；后来也有在丝帛上写的，还有在木桩上写的。有的叫"遗物疏"，一直到晋朝，还叫"遗物疏"。湖北江陵汉墓、湖北江陵张家山汉简，都有类似遣册的遗物疏。

我们看到，二号墓（M2）出土6个带有"魏武王"的石牌，足以证明这座墓是曹操墓，不可能是其他人的。开始发现时，我想，如果说魏武王常所用挌虎大刀、挌虎大戟。万一是他的儿子先于他死了，比如曹昂先死了，是曹操赏给他们的吗？但是，后来出了慰项石，就是他直接使用的枕头，这个绝对只有他的墓才能放这个，他不可能赠给别人，放进别人墓里的。而这个慰项石是"常所用慰项石"，说明不是他临死的时候专门造的一个，他平时就用这块石头。但是在他死了之后，又给他刻上的。

这个"慰"字，一种解释是安慰，另一种解释它就像熨斗的熨字一样。曹操有头病，他经常头疼，他还找华佗，华佗还要给他开脑袋，动颅脑手术。曹操平时用这玩意治他的脖子，治头疼，他死后还想带到阴间享用，所以刻字，加上"常所用"。

白练单帬，白是颜色，练是很薄很薄的那种丝织品。"白练单帬一"，君字旁底下是一个毛巾的巾，和衣字旁一样通用，这个在居延汉墓和张家山汉简都是这样写的，它是套在里头的，单衣服，内衣。此外，还有绒二副，这绒也是一种丝织品。他是敛以时服的，他平时就穿这个。

特别是这里头还有香囊，30双。这个香囊，曹操在这个问题上是挺矛盾的，他从前就下令，严禁使用这种东西。香囊这种香料，中国自古以来不产，它是红海沿岸的产物，通过西域或南海、通过丝绸之路输送来的，张骞出使西域以后开始进来，到后来东汉班超以后就更多了。魏晋以后，从南方海路进来，在汉代墓葬中，经常出土博山炉。

香料在当时很贵，曹操下令不能熏香。但是，后来他的三个女儿都嫁给了汉献帝，入了后宫，皇帝是可以用的，他就不得已同意熏香了。

但是，后来曹操又说，不能用它来熏衣被，他自己也不能这么做。他死了以后，竟然墓里有30双香囊，什么原因呢？很简单，第一，他升格魏王了，身份也高了，觉得差不多了。第二，他是在洛阳死的，不管几月份，天气怎么样，他移葬到邺城附近，这中间他尸体容易发臭，香料本身就有一种作用就是随葬。所以在帐的周围，肯定是用了很多这种防臭的香囊。

还有一种情况，石牌上提到行清，行清就是马桶。"木墨行清"是指漆做的。凡是漆器，多是黑的。你看汉代的墓里面，包括梁孝王墓和其他早期的大墓，到后来它专门设一个厕所。徐州的诸侯王墓都有厕所。

再回到香的问题。他自己临死的时候剩下那么多香囊，史料记载是要分给他的夫人的。香囊有几种，一种是香囊，香囊在甘肃省博物馆有展陈，四角形的，16厘米长，一边6厘米，它用彩色的五色缎子做的，里面盛的是香。挂在哪儿呢？往往是挂在帐幔的后边。我们这一次看到有帐钩，帐钩出土在后室里边，说明在棺床上边要罩着一个帐子。

另外，前、后室周围的那些钉子，那么多，共有4排，肯定也是挂帐幔这些东西的。有的可能是放兵器，就像库里面的兵器架一样。你看那些刻有"魏武王常所用"的圭形石牌，每个牌上都挂有链子，它怎么放呢？肯定是挂在上面。

我们通过这个，就可以看出来它是曹操墓，这是一个铁证。如果说他不是曹操，他就不能用，因为当时是不允许其他人用"魏武王"这三个字的。

另外一方面，曹操主张薄葬，所以，这座墓不算大，随葬品太少，恰好是反映了曹操的薄葬思想。而且葬他的就是曹丕，经手的就是贾逵。曹丕比他要求的更为严厉，所以曹操的东西少一点也不奇怪。从此以后，曹魏时期薄葬。到了后来，司马懿也是薄葬。

一号墓（M1）为什么什么都没有，仅有一把铁剑？这就有几种可能。河南信阳长台关大墓，挖了半天挖出一个空墓，为什么？他即将安葬，情况发生变化了，所以没葬，这是一种情况。还有另一种情况，就是当时有衣冠冢。比如说曹操的大儿子叫曹昂，比曹丕约大十岁，曹操去打张秀的时候，曹昂战死疆场，这样的情况下，他上哪儿去找他大儿子的尸体？曹昂战死沙场，曹操觉得儿子是替自己死的，把马让给自己，自己逃脱了，像这种情况，会不会弄一个墓，里边有一把剑，把他大儿子以前的衣服、冠啊埋进去，那就是衣冠冢了。

至于七十二疑冢，那是后人传说。一号墓（M1）也不大可能是卞夫人的墓葬。如果它是卞氏墓，她虽然不一定有很多的随葬品，但是不会空空如也，所以说一号墓（M1）现在还是一个谜。

曹操规定广为兆域，说有功之臣要葬在这里，使其容纳得下。这就是陪葬制度，以后唐代等都是这样的。

4. 安家瑶：刚才李伯谦先生、郝本性先生都说了理由，这肯定就是曹操墓，我比较赞成。二号墓（M2）出的东西不够多，没有大件的东西能够镇住人的，但是这个墓的规格很高在这，又有文字的东西，与历史记载又吻合，我觉得应该早一点公之于众，比后来被动的好。而且，报道的时候不要把话说得太满，可以留一点余地，给大家更多的空间研究讨论。但是，基本上要下一个结论，我觉得现在还是有必要的。而且，你宣布了以后，对下一步做整个陵园、整个墓群的考古计划、保护计划有好处。

二号墓（M2）出土的东西，我觉得非常精致。那件用煤精石雕刻的小虎，它对干湿的程度要求比较严。所以，它出土以后还真是要有懂文物保护的人，因为在墓底下湿度比较大，出土以后，在上面比较干燥，容易损坏。还有水晶珠、玛瑙片、玛瑙珠，都做得相当精致。

我希望这个工作有一个长期的工作计划，咱们考古所里，应该在这里有一个长期考古工作队。因为这里肯定有墓群，单独发现了一个二号墓（M2），周围的那些墓呢？应该抢在盗墓贼之前再做出来一些。

5. 梁满仓：我不是搞考古的，我是搞历史的，对考古工地不是很内行。我来到这里感触最深的是，抢救真是太及时了。就拿这个石牌来讲，如果咱们不抢救，盗墓这么猖獗，都挖走了，是一个空墓了，咱们用什么来证明？万幸的是，我们抢在了盗墓者的前面。这里边又出土了石牌，所以，这一个就足以证明了，二号墓（M2）应该是曹操墓。

今天，我对卞夫人还有一些疑问。刚才墓室里面那两个女性，这个尸骨怎么解释？我建议找一找卞后的墓，因为文献记载卞后和曹操合葬在一起了，如果在附近发现卞后墓，就是更有利的证据，这比这个牌更有利。

6. 郝本性：我们发现了一样东西，这个铜印上的图案——铺首衔环，我想，它可能是用作印泥，也作为随葬品放了进去。这个铜印。正好是一个铺首衔环，这可是不简单的。另外，那个弩机是八寸弩机，需要再看看上面刻的有没有铭文，因为那时候刻的铭文是很细很细的。二号墓的铁器发现以后，如果不及时加以保护，再如铁铠甲，派什么人赶快复原，如不及时保护，时间一长就腐朽掉了。所以，这些铁器一定要单独存放，并且防潮。防止它再生锈。

7. 朱绍侯：接到参加会议通知之后，我就查资料。当时我查资料，主要是查这个墓方位问题。不过现在看起来，我查这个资料没什么用处，因为这座墓在什么位置已经确定了。我们现在发掘的这座墓，和历史上记载的完全一致。跟曹操结合起来也很有价值。查资料的结果，我就给曹操墓做了4个坐标，这4个坐标，一个就是严立方在《书灯记》上讲的，魏武帝陵在邺城东开乡。第二个坐标，是曹操魏武帝里讲的，就是漳水之阴，也就是南岸了，这是一个坐标，这个正确。第三个坐标，就是在伯阳城，在安阳县的县北边，这个地方是指这里。第四个坐标，就是曹操墓西门豹祠附近，有人说，西门豹祠是梁元帝时候建的，实质上，在汉代就有西门豹祠，所以这个不能否定。我总结出了4个坐标，来帮助引导，现在墓的方位已经确认了，也没问题。

下面就谈谈我看了曹操墓的一些感想。第一，这个墓可以确认为曹操墓。最大的根据，就是在墓里边发现了"魏武王常所用挌虎大戟"石牌、"魏武王常所用挌虎短矛"石牌。是这个牌确认了这座墓，魏武王墓。而这个魏武王，如果他要叫魏武帝，你还真的要考虑一下，因为他死的时候不是帝，是王。

第二，从墓的规格来看，我觉得完全符合曹操薄葬的制度。我到墓底下看了一下，它跟西汉、东汉帝陵，也就是王室墓来比，相差甚远。像西汉梁王墓，东西都比它多，梁王虽然也是王，但是比曹操的地位低得多。曹操用他当时的权位，要是搞厚葬，绝对是没问题的。当然，曹操的社会背景不太一样，但是，他完全可以搞阔气一点。从这墓来看，特别是那陶俑，确实很粗糙，别说是帝王墓，就是一般的将相墓，也不会做得那么粗糙。这一点来看，曹丕还是遵从薄葬。

第三，这里边讲的魏武王常所用挌虎大戟，和敛以时服是一样的，他就是常用的。当然，由于盗墓贼盗掘，咱们发掘的东西不是很多，可能大的东西都让盗墓贼拿走了，不过，我想随葬的东西也不会太多。关键就是这个牌子证明了它就是曹操墓，这个墓葬的情形也符合曹操薄葬的精神。我可以确定它是曹操墓。

第四，为什么曹操墓一千多年被淹没，还有七十二冢传说，形成历史之谜，就在于曹操墓"不封不树"。不封不树就是上边不封土、不栽树。曹操的想法，就是坟上不留任何东西，曹操盗过别人的墓，他就知道，如果他的墓厚葬，早晚有人去盗。所以，他就主张薄葬。

这跟他的不封不树是一致的，从现在的来看，他自己并没有造什么假，实际上他是如此说的，也是如此办的。我们基本上肯定，这个墓就是曹操墓。但是还是有疑问的，最大的疑问就是卞氏死了以后合葬高陵。从现在墓主人来看，没有卞后。对于合葬有不同的理解，在墓旁建墓，再合并起来，也可以叫作合葬。卞氏墓在哪里？二号墓（M2）那两个女性人骨都不是卞后，所以这问题还是要解决的。

另外，曹操也曾提出，在他死后，对他忠心的大臣可以陪葬。这个陪葬不是当时死了陪葬，而是等大臣死了以后再陪葬。所以我想，在曹操墓的周围，应该有他亲信大臣的陪葬墓，这个是不是也要考虑一下。将来这个墓的墓主证实了，就要保留下来，曹操墓还有周围的大墓，还有甄妃墓，都应该引起重视。

搞历史特别是搞考古的人，一般见到文字就信了。对于出土文字还要考证、验证，史学界和考古界一起讨论，问题能够深入一点。二号墓出土石牌，别看牌小，它能说明很大问题。魏武王常所用挌虎大戟，挌虎大刀，让我想起当时中原地区有很多虎。而且，曹丕打虎游猎是很出名的；曹操自幼也很喜欢打猎；孙权在江南打虎，甚至专门造了一个打虎的车。"挌虎"也就是搏斗，这个牌上的"挌虎"，反映了当时的社会风气和社会现象。《三国志》里的《魏书》记载，曹操才力绝人，手射飞鸟，攻禽猛兽。他特别强壮，他挎虎，跟老虎搏杀，真是太不简单了。在这里，他特别强调这一点，大刀、大戟都用"挎虎"这两个字。另外，"常所用"是个助动词，就是曹操经常用的、他生前用的。他葬以时服，曹操生前用的戟、大刀、短矛还有那个枕头都殉葬了，曹丕遵从父亲的遗命，将其生前用的东西随葬，不再造新的。

第三节 曹操墓的文物学证明

——出土器物与魏武王的关系新证

潘伟斌（河南省文物考古研究院 研究员）

对曹操墓出土文物的整理正在紧张进行中，经过前一段工作，取得了很大进展，例如拼对出随葬陶器 200 件左右，对部分画像石进行了分类和拼对，并且对出土的铁器进行了分类整理。那么，在我们整理的这些出土文物中，有没有为曹操墓提供更多的证据呢？答案是肯定的，

第一，曹操墓（二号墓，即 M2）中出土的陶器都是典型的东汉器物，限于篇幅，在这里就不对二号墓陶器特征一一介绍了。

通过整理我们发现，曹操墓所出土陶器有以下特征：器物个体偏小，制作工艺粗糙，应该是为随葬而专门定制的明器，不是其生前的实用器物。而且，这些陶器均为素陶，也就是说，这些陶器上没有东汉时期流行的彩绘图案。

那么，曹操去世时，墓中随葬的陶器到底是什么样子呢？关于这一点，在有关文献中可以找到准确的答案。曹植在《武帝诔》中，对曹操墓中随葬的器物描写道："明器无饰，陶素是嘉。"意思就是说，曹操墓中随葬的明器（专门用于随葬的器物）都没有彩绘，而且多是陶器。这与二号墓出土的文物特征完全相符。

第二，经过拼对，我们发现，曹操墓中出土的陶鼎共有 12 件。自古以来，鼎是墓主人身份和地位的反映。《后汉书·礼仪志》明确记载，皇帝用"瓦鼎十二"。因此，从出土的陶鼎数量来看，曹操是按照帝王级别安葬的。根据《三国志·魏书·武帝纪》记载，建安十七年（212）春正月，"天子命公（曹操）赞拜不名，入朝不趋，剑履上殿，如萧何故事"。建安十九年（214）三月，"天子使魏公位在诸侯王上，改授金玺，赤绂、远游冠"。同年十二月，天子命公置旄头，宫殿设钟虡。二十年（215）九月，"天子命公承制封拜诸侯守相"。二十一年（216）五月，"天子进公爵为魏王"。二十二年（217）四月，"天子命王设天子旌旗，出入称警跸。五月，作泮宫"。同年十月，"天子命王冕十有二旒，乘金根车，驾六马，设五时副车，以五官中郎将丕为魏太子"。所有这些都足以证明，曹操去世时，已经取得了作为一个帝王的所有特权和礼制，只是名义上没有称帝罢了。因此，他去世时虽然身份仍然是魏武王，但是，其礼仪应该也是像其生前一样，享受着天子的级别。二号墓陶鼎的出土，证明该墓完全符合东汉帝王陵墓的随葬礼制。

根据 M2 出土石牌所记载的内容，其随葬的物品中，有仪仗（如卤簿），有辒车等，辒车是专门用来运载灵柩的车子，这些都是当时皇帝才能享用的最高礼仪。关于辒车，《礼记》中解释："天子之殡也。"郑玄注："天子殡以辒车，画辕为龙。"这也是曹操以天子之礼仪安葬的明证，更是该墓超越一般诸侯王礼制的明证。

《后汉书·礼仪下》："东园武士执事下明器。笥八，盛容三升，黍一，稷一，麦一，粱一，稻一，麻一，菽一，小豆一。瓮三，容三升，醯一，醢一，屑一。黍饴载以木桁，覆以疏布。甀二，容三升，醴一，酒一。载以木桁，覆以功布。瓦镫一。……卮八，牟八，豆八，笾八，形方。酒壶八，槃匜一具。杖、几各一。盖一。……瓦灶二，瓦釜二，瓦甑一。瓦鼎十二，容五升。匏勺一，容一升。瓦案九。瓦大杯十六，容三升。瓦小杯二十，容二升。瓦饭槃十。瓦酒尊二，容五斗。匏勺二，容一升。"

曹操墓中出土的陶器数量众多，既有《礼仪志》中所记载的灶、匏勺、釜、甑、盘、托盘等，又有熏炉、仓、鼎、大耳杯、小耳杯、豆、酒尊、甀等。从中可以看出其是成套的，基本上是按照《礼仪志》所规定的礼制随葬的。但是，由于曹操本人节俭的性格，对其数量有所增减也是情理之中。尤其是该墓葬曾经多次被盗，其随葬器物个别有可能流失，所以，出土时种类不全也是在所难免。

第三，曹操墓中出土了大量铁器，经统计，其残件数量达4700余件。其中又以兵器为主，绝大多数为铠甲残片，还有铁镞、铁剑、铁刀、铁蒺藜等。大量兵器的出土，印证了曹操生前为军事统帅的事实。出土的兵器类中，有铁剑一把、铁刀一把。其中刀身窄而直，细长类似剑刀，是不是曹植在《宝刀赋》中所记载的百辟刀，尚待商榷。

关于百辟刀，史料中不乏记载。曹操曾下令："往岁作百辟刀五枚，适成，先以一与五官将，其余四，吾诸子中有不好武而好文学，将以次与之。"在这里，他强调了制造百辟刀的主要目的，只交代了其中的一把被赐给了五官中郎将曹丕，其他几把没有说明去处。那么，其他四把到底到哪里去了，有没有可能会随葬在曹操墓内呢？关于这个问题，曹植在其《宝刀赋》中已明确给出了它们的去处。他在该赋的序言中这样记述："建安中，家父魏王乃命有司造宝刀五枚，三年乃就，以龙、虎、熊、马、雀为识。太子得一，余及余弟饶阳侯各得一焉。其余二枚，家父自仗之。"这说明，当时曹操手中还保留了两把百辟刀。

曹植在《宝刀赋》中，对这些百辟刀极尽颂扬之辞。他说："有皇汉之明后，思潜达而玄通。飞文藻而博致，扬武备以御凶。乃炽火炎炉，融铁挺英。乌获奋椎，欧冶是营。扇景风以激气，飞光鉴于天庭。爰告祠于太乙，乃感梦而通灵。然后砺以五方之石，鉴以中黄之壤。规圆景以定环，摅神思而造像。垂华纷之葳蕤，流翠采之滉漾。陆斩犀革，水断龙舟。轻击浮截，刃不瀱流。逾南越之巨阙，超西楚之太阿。实真人之攸御，永天禄而是荷。"可见，这些百辟刀非常珍贵，他对父亲赐给自己的这把刀也十分珍爱，为此，他还命人在该刀上镌刻铭文道："造兹宝刀，既砻既砺，匪以尚武，予身是卫，麟角匪独，鸾距匪蹶。"既然该刀如此精美珍贵，曹操将其中一把随葬也是极有可能的。二号墓武器的出土，反映墓主人是身经百战的军事统帅的身份特征。

第四，曹操墓中出土陶砚，出土的石牌上有记录，其随葬品还有墨饼、书案等文具，这些都印证了曹操生前的另一个特点：他除了是政治家、军事家，还是文学家、书法家。关于这一点，《三国志·魏书·武帝纪》上记载得十分清楚："太祖御军三十余年，手不舍书。书则讲武策，夜则思经传。登高必赋，及造新诗，被之管弦，皆成乐章。"他曾注《孙子兵法》，还是建安文学的倡导者，是著名的"三曹"之一，他一生中留下的诗赋众多，据不完全统计有26篇，其中以《短歌行》《观沧海》《龟虽寿》等篇最为著名。

以上文物的出土，也证明了曹操生前这种文武兼备的双重身份和个性，成了二号墓（M2）是曹操墓的一个重要旁证。

第五，曹操在《内戒令》说："昔天下初定，吾便禁家内不得熏香。后诸女配国家，因此得烧香。

吾不烧香，恨不遂初禁，令复禁不得烧香。其所藏衣，香著身亦不得"（《御览》卷九八一）。因此得知曹操是严禁烧香的，势必引起上行下效，其他大臣是不敢冒这个风险的。但是，曹操自己又要求"房屋不洁，听烧枫胶及蕙香"（《御览》卷九八二），可见，曹操自己后来是烧香的。他在《遗令》中要求，"余香可分与诸夫人"（陆机《文选》之《吊魏武文·序》），也说明了当时他是用香的。而曹操墓中所出土的"香囊卅双"也印证了这一点。

第六，二号墓所出土的带有"魏武王"三个字的圭形石牌有多块，如"魏武王常所用挌虎大戟"、"魏武王常所用挌虎短矛"、"魏武王常所用长犀盾"残块等。从盗墓贼手中收缴过来的"魏武王常所用挌虎大刀"石牌来看，应该还有其他类似石牌。由于这些石牌相同内容往往出土多块，因此我们推测，石牌应该是作为仪仗用的，即所谓的"卤簿"。既然作为卤簿用，又明确点出了是魏武王常所用，因此，指向性非常明确。

综上所述，二号墓（M2）出土的最有时代特征的陶器均为东汉末期的，此时能够称"魏武王"的只有曹操一人，故墓主人应该就是东汉末年的魏武王曹操，二号墓只能是魏武王曹操的墓葬。

第四节　曹操墓的考古学证明

刘庆柱（中国社会科学院考古研究所　研究员）

西高穴墓位于河南省安阳市西北安阳县安丰乡西高穴村。该墓近年来不断被盗掘，为了对其进行抢救性保护，河南省文物考古研究所于 2008 年 12 月至 2009 年进行了考古发掘。考古发掘的西高穴墓有两座，编号为一号墓（M1）和二号墓（M2），其中二号墓的田野考古发掘工作已基本完成，一号墓考古发掘正在进行之中。从考古发掘的资料来看，南北并列的二号墓与一号墓，前者应为主墓。根据目前已经取得的考古资料，可以确认，二号墓就是历史上著名的政治家、军事家、文学家曹操的墓葬。

西高穴二号墓确认为曹操墓的主要考古依据是：二号墓形制规格、遗迹与遗物所反映的墓葬时代、出土石牌及其文字内容、人骨遗存鉴定结果、墓葬地望、文献记载与考古发现遗存的对应关系、其他出土遗物等。

1. 二号墓的形制与规格

二号墓（M2）为"甲"字形墓，坐西朝东，由墓道、前室、后室和 4 个侧室构成，属于斜坡墓道的双室砖券墓。

墓道长 39.5 米、宽 9.8 米，东西长 18 米。墓门宽 1.95 米，高 3.02 米，墓门 4 层，外 3 层为砖砌，内层为石门。墓圹平面东边南北长 22 米、西边南北长 19.5 米，东西长 18 米。

墓室有前室与后室，二室平面均为方形，边长约 3.8 米，四角攒尖顶。前室与后室南北两侧各设置一个侧室，侧室平面均为长方形。墓室石板铺地，石板长 95 厘米、宽 90 厘米。4 个侧室均置石门。

二号墓（M2）考古发掘之前，考古发掘的汉代诸侯王墓已有将近 50 座，其中东汉时代诸侯王墓有 7 座。东汉时代的 7 座诸侯王墓中，有前期墓 2 座、中期墓 3 座、晚期墓 2 座。考古发现的东汉晚期的诸侯王墓有河北定县（今定州）北陵头 43 号墓（东汉中山国中山穆王刘畅墓）、江苏徐州土山墓（东汉晚期某代彭城王或王后墓），二者均由墓道、前室、后室与左、右耳室或侧室组成。

晚于东汉时代的三国时代东吴高级贵族墓（或帝王陵墓），考古发现有江苏南京江宁区上坊墓、安徽马鞍山宋山墓（东吴景帝孙休墓）、安徽马鞍山朱然及家族墓等，其墓葬形制均由墓道、前室、后室及侧室（或耳室）组成，墓内安置石门，墓室地面铺地砖规格大（如安徽马鞍山宋山东吴墓的铺地砖、江苏南京上坊东吴墓的铺地砖，边长50厘米）。宋山墓的墓室长17.68米、宽6.6米。上坊东吴墓的墓室长20.16米、宽10.5米，前后二室平面均近方形，顶部为四隅券进式穹窿顶，前室与后室两侧各有2个耳室。

东汉时代考古发掘的诸侯王墓一般在王国都城附近的高地或山冈之上。东汉时代前期，诸侯王墓的墓葬形制是题凑石墙回廊多室墓；东汉时代晚期诸侯王与魏晋时期高等级墓葬，则为单墓道、前后室及四侧室（或耳室）、穹窿顶砖室墓。西高穴二号墓的墓葬形制，恰与东汉时代晚期诸侯王墓和魏晋时期高等级墓的墓葬形制相同，它们的规格相近。从西高穴二号墓的墓葬形制、规格来看，二号墓应为王陵。

2. 考古发现遗迹与遗物所反映的墓葬时代

二号墓（M2）的墓葬形制规格与东汉晚期诸侯王墓基本相同，墓内发现3枚东汉五铢钱、有"魏武王"铭刻石牌7件、物疏石牌51件，均不晚于东汉晚期或曹魏初期。因此可以判定，其时代为东汉时代晚期至曹魏初期。

3. 出土"石牌"的文字用语及书法特点

在西高穴二号墓出土了"魏武王常所用挌虎"铭文石牌7件，"魏武王"在东汉晚期曹操去世至曹丕称帝之间，只能是曹操。"常所用"为汉魏之际所使用语言，如《三国志·吴书·周泰传》裴松之注引《江表传》，有"常所用"语《宋书·肖思话传》，有"常所用铜斗"；此外，其他文献中还有"常所用弩"等。"魏武王"铭石牌中，有"挌虎大戟""挌虎短矛""挌虎大刀"等铭刻，"挌虎"为当时常用语，如《魏书》有"格虎车四十乘"、《文选》谢灵运《拟魏太子邺中集诗》注王肃《格虎赋》、《全汉文·谏格虎赋》、《太平御览》引崔鸿《十六国春秋·后赵录》载"格虎车"等。

刀作为短柄武器，东汉时代晚期在军队中已基本取代了长剑。东汉晚期的诸侯王墓（河北定县43号墓）之中，出土有长105厘米的大刀。戟是东汉末年、三国时期最主要的格斗兵器。

二号墓（M2）出土石牌的刻铭"魏武王常所用挌虎大戟"，与缴获盗墓者从此墓盗出的"魏武王常所用挌虎大刀"，从其"挌虎"的用语与"大戟"和"大刀"的兵器，都说明它们是东汉末期至曹魏时期所流行的。

二号墓（M2）出土的58枚刻铭石牌分为两种类型，一种为刻铭"魏武王常所用"者，计7枚；另一种为物品名称及数量刻铭。其中后者应为"物疏"，即一般所说的"遣册"，这是随葬品记录，它们流行于战国时代至魏晋时期。

二号墓（M2）发现的刻铭石牌文字，绝大多数为汉隶，亦即"八分体"，这是东汉时代流行的书法。

4. 人骨遗存鉴定

二号墓（M2）发现人骨个体3个，鉴定认为男性1个，年龄约60岁；女性2个，年龄分别约为50岁和20岁。《三国志·魏书·武帝纪》记载：建安二十五年（220）春正月"庚子，王崩于洛阳，年六十六"。二号墓发现男性个体头骨的鉴定年龄，与曹操去世年龄基本吻合。

5. 其他出土旁证遗物

西高穴村以东14千米为曹魏都城——邺城遗址。20世纪80年代以来进行的考古勘探、发掘工作，基本探明了邺城遗址的范围、布局形制。根据中国古代帝王陵墓埋葬规律，一般帝王陵墓安排在帝王都城附近。如商代晚期都城——殷墟的王陵区，在殷墟西北部的西北岗一带；春秋时代秦国都城雍城的附近，有在此执政的秦公陵，战国时代，秦咸阳城西北部有秦王陵；西汉一代，9 座帝陵埋葬在汉长安城北部；唐十八陵，在唐长安城以北的"北山"一带东西排列着；朱元璋以南京为都城，去世之后葬于南京；明十三陵，是在北京当皇帝的明帝陵。曹操以邺城为王都，作为"魏王"的曹操陵墓，理应埋葬于邺城附近。曹魏邺城的"魏王"只有曹操，邺城作为东汉晚期曹操的王都，这里东汉晚期的王陵非曹操莫属。

1998 年，西高穴村村民徐玉超在村西取土时，发现了后赵建武十一年（345）大仆卿驸马都尉鲁潜的墓志，志文记载，鲁潜"墓在高决桥陌西行一千四百廿步，南下去陌一百七十步，故魏武帝陵西北角西行四十三步，北回至墓明堂二百五十步"。墓志上述文字记载锁定魏武帝高陵就在西高穴村。西高穴村发现的东汉时代晚期曹操墓，与鲁潜墓志互为佐证。

6. 文献记载与考古发现遗存的对应关系

《三国志·魏书·武帝纪》载，曹操于建安二十三年（218）六月在"西门豹祠西原上为寿陵，因高为基，不封不树"。西门豹祠遗址在今河南省安阳县安丰乡丰乐镇，遗址地面常发现有东汉、北朝时期的砖瓦残块。《水经注》又载："西门豹祠东侧有碑，隐起文字，祠堂东头石柱，勒铭曰：赵建武中所修也。"该石柱现存于临漳县文物保管所。西高穴村在西门豹祠遗址以西 7 公里，西高穴二号墓所处地势高亢，地面没有发现封土遗存。古代帝王陵墓的"薄葬"，历来将"不封不树"作为十分重要的内容，西高穴二号墓（M2）就是一座东汉时代末期具有王陵形制与规格的"不封不树"的墓葬。

唐代《元和郡县制》记载："魏武帝西陵在县（唐代邺县，即魏晋时期邺城故址）西三十里。"今西高穴村东距邺城遗址 15 千米（注：30 华里）。西高穴二号墓的地望与上述文献记载的方位是一致的。

《三国志·魏书·武帝纪》记载，建安二十二年（217）"天子进公爵为魏王"。又载，建安二十五年（220），"王（曹操）崩于洛阳。……谥曰武王。二月丁卯，葬高陵"。西高穴二号墓（M2）出土的有"魏武王常所用"铭文的石牌，其称谓与上述文献记载相同。

从以上所述可以认为，西高穴二号墓（M2）就是曹操墓，前面提出的所有证据是一个完整而又相互佐证的证据链：曹操作为魏王，王都在邺城，曹魏邺城的"魏王"只有曹操，曹操去世之后只能葬于邺城附近，曹操的陵墓只能是东汉时代晚期的，其墓葬的形制规格应该与东汉晚期至三国时代的"王陵"形制规格是一致的，东汉时代晚期的"魏武王"，只能是曹操的谥号。西高穴二号墓具备了上述证据链中的所有方面，因此我认为，西高穴二号墓就是曹操墓。

（原文载《中国社会科学报》2010 年 1 月 19 日）

第五节　西高穴二号墓就是曹操墓

潘书斌（河南首文物考古研究院　研究员）

曹操墓出土以后，在社会上引起了极大争议，但考古学界和史学界却鲜有异议。只要严格遵守田野考古的操作规程，出土遗迹和遗物地层关系明确，墓葬形制和出土文物符合曹操生活的时代特征，就能够证明曹操墓的真实性。

1. 出土的文物是真实可靠的

曹操墓（二号墓，即 M2）受到质疑的原因是：（1）曹操墓一直没有线索，千百年来都是苦苦寻找的目标，特别是宋以后，广为流行的七十二疑冢之说早已深入人心。（2）曹操墓经过多次盗掘，按照一般人的思维，不可能还会遗留下能够证明曹操身份的文物。（3）一般人不了解考古队的工作程序。（4）缺乏对魏晋时期文物和墓葬特征的了解。（5）没有到考古现场进行实地调查。

其实，二号墓（M2）出土的层位十分清楚，其上面叠压的地层最早是现代人活动层，其次是明清文化层，再次是唐宋文化层，再下面是北朝文化层。这就从地层上保证了曹操墓的时代不会有任何问题。关于这种地层关系和曹操墓的出土层位，国家文物局曾经多次派专家组到现场进行验证，中国社会科学院考古研究所先后有数十位专家来现场考察。尤其是 2010 年 9 月 17 日，参加"汉代城市与聚落考古与汉文化国际学术研讨会"的 100 多位专家到现场实地考察后，对发掘工作给予了高度评价。

对二号墓（M2）的内部清理，同样按照这种层位关系进行。砖室通常密封较好，内部往往会有一定的空间。然而这种墓葬一旦被盗掘，泥土会通过盗洞随雨水渗透到墓室内，形成淤积。曹操墓早年被盗掘过，墓室内部淤积了大量泥土，其厚度达 3 米左右，这些泥土几乎将其 4 个侧室淤满，尤其是在其门道部位，人们只能爬行通过。也正是这些深厚的泥土，对墓室中的文物进行了有效保护。可能有人会问，既然早期曹操墓曾经被盗掘，为什么当时没有将其中的文物全部盗走？从曹操墓遗留下来的文物的保存特征来看，曹操墓的首次被盗，是出于政治性报复的破坏行为，并非以盗掘文物为目的。

由于墓室内有大量淤积土，现代盗墓分子进入墓室后也是一片茫然。要想盗掘下部文物，必须向下挖掘深达两三米的盗坑，而这种挖掘也是盲目的。由于文物都在墓室的底部，所以，盗掘效果就要看盗墓分子所挖盗坑面积的大小、深浅和他们的运气。墓室内空间的相对狭小，限制了盗墓分子的这种疯狂挖掘行为。如在墓室与侧室的门道部位，由于门楣较低，上下活动的空间较小，盗墓分子只能爬行，无法伸展手脚实施盗掘，这便阻碍了盗墓分子的盗掘行为，使墓室下部的文物得到了较好的保护。而那些石牌，也正是在后室和南侧室的门道部位出土的。

另外，文物的遗留也取决于盗墓分子对文物的喜爱取向。如那些陶器，盗墓分子一般认为其价值较小，尤其是早年已经被破坏，多已破碎，即使盗墓分子遇到了这些东西，往往会将它们弃置一旁。这些破碎的陶器却正是考古工作者重点研究的对象。陶器最具时代特征，它们的特征、种类涉及对墓葬时代、级别、丧葬制度、随葬制度的判断和研究。比如，在对曹操墓内出土的部分陶片进行拼对粘接后，我们发现了 12 个陶鼎，另外还有一些残片存在。这就解决了墓葬的时代和墓主人生前身份级别的重大学术问题。关于用鼎制度，周代的礼制规定：天子用九鼎，诸侯用七鼎，大夫用五鼎，士用三鼎或一鼎。到了东周，则是天子、诸侯用九鼎，卿用七鼎，大夫用五鼎，士用三鼎或一鼎。但是，根据《后汉书·礼仪志下》记载，天子随葬的用鼎制度是"瓦鼎十二"，这就为判断该墓葬的时代和墓主人的级别提供了重要的实物证据。

即使墓葬经过多次被盗，考古工作者在发掘过程中，仍然严格按照田野考古操作规程，先晚后早，分层清理，将各次盗掘所造成的不同堆积严格区分开来，并严格记录发掘经过和文物出土的状况。我们的记录包括文字记录、绘图、摄影、照相，并将每个遗物出土的位置、深浅层位，进行精确的测绘，记录其完整的三维坐标。力争保留墓葬的完整信息，为今后的研究工作和墓葬的复原工作提供更多的科学依据。

我们在发掘曹操墓的过程中发现，除现代盗墓分子遗留下来的一些现代照明工具、矿泉水瓶、方便面袋子和烟盒外，剩下的都是东汉晚期的文物，并没有其他时代的东西。这就从技术上保证了这些文物的时代是准确无误的，从而也保证了墓葬时代定位的准确性。

经过严格清理，我们发现墓室底部的文物基本上还保持了早期被盗时遗留下来的原始状况。墓室底部还保留有部分漆木器和木棺残部，个别石牌和文物直接叠压在倒塌的漆木器下，虽然这些漆木器部分被盗墓分子破坏了，但是有的还能够看出其形状。由于漆木器早已经腐朽，是极易损坏的东西，后人不可能翻动，否则就会变成一堆碎土，更不可能保持什么形状。

以上情况说明了曹操墓出土的文物是真实可靠的，是经得起科学检验的。

2. 曹操墓的形制符合汉魏帝王陵墓特征

二号墓（M2）为"甲"字形墓，坐西朝东，由墓道、前室、后室和 4 个侧室构成，属于斜坡墓道的大型双室砖券墓。

墓道长 39.5 米、宽 9.8 米，墓门宽 1.95 米、高 3.02 米，墓门 4 层，外 3 层为砖砌，内层为墓室门。墓圹平面东边南北长 22 米、西边南北长 19.5 米，东西长 18 米。

墓室有前室与后室，二室平面均为方形，边长约 3.8 米，四角攒尖顶。前室与后室南北两侧各设置一个侧室，侧室平面均为长方形。墓室石板铺地，石板长 95 厘米、宽 90 厘米。4 个侧室均置有墓门。

这种"四角攒尖"式墓室顶部结构，是东汉中期以后才出现的，因此具有东汉晚期的特征。结合这种墓葬结构特征以及层位关系和出土文物等，判定此墓为东汉末年墓葬，是完全没有疑问的。

在西高穴曹操墓发掘之前，考古发掘的汉代诸侯王墓有近 50 座，其中东汉时代诸侯王墓有 7 座。在 7 座诸侯王墓中，前期墓有 2 座、中期墓 3 座、晚期墓 2 座。考古发现的东汉晚期的诸侯王墓有河北定县（今定州市）北陵头村 43 号墓（东汉中山国中山穆王刘畅墓）、江苏徐州土山墓（东汉晚期某代彭城王或王后墓），二者均由墓道、前室、后室与左、右耳室或侧室组成。

墓葬等级主要表现在墓葬平面形状和建造结构的差别。西高穴曹操墓的墓室结构，与东汉时期等级相近的墓葬类似，但又略有差别，呈现由东汉向魏晋墓过渡的特点。

与西高穴二号墓（M2）形制最为接近的东汉诸侯王墓，是灵帝熹平三年（174）去世的中山穆王刘畅夫妇墓。两座墓的平面形制接近，都是前、后室外加双侧室。前、中、后三个墓室均为长方形，且后室的双侧室是左右排列。而曹操墓前、后室均为正方形，4 个侧室两两对称分布，因此其结构与之相比更加规整。这说明，西高穴大墓的年代接近公元 174 年死去的刘畅夫妇墓，但可能地位比诸侯王刘畅还要高。

考古发现晚于东汉的三国时代有东吴高级贵族墓（或帝王陵墓），如江苏南京江宁区上坊墓、安徽马鞍山宋山墓（东吴景帝孙休墓）、安徽马鞍山朱然及家族墓等。其墓葬形制均由墓道、前室、后室及侧室（或耳室）等部分组成，墓内安置石门。墓室地面铺的地砖规格较大，如安徽马鞍山宋山墓、江苏南京上坊墓铺的地砖，边长 50 厘米。宋山墓的墓室长 17.68 米、宽 6.6 米。上坊东吴墓墓室长 20.16 米、宽 10.5 米，前后二室平面均近方形，顶部为四隅券进式穹隆顶，前室与后室两侧各有 2个耳室。可见，多墓室砖室墓是这一时期高等级贵族墓葬的一个重要特征。

正如刘庆柱先生所指出的：东汉时代考古发掘的诸侯王墓一般在王国都城附近的高地或山冈之上，东汉时代前期诸侯王墓的墓葬形制是题凑石墙回廊多室墓，东汉时代晚期诸侯王与魏晋时期高等级墓葬则为单墓道、前后室及四侧室（或耳室）、穹隆顶砖室墓。西高穴二号墓（M2）的墓葬形制，恰与东汉时代晚期诸侯王墓和魏晋时期高等级墓的墓葬形制相同，它们的规格相近。从考古发现的西高穴二号墓的墓葬形制的规格来看，二号墓应为王陵。

2010 年，在洛阳发现了曹休墓，为曹操墓的确认又增添新的资料。曹休为曹操族子，曹魏的征东大将军，卒于曹魏明帝太和二年（228）。墓葬由墓道、甬道、前室、耳室、北侧室、南双侧室、后室等组成。曹休晚于曹操 8 年去世，是所有可资比较的墓葬中年代相距最近的。曹休是以列侯身份埋葬的，因此，虽然两墓共同点很多，但两墓的等级差距仍较为明显。

3. 曹操墓出土的文物符合曹操生前身份

据《三国志》记载，建安十七年（212）春正月，"天子命公（曹操）赞拜不名，入朝不趋，剑履上殿，如萧何故事"。建安十九年（214）三月，"天子使魏公位在诸侯王上，改授金玺、赤绂、远游冠"。同年十二月，天子命公置旄头，宫殿设钟虡。二十年（215）九月，"天子命公承制封拜诸侯守相"。二十一年（216）五月，"天子进公爵为魏王"。二十二年（217）四月，"天子命王设天子旌旗，出入称警跸。五月，作泮宫"。同年十月，"天子命王冕十有二旒，乘金根车，驾六马，设五时副车，以五官中郎将丕为魏太子"。这些都足以证明，曹操去世时已经取得了作为一个帝王的所有特权和礼制，只是名义上没有称皇帝罢了。他的这种身份特权一定会在其随葬品中得到体现。

除上文提到的陶鼎外，圭璧合用是帝王身份的突出特征。

在这个墓葬里也出土有大量标志帝王身份龙的形象。如其中的匏勺的柄为龙头。画像石、铜带钩上也有龙的形象。

二号墓（M2）里出土的铁镜，直径达 21 厘米，是帝王陵墓中所特有的。根据中国社会科学院考古研究所白云翔先生研究，东汉时期直径 20 厘米以上的大型铁镜均发现于王侯墓葬之中，如河北定县中山简王刘焉墓、中山穆王刘畅墓等均有出土。这些都反映了墓主人具有王一级的身份和地位。

根据出土石牌记载，二号墓（M2）随葬物品中，有他的出行仪仗，如卤簿、辒车等，都是皇帝才能享用的礼仪。根据文献记载，辒车是专门用来运载灵柩的车子。《礼记》："天子之殡也。"郑玄注："天子殡以辒车，画辕为龙。"这也是曹操以天子之礼仪安葬的明证。

4. 曹操墓的埋葬和随葬品完全符合文献记载

曹操生前曾要求"不封不树"，考古发现曹操墓完全遵照了其生前遗愿。不封不树的丧葬制度是曹操首倡的，也是这一时期的一大特点。考古发现在地表上没有封土，也证明了这是曹操墓无疑。

根据曹植的《武帝诔》文上记载"明器无饰，陶素是嘉"，曹操墓中发现的陶器都是明器，没有纹饰和彩绘。

同文记载"玺不存身，唯绋是荷"，意思是没有随葬玺印，而是象征性地将捆绑玺印的带子随葬在其身边了。在曹操墓里没有发现玺印，也证明了曹植《武帝诔》文所记载的是真实的。尤其重要的是他在《武帝诔》文中记载，曹操死时"既即梓宫，躬御缀衣"，也就是入葬时，曹操穿的是生前穿过的旧衣服。《三国志》对这一点也有记载，它是曹操自己提出来的，去世时遗言"敛以时服，无藏金玉珍宝"。这一点在发掘中也得到了证明和确认，如在二号墓（M2）墓室内发现了一个玉饰件，学名叫玉觿，其尖端已经残损，说明它是墓主人生前的日常用品，是其生前身上所佩戴的物品。

曹操墓不仅从考古学角度得到确认，也得到许多历史学家的高度认可。如 2010 年 4 月 3 日，中国秦汉史研究会和中国魏晋南北朝史学会的会长们在考察曹操高陵之后，专门在安阳召开了两会会长联席会议，对曹操高陵进行了研讨，一致认为西高穴二号墓（M2）就是魏武王曹操的陵墓。

（原文载《中国社会科学报》2011 年 12 月 22 日）

第六节　关于曹操墓被盗时间、目的和性质的研究

潘伟斌（河南省文物考古研究院　研究员）

在我们对西高穴曹操墓（二号墓，即 M2）进行发掘时，不仅发现了一个现代盗洞，而且发现了一个早期盗洞（D3），该盗洞的发现证明，曹操墓早年已经被盗，其盗掘的时间和目的是什么呢？虽然我们没有查到有关的史料记载，但是，我们可以从一些迹象中看出端倪，本文对这一问题进行一些探讨。

一　被盗情况

1. 早期盗洞

该盗洞位于曹操墓（M2）的后室顶部偏北处。盗洞开口位于墓室顶部的两全砖砌竖洞中间，在南北朝地层下，盗洞深 7 米多，距离地表 5 米左右，向西横向延伸约 2 米，然后向下，打破墓葬后室顶部砖壁，进入墓室。

该盗洞被一个现代盗洞打破，现代盗墓利用早期盗洞进入墓室，进行了第二次盗掘。

2. 发掘前墓室内的状况

由于该墓经过早期和现代多次盗掘，致使墓室内有大量淤积土，淤积土厚薄不均，最厚处达 3 米左右，最薄处也有 2 米左右。大量淤积土几乎将墓葬的侧室门道填满。由于盗洞位置正好打破墓葬填土中的废料层，使部分画像石废料掉落到墓室内，和墓室内的画像石混在一起，不易辨别区分。

3. 文物保存状况

经过考古清理，除去上面的历次盗掘扰土，底部多为淤积土层，将文物淤埋。通过清理掉该淤积层，发现大量陶器残片，散布于墓室前、后室。在后室的南侧室门道处发现大量石牌，后室中部和连接前后室的甬道内发现有漆木器残块。那些六边形石牌和箱饰件、衣物饰件主要发现于后室，前室为圭形石牌，陶器和车马饰件。陶器破损严重，圭形石牌全部断裂或残损。

曹操的棺椁位于墓葬的后室靠后墙部位，由于被破坏，葬具不存，仅存石棺床痕迹。在后室的两个侧室内分别发现一个木棺，也被破坏，残破不全。在前室门道处发现一个人头骨，后室发现两个人头骨，肢骨散布在整个后室内。

二　盗掘的目的

经过对这些文物清理，我们发现了一个重要现象：所有能够标志曹操生前身份和权位的随葬品都被破坏。如三个头骨的面部全部被破坏；有帝王身份标志性作用的圭被从中间折断，璧都被摔碎为数块；铁剑、铁刀被折断成数段；陶鼎被砸碎；那些刻有"魏武王常所用"的石牌，都被从中间断裂，甚至碎为数块。这些是偶然现象，还是有意为之？笔者认为这是有意为之。原因是一般盗墓贼是不会破坏墓主人的头骨的，更不可能将墓葬内的三具头骨的面部全都破坏，这在我们历年所发掘的墓葬中都是没有见到过的。更让人感到匪夷所思的是，盗墓者不将那些兵器盗走，而是将它们都折断、破坏掉，要知道，那些铁刀、铁剑应该是实用的，是魏武王曹操使用过的，是非常珍贵的兵器。"百炼利器，以辟不祥，慑服奸宄者也。往岁作百辟刀五枚适成，先以一与五官将。其余四，吾诸子中有不好

武而好文学者，将以次与之"。由此可见曹操造百辟刀的目的和该刀对于曹氏父子的特别意义。那么后来这些刀到底都给了谁了呢？曹植《宝刀赋》云："建安中，家父魏王乃命有司造宝刀五枚，三年乃就，以龙、虎、熊、马、雀为识。太子得一，余及余弟饶阳侯各得一焉，其余二枚，家父自仗之。"从以上资料记载，无论是在当时和现在，该刀都是一件宝物。从其能够被折断可以看出，这些兵器都是刚性很强、坚硬和锋利无比的上好武器。更明显的是，那些刻有"魏武王常所用"的圭形石牌都被破坏，或残或缺；而那些没有刻"魏武王"三字的记录随葬器物的六边形石牌，均保存完好。这只能说明一个问题，就是盗墓者是有选择性地破坏的。珍贵的铁刀、铁剑没有盗走，说明了他们并非以盗走文物为目的的。因此，笔者认为，这次盗掘曹操墓，是一种政治上的报复，是一种迷信上的破风水，是担心曹氏有复辟的可能性。

三　第一次盗掘的时间推测

盗洞的开口层位在南北朝地层之下，其盗掘时代应该是在南北朝之前。根据史料记载，曹操高陵的位置在很长一段时间内为人们所知。如南朝齐代著名诗人谢朓（464—499）在《同谢咨议铜雀台诗》中，就曾写道："穗帷飘井干，樽酒若平生。郁郁西陵树，讵闻歌吹声。"在《铜雀悲》中他又写道："落日高城上，余光如穗帷。寂寂松林晚，安知琴瑟悲。"根据此诗有人认为，他应到过铜雀台，可能到过西陵（高陵）。曹操高陵甚至到唐代，都是清楚无误的。如唐代李吉甫写的《元和郡县图志》相州邺县条中就明确记载了"魏武帝西陵在县西三十里"。唐太宗李世民于贞观十九年（645）二月远征高丽时，路过这里，曾在邺城亲自前往祭奠魏太祖，并写下祭文《祭魏太祖文》。由此来看，一百年之后的后赵驸马都尉鲁潜墓志上对曹操高陵位置的记述，应该是真实可靠的，他的墓葬在曹操高陵附近，并以之为位置标志，也是情理之中的事情。

那么，经过二百多年，曹操墓（M2）是不是在南北朝时期被盗掘的呢？笔者认为可能性不大。理由是经过二百多年，此时的政治报复是没有任何意义的。

再者，经过长时间的荒芜空置，无人管理，曹操高陵内应该是非草即林，也许"郁郁西陵树"正是此时高陵内部的真实写照。盗墓贼不可能那么准确找到不封不树、地面上没有任何特征的曹操墓葬的位置的。

根据我们考古发掘，在曹操墓（M2）的墓室上面发现了两个砖砌竖洞，笔者认为，这应该就是标识曹操墓位置的标志，当是为其后人祭奠曹操和后死的卞氏合葬起指点作用的。这种标识一般为木制，不可能存在太久。其实，曹操之所以要求不封不树，一方面是考虑到薄葬问题，其真实的目的也是出于防盗。关于这种思想，曹丕在其《终制》中说得很明白，他规定："夫葬也者，藏也，欲人之不得见也。骨无痛痒之知，冢非栖神之宅，礼不墓祭，欲存亡之不黩也。为棺椁足以朽骨，衣衾足以朽肉而已。"为了贯彻这种思想，他在建立魏国不久的皇初三年（222），就以古不墓祭为名，下令毁去曹操陵上的殿屋，使车马还厩，衣服藏府。因此，可以肯定地说，在魏朝灭亡不久，曹操高陵除了陵园之外的任何地面建筑都没有存下来。

这样看来，盗掘曹操墓（M2），能够将盗洞的位置直接选在两个标识之间，只有在曹氏政权灭亡以后不久的时间内进行。什么时间有可能出现这一情况呢？笔者认为，应该是在西晋。理由有二：一是在曹魏政权存续时间内，出于祭奠的需要，这种标志是应该存在的。西晋时期距曹魏政权灭亡时间短，许多曹魏时期的人还活着，对曹操墓的位置有着清楚的记忆和准确的传说。二是西晋皇室内应该还保留着有关曹操高陵的档案资料，所以寻找曹操高陵不费吹灰之力。

从以上分析我们看出，曹操墓第一次被盗是出于一种政治报复，是担心和防止曹氏复辟。那么谁会有这种担心，谁对曹氏政权和后裔有那么大的仇怨呢？当然是它的后继者司马氏政权了。

司马氏是从什么时间开始有这种担心呢？笔者认为，在司马氏西晋政权建立之初，是不会干这种事的。因为西晋政权的建立是采用禅让制的方式来完成的，因此，他们在公开的场合必然要表现出对前代政权的正统性和合法性的维护。也许为了显示自己政权的合法性和代替曹魏政权的合理性，会对前朝末代皇帝进行贬损，但是他们对曹魏政权的开创者曹操应该表示出足够的尊重。这在当时政府的行文中就会显示出来。如司马炎在取代曹魏的禅让台上所宣读的祭天文中，开篇就是"魏帝稽协皇运，绍天明命以命炎"。在叙述自己政权正统的来历过程时，该文说"暨汉德既衰，太祖武皇帝拨乱济时，扶翼刘氏，又用受命于汉。粤在魏室，仍世多故，几于颠坠，实赖有晋匡拯之德，用获保厥肆祀，弘济于艰难，此则晋之有大造于魏也。"（《晋书》卷三《武帝纪》）在这里他就明确称曹操为"太祖武皇帝"，而不是用的"魏武王"三个字。即使到了魏废帝曹奂去世时，西晋政权也将其追谥为"元皇帝"，而不是用他的被废爵位"陈留王"。所以，在司马氏政权稳固的时候，是不会出现盗掘曹操墓的事情的。

司马氏父子经过多年经营，把持曹魏政权后半期，玩曹魏后期的几个小皇帝于股掌之间，取得了代魏、建立自己政权的足够资本，说明了他们已经有了完全的掌控局面的能力。在西晋建立之前，他们将曹氏的王公贵戚能杀的杀，没有被杀掉的都集中囚禁在邺城，为了加强对他们的控制，派自己的宗室司马燧为北中郎将督邺城守诸军事。西晋建立以后，很快就"除魏氏宗室禁锢"，这也显示出他们对政局有绝对掌控的信心。因此在这个阶段，他们不担心曹魏后裔有复辟的可能性的。那么，什么时间才能够发生盗掘曹操墓这件事呢？笔者认为只有当西晋政权岌岌可危的时候，才有可能出现担心曹魏复辟，才会借盗掘曹操墓来破坏曹氏风水，为也显示了司马氏对政局难以控制的无奈。

盗掘曹操墓（M2）还要有两个条件：一是西晋还没有亡国，对政局还有一定的掌控；二是主持盗墓行为的一定是西晋的皇室成员，或关心西晋政权安危的人。

那么，什么时间是西晋统治者感到最危险的时期呢？笔者认为，当属"八王之乱"时期。

八王之乱始于元康元年（291），从赵王伦篡位开始，终于光熙元年（306），前后长达16年，对西晋政权造成了毁灭性破坏，直接造成了西晋政权走向灭亡。期间，多次战争由成都王司马颖操纵和挑起。永兴元年（304）七月，司徒王戎、东海王越、高密王简、平昌公模、吴王晏、豫章王炽、襄阳王范、右仆射荀藩等对擅权的司马颖极为不满，胁迫晋惠帝司马衷北征邺城的司马颖，这次战争最终以王师的败绩而结束。期间作为一国之君的皇帝司马衷极为狼狈。《晋书》卷四《惠帝纪》记载："至安阳，众十余万，颖遣其将石超距战。己未，六军败绩于荡阴，矢及乘舆，百官分散，侍中嵇绍死之。帝伤颊，中三矢，亡六玺。帝遂幸超军，馁甚，超进水，左右奉秋桃。"最后，被俘的晋惠帝被石超的弟弟石熙押送到邺城，住在了司马颖的军营中。当时仪仗全失，他只好借用已经赐给司马颖的九锡之仪，还赖"陈留王送貂蝉文衣鹖尾"，备法驾幸于邺，于第二天幸邺。可是在这里停留了没有多久，"安北将军王浚遣乌丸骑攻成都王司马颖于邺，大败之。"这一次作为皇帝的晋惠帝更惨："颖舆帝单车走洛阳，服御分散，仓卒上下无赍，侍中黄门被囊中赍私钱三千，诏贷用。所在买饭以供，宫人止食于道中客舍。宫人有持升余糠米饭及燥蒜盐豉以进帝，帝啖之，御中黄门布被。次获嘉，市粗米饭，盛以瓦盆，帝啖两盂。有老父献蒸鸡，帝受之。至温，将谒陵，帝丧履，纳从者之履，下拜流涕，左右皆歔欷。"他们仅用了五天，就逃奔到了洛阳了。这一年十一月，晋惠帝被张方挟持到了长安。同年十二月丁亥日，晋惠帝下诏"东中郎将司马模为宁北将军，都督冀州，镇邺"。直到光熙元年（306 年）五月，东海王越迎晋惠帝回到洛阳。永嘉元年（307），新蔡武哀王腾迁车骑将军，都督邺城守诸军事，镇邺。

在公元 304 年十二月司马模镇邺和 306 年司马腾镇邺之间，是西晋统治者感到其政权最危险的时间。期间，邺城经历了许多事，多次易手他人。除了上面提到的那次邺城失守外，在司马模镇邺期间，又发生了"成都王颖故帐下督公师籓、楼权、郝昌等攻邺，模左右谋应之"这件事。在司马腾镇守邺城时，发生了"公师籓与平阳人汲桑等为群盗，起于清河鄃县，众千余人，寇顿丘，以葬成都王颖为辞，载颖主而行，与张泓故将李丰等将攻邺。腾曰：'孤在并州七年，胡围城不能克。汲桑小贼，何足忧也。'"最后司马腾竟被杀死于任上。因此，这一期间是西晋统治者对邺城和曹操后代控制最为薄弱的时候，也是感到最危急的时候。此时，陈留王（曹奂后代）尚在，西晋政权摇摇欲坠。而司马氏的诸侯王们又都自命不凡，认为拯救皇室是自己的大任，因此，他们担心曹魏后代复辟是很正常的。为了避免曹魏后裔的复辟，极有可能对曹操墓（M2）下手，进行破坏。

第七节　曹操高陵早期被盗问题考略

陈长崎（华南师范大学历史文化学院　教授）

曹操高陵（M1 和 M2）被发现之后，笔者在河南省文物部门及曹操高陵考古队的帮助下，曾多次赴河南安阳对其进行考察。从清理结果看，其中有两个盗洞穿入墓室，它们分别被考古队编为 D3 与 D2。据曹操高陵考古队分析，D2 洞为现代盗洞。D3 为古代盗洞（注：原文作"1 号盗洞"），在清理 D3 时，距地表 5 米处存在有随葬的画像石残块等被盗文物。由于盗洞上层被人取土所扰动，形成时间难以判断。[1] 那么，曹操高陵早期被盗究竟发生于何时？笔者兹就此问题进行考察，略陈管见，以就教于学界同人。

一

学术界及关心曹操高陵的社会人士对于曹操高陵发表了许多好意见。许多人都关注到一个细节，即 1998 年发现的十六国时期后赵纪年的鲁潜墓志，[2] 对曹操高陵的认识具有重要意义。

然而学者对墓志的释读存在分歧，亦有人对墓志的真伪提出质疑。鉴于鲁潜墓志与曹操高陵的密切关系，讨论先从这方墓志开始。为研究方便，现将学者发表的《鲁潜墓志》铭文引释文移录如下：

> 赵建武十一年，大岁在乙巳，十一月丁卯朔，故大仆卿驸马都尉渤海赵安县鲁潜，年七十五，字世甫，以其年九月廿一日戊子卒，七日癸酉葬。墓在高决桥陌西行一千四百廿步，南下去陌一百七十步，故魏武帝陵西北角西行四十三步，北回至墓名堂二百五十步。□上党解建字子泰所安，墓入四丈神道南向。[3]

在墓志释文中，以"□"字符号替代之字，其部首为"阝"，即从"阜"，为一隶书的"师

---

① 河南省文物考古研究所、安阳县文化局：《河南安阳市西高穴曹操高陵》，《考古》2010 年第 8 期。

② 《安阳出土十六国后赵鲁潜墓志》，《中国文物报》1998 年 6 月 28 日第 1 版。

③ 刘庆柱：《曹操高陵的考古发现与研究》，《中原文物》2010 年第 4 期。

（师）"字。关于该字，宋人洪适已有释，见氏之名著《隶释》。笔者想对上述墓志释文的标点稍做调整，以期合于原义。主要是将"故魏武帝陵西北角西行四十三步"一句，自"故魏武帝陵"五字断开，上属。"西北角西行"下属。理由是，墓志大多以本墓所在为中心描述其四至方位，鲁潜墓亦应如此。而依上引断句，"西北角西行四十三步"，属"故魏武帝陵"，则"故魏武帝陵"成为墓志所述之中心，而以魏武帝陵为中心来步测鲁潜墓明堂，不仅与常见不合，亦要先南后北往返绕道。调整后墓志释文标点如下：

> 赵建武十一年，大岁在乙巳，十一月丁卯朔。故大仆卿、驸马都尉、渤海赵安县鲁潜，年七十五，字世甫，以其年九月廿一日戊子卒。七日癸酉葬。墓在高决桥陌西行一千四百廿步。南下去陌一百七十步，故魏武帝陵，西北角西行四十三步，北回至墓名堂二百五十步。师上党解建字子泰所安，墓入四丈，神道南向。

建武为十六国时期后赵石虎的年号，赵建武十一年即东晋穆帝永和元年，岁在乙巳，为公元345年。考之历日，其年正月甲戌朔。[①] 排历谱，墓志所言"十一月丁卯朔""九月廿一日戊子""（十一月）七日癸酉"皆合朔，证墓志无误。据墓志，墓主人鲁潜当卒于后赵建武十一年（345）九月二十一日，葬于其年十一月七日。太仆卿，秦汉以来为九卿之一，掌皇帝车马即官营畜牧业生产。《汉书》卷一九《百官表》："太仆，秦官，掌舆马，有两丞。属官有大厩、未央、家马三令，各五丞一尉。又车府、路軨、骑马、骏马四令丞。又龙马、闲驹、橐泉、騊駼、承华五监长丞。"[②] 魏、西晋时，太仆职任与汉大略相同。《晋书》卷二四《职官志》："太仆，统典农、典虞都尉，典虞丞，左右中典牧都尉，车府、典牧、乘黄厩、龙马厩等令。典牧又别置羊牧丞。"[③]《宋书》卷三九《百官志》亦曰："太仆，掌舆马。"[④] 驸马都尉则无职掌，魏晋以来多为加官授予亲、近之臣，亦为贵族子弟起家官，以示荣宠。渤海、上党皆郡名。渤海赵安县则待考。安葬鲁潜的上党人解建，自称为"师"。当为鲁潜之属吏。太仆掌畜牧业，其辖有将牧公马牛的机构"牧师苑"。《汉书》卷一九《百官表》：太仆"又（有）边郡六牧师苑令，各三丞。"师古注曰："《汉官仪》云牧师诸苑三十六所，分布北边、西边，分养马三十万头。"[⑤]《续汉书·百官志》："太仆，卿一人，中二千石。……有牧师苑，皆令官主养马。"[⑥] 牧师苑，由牧师主养马。安葬鲁潜的、自称"师"的上党人解建，应该是主管养马的牧师、鲁潜的属吏。汉碑中常见掾属安葬官长、立碑记事的铭刻。如《巴郡太守张纳碑》，碑阴附刻参与安葬张纳的巴郡属吏，如仓曹掾、功曹史等称掾与称史者七十余人。[⑦]《隶释》收录汉魏碑碣189种，其中187种为墓主之门生故吏所立，两种为墓主的察举同年所立。正如洪适所言："汉碑多门生故吏所立，至于同舍为之者，唯武斑及柳敏两碑。"[⑧] 由属吏来安葬长吏、铭志记事，符合汉晋葬俗。

---

① 《晋书》卷八《穆帝纪》："永和元年春正月甲戌朔。"中华书局1974年版，第191页。
② 《汉书》卷一九上《百官公卿表上》，中华书局1962年版，第729页。
③ 《晋书》卷二四《百官志》，中华书局1974年版，第736页。
④ 《宋书》卷三九《百官志》，中华书局1974年版，第1233页。
⑤ 《汉书》卷一九《百官公卿表上》，中华书局1962年版，第729页。
⑥ 《后汉书》附《续汉书志》卷一七，中华书局1965年版，第3581、3582页。
⑦ 洪适《隶释》卷五《巴郡太守张纳碑》，中华书局1985年影印洪氏晦木斋刻本，第63页。
⑧ 洪适《隶释》卷六《敦煌长史武斑碑跋》，第73页下栏。

鲁潜墓志的内容，主要是以本墓为中心来描述鲁潜的四至及其与这些标志性建筑的关系。据墓志，鲁潜墓的位置"在高决桥陌西行一千四百廿步"，即鲁潜墓向东 1420 步是高决桥；向南，"南下去陌一百七十步"，是"故魏武帝陵"；鲁潜墓之"西北角西行四十三步，北回至墓明堂二百五十步"。这样我们就可以明确，鲁潜墓的东面是高决桥，南面是曹操高陵，北面是墓的明堂。据墓志所描述，高决桥陌应该是一条东西向的陌道，鲁潜墓、曹操墓二者分别处于高决桥陌的北、南两侧。鲁潜墓"南下去陌一百七十步"为曹操墓，因此，曹操墓应该在陌南 170 步。而鲁潜墓居陌北，因为其"墓道南向"，离陌道应该还要留有一定的步距。也就是说，鲁潜墓与曹操墓的实际距离应该在 170 步以上，从墓志的形制、字体、志文内容等综合来看，鲁潜墓志的真实性应无疑问。

安葬鲁潜并为鲁潜写墓志的人，为何知道曹操高陵的准确位置？答案只能有一个，即此时曹操高陵业已被盗并暴露，成为尽人皆知的所在。

曹操生前规划自己的丧事，遗令要求薄葬。薄葬的主要内容有二：一是陵上"不封不树"；二是墓室内"敛以时服"，"勿葬金玉"。而薄葬的意义，除却扭转奢侈、厚葬的世风，爱惜民力，爱惜社会财富之外，还有一层深意，即企求墓主人的安宁。对于曹操的心思，曹丕理解得最为深刻、准确。曹丕追随其父，生前亦遗诏薄葬。黄初四年（223），他预为终制，对臣下说："自古及今，未有不亡之国，亦无不掘之墓也。丧乱以来，汉氏诸陵无不发掘，至乃烧取玉匣金缕，骸骨并尽，是焚如之刑，岂不重痛哉！祸由乎厚葬封树。"[①]

正是在汉末社会激烈的战乱、动荡中，耳闻目睹汉代皇陵遭受盗掘、焚毁的惨状，曹操、曹丕父子才萌生了死后陵寝安危的忧虑。曹丕要求自己的陵墓也要像父亲的一样，不要封树，甚至也不立寝殿，不造园邑，以消除一切陵墓识别性标志。曹丕诏告臣下："封树之制，非上古也，吾无取焉。寿陵因山为体，无为封树，无立寝殿，造园邑，通神道。夫葬也者，藏也，欲人之不得见也。骨无痛痒之知，冢非栖神之宅，礼不墓祭，欲存亡之不黩也，为棺椁足以朽骨，衣衾足以朽肉而已。故吾营此丘墟不食之地，欲使易代之后不知其处。"曹丕在此揭示了其反复要求死后薄葬的根本目的，即希望在其死后发生革命、改朝换代、社会动荡之时，他的墓葬能够因为不为人所知而留存下来，确保其死后的安宁。因此，他告诫臣下，薄葬就是忠于他，有功于他；厚葬就是害他，有罪于他："汉文帝之不发，霸陵无求也，光武之掘，原陵封树也。霸陵之完，功在释之，原陵之掘，罪在明帝。是释之忠以利君，明帝爱以害亲也。"[②]

出于保护墓葬、确保曹操死后安宁的考虑，黄初三年（222），曹丕下令毁掉父亲曹操高陵的寝殿建筑，取消墓祭。《晋书》卷二〇《礼志中》："魏武葬高陵，有司依汉立陵上祭殿。至文帝黄初三年，乃诏曰：'先帝躬履节俭，遗诏省约。子以述父为孝，臣以系事为忠。古不墓祭，皆设于庙。高陵上殿屋皆毁坏，车马还厩，衣服藏府，以从先帝俭德之志。'"[③]曹丕毁坏曹操高陵寝殿，其关键不仅仅在于要"从先帝俭德之志"，遵守曹操薄葬的遗令，其真实的、更深层的考虑，则在于要消除陵上的标志性建筑，隐藏墓葬，"欲使易代之后不知其处"。盗墓者找不到高陵所在，"使魂灵万载无危"，让曹操的灵魂在地下能永远保持安宁。

然而从此后发生的史实来看，曹操、曹丕的遗愿未能实现。十六国时，后赵定都于邺。石勒、石

---

① 《三国志》卷二《魏书·文帝纪》，中华书局 1959 年版，第 82 页。
② 《三国志》卷二《魏书·文帝纪》，中华书局 1959 年版，第 81 页。
③ 《晋书》卷二〇《礼志中》，中华书局 1974 年版，第 634 页。

虎二人为搜刮财富，大肆发掘前人墓葬。"勒及季龙贪而无礼，既王有十州之地，金帛珠玉即外国珍奇异货不可胜纪，而犹以为不足，囊代帝王及先贤陵墓靡不发掘，而取其宝货焉。"①

从鲁潜墓志对曹操高陵地理位置的准确描述，可知当时曹操高陵已经暴露。对于建都于邺，贪求财富，疯狂盗墓，"囊代帝王及先贤陵墓靡不发掘"的石勒、石虎来说，不光顾已知的曹操高陵是不可能的。因此我们判断，后赵时期曹操高陵业已被盗，当无疑问。那么，石勒、石虎是否是最早盗掘曹操高陵的人？曹操高陵最早被盗究竟在何时？

由文献考察，曹操高陵最早被盗时间应该在西晋。具体来讲，是在西晋八王之乱中成都王司马颖镇邺期间。西晋宗室、成都王司马颖于晋惠帝元康九年（299）正月，"为镇北大将军，镇邺"。② 晋惠帝永兴元年（304）八月，被西晋将领王浚所败，逃离邺城。③ 司马颖在邺时间前后六年。正是在此期间，曹操高陵被盗。时任司马颖属吏、镇北大将军府司马的陆云，在与其兄陆机的书信往来中，曾披露曹操高陵被盗的信息。

陆机，字士衡；陆云，字士龙。兄弟二人是三国吴时名将陆逊之孙、陆抗之子，是西晋著名的、在中国文学史上据有一席之地的文学家。陆氏兄弟在吴亡之后归晋，他们虽出身于先后与魏、晋相对的敌国，却对曹操甚为敬佩。晋惠帝元康八年（298），陆机在秘阁翻阅旧时文献时，发现曹操的薄葬遗令，读后不禁为之动容，写下名篇《吊魏武帝文》，④ 抒发自己的伤感之情。陆机、陆云同好文学，常书信往返，讨论诗文。陆机的《吊魏武帝文》，引起陆云的共鸣及对曹操故事的关注。因此，陆云在邺城任司马颖的大将军司马时，以公务巡察邺城，发现有关曹操遗事、遗物、遗迹，常以书信告知陆机。文渊阁《四库全书》所收陆云文集《陆士龙集》，保留有数十封陆云与其兄陆机往来书信，其中一封谈到他在视察邺城时所见曹操之遗物：

> 一日案行，并视曹公器物。床荐、席具、寒夏被七枚。介帻如吴帻。平天冠、远游冠具在。严器方七八寸，高四寸余，中无鬲，如吴小人严具状，刷腻处尚可识。疏枇、剔齿纤綖皆在。拭目黄絮二在，垢，垢黑，目泪所沾污。手衣、卧笼、挽蒲棋局、书籍亦在。奏案大小五枚，书车又作岐案，以卧视书。扇如吴扇，要扇亦在。书箱，想兄识彦高书籍，甚似之。笔亦如吴笔，砚亦尔。书刀五枚。琉璃笔一枚所希闻。景初三年七月，刘婕好折之……见此期复使人怅然有感处。器物皆素，今送邺宫。大尺间数，前已白。其缋帐及望墓田处，是清河时……台上诸奇变无方，常欲问曹公，使贼得上台，而公但以变谲，因旋避之，若焚台，当云何？此公似亦不能止。文昌殿北有阁道，去殿文（丈），内中在东，殿东便属陈留王内，不可得见也。⑤

在书信中，陆云首先详细介绍了其所见曹操遗物，有床荐、席具、寒被、夏被、介帻、平天冠、远游冠、严器（具）、疏、枇、剔齿纤綖、拭目黄絮、手衣、卧笼、挽蒲棋局、书箱、奏案、书车（岐案）、扇、要（腰）扇、笔、琉璃笔、砚、书刀等。

其次，陆云以类比、联想的方法，向陆机描述了所见器物的形态。例如，"介帻如吴帻"。严器，

① 崔鸿撰，汤球辑补：《十六国春秋辑补》，《丛书集成》初编本，商务印书馆1936年版，第139页。

② 《晋书》卷四《惠帝纪》，中华书局1974年版，第95页。

③ 《晋书》卷四《惠帝纪》：永兴元年八月，"安北将军王浚遣丸骑功成都王颖于邺，大败之，颖与帝单车走洛阳"。第103页。

④ 萧统编，李善注：《文选》卷六〇，上海古籍出版社1986年版，第2594页。

⑤ 《陆士龙集》卷八《与兄平原书》，上海古籍出版社，2003年影印《文渊阁四库全书》，第1063册，第442页下栏。标点系本文作者所加。

"如吴小人严具状"，"扇如吴扇"。"书籍，想兄识彦高书籍，甚似之"。"笔亦如吴笔，砚亦尔"。接下来，"琉璃笔一枚所希闻。景初三年七月，刘婕好折之……"一句，有漏简，颇费解"琉璃笔"，应该是以琉璃为笔杆所做成的笔。王羲之《笔经》："昔人或以琉璃、象牙为笔管，丽饰则有之。然笔须轻便，重则踬矣。"[1] 而景初是魏明帝的年号，刘婕好当为魏明帝之婕好，本与曹操遗物琉璃笔无涉。然以文意理解，此句当承上。即陆云在向其兄陆机类比、联想描述"书籍，想兄识彦高书籍，甚似之。笔亦如吴笔，砚亦尔"之后，接着应该讲琉璃笔似什么，但"琉璃笔一枚所希闻"，时为罕见，想来其兄陆机亦未曾见过。不好类比。然"希闻"，不是"未闻"，史籍中有"琉璃笔"之记载。故陆云转而征引史籍，言魏明帝时，刘婕好折过一支琉璃笔，以提起联想，因此，此句补全，似为"景初三年七月，刘婕好折之（者，当属此）"。[2] 陆云告诉陆机，琉璃笔虽"所希闻"，但史乘有之。

再次，陆云告诉陆机，这些曹操遗物，在他检视之后的归宿是"今送邺宫。"陆云在检视完这些曹操遗物之后，将这些曹操遗物已送往曹操后人、曹魏逊帝——陈留王的王宫。

最后尚有几处文字需补释。第一，"大尺间数"之"大"，疑为"丈"字之形讹。"大尺"，当作"丈尺"。"丈尺"为汉魏两晋时度量常用语。《汉旧仪》："有权衡之量，不可欺以轻重；有丈尺之度，不可欺以长短。"[3] 又《晋书》卷八八《孝友传》："修壁坞，树藩障，考功庸，计丈尺，均劳逸。""丈尺、间数"，疑为陆云言及度量三台及三台上之建筑时语。郦道元《水经注》漳水过邺县西注："城之西北有三台，皆因城为之基，巍然崇举，其高若山，建安十五年魏武所起。"又曰："中曰铜雀台，高十丈，有屋百一间……南侧金虎台，高八丈，有屋百九间。北曰冰井台，亦高八丈，有屋百四五十间，上有冰室，室有数井，井深十五丈，藏冰及石墨焉。石墨可书，又燃之难尽，亦谓之石炭、又有粟窖及盐窖，以备不虞。"[4] 而陆云"丈尺、间数"之语，正与《水经注》言及三台及三台上建筑之语合。第二，"其缪帐及望墓田处，是清河时"一句，不可卒读。疑为陆云告知陆机，《吊魏武帝文》中所提到之铜雀台上的"设缪帐处"及眺望曹操高陵的"望墓田处"，是他在任清河内史时曾到过的地方。陆机《吊魏武帝文》引曹操遗令有："吾婕好妓人，皆著铜爵台。于台堂上施八尺床，缪帐，朝晡上脯糒之属，月朝十五，辄向帐作妓，汝等时时登铜爵台，望吾西陵墓田"之语。[5] 陆云在任成都王颖镇北大将军司马之前，任职清河内史，清河时亦属司马颖所辖，陆云以清河内史的身份，到邺城拜见成都王颖，可能凭吊过曹操遗迹，故有"其缪帐及望墓田处，是清河时……"之语。第三，"文昌殿北有阁道，去殿文"句，"去殿文"之"文"字，亦当作"丈"即文昌殿北有阁道，阁道离文昌殿有丈间之距离。

在疏通陆云与其兄陆机的书信之后，我们来讨论本文所涉的一个重要问题，即陆云书信中谈到的曹操遗物来自何方？从陆云书信可见，曹操的这些遗物大多为日常生活及文房用品，除"琉璃笔一枚所希闻"之外，余无可宝，符合"常所用"之谓。

曹操死后，其遗物所存，最有可能之处应该有二：一是曹魏宫室，二是曹操高陵墓葬。曹魏宫室之遗物，应该是魏晋禅让，曹奂由洛阳退居邺之后，归于邺宫。因此，陆云所捡视之曹操遗物，最有可能来自两个地方，即邺城的陈留王邺宫或邺西的曹操高陵。

① 徐坚：《初学记》卷二一《文部》引，中华书局 1952 年版，第 515 页。
② 括号中"者，当属此"四字，为笔者所补。
③ 孙星衍辑，周天游点校：《汉官六种》，中华书局 1990 年版，第 69 页。
④ 郦道元著，王国维校：《水经注校》卷十，上海古籍出版社 1981 年版，第 350、351 页。
⑤ 萧统编，李善注：《文选》卷六〇，上海古籍出版社 1986 年版，第 2596 页。

　　我们推测，曹操遗物自邺宫盗出，并非没有可能。上述物品自邺宫盗出的可能则极小。首先陈留王宫戒备森严，曹奂被迫禅让，退居邺城之后，被晋武帝降封为陈留王，陈留王表面上接受晋朝礼遇，但实际上受到晋朝软禁，被监视居住，不得与民间交通。为防范曹魏宗室作乱、复辟，西晋在邺设有"监邺城诸军事"要职，终西晋一朝，自泰始元年（265）至永嘉之乱。"监邺城诸军事"职虽有更替，除泰始六年至泰始八年间，由山涛担任外，均在西晋宗王们中替换，不假外姓。先后担任这一职务的有：济南王遂、高阳王珪、彭城王权、高密王泰、赵王伦、河间王颙、南阳王模、范阳王虓、新蔡王腾等 10 位宗王，其中任职最久的是赵王伦，在职 15 年①由西晋宗王统领重兵，负责对陈留王的监禁，可见西晋对陈留王监禁的重视，陈留王等被软禁的曹魏宗室，不得擅离邺宫，不得与民间联系；晋王朝的官民也不得因私进入邺宫，与陈留王等被软禁曹魏宗室交往。如陆云自己虽身为"监邺城诸军事"、大将军、成都王司马颖的重要臂膀——右司马，亦称文昌殿"殿东便属陈留王内，不可得见也"。因此，一般人要进入防范森严的邺宫，盗出曹操遗物的可能性极小。其次，上述物品多为普通常见之生活、文房用品。而盗贼最基本的目的是求财，对于冒着生命危险，能够进入戒备森严邺宫的盗贼来说，不盗取有价值的金玉珠宝，而盗取这些自曹操没世至此已八十多年的、没有财富价值的、草织的"床荐"、竹编的"席具"、垢迹斑斑的"拭目黄絮"，甚至是剔牙的竹签"剔齿纤"，未免不可思议。而搬着"奏案""书籍""书车"等大件物品，要在戒备森严的邺城招摇过市、翻墙越城，又掩人耳目，谈何容易！因此，我们推测，陆云所检视的这些曹操遗物，应当来自被盗的曹操高陵。

　　陆云与其兄陆机书信，理应谈到这些曹操遗物的来历，信中既有"大尺闻数，前已白"之句，说明在此封书信之前，陆云已与陆机有过言及曹操相关的书信，可惜这些"前已白"的书信已散佚，具体内容不可得知。

　　《陆士龙集》尚收有陆云致其兄陆机其他书信片段。其一曰："一日上三台，曹公藏石墨数十万片，云烧此消复可用，燃烟中人。不知兄颇见之不？今送二螺。"②《初学记》《太平御览》等引，与此大略相同。石墨，古一称石碳，即今煤炭。"数十万片"，二书则均作"数十万斤"。《初学记》："陆云《与兄书》曰：'一日上三台，曹公藏石墨数十万片，云烧此消复可用，然不，兄颇见之不，今送二螺。'③《太平御览》："陆云《与兄机书》曰：'一日上三台，曹公藏石墨数十万斤，云烧此消复可用，然不知兄颇见之不？今送二螺。'④ 今从《初学记》《太平御览》，当作"数十万斤"，邺城三台藏有石炭，与《水经注》所言和，前揭《水经注》卷一〇《浊漳水注》，言邺城三台，"北曰冰井台，亦高八丈，有屋百四十五间，上有冰室，室有数井，井深十五丈，藏冰及石墨焉，石墨可书，又燃之难尽，亦谓之石炭。"

　　《太平御览》卷七一四《服用部》引陆云与其兄陆机书的又一段曰："陆云《与兄书》曰：一日行，曹公器物，有剔齿纤，今以一枚寄兄。"⑤ 又明梅鼎祚编《西晋文纪》卷一七辑陆云与兄陆机书片段有："今日复案行曹公器物，取其剔齿签一个，今以送兄。"梅氏自言，陆云"与兄平原书三十八首，中多讹脱"⑥。按，"纤"即"签"。清吴景旭《历代诗话》卷六五："《蓉塘诗话》曰：赵松雪

① 万斯同：《晋方镇年表》，《二十五史补编》第 3 册，中华书局 1955 年版，第 3385—3397 页。

② 陆云著，刘运好校注：《陆士龙文集校注》，凤凰出版社 2010 年版，第 1040、1041 页。

③ 徐坚：《初学记》卷二一《文部》引《陆云与兄书》，中华书局 1952 年版，第 520 页。

④ 李昉等：《太平预览》卷六〇五《文部二一》引《陆云与兄机书》，中华书局 1960 年影印本，第 2723 页上栏。

⑤ 李昉等：《太平预览》卷七一四《服用部一六》，中华书局 1960 年影印本，第 3174 页上栏。

⑥ 梅鼎祚编：《西晋文集》卷一七《陆云·与兄平原书》上海古籍出版社，2003 年影印《文渊阁四库全书》，第 1398 册，第 374 页下栏。

《老态诗》老态年来日日添，墨花飞眼雪生髯。扶衰每藉过头杖，食肉先寻剔齿签。……陆云《与兄机书》云：'今日复案行曹公器物，取其剔齿籤一个，今送兄。'一本赵诗，签作纤，按，即签字也。"① 又《实物纪原》卷三引陆云《与兄机书》亦作"签"："陆云《与兄机书》曰：按行曹公旧物，有刷泥处尚识，又别有剔齿签，疑自秦汉已来也。"②

二

陆云与其兄陆机书信中所列之曹操遗物，与曹操高陵出土名物石牌所载之物名额有相应者。据曹操高陵考古队介绍，曹操高陵出土刻铭石牌有 63 块，这些石牌大多是随葬器物的说明牌，二者相对应。例如，石牌有"四幅被一"，陆云与其兄陆机书有"寒夏被"；石牌有"樗蒲床一"，陆云与其兄陆机书有"挽蒲棋局"；石牌有"寻莱蒽（茵）二"，陆云与其兄陆机书有"床荐席具"。蒽（茵）即褥。《汉书》卷二七中之上《五行志第七中之上》："成帝鸿嘉、永始之间，好为微行出游，选从期门郎有材力者，及私奴客，多至十余，少五六人，皆白衣袒帻，带持刀剑，或乘小车，御者在茵上。"师古曰："袒，不加上冠。"苏林曰："茵，车上蓐也，御者错乱，更在茵上坐也。"师古曰："车小，故御者不得回避，而在天子茵上也。茵，音因。"③

陆云与其兄陆机书有"书车"。陆云解释："书车，又作岐案，以卧视书。"④ 岐通歧，歧案，当有别于常见的"一"字形机案，而为一种自"一"字形机案两边歧出的"Ⅱ"字形机案，这种机案的优点在于，使用者在读书时，可以将简帛、纸张等铺陈于面前之机案，侧身替换依凭左右歧出的侧案，"以卧视书"，减轻疲劳。可以对应的，出土石牌有"木軾机一"。"軾"，《玉篇·车部》："軾，轼也。"⑤ 轼为车厢上正面及左右共三面环绕的，供乘人依凭的横木。《说文》："轼，车前也。"段注："此当作车舆前也。……戴先生曰：'轼与较皆车阑上之木，周于舆外，非横在舆中，较有两，在两旁，轼有三面，故《说文》概言之曰车前，轼卑于较者，以便车前射御执兵，亦因之伏以式敬。'"⑥ 又《释名》："轼，式也。所伏以式敬者也。"毕沅注曰："《御览》引作'式所敬者'。案当云'伏以式所敬者也'。"⑦ "木軾机"者，之所以以"軾"名机，当以机似"軾"状而得名，而陆云所言"书车""岐案"者，也恰为"Ⅱ"字形岐案缘自车"軾"之一证，概言之，陆云所言之"书车""岐案"，即汉代之"軾机"，由此可见，汉魏至西晋百年间名物语词之流变，其差别不可小觑。按早期"机""案"本相区别，二者造型略同，细辨之，则"机"窄而"案"宽。如"食案"不作"食机"，以其宽大，摆放食品、食具多。然东汉以来至魏晋，机案已渐次混用，文献互训。"案"，《说文》："案，几属。从木，安声。"段注："戴先生云，案者，棜禁之属。……后世谓所凭之几为案，古今之变也。"⑧ 一训"机"为"案"，《文选·嵇康与山巨源绝交书》："又不喜作书，而人间多事，堆案盈机，不相酬答，则犯教伤义。"吕延济注："机，案也。"⑨ 陆云与其兄陆机书有"奏案大小五枚"。出

① 吴景旭：《历代诗话》卷六五，中华书局 1958 年版，第 984、985 页。
② 高承：《事物纪原》卷三"刷"条，中华书局 1989 年版，第 145 页。
③ 《汉书》卷二七中之上《五行志第七中之上》，中华书局 1962 年版，第 1368 页。
④ 陆云著，刘云好校注：《陆士龙文集校注》，凤凰出版社 2010 年版，第 1034 页。
⑤ 顾野望著，陈彭年增修：《大广益会玉篇》卷一八，中华书局 1987 年版，第 86 页，下栏左。
⑥ 许慎撰，段玉裁注：《说文解字注》，上海古籍出版社 1981 年影印本，第 722 页上。
⑦ 王先潜撰：《释名疏证补》卷七《释车》，上海古籍出版社 1984 年影印本，第 24 页。
⑧ 许慎撰，段玉裁注：《说文解字注》，上海古籍出版社 1981 后影印本，第 620 页下。
⑨ 萧统编，李善注：《文选》卷四三《书下》，上海古籍出版社 1986 年版，第 1927 页。

土石牌有"八寸机一""五尺漆薄机一""书案一"。"八寸""五尺"皆言机之宽度，以东汉尺一，当今24厘米换算，"八寸"当今19.2厘米，"五尺"当今120厘米，"五尺机"谓大，"八寸机"谓小，正当陆云所言之大、小奏案。

陆云与其兄陆机书："拭目黄絮二在，垢，垢黑，目泪所沾污。"承蒙潘伟斌先生见示，出土石牌有"绒手巾一"一块。陆云所言沾污有泪水垢痕的"拭目黄絮"，当即"绒手巾"。"绒"即熟丝。《正通字·糸部》："绒，熟练丝。"① "絮"亦为粗丝绵、熟练丝。《说文》："絮，敝锦也。"段注："敝锦，熟锦也，是之谓絮。凡絮必丝为之，古无今之木绵也。"② 而"绒手巾"，当为熟练丝所织之手巾，以手巾拭目，当其功用。《太平御览》卷七一六《服用部·手巾》引《汉明臣奏》曰："王莽斥出王闳，太后怜之，闳伏泣失声，太后亲自以手巾拭闳泣。"又引《江表传》曰："孙权克荆州，将吏悉皆归附，而潘濬涕泣交横。慰劳与语，使亲近手巾拭其面。"絮为织物之丝，不是丝织品，不能直接用以拭目，且留下目测可以辨认的泪垢。"拭目黄絮二在"，或作"拭目黄絮巾在"。"二"为"巾"字之讹。"絮巾"，汉亦有之。《太平御览》引《汉书（旧）仪》曰："皇后亲蚕、丝絮，织室做祭服。皇后得以作絮巾，"又引《魏略》曰："赵岐避难至北海，着絮巾，市卖饼。"③

陆云与其兄陆机书中所言曹操遗物，未见为出土石牌对应，但可推断曹操随葬物者有"帻""手衣"等。"帻"为曹操日常所著并在遗令中明确要求随葬的物品。《太平预览》："魏武遗令曰：'吾有头病，自先着帻，帻乃大服，如存时勿遗。'陆云与兄书曰：'一日案行，视曹公器物，有一介帻，如吴帻。'"④ "手衣"为丧服所着服物之一。⑤《通典》叙皇帝大殓之礼："嗣皇帝复位，执服者陈袭衣十二称，实以箱筐，承以席，去巾，加面衣。讫，设充耳，著握手及手衣，纳舄。乃袭，既袭，覆以大脸之衾。"⑥ 又《大唐开元礼》卷一四六《凶礼》："充耳用白纩，面衣用玄，方尺，纁里组系手衣一具，执服者陈袭衣于席，袭者去巾，加面衣、设充耳、著手衣、纳履。"⑦ 可见，"手衣"为重要的葬服之一。

又陆云与其兄陆机书中所言之"剔齿纤"即"剔齿签"，当即出土石牌之"竹簪"。出土石牌有"竹簪五千枚"一块，簪形似箴，箴即针。《荀子·赋篇》："簪以为父。"王念孙《读书杂志》："杨注曰，簪形似箴而大，故曰为父。"⑧ "簪"有插、惯穿之意。《汉书》卷六三《昌邑王贺传》："簪笔持牍趋谒。"师古注曰："簪笔，插笔于首也。牍，木简也。"⑨ 又《续汉书·五行志》："灵帝时，江夏黄氏之母，浴而化为鼋，入于深渊，其后时出见，初浴簪一银钗，及见，犹在其首。"⑩ 又《晋书》卷二五《舆服志》："笏者，有事则书之，故常簪笔，今之白笔是其遗象。三台五省二品文官簪之，王、公、候、伯、子、男、卿尹及武馆不簪，加内侍位者乃簪之，手版即古笏矣。"⑪ 此"簪"即为插之意。又《续汉书·舆服志》言，太皇太后、皇太后入庙服有簪珥，并释之："簪珥。珥，珥珰垂珠也。

① 张自烈编，董琨整理：《正字通》未集中《糸部》，中国工人出版社1996年版，第825页。
② 许慎撰，段玉裁注：《说文解字注》，上海古籍出版社1981年影印本，第659页上、下。
③ 李昉等：《太平预览》卷七一六《服用部一六》，第3176页上栏。又，同书卷七一六《服用部一六》引《汉旧仪》《魏略》第3176页上栏。
④ 李昉等：《太平预览》卷六八七《服章部四》引《魏武遗令》《陆云与兄书》，中华书局1960年影印本，第3065页下栏。
⑤ "手衣"，周一良先生疑即"手套"，可备一说。参见周一良《魏晋南北朝史札记》，中华书局1985年版，第3页。
⑥ 杜佑：《通典》卷八四《礼·丧制之二》，中华书局1988年版，第2270页。
⑦ 《大唐开元礼》卷一四六《凶礼》，北京民族出版社2000年影印内藏大木库本本，第702页。
⑧ 王念孙：《读书杂志》，商务印书馆1930年版，第12册，第14页。
⑨ 《汉书》卷六三《昌邑王贺传》，中华书局1962年版，第2767、2769页。
⑩ 《后汉书》附《续汉书志》第一七《五行志》，中华书局1965年版，第3348页。
⑪ 《晋书》卷二五《舆服志》，中华书局1974年版，第773页。

簪以瑇瑁为摘，长一尺，端为华胜，上为凤皇爵，以翡翠为毛羽，下有白珠，垂黄金镊。左右一横簪之，以安蔮结，诸簪珥皆同制，其摘有等级焉。"① 此"横簪之"，即横贯穿之意。作为头饰的"簪"，汉代的正式名称为"笄"，为此，段玉裁《说文解字注》特意纠正，改"簪"为"笄"，并为之注："笄，兂也。兂，各本作簪。今正，兂下曰：'首笄也。'俗做簪。戴氏曰：'兂冠笄而冕弁有笄，笄所以贯之于其左右，是以冠兂之。'"② 因此，出土石牌"竹簪五千枚"之"簪"，不能简单理解为是簪发之簪。汉魏之时，簪发之笄有玳瑁、玉、骨、木、竹之属，笄有身份等级，如上所引《续汉书·舆服志》言："其摘有等级焉"。以曹操之身份，其虽提倡节俭，但也不可能像贫民一样笄以"竹簪"，且需五千多枚之多。以陆云与其兄陆机书中所言之"剔齿签"对照，我们可知，"竹簪"是用来簪牙（即剔齿）的物品。曹操生前已年逾六十，齿已松动，日常肉食、洁齿保健离不开剔齿，"竹簪"即剔齿签。有剔齿需要者皆知。牙签（竹簪）属"常所用"且日常消耗较大的物品，故以"竹簪五千枚"随葬，不足为奇。也正是因为其随葬量大，不足为贵，所以陆云在检视曹操遗物之时，可以随手拿取"剔齿签"一枚，送予其兄陆机。

三

在考察曹操墓遗物之后，我们接着探讨曹操墓被盗的时间。曹操墓被盗的时间，当在陆云见到这些被盗遗物之前，且距离被盗时间不远。那么，陆云看到这些曹操遗物是在何时？从陆云与其兄陆机书信叙述中，我们可知陆云是在"案行"即巡察邺城的过程中看到这些曹操遗物的，案行邺城当是陆云的职务行为。

考陆云行年。《晋书》卷五四《陆云传》曰：云"入为尚书郎、侍御史、太子中舍人、中书侍郎，成都王颖表为清河内史。颖将讨齐王冏，以云为前锋都督。会冏诛，转大将军右司马。……机之败也，并收云。……孟玖扶颖入，催令杀云，时年四十二。"③ 陆云所历尚书郎、侍御史、太子中舍人、中书侍郎等官为西晋朝廷台、省及东宫之职，清河内史职掌清河国，当郡守。以上皆与邺城关联不大。而案行邺城，则应该是陆云任大将军右司马时的职务行为。此时，成都王颖为大将军，陆云为成都王颖的大将军府右司马。云之本传虽无系年，但其任大将军右司马及卒，皆涉重大事件，时间可考，依本传"会冏诛，转大将军右司马"所言，陆云任大将军右司马是在齐王冏被杀之后，而齐王冏被长沙王乂所杀，时在晋惠帝太安元年（302）十二月④。由此推算，陆云任大将军右司马之时，最早不过太安元年十二月。陆云卒年则与其兄陆机同。太安二年（303）八月，陆机被成都王颖任命为大都督，率军二十万，伐长沙王乂，十月兵败，被成都王颖所责杀，陆云同时受连坐被杀，陆云卒年为太安二年十月。以此算来，陆云任大将军右司马的时间为太安元年十二月至太安二年十月，不足一年。换言之，陆云看到被盗曹操遗物的准确时间，在晋惠帝太安元年十二月至太安二年十月之间。

然而，《陆士龙集》收有陆云《登台赋》一篇，其赋序曰："永宁中，参大府之佐于邺都，以时，事巡行邺宫三台，登高有感，因以言崇替，乃作赋云。"⑤ "永宁"乃晋惠帝年号，行之二年，当公元

---

① 《后汉书》附《续汉书志》第三十《舆服志》，中华书局1965年版，第3676页。
② 许慎撰，段玉裁注：《说文解字注》，上海古籍出版社1981年影印本，第191页。
③ 《晋书》卷五四《陆云传》，中华书局1974年版，第1484、1485页。
④ 《晋书》卷四《惠帝纪》：太安元年"十二月丁卯……长沙王乂奉乘舆屯南止车门，攻冏，杀之"。第100页。
⑤ 陆云著，刘运好校注：《陆士龙文集校注》，凤凰出版社2010年版，第21页。

301—302 年。一般言之，永宁初即永宁元年，揆之，"永宁中"当即永宁二年。永宁二年十二月丁卯，长沙王乂攻杀齐王冏，执掌朝政，当月即改永宁二年为太安元年。因之，《晋书·惠帝纪》无永宁二年，太安元年即永宁二年。司马是大将军的佐史，陆云所说自己"参大府之佐"，即言自己为大将军右司马一事。

以《登台赋·序》与前揭陆云与兄陆机书相佐证，陆云在书信中，数次言案行及登邺三台之事，如"大（丈）尺间数，前已白，其缥帐及望墓田处，是清河时……台上诸奇变无方，常欲问曹公，使贼得上台，而公但以变谲，因旋避之，若焚台，当云何？"又《太平御览》卷六○五："陆云《与兄机书》曰：一日上三台，曹公藏石墨数十万斤，云烧此消复可用，然不知兄颇见之不？今送二螺。"① 书信可见，陆云在巡视三台时，拿取曹操储藏于三台的煤炭，送其兄以取暖。此数事，正与陆云任大将军右司马之身份合。

然而，陆云《岁暮赋·序》中，提及其任大将军右司马的时间，却与《晋书》陆云本传相左。《岁暮赋·序》曰："余抵役京邑，载离永久，永宁二年春，忝宠北郡。其夏又转大将军右司马于邺都。"② 此言任大将军右司马为永宁二年，于前揭《登台赋·序》所言，"永宁中"合，但永宁二年"其夏又转大将军右司马与邺都"，却与《晋书》陆云本传所言"会冏诛、转大将军右司马"不合。如前所述，齐王冏被长沙王乂所诛在晋惠帝永宁二年（太安元年）十二月，而以"其夏"当四、五、六月所计，则陆云《岁暮赋·序》与《晋书》陆云本传相较，陆云任大将军右司马要早六至九月。考虑到《岁暮赋·序》为陆云本人所作，《晋书·陆云传》为后人所述，二者相权，当以本人所言为是。故我们取陆云任大将军右司马的时间为晋惠帝永宁二年（302）夏，即晋惠帝永宁二年四至六月之间。细览《登台赋·序》作者述眼前景物又有"中原方华、绿叶振翘"之语，揆其节令，或为初夏。

要言之，陆云看到被盗曹操遗物的时候，应在晋惠帝永宁二年（太安元年）四至六月之间，而曹操高陵被盗的时间则应在此之前。

四

考察中，我们观察到曹操墓是一座被毁严重的墓葬。首先，古代盗洞形成宽阔，这反映出盗墓行为决非鸡鸣狗盗之徒蹑手蹑脚所为，而呈现出毁墓者所具有的明火执仗、公然开掘的气势，表明毁墓者无须隐蔽自己的行为。其二，疑似曹操的男性头盖骨，被打破状况明显。现存位置并非原葬位置，人为扰动状态显然。其三，目前所发现的凡具有"魏武王"字样的刻铭石牌，全遭打击断裂；而未有"魏武王"字样的刻铭石牌，则大多完整保留下来。其中刻有"魏武王常所用慰项石"字样的石枕，由于石质坚厚，未能打破。但"魏武王"三字之上亦有硬物多次击打的显著遗痕，石枕边缘有击打破损痕，这说明，盗墓者对墓葬及陪葬品进行了选择性破坏。

种种迹象表明，这绝非简单的盗墓。因为一般盗墓者的目的是求财，在盗取墓主人的财物之后，由于封闭的墓葬中存在有害气体，所以他们不会在墓葬中长期停留，去从容地、有选择地损毁墓主人的尸骨，去有选择地破坏损葬品的说明石牌。那么，这种公然的、无须顾忌邺城政治、军事存在的毁墓行为得以进行，只能有两种可能性，一是毁墓行为得到当时邺城统治者的允许或者由其组织；二是

---

① 李昉等：《太平御览》卷六○五《文部二一》引《陆云与兄机书》，中华书局 1960 年影印本，第 2723 页上栏。
② 陆云著，刘运好校注：《陆士龙文集校注》，凤凰出版社 2010 年版，第 52 页。

当时邺城统治失控。

从现有史料来看，自魏晋禅让，曹奂退居邺宫，至晋惠帝太安元年（302）前后，陆云看到曹操墓葬遗物，在这近四十年中，西晋王朝一直在邺城驻有重兵，保持着强大的军事存在。邺城驻军的数量，史书虽然没有明显记载，但成都王司马颖与太安二年起兵伐长沙王乂，以陆云之兄陆机为都督，陆机统率的军队即有20万人。西晋一直用重兵牢固控制着邺城，邺城秩序没有出现过失控。因此，第二种可能性，即邺城出现统治失控的可能性是不存在的。毁墓的嫌疑，只能来自镇守邺城的成都王司马颖。

目前史料中，没有发现西晋盗毁曹操高陵的记载。盗毁曹操高陵者如果是成都王司马颖，那么他为何要盗毁曹操高陵？这确实令人费解。但史料中之蛛丝马迹，或许能够说明问题。成都王司马颖出镇邺城的当年，邺城曾发生过一次反对西晋政权的叛乱。关于这次叛乱，史料记载十分简略。《晋书》卷四《惠帝纪》记载，元康九年（299）正月，以"成都王颖为镇北大将军，镇邺。夏四月，邺人张承基等妖言署置，聚党数千，郡县逮捕，皆伏诛"。① 这是一条值得注意的史料。因为这是自魏晋禅让至陆云看到曹操墓中遗物的近40年间，正史中唯一一条有关邺城发生过动乱的记载。

特别值得关注的是"妖言"与"署置"两个概念。"妖言"是中国古代一种特殊的政治言论。吕宗力在讨论汉代的"妖言"时，总结"妖言"这一概念，说道："比较而言，'不详'和'惑众'确实可以被看作'妖言'的特性。所谓'不详之辞'，即语涉阴阳灾异、吉凶鬼神，带有明显神秘色彩的言论，与'妖'字在汉代的常见含义相合。"② 其言甚是。魏晋时期的"妖言"与秦汉时期的"妖言"一脉相承，它亦往往依托鬼神，借助怪异，以"蛊惑"人心的言论，倡言"革命"或变革时政。如西晋太安二年（302）所发生的张昌叛乱。这次叛乱与元康九年的邺人张承基叛乱相距不到四年。西晋晚期，"自天下多难，数术者云当有帝王兴于江左"，于是，张昌"造妖言云：'当有圣人出'。山都县吏丘沉遇于江夏，昌名之为圣人，盛车服出迎之，立为天子，置百官。"③ 张昌所造之妖言，即利用数术者的神秘言论。所以，它是历代统治者的大忌与心腹之患。张承基所制造的"妖言"，当属此类颠覆西晋政权的政治言论。

"署置"即叛乱者建立官署、封官置吏，组织与建立了权力机构。这个以伪造神秘的政治言论为号召，建立权力组织，反叛西晋朝廷的张承基能够名留史册，说明其在西晋晚期的历史上具有相当的分量。我们看《晋书·惠帝纪》，叙事相当简略。有的年份往往仅叙三四条事。如元康三年（293），仅记有"夏四月，荥阳雨雹，六月，弘农郡雨雹，深三尺。冬十月，太原王泓薨"三条事。元康七、八两年，仅各记有四条事，如"八年春正月丙辰，地震。诏发仓廪，赈雍州饥人。三月壬戌，大赦。夏五月，郊禖石破二。秋九月，荆、豫、杨、徐、冀等五洲大水，雍州有年"。④ 而邺城张承基的叛乱能够为晋史所载，足见西晋政府对其相当重视。

张承基所制造的"妖言"的具体内容为何，因史料简缺，不得而知，但我们略知秦汉时期的"妖言"，如秦末农民暴动，陈胜、吴广以篝火狐鸣制造的"妖言"，是"大楚兴，陈胜王"。那么，张承基所制造"妖言"是否与陈胜、吴广类似？陈胜、吴广暴动，在历史上有示范意义，陈胜、吴广在楚地揭竿而起，所以他们所制造的"妖言"以"复楚"为号召，便于动员当地的民众。而张承基的暴动

① 《晋书》卷四《惠帝纪》，中华书局1974年版，第95页。
② 吕宗力：《汉代的谣言》，浙江大学出版社2011年版，第43页。
③ 《晋书》卷一〇〇《张昌传》，中华书局1974年版，第2612页。
④ 《晋书》卷四《惠帝纪》，中华书局1974年版，第52页、95页。

发生于邺，邺曾是曹操为魏王时的国都、是曹操的根基所在，利用曹操的亡灵则有利于动员邺城当地的民众。张承基的"妖言"极可能利用曹操的亡灵，与曹操的亡灵有关。这一推测的依据，是在曹操墓被毁的同时，邺城三台上与曹操有关的建筑亦遭毁坏。

陆云致其兄陆机书其中有一封曰："省曹公遗事，天下多意长才乃当尔。作弊屋向百年，于今正平夷塘乃不可得坏，便以斧斫之耳。尔定以知史称其职，民安其业也。"①《陆士龙集》所收这段书信内容，当与前引几段陆云与其兄陆机书相承、相关，陆云赞赏曹操"长才乃当尔"之外，揭示了一个重要的信息，"作弊屋向百年，于今正平夷塘乃不可得坏，便以斧斫之耳。"

按曹操修三台始于汉献帝建安十五年（210），至陆云视察三台之时已九十余年，故陆云有"作弊屋向百年"之语。"正"作"只有""仅"解，乃魏晋时人常所用语。《世说新语》第一五《自新》篇言：周处"乃自吴寻二陆，平原不在，正见清河"。②周处前往江南拜访陆机、陆云兄弟，适逢陆机不在，只见到陆云。又第四《文学》篇："许便问主人：'有《庄子》不？'正得《渔父》一篇。"③即仅得到《渔父》一篇。"塘"通"堂"。《庄子·逍遥游》："覆杯水于坳堂之上，则芥为之舟。""坳堂"，王叔岷《庄子校诠》："案《一切经音义》卷四九引'坳堂'作'坳塘'，塘，俗唐字。堂、塘同音通用。《广弘明集》一九《梁都讲法彪发般若经题论议》：'譬坳塘之水，随百川而入巨海。'宋人《北山录》卷十《外信第一六》：'夫坳塘不足以隘于江湖'。'坳塘'一词并本此。"④又唐宋诗人用典"坳堂"亦多作"坳塘"。《全唐诗》卷八八三李涉《却归巴陵途中走笔寄唐知言》："后辈无劳续出头，坳塘不合窥滇渤。"⑤坳塘，用典亦本此。

平夷塘，即平夷堂。夷乃华夏对周边部族之通称。《尚书·大禹谟》："无怠无荒，四夷来王。"平乃平定、镇平。堂以"平夷"为名，盖取其镇平夷狄之意。此"夷"乃指汉末威胁华北的"乌丸"。乌丸乃东胡的一支，又称"乌桓"。东汉末年，天下大乱，乌丸乘机崛起，掠夺北方，并与袁绍父子相依托，与曹操为敌。曹操破袁绍之后，袁绍之子袁尚北依乌丸，曹操"将被征三郡乌丸，诸将皆曰：'袁尚，亡虏耳，夷狄贪而无亲，岂能为尚用？'诸将口中的"夷狄"，即乌丸。曹操又称乌丸为"虏"。"三郡乌丸承天下乱，破幽州，略有汉民合十余万户。……公将征之，凿渠，自呼沱入泒水，名平虏渠。"曹操取渠名"平虏"、与堂名取"平夷"异曲同工。"平夷"、"平虏"，同为平定乌丸之意。曹操率军，经数次苦战，歼灭乌丸20余万，收编乌丸骑兵数万，最终平定乌丸，解除了北边威胁。平定乌丸，是曹操一生中最重要的战功之一，故建安十八年（213），汉献帝册封曹操为魏公诏书，历数曹操功勋就有："乌丸三种，崇乱二世，袁尚因之，逼据塞北。束马县车，一征而灭，此又军之功也。"⑥建安十五年（210），曹操在平定乌丸之后，为加强邺城防御而筑铜雀台，台上建平夷堂，有镇平、平定乌丸的意义。后来曹魏王朝在都城洛阳亦建有"剪吴堂"⑦，大概是仿效曹操，亦有要剪灭孙吴的意义。

①《陆士龙集》卷八《与兄弟平书》，上海古籍出版社2003年影印本，第443页上栏。标点系本文作者所加。

②"平原"指陆机，以其为晋平原内史；"清河"，指陆云，以其为晋清河内史。参见刘义庆撰，刘孝标注，余嘉锡笺疏《世说新语笺疏》，上海古籍出版社1993年版，第626页。

③刘义庆笺，刘孝标注，余嘉锡笺疏：《世说新语笺疏》，上海古籍出版社1993年版，第237页。

④王叔岷：《庄子校诠》，中华书局2007年版，第9页。

⑤《全唐诗》卷八八三，中华书局1999年版，第10056页。

⑥《三国志》卷一《魏书·武帝纪》，中华书局1959年版，第29、28、38页。

⑦大典本《元河南志》卷二，引自缪荃孙编《藕香零拾》，中华书局1999年影印本，第204页。

在这段书信中，陆云告知其兄陆机，曹操在三台上所建之蔽屋已近百年，至今只有"平夷堂"没有破败，得以保留。但是，这座保存近百年的平夷堂，到如今却被以"斧砍之"所毁。

平夷堂这座在三台上保存近百年的建筑，最后究竟毁于何人之手？三台是邺城重要的城防建筑，是邺城防御体系之重要一环，邺城地势平坦，五险可守。故筑三台，居高临下以加防御。郦道元《水经注》卷十《漳水》注：邺"城之西北有三台，皆因城为之基。巍然崇举，其高若山，建安十五年魏武所起"①。以魏晋邺城战事为鉴可知，历来守邺者必与三台共存亡，三台在则邺存，三台失则邺亡，如西晋末王浚伐成都王颖。

那么，在邺城驻有重兵，三台未遭攻击、成都王司马颖稳坐于邺之时，谁人可能登上三台？从容"斧砍"平夷堂，将其破坏之？深思之，其实毁坏"平夷堂"的方式也有历史信息在焉，"以斧砍之"而不是常见的火烧之。表露出"平夷堂"毁坏者的从容，具有毁坏目标的选择性。我们假想，倘若是盗寇攻城，则利在速决，火攻为便。正如前揭陆云与其兄陆机书中所言，三台最怕火攻，"若焚台，当云何？"盗寇一般不会放弃威慑巨大、运用便利的火攻，而采取有选择、有目的、从容的、斧砍的方式来毁坏三台上的"平夷堂"，却不去顾及三台上的其他物品。

但从另一个角度来看，如果是邺城的统治者自己来毁坏平夷堂，疑惑即可迎刃而解。三台为军事要地，驻有重兵，每台之上，皆有一百多间房屋建筑。火烧"平夷堂"必延及其余，斧砍之则能保全其他。在顾忌三台驻军及其他建筑安全的前提下，"斧砍之"是既毁坏"平夷堂"又维护三台安全的最佳方式。毁坏平夷堂的嫌疑，非成都王莫属。如果我们将"平夷堂"被毁与曹操高陵被毁这两件事情放在一起来看，就会感到这绝非巧合。这两件事情只有成都王司马颖可为、能为、有必要为。这一时期，邺城统治秩序稳固，没有受到过外来军事威胁，更无三台失守的记录。在排除外来因素的前提下，大张旗鼓地毁曹操高陵，毁三台上的曹操纪念性建筑"平夷堂"。就只能是成都王司马颖可为与能为的行为。历史上，统治者为了清除旧王朝的影响，毁坏旧王朝的陵寝及庙堂建筑以为厌胜之术，早已有之，如王莽篡汉，忧刘氏反抗，"又感汉高庙神灵，遣虎贲武士入高庙，拔剑四面提击，斧坏户牖，桃汤赭鞭鞭洒屋壁。令轻车校尉居其中，又令中军北垒居高寝"。"及事迫急，亶为厌胜。遣使坏渭陵、延陵园门罘罳，曰：'毋使民复思也。'又以墨洿色其周垣。"②邺人张承基的"妖言"很可能效仿陈胜、吴广的方式，假借曹操的亡灵，以复兴曹魏为号召，故而引起成都王司马颖的惊恐，于是，毁"平夷堂"以破"妖言"，毁曹操高陵以泄"妖气"，就成为成都王司马颖的厌胜工具。

在进行上述考证之后，我们可以将残缺的历史记录碎片连缀起来，试着复原一下西晋晚期邺城发生的政治事件及曹操高陵被毁的联系：晋惠帝元康九年（299）正月，成都王司马颖受命，以镇北大将军、监邺城诸军事的身份，出镇邺城，负责监控曹魏逊帝——陈留王曹奂。四月，邺人张承基等以曹操亡灵为号召，建立权力组织，"妖言署置，聚党数千"，图谋叛乱。平息叛乱图谋后，为破除妖言，震慑叛乱者，铲除叛乱者的精神寄托，成都王司马颖派人毁曹操高陵，并毁三台上的曹操纪念性建筑平夷堂。晋惠帝永宁二年（302）即太安元年夏，陆云由清河内史转任镇北大将军右司马，到邺城任职。陆云以司马身份视察邺城时，看到曹操高陵出土的曹操遗物，致信其兄陆机，告知其所见曹操遗物概况，并且拿取曹操遗物中的剔牙签一枚，送予其兄留念。其后，这批遗物被送往邺宫，交给

①　郦道元著，王国维校：《水经注校》卷十，上海古籍出版社1981年版，第350、351页。
②　《汉书》卷九九《王莽传》，中华书局1962年版，第4186页。

曹魏逊帝——陈留王曹奂。同年，曹奂死去，死因不明。《三国志》卷四《魏书·三少帝纪》裴注引《魏世谱》曰，魏晋禅代，"封帝为陈留王。年五十八，太安元年崩。谥曰元皇帝"[1]。

我们将邺人张承基之乱、曹操高陵被毁、平夷堂被毁、陈留王曹奂之死联系在一起，再将上述四件事情与西晋晚期的历史联系在一起，历史的雾团会稍许清晰起来。此时，正当西晋宗室混战方兴未艾，"八王之乱"正在逐渐白热化，作为"八王之乱"的主角，成都王司马颖一方面要应对与诸王的争斗，另一方面要巩固邺城的根基。二者之中，巩固邺城首当其冲。这不仅在于镇守邺城、监控陈留王及曹魏宗室、防止曹魏死灰复燃，是西晋王朝赋予成都王司马颖的主要任务，而且只有邺城巩固，他才能够放心逐鹿、问鼎中原，投身于与诸王的皇位争夺。所以，他不会容忍邺城发生动乱，不会宽容曹操及曹魏子遗的精神影响。一旦有与曹魏相关的风吹草动，将其消灭于萌芽之中，便是他的不二之选。因此，邺人张承基之乱平息之后，毁曹操高陵、毁平夷堂，不仅是成都王司马颖的厌胜之术，也是他巩固邺城的重要举措。而将曹操高陵中遗物送往陈留王宫中，则含有威慑之意。曹奂是否因此忧惧而死，不得而知。

第八节   曹操夫人卞氏年龄考

潘伟斌（河南省文物考古研究院   研究员）

一   曹操墓中女性骨骼的出土

安阳西高穴曹操墓（二号墓，即 M2）发现以后，墓室内发现了两具女性骨骼，分别散放在墓葬后室的底部。根据中国社会科学院考古所的有关专家对其头骨鉴定，认为其中一个年龄较长者为 50 多岁（也有专家鉴定为 60 岁左右）。根据《三国志·魏书·后妃传》记载，曹操夫人卞氏于太和四年（230）五月去世，七月，合葬高陵。但是在裴松之引《魏书》注上有"后以汉延熹三年十二月己巳生齐郡白亭"。据此有学者推测，卞氏去世时应该在 71 岁左右。从而引起了一些学者对此人身份是不是卞氏的辩论。有人认为，曹操墓中所出土的那个年龄较长的女性，与卞氏去世时的年龄相差较多，从而排出了她是卞氏的可能性，进而借此怀疑该墓葬为曹操墓。那么，曹操墓中的这位女性到底是不是卞氏？要彻底解决这个问题，弄清楚卞氏去世时的年龄就显得至关重要。本文结合历史文献，想对这一问题进行一些探讨，和方家进行交流。

二   史料所记载的卞氏的年龄及其存在问题

《三国志·魏书·后妃传》中清楚地记载了卞氏去世的时间，并明确指出，卞氏与曹操合葬高陵。但是，该书正文中并没有明确记录卞氏去世时的年龄这个问题。后人之所以推定卞氏去世时为 71 岁，主要根据就是裴松之所引的《魏书》上的注[2]，并没有其他资料作为旁证。

---

① 《三国志》卷四《魏书·三少帝纪》，中华书局 1959 年版，第 154 页。
② 《三国志·魏书·后妃传》中，裴松之引《魏书》注："后以汉延熹三年十二月己巳生齐郡白亭，有黄气满室移日。父敬侯怪之，以问卜者王旦，旦曰：'此吉祥也。'"中华书局 1959 年版，第 156 页。

笔者认为，这个推断有问题，是不够准确的。根据裴松之的注，卞皇后出生于汉桓帝延熹三年十二月，也就是公元 160 年。根据史料记载，卞氏是二十岁嫁给曹操的，如果按照这个时间推算，卞氏嫁给曹操的时间应该是在东汉灵帝光和三年（180）。

同书，裴松之引《魏略》上记载："初，丁夫人既为嫡，加有子修，丁视后母子不足。"也就是说，在最初的几年，由于丁夫人为嫡，她又有儿子子修，所以很是看不起娼妓出身的卞氏。那么，子修又是何人呢？子修是曹操长子，名昂，字子修，他并非丁夫人所生，而是她的丫鬟刘氏所生。刘氏原为丁夫人的丫鬟，后随丁氏嫁与曹操，为曹操生下了曹昂、曹铄和清河长公主二子一女①，曹铄早夭，清河长公主嫁给了夏侯惇的儿子夏侯楙②。

由于丁夫人不生子，刘氏去世较早，所以曹昂就被丁夫人抚养。史料记载，他们母子感情甚好，当后来曹昂战死时，丁夫人因为伤感过度，哭泣无节，最终和曹操离异。

曹操长子曹昂死于建安二年（197），由于《三国志·魏书·武文世王公传》里有"丰愍王昂字子修，弱冠举孝廉"的记载，因此推测，曹昂死时的年龄为二十多岁，他出生的时间应该在公元 178 年以前，也就是说，是卞氏嫁给曹操的头一两年。

这样来看，与记载的事情相矛盾，因为这时刘氏还没有死，此后她又为曹操生下了清河公主和相殇王曹铄。她所生的孩子为侧室所出，并不可能母以子贵或子以母贵，因此，有刘氏在也就谈不上丁夫人倚仗养子来看不起卞氏。

从上文我们可以了解到，丁夫人看不起卞氏，应该是从刘氏去世后，丁夫人收养曹昂、抚养曹昂后开始的，因为只有嫡夫人收养了曹昂，曹昂的嫡长子地位才能够最终确立。

而如果此时刘氏尚在，卞氏又没有子息（因为卞氏的长子曹丕出生于公元 187 年），就谈不上丁夫人看不起卞氏母子这件事。当然了，除非文中所记载的"初"是指一个相当长的时间概念。

《三国志·魏书·文帝纪》记载，曹丕出生于中平四年（187）冬，出生地为曹操的老家谯（今安徽亳州）。曹丕去世于黄初七年（226）五月，这和《三国志》记载曹丕去世时年龄四十是相符的。

按照以上推论，卞氏应该比曹丕大 27 岁，此时的卞氏应该为 67 岁。那么，就有一个问题了，卞氏生曹丕的时间为什么会那么晚，为什么是她结婚后七年才怀孕？难道说是曹操在这之间不宠爱她？如果说她不会生育，她为什么后来又接连生下了曹丕、曹彰、曹植、曹熊？

根据曹操的性格，他应该是十分宠爱卞氏的。卞氏出身于娼妓，一定是一个相貌不凡的女子，既然有这么个漂亮的妾在身边，他不宠爱她那是说不过去的。在当时崇尚传宗接代、没有有效的避孕条件下，能够坚持七年不怀孕，这几乎是不可能的。之所以会出现以上情况，恐怕只能有一个理由来解释，那就是上面裴松之所引用的注中，卞氏的出生时间有问题，从而造成了据此推断的其嫁给曹操的时间也有问题。

三　曹操纳卞氏的时间推测

在正史的文中没有明确记载的情况下，我们只能从曹操何时有机会纳她来推断之（附表）。

曹丕出生的时间为中平四年（187），这就界定了曹操纳卞氏的时间只能在 187 年之前。根据《三

---

① 详见《三国志·魏书·武文世王公传》，中华书局 1959 年版，第 579 页。另见《三国志·魏书·后妃传》，裴松之引《魏略》注，1959 年版，第 156 页。
② 详见《三国志·魏书·诸夏侯曹传》，中华书局 1959 年版，第 269 页。

国志·魏书·武帝纪》记载，曹操出仕后至中平四年，先后被罢官一次、赋闲回家一次。其过程如下："年二十，举孝廉为郎，除洛阳北部尉，迁顿丘令，征拜议郎。"[①] 因"从妹夫强侯宋奇被诛，从坐免官。后以能明古学，复征拜议郎"[②]。"光和末，黄巾起。拜骑都尉，讨颍川贼。迁为济南相。"[③] "久之，征还为东郡太守；不就，称疾归乡里。"[④] "金城边章、韩遂杀刺史郡守以叛，众十余万，天下骚动。征太祖为典军校尉。"[⑤]

曹操死于公元 220 年，《三国志·魏书·武帝纪》记载其年龄为 66 岁，故反推其出生时间应该为公元 155 年。因此，他举孝廉为郎的时间应该是在公元 174 年。由曹操给曹植的书信《戒子植》上写有"吾昔为顿丘令，年二十三，思此时所行，无悔于今。今汝年亦二十三矣，可不勉欤！"我们可以知道，他任顿丘令时为 23 岁，他任顿丘令的时间应该是公元 177 年。根据《后汉书·皇后纪》记载，宋皇后被废的时间为光和元年（178），其兄弟宋奇被诛的时间也应该是在这一年。曹操因为妹夫宋奇的关系而被罢官，这一年曹操 24 岁。后来又被任用为议郎。

光和七年（184），黄巾军起义，曹操被任用为骑都尉，跟随皇甫嵩和朱骏讨伐颍川的黄巾军，这一年曹操 30 岁。后来被任用为济南相。有人考证，曹操在济南相位上仅一年左右的时间就辞职不干了。也就是说，他辞职济南相时的年龄为 31 岁左右。关于曹操辞职济南相这一段经历，《三国志·魏书·武帝纪》上并没有明确记载，因此，有人并不认同这种说法，认为曹操在济南相的位置上干了三年，直到公元 187 年。但是，根据建安十五年（210），曹操在《让县自明本志令》所说"故在济南，始除残去秽，平心选举，违迕诸常侍。以为强豪所忿，恐致家祸，故以病还"这些内容来看，曹操确实是在济南相任上辞职了，其辞职的理由是自己有病，这里的"还"字，应该是指回到了京城。他回到京师后又有何任用呢？《魏书》上所记载的是"遂乞留宿卫，拜议郎"。

此后，曹操被征还为东郡太守，他没有去就任。关于这件事，《三国志·魏书·武帝纪》记载："久之，征还为东郡太守；不就，称疾归乡里。"其实他称疾归乡里并不是从任用他为东郡太守开始的，根据《魏书》记载，他在任议郎这个闲职期间，就"常讬疾病，辄告归乡里；筑室城外，春夏习读书传，秋冬弋猎，以自娱乐"。曹操在《让县自明本志令》所说的"去官之后……故以四时归乡里，于谯东五十里筑精舍，欲秋夏读书，冬春射猎，求底下之地，欲以泥水自蔽，绝宾客往来之望，然不能得如意"，也就是指这段时间所发生的事，他这里的"去官"，就是指辞去济南相这件事。

因为在征还为东郡太守之前句有"久之"这两个字，说明曹操从辞济南相到被征还为东郡太守之间，已有相当长的时间，可能是数年。这数年的时间内，曹操都是在老家自己所筑的"精室"内，"春夏习读书传，秋冬弋猎，以自娱乐"的。如果说曹操是在公元 187 年才辞去济南相，那就没有意义了，也更不可能有"久之"这两个字出现，因为到了一年后也就是公元 188 年，曹操又被征为都尉，迁典军校尉了。因此在这里，笔者不认同曹操在济南相位上三年的说法。

《三国志·魏书·后妃传》上记载，曹操是在老家谯纳卞氏为妾的，故笔者认为，这件事应该是发生在这段时间内。观曹操一生，也只有这一段时间他才有较长的时间在老家度过，从二十岁被举孝

① 《三国志·魏书·武帝纪》，中华书局 1959 年版，第 2 页。
② 《三国志·魏书·武帝纪》，裴松之引《魏书》注，中华书局 1959 年版，第 3 页。
③ 《三国志·魏书·武帝纪》，中华书局 1959 年版，第 3 页。
④ 《三国志·魏书·武帝纪》，中华书局 1959 年版，第 4 页。
⑤ 《三国志·魏书·武帝纪》，中华书局 1959 年版，第 5 页。

廉之后，一直是在京师或其任上度过的。而且此时的他忧虑国家政局黑暗，在内心中郁郁不得志，他只好在老家"春夏习读书传，秋冬弋猎，以自娱乐"。这只是官面上说法，其实曹操是一个不甘寂寞的人，除了以上那些活动外，一定少不了其他娱乐活动，在这些娱乐活动中，结识卞氏，并了解了卞氏的慧外秀中的不凡之处，纳卞氏也就顺理成章了。其实，这种纳妾未尝不是他排遣苦闷寂寞的一种自娱方式。

有人会问：为什么就不是宋奇狱案他第一次被罢官时纳的卞氏呢？笔者之所以排除他那时纳卞氏，也是有充足的理由的。这个理由就是当时纳妾制度的限制。在古代社会，纳妾是有严格规定的，能不能纳妾、纳妾的数量是按照男子的社会地位决定的，比如在晋代，就曾经规定："古诸侯娶九女，士有一妻二妾。"《晋令》："诸王置妾八人，郡公、侯妾六人。"《官品令》："第一、第二品有四妾，第三、第四有三妾，第五、第六有二妾，第七、第八有一妾"。① 由于晋承魏制，而魏承汉制，所以在东汉时候，也应该是这种制度。

而在任济南相之前曹操的级别是哪一级呢？他的官级为议郎，秩比六百石。《通典》卷三六《职官十八》引魏、晋官品令，将议郎列为七品。也就是说，当时按照规定，他只能有一个妾。

据考证，曹操第一次被罢官的事发生在汉光和元年（178），此时他的长子曹昂刚刚出生，曹昂的母亲刘氏还活在世上，这时曹操既有正室丁夫人，又有一妾刘氏，按照规定，他不可能再纳第二个妾了。而且在此后的三五年内，也不可能再纳妾，因为刘氏在生了曹昂以后，又相继为曹操生下一男一女，这说明刘氏至少要活到曹昂三岁左右。因此也就排除了曹操在公元180年以前纳卞氏的可能性。

当时曹操年仅24岁，是十分看重自己的政治前途的，根据他能够在20岁时被举孝廉这件事，我们可以看出曹操在年轻的时候，品行是很好的，此时他不可能不顾及自己的政治前途来破坏当时的制度。

而现在再纳卞氏情况就大不一样了，因为此时曹操的正室丁夫人虽在，而侧室刘夫人已经早逝。一方面他有时间和机会，另一方面他又有充分的理由，不会违制，更满足了他排除其内心苦闷和寂寞的需要。

四　卞氏的真实年龄

如果这个推断成立，许多难题也就可以迎刃而解了。如卞氏生曹丕的时间问题（参见表一）。

由于卞氏有才色，品德好，所以在曹操纳卞氏后在相当长的时间内，对她是专宠的。比如他在被重新启用为校尉到洛阳任职时，带去的是新婚的小妾卞氏，而不是丁夫人。所以才有了"及董卓为乱，太祖微服东出避难。袁术传太祖凶问，时太祖左右至洛者皆欲归，后止之曰：'曹君吉凶未可知，今日还家，明日若在，何面目复相见也？正使祸至，共死何苦！'遂从后言。太祖闻而善之"这件事发生。

其实，陈寿在《三国志·魏书·后妃传》中关于曹操纳卞氏这件事的过程记载虽简略，却是很连贯的。如该文记载"武宣卞皇后，琅邪开阳人，文帝母也。本倡家，年二十，太祖于谯纳后为妾。后（指卞氏）随太祖至洛。"可见它们是前后非常连贯的事情，并没有任何间断。如果是曹操早在公元179年就纳了卞氏，期间在曹操身上发生了那么多事，从董卓之乱后卞氏的不俗表现来看，就不可能没有卞氏的影子，陈寿不可能在文里恰巧的只记载这一件事情了。这也恰恰证明了曹操纳在卞氏后不

---

① 《魏书》列传第六《太武五王》，中华书局1974年版，第423页。

久，尚在新婚燕尔期间，不忍心将其单独留在老家，带其到洛阳这件事实。

既然是专宠，又正值生育佳期，她就不可能有多年不怀孕的现象发生。他们的第一个孩子曹丕于此时出生，即他们结婚第二年（187）出生也就不难解释了。

曹丕生于公元 187 年，也就限定了曹操纳卞氏的时间应该不晚于公元 187 年，更合理的时间应是在此之前的一两年。而曹操赋闲在老家的时间也正好是在公元 185 年至 188 年之间。如果按照曹操纳卞氏在曹丕出生的头一年来算，曹操的年龄应该为 32 岁，此时的卞氏年龄在 20 岁，曹操要比卞氏年长 12 岁。由此推断，卞氏出生的时间应该在公元 167 年前后。卞氏去世于魏明帝太和四年（230），此时卞氏的年龄应该为 64 岁左右，而不可能为 71 岁。

五　结论

从《三国志》的正文中没有记述卞氏出生时间这件事上看，作者陈寿是非常严谨的。作为娼家出身的卞氏，不可能有像《魏书》上那样有清楚而准确的记录。从《魏书》上对卞氏出生时"有黄气满室移日"的情景描述，以及其父找王旦来为其占卜这几件事情上来看，应该是其作者在卞氏贵为太皇太后时，对其神话和附会的结果。因此不足为信，其所记录的卞氏生年时辰，也是不足为信的。

虽然，曹操墓中所发现的女性头骨的年龄仍然与以上推断的卞氏的年龄有出入，但是，这不能排除人骨鉴定中的误差。比如现在考古上的年龄鉴定主要是从头骨、骨盆、肢骨等来进行的，具体到曹操墓中所出土的骨架，因为已经被扰动了，三个人的肢骨都混杂在了一起，不易区分开来。因此主要是从头骨特征来鉴定的。而头骨的鉴定主要又是以牙齿的磨损程度来为依据的，而牙齿的磨损是与死者生前的食谱有密切关系的，因此，鉴定的结果差异性就会很大。比如牙齿磨损的参考数值是从众多古代人个体中提取的平均值。由于每一个个体生前的食谱差异很大，其磨损程度也就有很大差异，从而会造成鉴定年龄与实际年龄的误差较大。

在这一点上，我们是有先例的。例如，中山大学的李法军先生曾经对天津蓟县城关镇明代敦典夫妇合葬墓的男性骨骼进行了鉴定，由于其髋骨已经缺失，只能根据其牙齿磨损程度来判断，鉴定的结果是 50—55 岁，而该墓出土的墓志上却明确记载了墓主人的年龄为 77 岁。后来他又对内蒙古一些古代人骨进行鉴定，却又发现了与此相反的现象，即依据牙齿磨损的程度来判断的年龄，大于依靠耻骨联合所判断出的年龄。这说明，墓主人生前的食谱直接决定了其牙齿的磨损程度，仅依靠牙齿来判断墓主人的年龄是有较大误差的，李法军先生认为，二者的误差通常在十岁左右①。

卞氏初为娼家，20 岁嫁与曹操，后来又升为王后、皇太后、太皇太后，因此她的食谱中应该是以精粮为主的，也经过了很好的烹饪和加工，长期食用这些精粮细软的食物的卞氏，其牙齿的磨损程度一定会远轻于一般百姓。因此据此鉴定其年龄，出现偏小的判断是不足为奇的。

如果按照李法军先生所总结的经验，在现有鉴定年龄的基数上增加误差的平均值十岁，卞氏的实际年龄应该是在 60 多岁，这与本人上述的论断是完全吻合的。

如果要想更准确地测定曹操墓中所出土的骨骼年龄，笔者认为，必须借助于更新的科技手段，来进行更精准的鉴定，为其到底是不是卞氏找到科学的依据。

---

① 李法军、盛力双:《浅谈人骨性别与年龄鉴定的几个问题》,《文物春秋》2011 年第 3 期。

表一

曹操早期任职及家人生平对照

姓名	出生时间 年号	出生时间 公历年份	大事记 年号	大事记 公历年份	大事记 年龄	任职	品级	秩比	死亡时间 年号	死亡时间 公历年份	岁数	备注
曹操	永兴二年	155							建安二十五年	220 年	66	
			汉灵帝熹平三年	174	20	举孝廉，任洛阳北部尉	六品	比 2000 石				
			熹平三年	177	23	迁顿丘令、征拜议郎	七品	600 石				178—180 刘氏存活期
			光和元年	178	24	因妹夫宋奇案免官、复拜议郎	七品	600 石				长子曹昂生
				178—184	24—30	议郎						
			光和末年（中平元年）	184	30	拜骑都尉，讨颍川黄巾军。迁为济南相	六品	比 2000 石				
			中平二年	185	31	辞济南相，遂乞留宿卫，拜议郎	七品	600 石				辄告归乡里；筑室城外，春夏习读书传，秋冬弋猎，以自娱乐
			中平三年	186	32	纳卞氏						卞氏 20 岁
			中平四年	187	33	生曹丕						卞氏 21 岁
						征还为东郡太守；不就，称疾归乡里						
			中平五年	188	34	征为都尉，迁典军校尉	六品	比 2000 石				
			建安二年	197		曹昂战死						曹丕 10 岁

姓名	出生时间		大事记			任职		死亡时间			备注
	年号	公历年份	年号	公历年份	年龄	品级	秩比	年号	公历年份	岁数	
卞氏	延熹九年	167						太和四年	230	64	
曹丕	中平四年	187						黄初七年	226	40	

第九节 "魏武王常所用慰项石" 铭的渠枕研究

黄建秋 （南京大学历史学院考古文物系 教授）

潘伟斌 （河南省文物考古研究院 研究员）

2009 年，河南省安阳曹操高陵考古队在发掘安阳西高穴村曹操高陵二号墓（M2）时，在墓室内发现了多件刻有"魏武王常所用"字样的铭刻石牌。有专家认为，它们是"楬"，具有"遣册"性质。这些刻铭为判断墓主人身份提供了重要依据。根据文献记载、墓葬地望，墓葬的规模、形制、墓室结构，时代以及结合随葬品的综合分析，我们认为，二号墓墓主为曹操。当地警方又从盗墓者手中收缴了出自二号墓的刻有"魏武王常所用慰项石"（以下简称慰项石）字样的石枕一件，它为确认墓主身份再添证据。

多位学者已结合文献释读过此刻铭，认为"魏武王"即曹操，"常所用"即日常所用，慰项石即抚慰颈部的石枕。当然，也有研究者对"常所用"释义持有不同看法，这里不再赘述。究其原因，在于对"慰项石"是否是实用器的认识不同。本文拟根据石枕表面及刻铭微痕的观察，来判断石枕究竟是不是实用器物，并为释读石楬和慰项石上"常所用"字义提供科学依据。

一

刻铭"魏武王常所用慰项石"是指石枕功用，而非石枕名称。曹操墓后室与南侧室之间的门道内出土一件石牌（M2：296），上刻有"渠枕一"的字样。由此判断，石枕的正式名称应该是"渠枕"。渠，有两种解释，一种是大的意思，另一种是凹槽的意思。《广雅·释水》指出："渠，坑也。"据此，渠枕造型应该是长轴方向、中部弧形下凹的枕头，"慰项石"造型与此相符。所以，铭刻有"魏武王常所用慰项石"的石枕，应该就是该墓葬中所出土的石牌（M2：296）所指的渠枕，该石枕正式名称应为"渠枕"。

渠枕表面大部分呈浅灰色，即蛇纹石皮色，蛇纹石自色为墨绿色或深绿色。蛇纹石的韧性较好而脆性较差，其断口是浅而短的粗糙破裂面。渠枕最大长度 24.6 厘米、最大宽度 17.3 厘米、最大高度 8.4 厘米。X 光衍射（XRD）检测渠枕的结果表明，滑石和镍绿泥石是渠枕的主要矿物相，透闪石为少量矿物相，三种矿物的硬度分别为莫氏 1 度、3 度、5 度。推测此三种矿物组合为蛇纹石。

渠枕所用蛇纹石是在缓慢自然风化过程中形成的。蛇纹石产于超基性岩，暴露于地表环境时，常常风化为含镍绿泥石和滑石，并且常常和透闪石共生。离安阳市最近的超基性岩出露地层，位于山西省黎城以北约 40 千米的太行山脉之中。据此推测，渠枕不是用取自安阳当地的石料制作。

二

渠枕共有 6 个面。顶面为长方形，中间下凹，其左右两侧是平面。左右两侧的边缘被石片疤覆盖，其中左侧边缘上部的石片疤较深，右侧边缘上的石片疤较浅。从石片疤的形态看，它们是击打左、右侧边缘导致剥片后留下的石片阴面。右侧面上局部可见深绿色斑。枕面的中部下凹，是承托是头颈部位。这个曲弧面被深绿色斑覆盖。显微镜下观察深绿色斑，发现它是由许多大小不等的深绿色斑组成的。这些色斑破坏了条痕，使条痕边缘变得模糊，条痕槽变浅。推测这是蛇纹石被长期使用摩擦后，导致质地较软的滑石和镍绿泥石消失，质地较硬的蛇纹石表面变得光滑，并因此在后来埋藏过程中基本上没有风化，从而显示出其自身深绿色斑及蜡状光泽。

枕的内立面为凹形，它与枕面上左、右侧面与之间无棱角，是弧形过渡面，应是与肩部接触的侧面。左、右边缘被石片疤覆盖。左边缘被多次重复击打，导致内立面与左立面之间的转角全部消失。右边缘中段被多次击打，导致内立面与右立面之间的转角受损。所有石片疤打破了立面上的研磨条痕。同时，表面的灰白色不显著，隐约可见灰绿色，理由同上，即渠枕在被使用过程中，肩部常与内立面接触，内立面因长期摩擦而表面光滑，从而在被埋藏过程中甚少被风化，局部显露出蛇纹石自色。

枕的外立面也是凹形，它是与内立面相对的外侧立面，它与枕面上的左右面基本呈直角。左上角、右上角以及左、右边缘被石片疤覆盖；左边缘更是被多次重复击打，导致外立面与右立面之间的转角消失；右边缘也被多次重复击打，导致外立面与左立面之间的转角消失。这些石片疤打破了立面上的研磨条痕。整个表面都呈现出蛇纹石皮色灰白色，而不见蛇纹石自色深绿色斑块。推测这是因为日常使用中极少接触到这个部位，其表面粗糙而在后来的埋藏过程中被风化，变成了蛇纹石皮色。

枕的左立面为长方形，器表平整，表面约一半被石片疤覆盖。左、右边缘以及上部左侧边缘和底边右边都被石片疤覆盖，它们是击打顶面、左立面、右立面和底面边缘留下的石片阴面，它们都打破了条痕。中下部为深绿色。推测这是使用过程中，手拨动石枕，导致其表面被长期摩擦而变得光滑，在后来埋藏过程中甚少被风化，从而显示出其自色。

枕的右立面为长方形，器表平整。左边缘局部以及上、下边缘和右边缘都被石片疤覆盖。它们是击打顶面、左、右外立面边缘留下的石片阴面，都打破了条痕。推测这个面在日常使用很少被接触，表面粗糙，在后来的埋藏过程中被风化，变为蛇纹石皮色。

枕的底面为长方形，器表基本平整。左上角、上缘、右上角、右侧边缘和左下角、右下角都被石片疤打破，它们分别是连续多次自上向下击打，估计被用于击打的工具自身不是很沉重，由于这种蛇纹石材质较软，韧性较好，所以在不同部位的连续的击打，只留下了深浅不一、大小不等的破裂阴面。靠近左上角的一组石片疤，不仅打破了条痕，还打破了刻铭最上端的"魏"字的禾的撇和一横笔画的左端。这说明该石枕在出土前和盗掘过程中，曾遭到盗掘者的敲打破坏。石枕表面的中间部位平整光滑，呈现墨绿色，推测这是底面经常使用被摩擦而没有被风化的缘故。中部的绿色斑块显示风化较轻，为蛇纹石的本色。器表中央是一列刻铭，即"魏武王常所用慰项石"。所有刻铭的线槽打破绿色斑块，刻铭多方笔直势，为典型的三国魏隶特征。波磔遒劲有力，棱角分明，未见磨损痕迹。

上述各个面上的石片疤下凹不深，宽约 2.5 厘米，石片疤上不见蜡状光泽，这些情况表明，这些石片疤形成后，石枕没有再使用过。承托头颈部的枕面，与床榻接触的底面中部呈现大片深绿色斑，左立面下部也有一片深绿色，这些都说明了渠枕是长期使用的寝具，而不是用于随葬的模型明器。

渠枕的制作和使用过程可作如下推测：首先，把蛇纹石块石加工成长方体；然后，把较宽一面加工成凹形；接下来，手持小块粗面砺石研磨枕面、内立面和左、右立面；最后研磨底面，在器表留下了既粗又深的研磨条痕。各个面大致平整后，即作为枕使用。由于石枕是日常使用的寝具，人体经常接触的顶面、内立面、左面等部位的研磨条痕被摩擦变得浅平、表面变得致密而光滑，使这些部位被埋藏后甚少风化，保持着蛇纹石的自色。日常使用中很少接触的渠枕外立面和右面等部位的研磨条痕依旧凹凸粗糙，在被埋藏后容易风化，所以这些部位呈现出蛇纹石皮色。

三

对"常所用"这个词的意义，除了日常所用的解释之外，作为考古领队的潘伟斌也有自己的看法，认为其有可能是指魏武王陵墓中专用之物。如《康熙字典》中引《玉篇》，将"常"解释为"恒"也。《正韵》释之为"久"也。《旧唐书·吕才传》："古之葬者，并在国都之北，域兆既有常所，何取姓墓之义。"因此潘伟斌认为，"常所"一词也可以理解为一个固定的地方，是陵墓的讳称，故"常所用"也可以理解为陵墓专用之意。如果按照此种解释，那么，"魏武王常所用"就可以释读为魏武王陵墓专用了。不过，这仅仅是从文字的字义上来理解，至于其到底是指日常所用之物还是指陵墓专用之物，还要结合本次试验，对其本身进行微痕分析，才能找到科学依据。

另外，关于"慰项石"应该怎样理解呢？为什么该石枕既刻有"慰项石"，又有"渠枕"这个名称呢？我们认为，慰项石是指其作用来说的。据《后汉书·华佗传》记载，魏太祖曹操曾经患有头疾，"每发，心乱目眩"，曾请华佗为其医治。因此，推测该石枕可能对缓解曹操头疾有一定的疗效，或有舒缓疲劳之用，故曹操视之为珍品，其后人将其随葬于陵墓之中，并特意标明其作用，而其真正的名称应该是"渠枕"。

四

渠枕底面的刻铭"魏武王常所用慰项石"字体秀美，属于汉隶，俗称"八分书"。八分书的特点是蝉头燕尾，带有明显波磔特征。渠枕上的刻铭的写法，与汉简（如武威汉简）、石碑（如东汉《乙瑛碑》《礼器碑》《西岳华山庙碑》）等的八分书不尽相同，虽是燕尾但非蝉头，起笔是上下角出挑的尖方头，这种区别是书写在渠枕上的字体本身使然，还是刻字时稍有变动使然，不得而知。无论如何，刻铭笔画清晰，是研究东汉晚期书法和铭刻技法不可多得的新资料。

在显微镜下观察刻铭，发现各笔画字槽横断面都是 V 形，字槽的向线不流畅，背线刀痕不平滑并且高低不平，字口边缘毛糙、凹凸不平，不见摩擦痕迹。推测这些字是用双入刀法多次冲刀刻成的，形成了使字槽边缘看似光滑的斜面。例如"慰"字的"心"底边，刻槽边缘凹凸粗糙，不见摩擦痕迹，说明铭文刻制后表面未被摩擦。也就是说，该石枕上的刻字是在其下葬前新刻上去的，不是生前使用过程中所刻。

渠枕多个面的边缘上分布密集石片疤，其原因值得探讨。石片疤形态和分布表明，渠枕是在埋藏后才被打击的。如果渠枕在使用阶段已经出现石片疤的话，某些石片疤上必定会出现因摩擦而造成的光泽，而所有石片疤上都不见绿色斑块和蜡状光泽。石片疤是被宽约 2.5 厘米的平头钝器击打而留下石片阴面，石片疤之间有打破，说明石枕曾遭多次击打。渠枕在被击打时，不断移动并被翻个儿，结果渠枕的各个面的边缘都留下了石片疤。石片疤打破了各个面上的研磨条痕，枕面上的石片疤不仅打破了条痕，还打破了边缘附近的深绿色斑块和刻铭中的第一个字"魏"字的一角。因为蛇纹石韧性较大并且击打用具质量较小，所以，只在渠枕的被击打部位留下石片疤。结合该墓中三个个体人骨均被扰动，以及断为两截的"魏武王常所用挌虎大戟"石牌见于距墓底 0.5 米的淤土中分析，渠枕是在曹操墓早年被盗过程中被故意击打的，所以在渠枕上留下了密集的石片疤。另外，石枕表面有多道深浅不一的划痕，推测为出土时为盗墓工具碰击所造成的。

五

随葬蛇纹石枕并非仅见于曹操墓。西汉南越王墓随葬滑石枕一件（C69），长方形，表面平滑，有琢磨痕迹。长24厘米、宽12.5—13厘米、厚6—6.2厘米。河北定县43号墓（中山穆王刘畅夫妇墓）也随葬一件大理石枕。

综上所述，渠枕的形态、痕迹分析以及渠枕的矿物成分检测结果都表明，它不是用当地石材制作的明器，而是曹操生前长期使用的普通寝具。随葬前，其底面上被加刻了"魏武王常所用慰项石"铭文。以实用器随葬符合曹操在遗令所说的"殓以时服"。把渠枕上刻铭中的"常所用"释为"日常所用"顺理成章。由此推而广之，其他石牌上的"常所用"，也应当释为"日常所用"。

附录　曹操高陵（M1 和 M2）大事记

1. 1998 年 4 月 23 日，河南省安阳县安丰乡西高穴村徐玉超在挖土时发现"鲁潜墓志"，志文中提到鲁潜墓与"故魏武帝陵"的相对位置，这是有关曹操墓文字记载的首次出土。

2. 1998 年 6 月 28 日，《中国文物报》头版发表《安阳出土十六国后赵鲁潜墓志：具体标示曹操墓位置》一文，第一次提出曹操墓在安阳县安丰乡西高穴村附近的观点。但是因为没有直接证据，鲁潜墓志的发现并没有引起学术界和社会的广泛关注。2003 年，《华夏考古》第 2 期刊登了渔洋村文物爱好者龙振山撰写的《鲁潜墓志及其相关问题》。

3. 2004 年 1 月，河南省文物考古研究所的潘伟斌研究员所著《魏晋南北朝隋陵》一书出版。作者通过大量史料对曹魏帝陵进行了详尽论证和介绍，结合出土的鲁潜墓志，明确将曹操墓的位置锁定在安丰乡附近。

4. 2005 年除夕夜，盗墓分子利用村民燃放鞭炮庆贺新年，对曹操墓进行盗掘，在二号墓的西南角留下一个盗洞。

5. 2006 年春节刚过，村民徐焕朝浇地时发现该盗洞，立即上报乡政府，引起了安丰乡党委书记贾振林的重视。后来，贾书记多次来到安丰乡固岸村的河南省考古队驻地，拜访正在这里主持发掘的考古队队长潘伟斌，邀请他去被盗现场，察看这个盗洞下面是不是隐藏着一座大墓。

经过实地调查，潘伟斌队长确认这是一座大墓，并且判断其年代为东汉晚期，级别为王侯一级，判定它极有可能是魏武王曹操的陵墓。随后，潘队长迅速将这一情况上报给河南省文物考古研究所的有关领导。

6. 2006 年冬，在贾振林书记的陪同下，潘伟斌研究员前往渔洋村和西高穴村附近进行实地调查。通过调查西高穴被盗墓葬的周边环境和鲁潜墓志的出土地点，他更加肯定地认为，这里可能是曹操高陵所在地。

7. 2007 年 1 月 24 日，潘伟斌赶回郑州，将西高穴东汉大墓被盗及有关情况向单位领导做了详细汇报。25 日，他将撰写的《关于安阳县西高穴被盗汉墓的调查报告》上报河南省文物局。在报告中，他提出了督促地方政府加强对被盗墓葬进行保护或者对其进行抢救性发掘等建议。

8. 2007 年夏，中央电视台"探索与发现"栏目组导演温晨在安阳市考古队孔德铭队长的陪同下，慕名来到固岸村河南省考古队，邀请潘伟斌研究员出任其即将拍摄的《寻找曹操墓》纪录片的学术顾问。潘伟斌研究员接受邀请，协助中央电视台进行拍摄前的准备工作。

9. 2007 年 12 月底，盗墓分子再次通过原来的盗洞进入墓室，对墓葬进行盗掘，从该墓中盗出三个画像石残块，后来经过拼对，发现这三块画像石是一个完整的个体。

10. 2008 年 2 月，该盗墓案件被安丰乡派出所破获，抓捕盗墓团伙 12 人，并将被盗画像石追缴回来。派出所所长王国平同志将这一情况向潘伟斌队长做了通报，潘伟斌要求他立即向省文物局汇报。省文物局迅速派潘伟斌等三位文物专家和文物局有关领导共计五人，组成专家组，前往盗墓现场，进行实地调查，对被盗画像石进行了文物认定，有力地支持了当地公安部门对盗墓分子进行的打击。回到郑州后，潘伟斌及时将这一情况向河南省文物局有关领导汇报，希望进行抢救性发掘，得到了省文物局领导的支持，但是由于经费问题，迟迟未能进行。

11. 2008 年春，潘伟斌在贾振林书记的陪同下来到安阳县政府，前来拜访刚刚到任的徐慧前县长，将西高穴被盗墓葬的情况向徐县长做了详细汇报，请求安阳县政府支持河南省考古队对该墓葬进行抢救性发掘，得到了徐慧前县长的大力支持。

12. 2008 年 5 月 15 日，中央电视台"探索与发现"栏目组编导温晨一行三人来到安阳，开始拍摄《寻找曹操墓》。

13. 2008 年夏，安阳县县长徐慧前经过深入调研，决定上报有关部门批准，由安阳县财政出资，支持河南省文物考古研究所对这座墓进行抢救性发掘。

14. 2008 年 9 月 13 日，潘伟斌向安阳县政府提交了《关于西高穴被盗曹魏墓保护经费的申请报告》。

15. 2008 年 9 月，潘伟斌撰写的《曹操高陵今何在》一文在台北《故宫文物月刊》上发表，论证西高穴大墓就是魏武王曹操高陵。

16. 2008 年 10 月 18 日，安阳县政府与潘伟斌队长召开专门会议，商量对该墓葬进行抢救性发掘事宜，潘伟斌以安阳县文化局的名义起草了《关于西高穴被盗墓葬抢救性发掘》的申请报告，由安阳县文化局上报河南省文物局，得到省文物局的大力支持。

同时，潘伟斌队长向河南省文物局提交了《安阳安丰乡西高穴汉墓考古发掘申请书》，得到了省文物局有关领导的批准，决定对该墓葬进行抢救性发掘。

17. 2008 年 11 月 20 日，安阳县政府向安阳市政府提交了《关于西高穴被盗墓葬保护性发掘的申请报告》。同时，河南省文物考古研究所向安阳县政府发出了《关于西高穴被盗墓葬抢救性发掘的工作函》。

18. 2008 年 11 月 24 日，国家文物局批准了河南省文物考古研究所对河南省安阳市安阳县安丰乡西高穴村墓葬进行抢救性发掘，颁发了考古发掘证照，编号为考执字（2008）第 347 号。

19. 2008 年 11 月 30 日，潘伟斌队长完成了《西高穴墓地工作计划》，上报安阳县政府。

20. 2008 年 12 月 11 日，工地的钻探工作结束。同日，考古队进驻工地，12 日，正式开始对该墓进行抢救性发掘。

21. 2009 年 2 月 11 日，时任河南省副省长的张大卫来曹操墓发掘现场视察。

22. 2009 年 3 月 10 日，央视十套"探索与发现"栏目播出《寻找曹操墓》。

23. 2009 年 4 月 6 日，上部晚期地层清理结束，一号墓和二号墓开口被揭露出来，河南省考古研究所的祝贺同志到工地进行航空拍照。

24. 2009 年 4 月 7 日，考古队和安阳县政府邀请有关专家，对发掘现场进行考察，然后，召开了"西高穴东汉大墓考古发掘工作座谈会"。会议听取了潘伟斌队长对前一阶段工作的汇报和今后的工作方案，以及存在的困难，商讨了解决困难的办法。

25. 2009 年 4 月 8 日，开始清理墓道。

26. 2009 年 7 月初，因为进入雨季，连日大雨，倒灌进墓道内，发掘工作受到影响，不得不暂时停止对墓道的发掘工作。7 月 9 日，开始搭建保护大棚。7 月 28 日，保护大棚搭建工作完成，继续发掘。

27. 2009 年 9 月 4 日，因为墓道清理工作接近墓门时，突然发生局部坍塌，为了避免危险，潘伟斌队长带人再次通过盗洞进入墓室，对墓室内的盗掘情况进行调查，观察发掘安全情况。结果发现，墓门已经被盗墓分子从内部打开，墓道下面有一个巨大盗洞，考古工作面下面悬空。于是，立即采取措施，排除隐患，避免了塌方，使发掘工作得以正常进行。

28. 2009 年 9 月 21 日，开始清理墓室内的扰土和淤积土，此后，文物相继出土。

29. 2009 年 9 月 25 日，河南省文物局陈爱兰局长在河南省文物考古研究所孙新民所长的陪同下，到曹操墓（二号墓）考古发掘现场进行指导工作。

30. 2009 年 10 月 12 日，在二号墓前室发现一个男性头骨。

31. 2009 年 10 月 14 日，在二号墓的前室扰土中出土残石牌 2 块，分别是"……常所用……"和"……用挌虎大戟"，还有其他文物。

32. 2009 年 10 月 21 日，在二号墓前室扰土中，出土一块带有残魏字的石牌。第二天，在后室的扰土中出土石璧残块，此后，重要文物相继出土。

33. 2009 年 10 月 30 日，二号墓出土石圭下部残块。

34. 2009 年 11 月 8 日，带有"魏武王"三字的石牌首次出土。这天，在清理前室下部扰土时，发现在一块圭形石牌，因为其正面倒扣向下，当时并没有发现上面有铭文。11 月 11 日提取该石牌后，经过清洗，发现该石牌为圭形石牌，上部有一个铜链，下部稍残，其上面刻有"魏武王常所用挌虎……"等文字，经过与 11 月 10 日清理出来的残片拼对，正好是一个完整的石牌，刻铭内容为"魏武王常所用挌虎大戟"，为确认该墓葬为曹操墓，找到了关键证据。

潘伟斌队长立即将这一喜讯上报给河南省文物局的陈爱兰局长，她随即向国家文物局领导做了汇报。

35. 2009 年 11 月 14 日，安阳市委书记张广智亲自听取了潘伟斌队长和贾振林关于曹操墓的发掘工作。

36. 2009 年 11 月 16 日，前来安阳参加中国文字博物馆开馆仪式的时任国家文物局局长单霁翔，率领宋新潮副局长等一行，亲自到曹操墓发掘现场进行视察，并作出重要指示，要求体质人类学专家和铁器保护专家尽快到现场，对出土文物进行及时保护。同时，抓紧对周围遗迹进行调查，确定陵园的范围、布局、内部结构、随葬墓等情况，为将来申报国家级保护单位做准备，为保护规划提供基础资料。他还指出，可以将该墓地和南水北调工程出土的北朝墓葬结合起来，为建设三国魏晋南北朝博物馆做准备；在适当时候，派专家组前来对该墓葬进行论证。

37. 2009 年 11 月 17 日，河南省文物局副局长孙英民来到西高穴考古发掘现场，对下一步工作进行了部署。

38. 2009 年 11 月 19 日，在安阳市召开了"安阳县西高穴大墓专家座谈会"，参加人员有中国社会科学院考古研究所专家徐光冀、朱岩石，陕西省考古研究院焦南峰，中国考古学会常务理事、中国世界文化遗产专家委员会委员陈雍，郑州考古大学考古文博学院韩国河，河南省文物考古研究所孔德铭。

39. 2009 年 11 月 24 日，在曹操墓（二号墓）后室的扰土中，清理出两个女性头骨，以及肢骨、下颌骨、盆骨、肋骨和趾骨等残块。

40. 2009 年 11 月 25 日，受国家文物局委派，国家博物馆文物保护中心主任潘路率领文保专家来到考古现场，对出土铁器进行封闭保护。

41. 2009 年 11 月 28 日，安阳市政府召开常务会议，专题听取潘伟斌队长汇报，研究加强曹操墓的保卫工作和文物追缴工作。

42. 中国社会科学院考古研究所体质人类学专家王明辉来到现场，对曹操墓出土的人骨进行鉴定。鉴定结果是一男二女，男性年龄大概 60 岁左右，女性一个 50 多岁，另一个 20 岁左右。

43. 2009 年 12 月 13 日，国家文物局选派专家组成员，在安阳市召开了论证会。参加会议的专家组成员有考古学家黄景略、李伯谦、安家瑶，文字学家郝本性，魏晋南北朝史专家梁满仓和朱绍侯。经过论证，专家们一直认为，这座墓（二号墓）就是魏武王曹操的墓葬，建议尽快召开新闻发布会，将这一重大考古发现公布于众。

44. 2009 年 12 月 17 日，中国社会科学院考古研究所前所长刘庆柱到曹操高陵发掘现场参观。他听取了潘伟斌队长的工作汇报，充分肯定了考古队的工作，指出该墓葬的时代判断准确，符合当时帝王陵墓特征。刘庆柱认为，这个发现意义重大，墓内的出土文物为东汉、三国、魏晋的断代起到了标尺的作用。

45. 2009 年 12 月 18 日，在二号墓清理出土石圭的上部，经过和 10 月 30 日出土的石圭下部残块进行拼对，正好是一个完整的石圭。

46. 2009 年 12 月 19 日，清理工作取得巨大收获，在二号墓后室南侧室门口处，集中清理出土完整的六边形石牌 24 块。

47. 2009 年 12 月 21 日，集中清理出土完整的六边形石牌 21 块。

48. 2009 年 12 月 23—24 日，中央电视台新闻频道来到现场拍摄、采访，为新闻报道做准备。

49. 2009 年 12 月 27 日，河南省文物局和安阳市政府在北京亚洲大酒店召开"安阳西高穴大墓考古发现新闻发布会"，中央电视台、河南电视台和各大网站都做了现场直播，中央电视台提前报道了这一重大消息。同日，新华社等各大媒体，对外发布了《曹操陵墓在河南安阳被发现》等消息。

50. 曹操墓被发现的消息公布后的当天下午，大批新闻媒体的记者云集安阳曹操墓发掘现场，要求到考古现场进行实地采访。第二天，上海东方卫视的直播车来到曹操墓门口，做现场直播。

51. 2009 年 12 月 30 日，河南省文化厅杨丽萍厅长到曹操墓视察工作。潘伟斌队长在考古现场首次与媒体记者见面，介绍曹操墓的发掘工作。同日，在驻地接受新华社记者专访，介绍了曹操墓的发现经过和重要收获。同日，安徽省亳州市文物局组织当地媒体，到曹操墓参观。

52. 网络上开始出现对曹操墓考古发现提出的质疑声，质疑曹操墓中没有出土墓志，甚至质疑鲁潜墓志的真假。12 月 31 日，河南省文物考古研究所召开新闻说明会，组织专家对大家所关心的问题进行集中说明。同日，中新网刊发了《"曹操高陵"墓室内考古发掘工作基本完成》的报道文章。针对有人质疑曹操墓中没有发现墓志这一情况，《解放日报》刊登了新华社记者桂娟的采访文章《没有墓志难证"曹操墓"？专家解惑：曹操所在时期不该有墓志》，解释为什么在曹操墓中没有发现墓志。

53. 安阳市公安局发布公告，敦促参与盗掘曹操墓的盗墓分子上缴文物，悬赏检举盗掘曹操墓的盗墓分子。在政策的高压下，先后从盗墓分子手中追缴回来"魏武王常所用挌虎大刀"圭形石牌一个、石璧残块三块、画像石数块。

54. 2010 年 1 月 6 日，时任河南省省长助理卢大伟前来参观。同日，加拿大媒体记者采访。

55. 2010 年 1 月 7 日，德国《明镜》周刊记者采访。

56. 2010 年 1 月 11 日，中国社会科学院考古研究所王巍所长带领 12 名专家，前来曹操高陵发掘现场。专家认定，西高穴二号墓即魏武王曹操的陵墓。

57. 2010 年 1 月 13 日，中国社会科学院考古学论坛上，曹操高陵被评为 2009 年度全国六大考古新发现。同一天，在中国社会科学院考古研究所举办考古公共论坛，主题是"聚焦曹操高陵——考古学家如是说"，新华网、央视网、搜狐等各大网站均做了现场直播。论坛上，潘伟斌队长公布了曹操墓的九大证据，然后，中国社会科学院考古研究所的八位专家从不同学科角度解释西高穴二号墓为什么是曹操墓。《人民日报》刊登了《河南安阳曹操高陵破解考古"哥德巴赫猜想"》一文，高度评价曹操墓这一重大发现。

58. 2010 年 1 月 14 日，国家文物局童明康副局长到曹操墓视察工作，对曹操墓的下一步工作提出要求。

59. 2010 年 1 月 22 日，中央电视台"今日说法"栏目组、中央电视台"新闻调查"栏目组、《南方都市报》记者分别到曹操高陵进行采访报道。

60. 2010 年 1 月 30 日，中央电视台邀请潘伟斌队长走进军事频道"文化大视野"栏目，与著名学者王立群、乔梁一起录制有关曹操墓的节目，介绍曹操墓的考古成果。

61. 2010 年 2 月 4 日，河南省人民政府下发了《关于增补安阳曹操高陵为河南省第五批文物保护单位的通知》，曹操高陵被确定为河南省文物保护单位。

62. 2010 年 2 月 11 日，时任全国政协副主席张思卿来曹操墓视察工作。

63. 2010 年 3 月 8 日，曹操高陵被评为"2009 年度河南省五大考古新发现"。

64. 2010 年 3 月 17—18 日，中央电视台"科技人生"栏目组在曹操墓发掘现场拍纪录片。

65. 2010 年 3 月 21 日，河南省人大代表团前来曹操墓现场参观考察。

66. 2010 年 4 月 1—20 日，中央电视台"探索与发现"栏目组拍摄《发现曹操墓》。

67. 2010 年 4 月 2 日，"中国文化遗产日"直播组在安阳召开筹备会议，商讨直播准备事宜。

68. 2010 年 4 月 3 日，中国秦汉史研究会、中国魏晋南北朝史学会召开《曹操高陵考古发现学术研讨会》联席会议，专家们从史学角度高度肯定曹操墓的真实性和重大学术意义，从不同角度论述安阳西高穴二号墓为什么是曹操墓。

69. 2010 年 4 月 4 日，时任河南省省委宣传部部长、省政府副省长孔玉芳陪同中国文联有关领导，前来曹操墓参观视察。

70. 2010 年 4 月 10 日，原国家文物局局长张文彬在河南省文物局孙英民副局长的陪同下，到曹操墓参观，他对曹操墓的发现给予高度评价。

71. 2010 年 4 月 14 日，监察部副部长陈昌智到曹操高陵视察。同日，河南省文史馆员有关专家一行人前来参观调研。

72. 2010 年 4 月 15 日，时任全国政协副主席林文漪一行到曹操墓视察。同日，省政府参事室组织参事前来曹操墓进行调研，并与考古队和当地政府举行座谈，商讨曹操墓的保护事宜。同一天，日本东京卫视派出摄制组，到曹操墓拍摄纪录片。

73. 2010 年 4 月 16 日，《安阳日报》《许昌日报》《亳州日报》三家日报老总齐聚集曹操高陵，商量三方合作、联合宣传三国文化事项。

74. 2010 年 5 月 2 日，安阳市人大组织部分代表到曹操墓进行视察和调研。

75. 5 月 27 日，中央电视台、河南省委宣传部、河南省文物局、河南省文物考古研究所、河南省广电厅、河南省电视台、安阳市政府、安阳市电视台、安阳市委宣传部等相关单位，在安阳召开《记忆中国□文化遗产日——安阳曹操高陵发掘保护与三国文化》直播协调会。

76. 2010 年 5 月 27 日，原全国政协主席李瑞环前来参观。

77. 2010 年 6 月 3 日，时任全国政协副主席王文元前来参观。

78. 2010 年 6 月 9 日，在北京召开"2009 年度全国十大考古新发现"评选活动，曹操高陵被评为"2009 年度全国十大考古新发现"。

79. 2010 年 6 月 11 日，直播小组在曹操高陵进行直播之前的试播，筹备小组在曹操墓现场召开直播预备会议。

80. 2010 年 6 月 12 日，文化遗产日当天，中央电视台在曹操墓现场直播，中央电视台、河南电视台、安阳电视台并机直播。

81. 2010 年 6 月 27 日，中国新闻社记者到曹操墓现场进行采访。

82. 2010 年 6 月 13 日，时任全国政协副主席李金华率领部分委员到曹操墓视察。

83. 2010 年 6 月 15 日，百家新闻媒体组成记者团，到曹操墓进行采访。针对网络流传曹操墓出土翡翠珠这件事，考古队员任成磊代表考古队发表声明，坚持所出土的珠子并非翡翠珠，澄清其为水晶珠。

84. 2010 年 6 月 24 日，美国库帕蒂诺市的胡宜兰市长前来参观考察。

85. 2010 年 8 月 13 日，济南军区和各大军区的领导数十人到曹操墓参观。

86. 2010 年 9 月 18 日，120 位中外专家考察曹操高陵。之后，在内黄县召开"曹操高陵考古发现专家座谈会"，高度肯定曹操墓的真实性和该发现在学术上的重要意义。

87. 2010 年 10 月 1 日，曹操高陵临时展厅建成，向公众免费开放。

88. 2010 年 10 月 28 日，全国政协部分委员到曹操墓进行视察调研。

89. 2010 年 11 月 8 日，时任全国政协副主席张榕明一行到曹操墓视察。

90. 2010 年 11 月 27 日—12 月 2 日，受日本爱媛大学邀请，潘伟斌队长、白云翔副所长、张志清副所长和郝本性先生到日本爱媛大学举行学术报告，介绍曹操墓的考古发现。

91. 2010 年 12 月 2 日，河南省人大部分代表前来曹操墓参观调研。

92. 2010 年 12 月 24 日，河南省文物局邀请中国文化遗产研究院等单位的有关专家，在安阳召开"曹操高陵保护方案专家座谈会"，商讨曹操墓的保护工作。

93. 2011 年 1 月 28 日，时任国家文物局局长单霁翔率领文物司司长关强一行，到安阳曹操高陵视察工作。他召集河南省文物局、河南省文物考古研究所、安阳市政府、安阳县政府等单位，在安阳宾馆召开协调会，推进曹操高陵的下一步发掘工作。

94. 2011 年 3 月 15 日，考古队开始了曹操墓的第二次发掘，到 5 月份，发掘工作结束。

95. 2012 年 12 月 3 日，美国《考古》杂志社记者罗兰女士到曹操墓现场采访。

96. 2013 年 5 月 4 日，安阳曹操高陵被评为第七批全国重点文物保护单位。

附表一　曹操高陵（M1 和 M2）遗迹统计表

表一　　　　　　　　　　　　　M2 柱洞与磬形坑、长方形坑统计表

名称	编号	位置	开口形状	打破关系	备注
柱洞	Z1	M2 墓道东	方形		
柱洞	Z2	M2 墓道东偏北	方形		
柱洞	Z3	M2 墓道东	方形		
柱洞	Z4	M2 墓道东	圆形		
柱洞	Z5	M2 墓道东	方形		
柱洞	Z6	M2 墓道东	方形		
柱洞	Z7	M2 墓道东	方形		
柱洞	Z8	M2 墓道东	梯形		
柱洞	Z9	M2 墓道东	方形		
柱洞	Z10	M2 墓道东偏北	长方形		
柱洞	Z11	M2 墓道北	圆形		
柱洞	Z12	M2 墓道北	圆形		
柱洞	Z13	M2 墓道北	圆形		
柱洞	Z14	M2 墓道北	方形		
柱洞	Z15	M2 墓道北	长方形		
柱洞	Z16	M2 墓道南偏西	方形	打破 K27	
柱洞	Z17	M2 墓道北	圆形		
柱洞	Z18	M2 墓道北	圆形	打破 K23	

名称	编号	位置	开口形状	打破关系	备注
柱洞	Z19	M2 墓道南偏西	方形		
柱洞	Z20	M2 墓道南偏西	方形		
柱洞	Z21	M2 墓道南偏西	圆形		
柱洞	Z22	M2 墓道南偏西	方形		
柱洞	Z23	M2 墓道南偏西	方形		
柱洞	Z24	M2 墓道南偏西	椭圆形		
柱洞	Z25	M2 墓道南	方形		
柱洞	Z26	M2 墓道南	方形		
柱洞	Z27	M2 墓道南	方形		
柱洞	Z28	M2 墓道南偏东	圆形		
柱洞	Z29	M2 墓道南偏东	方形		
柱洞	Z30	M2 墓道南偏东	圆形		
柱洞	Z31	M2 墓道南偏东	方形		
柱洞	Z32	M2 墓道南偏东	长方形		
柱洞	Z33	M2 墓道东偏南	长方形		
柱洞	Z34	M2 墓道东偏南	长方形		
柱洞	Z35	M2 墓道东南部	方形		
柱洞	Z36	M2 墓道东偏南	长方形		
柱洞	Z37	M2 墓道东偏南	方形		
柱洞	Z38	M2 墓道东南	方形		
柱洞	Z39	M2 墓道东南	方形	打破 K74	
柱洞	Z40	M2 墓道东南	长方形		
柱洞	Z41	M1 墓道南偏东	圆形		

名称	编号	位置	开口形状	打破关系	备注
柱洞	Z42	M1 墓道南偏东	圆形		
柱洞	Z43	M1 墓道南	圆形		
柱洞	Z44	M1 墓道南	圆形		
柱洞	Z45	M1 墓道北	圆形		
柱洞	Z46	M1 墓道北	圆形		
柱洞	Z47	M1 墓道北	圆形		
柱洞	Z48	M1 墓道北偏东	圆形		
柱洞	Z49	M1 墓道北偏东	圆形		
柱洞	Z50	M1 墓道北偏东	方形		
柱洞	Z51	M1 墓道北偏东	方形		
柱洞	Z52	M2 墓道北	长方形	打破 K20	
柱洞	Z53	M2 墓后室顶部偏北	圆形	打破墓葬后室顶部	为砖砌竖洞
柱洞	Z54	M2 墓后室顶部偏南	圆形	打破墓葬后室顶部	为砖砌竖洞
柱洞	Z55	M2 墓道东偏北	圆形		
柱洞	Z56	M2 墓道东偏北	圆形	打破 K72	
柱洞	Z57	M2 墓道东偏北	圆形		
柱洞	Z58	M2 墓道东	圆形		
柱洞	Z59	M2 墓道东南	近方形		
柱洞	Z60	M2 墓道东南	方形		
柱洞	Z61	M2 墓道东南	近方形		
柱洞	Z62	M2 墓道东南	近方形		
柱洞	Z63	M2 墓道东南	方形		
柱洞	Z64	M2 墓道东南	方形		

续表

名称	编号	位置	开口形状	打破关系	备注
柱洞	Z65	M2 墓道东南	近方形		
柱洞	Z66	M2 墓道东南	圆形		
柱洞	Z67	M2 墓道东南	圆形		
柱洞	Z68	M2 墓道南偏西	方形		
柱洞	Z69	M2 墓道东	长方形	被 k74 打破	
柱洞	Z70	M2 墓道东偏南	长方形	被 k46 打破	
柱洞	Z71	M2 墓道南	方形		
坑	K1	M2 墓道北偏东	长方形	打破 K13	
坑	K2	M2 墓道北偏东，K1 东侧	长方形		
坑	K3	M2 墓道北偏西	长方形	被墓道和夯土带打破	
坑	K4	M2 墓道南偏西	不规则	打破墓道内填土	
坑	K5	M2 墓道北偏西	长方形	被墓道打破	
坑	K6	M2 墓道东	不规则方形		
坑	K7	M2 墓道东偏北	长方形		
坑	K8	M2 墓道北偏东，K1 东侧	长方形	被 k10 打破	
坑	K9	M2 墓道北偏东，K10 东侧	正方形		
坑	K10	M2 墓道北偏东，K12 东侧	长方形	打破 K8、K11	
坑	K11	M2 墓道北偏东，介于 K10、K12 之间	长方形	被 K10、K12 打破	
坑	K12	M2 墓道东偏北		打破 K11	
坑	K13	M2 墓道北偏东	磬形坑	南部被墓道打破，北部被 K1 打破	
坑	K14	M2 墓道北，K13 西侧	长方形		
坑	K15	M2 墓道北	磬形坑		
坑	K16	M2 墓道北，K15 西侧	长方形 不规则		

名称	编号	位置	开口形状	打破关系	备注
坑	K17	M2 墓道北	磬形坑		
坑	K18	M2 墓道北，K17 西侧	长方形		
坑	K19	M2 墓道北	磬形坑		
坑	K20	M2 墓道北，K19 西侧	长方形	被 Z25 打破	
坑	K21	M2 墓道北	磬形坑		
坑	K22	M2 墓道北，K21 西侧	长方形		
坑	K23	M2 墓道北	长方形	被 Z18 打破	
坑	K24	M2 墓道北	长方形		
坑	k25	M2 墓道北偏西	磬形坑	北部叠压于夯土台下	
坑	K26	M2 墓道北偏西，K25 西侧	长方形		
坑	K27	M2 墓道南	磬形坑	分别被 K78、Z16 打破	
坑	K28	M2 墓道南，K27 西侧	长方形	打破 K27	
坑	K29	M2 墓道南，K30 西侧	长方形	北部打破 K30	
坑	K30	M2 墓道南	磬形坑	被 K29 打破	
坑	K31	M2 墓道南，K32 西侧	近方形		
坑	k32	M2 墓道南	磬形坑	东部被夯土带打破	
坑	K33	M2 墓道南	长方形	打破夯土带	
坑	K34	M2 墓道南，K35 西侧	长方形		
坑	k35	M2 墓道南	磬形坑		
坑	K36	M2 墓道南，K37 西侧	长方形		
坑	K37	M2 墓道南	磬形坑		
坑	K38	M2 墓道南，K39 西侧	不规则		
坑	k39	M2 墓道南	磬形坑		

名称	编号	位置	开口形状	打破关系	备注
坑	K40	M2 墓道南，K41 西侧	长方形		
坑	K41	M2 墓道南	磬形坑		
坑	K42	M2 墓道南，K43 西侧	长方形		
坑	K43	M2 墓道南偏东	磬形坑	北部被墓道打破	
坑	K44	M2 墓道南偏东，K45 西侧	长方形		
坑	K45	M2 墓道南偏东	磬形坑	西部打破 K28	
坑	K46	M2 墓道东偏南	正方形		
坑	K47	M2 墓道偏东南	磬形坑	东半部叠压在探方壁下	
坑	K48	M2 墓道东	不规则长方形		
坑	K49	M1 墓道南偏东，K50 东	不规则长方形		
坑	K50	M1 墓道南，K51 东	不规则方形		
坑	K51	M1 墓道南，K52 东	长方形		
坑	K52	M1 墓道南，K53 东	不规则方形		
坑	K53	M1 墓道南，K54 东	不规则长方形		
坑	K54	M1 墓道南，K55 东	近方形		
坑	K55	M1 墓道南，K56 东	近方形		
坑	K56	M1 墓道南，K57 东	长方形		
坑	K57	M1 墓道南，K58 东	长方形		
坑	K58	M1 前堂南，K59 东	不规则长方形		
坑	K59	M1 前堂南	不规则长方形		
坑	K60	M1 墓道北偏西	长方形		
坑	K61	M1 墓道北，K60 东	长方形		
坑	K62	M1 墓道北，K61 东	长方形		

名称	编号	位置	开口形状	打破关系	备注
坑	K63	M1 墓道北，K62 东	长方形		
坑	K64	M1 墓道北，K63 东	长方形		
坑	K65	M1 墓道北，K64 东	长方形		
坑	K66	M1 墓道北，K65 东	长方形		
坑	K67	M1 墓道北，K66 东	长方形		
坑	K68	M1 墓道北部，K67 东	长方形		
坑	K69	M2 墓道北	方形	打破夯土带	
坑	K70	M2 墓道北部，K23 东	磬形坑	上部被夯土带打破	因为未清理，叠压在夯土带下，地表看不到
坑	K71	M2 墓道北部，K24 东	长方形	上部被夯土带打破	因为未清理，叠压在夯土带下，地表看不到
坑	K72	M2 墓道东偏北	磬形坑	被 Z56 打破	
坑	K73	M2 墓道东偏北，K72 东	不规则多边形		
坑	K74	M2 墓道东	不规则椭圆形	打破 Z69，被 Z39 打破	
坑	K75	M2 墓道南	磬形坑	上部被夯土带打破	下部叠压在夯土带下，经解剖，局部暴露出来
坑	K76	M2 墓道北部偏西南部被墓道打破，东部被夯土带打破	长方形		

表二　　　　　　　　　　　　　　　　M1 盗洞

名称	编号	位置	开口形状	打破关系	备注
名称	编号	位置	开口形状	打破关系	
盗洞	D1	M1 墓室东部	不规则椭圆形	打破墓室、墓道	
盗洞	D2	位于 M1 墓室西部断崖下	不规则椭圆形	打破 D5 西部和墓室西部	
盗洞	D3	M1 墓室的西北部	长方形	打破后室	上部被窑厂取土坑破坏
盗洞	D4	M1 墓室西部	不规则椭圆形	绝大部分被 D2 打破，打破后室	
盗洞	D5	M1 墓室西部	不规则椭圆形	被 D2 打破，打破墓室西部	上部被窑厂取土坑破坏
盗洞	D6	M1 墓室南部墓堂与墓室结合部，后室门前	不规则椭圆形	打破前堂	南与 M2 前室北侧室相连

表三　　　　　　　　　　　　　　　　M2 盗洞

名称	编号	位置	开口形状	打破关系	备注
盗洞	D1	M2 墓室西部断崖下，靠南	圆角长方形		
盗洞	D2	M2 墓室西部断崖下，靠北	椭圆形	打破 D3	
盗洞	D3	M2 墓葬后室中西部	不规则多边形	被 D2 所打破	开口在墓葬后室中西部，下部延伸到断崖下

附表二　二号墓（M2）出土文物统计表

编号	名称	数量	残损程度	备注
1	A 型铁铲	1	完整	出土于墓道底部
2	铁钉	1	残	出土于前室上部扰土
3	铜盖弓帽	1	完整	出土于前室上部扰土
4	铁削	1	残	出土于前室上部扰土
5	叶状银饰件	1	残	出土于前室上部扰土
6	Bb 型陶器盖	1	残	出土于前室上部扰土
7	特大型铜泡钉	1	完整	出土于前室上部扰土
8	铜泡钉	1	完整	出土于前室上部扰土
9	铁带扣	1	完整	出土于前室上部扰土
10	B 型铁刻刀	1	残	出土于前室上部扰土
11	铜盖弓帽	1	完整	出土于前室上部扰土
12	煤精虎雕	1	完整	出土于前室上部扰土
13	铁剑残块	1	残	出土于前室上部扰土
14	Bc 型陶器盖	1	完整	出土于前室上部扰土
15	铁钉	1	完整	出土于前室上部扰土
16	中型铁棺钉	1	完整	出土于前室上部扰土
17	中型铁棺钉	1	残	出土于前室上部扰土
18	铜盖弓帽	1	完整	出土于前室上部扰土
19	T 形铁质棺饰板	1	残	出土于前室上部扰土
20	骨板	1	完整	出土于前室上部扰土
21	舌形活动铜手柄	1	完整	出土于前室上部扰土
22	C 型铁镢	1	残	出土于前室上部扰土
23	方斗形银器	1	完整	出土于前室上部扰土
24	C 型铁刻刀	1	残	出土于前室上部扰土
25	石板残块	1	残	出土于前室上部扰土
26	B 型铜铺首衔环	1	完整	出土于前室上部扰土
27	鎏银铜张合器	1	完整	出土于前室上部扰土
28	铜盖弓帽	1	完整	出土于前室上部扰土

编号	名称	数量	残损程度	备注
29	铜伞帽	1	完整	出土于前室上部扰土
30	骨质牙签	1	残	出土于前室上部扰土
31	鎏金铜盖弓帽	1	完整	出土于前室上部扰土
32	鎏银铜拉片	1	完整	出土于前室上部扰土
33	中型铁棺钉	1	完整	出土于前室上部扰土
34	陶动物	1	残	出土于前室上部扰土
35	中型铁棺钉	1	完整	出土于前室上部扰土
36	鎏金铜饰片	1	残	出土于前室上部扰土
37	C 型陶罐	1	残	出土于前室上部扰土
38	剪轮五铢铜五铢	1	完整	出土于前室上部扰土
39	铜帐钩	1	残	出土于前室上部扰土
40	Da 型青瓷罐	1	残	修复
41	中型 Bc 型铜泡钉	1	完整	出土于前室上部扰土
42	B 式银环	1	完整	出土于前室上部扰土
43	圆柱形骨雕	1	残	出土于前室上部扰土
44	Bb 型陶器盖	1	残	出土于前室南侧室上部扰土
45	铁削	1	残	出土于前室南侧室上部扰土
46	Aa 型铁甲片	1	残	出土于前室南侧室上部扰土
47	铁链	1	残	出土于后室上部扰土
48	Ba 型陶器盖	1	残	出土于前室南侧室上部扰土
49	鎏银铜器残片	1	完整	出土于前室南侧室上部扰土
50	鎏银铜饰片	1	残	出土于前室南侧室上部扰土
51	铜五铢钱	1	完整	出土于前室南侧室上部扰土
52	铁马衔	1	残	出土于前室上部扰土
53	铜灯	1	残	出土于前室上部扰土
54	方棱形铁镞	1	残	出土于前室甬道扰土
55	圭形石牌残块	1	残	出土于前室扰土
56	银铺首衔环	1	完整	出土于前室上部扰土
57	57—1. 银饰片　57—2. B 型玉珠	2	完整	出土于前室上部扰土
58	圭形石牌残块	1	残	出土于前室北侧室扰土
59	Bb 型铁镞	1	残	出土于前室北侧室扰土
60	铜盖弓帽	1	完整	出土于前室北侧室扰土
61	铜戒指	1	完整	出土于前室北侧室扰土
62	铜戒指	1	完整	出土于前室北侧室扰土
63	小型 C 铜泡钉	1	残	出土于前室北侧室扰土

编号	名称	数量	残损程度	备注
64	微型 Cg 型铜泡钉	1	残	出土于前室北侧室扰土
65	B 型银环	1	完整	出土于前室扰土
66	铜环	1	完整	出土于前室北侧室扰土
67	铜五铢钱	1	完整	出土于前室北侧室扰土
68	石镶角	1	完整	出土于前室北侧室扰土
69	银铺首衔环	1	完整	出土于前室北侧室扰土
70	铜戒指	1	完整	出土于前室北侧室扰土
71	微型 B 型铜泡钉	1	完整	出土于前室北侧室扰土
72	Eb 型铜带扣	1	完整	出土于前室北侧室扰土
73	铜泡钉	1	残	出土于前室扰土
74	陶砚台	1	微残	出土于前室南侧室扰土
75	金簧	1	微残	出土于前室南侧室扰土
76	C 型铜带扣	1	完整	出土于前室南侧室扰土
77	骨簪	1	残	出土于前室扰土
78	铜泡钉	1	残	出土于前室南侧室扰土
79	铜泡钉	1	残	出土于前室扰土
80	铜泡钉	1	残	出土于后室扰土
81	C 型铜管	1	微残	出土于后室扰土
82	铜器残片	1	微残	出土于后室扰土
83	铜五铢钱	1	完整	出土于后室扰土
84	微型 A 型铜泡钉	1	完整	出土于后室扰土
85	方形骨块	2	残	出土于后室扰土
86	圭形石牌	1	残	出土于后室扰土
87	石璧	1	微残	出土于后室扰土
88	金纽扣	1	完整	出土于后室扰土
89	铜泡钉	1	完整	出土于后室北侧室扰土
90	鎏金铜饰片	1	残	出土于后室扰土
91	六边形石牌	1	完整	出土于后室南侧室扰土
92	铜泡钉	1	完整	出土于后室北侧室扰土
93	中型 Ad 型铜泡钉	1	微残	出土于后室北侧室扰土
94	铜泡钉	1	残	出土于后室北侧室扰土
95	Ea 型铜带扣	1	完整	出土于后室北侧室扰土
96	六边形石牌	1	完整	出土于后室南侧室扰土
97	中型 Aa 型铜泡钉	1	微残	出土于后室北侧室扰土
98	六边形石牌	1	完整	出土于后室南侧室扰土

编号	名称	数量	残损程度	备注
99	B 型铜铺首衔环	1	完整	出土于后室北侧室扰土
100	方帽柱形铜栓	1	完整	出土于后室北侧室扰土
101	铜泡钉	1	残	出土于后室北侧室扰土
102	铜泡钉	1	残	出土于后室北侧室扰土
103	六边形石牌	1	完整	出土于后室南侧室扰土
104	六边形石牌	1	完整	出土于后室南侧室扰土
105	石璧	1	残	出土于后室南侧室扰土
106	铜泡钉	1	残	出土于后室扰土
107	圭形石牌残块	1	残	出土于后室扰土
108	石板残块	1	残	出土于后室扰土
109	铜泡钉	1	残	出土于后室扰土
110	陶钩状物	1	微残	出土于后室北侧室扰土
111	微型 Cd 型铜泡钉	1	完整	出土于后室扰土
112	铜泡钉	1	残	出土于后室扰土
113	铜泡钉	1	残	出土于后室北侧室扰土
114	铜泡钉	1	残	出土于后室北侧室扰土
115	大型 A 型铜泡钉	1	完整	出土于后室北侧室扰土
116	微型 Cg 型铜泡钉	1	完整	出土于后室北侧室扰土
117	铜泡钉	1	完整	出土于后室北侧室扰土
118	铜泡钉	1	残	出土于后室北侧室扰土
119	铜泡钉	1	完整	出土于后室北侧室扰土
120	小型 B 型铜泡钉	1	完整	出土于后室北侧室扰土
121	A 型铜带扣	1	完整	出土于后室南侧室扰土
122	微型 Ce 铜泡钉	1	完整	出土于后室北侧室扰土
123	铜带钩	1	完整	出土于后室北侧室扰土
124	圭形石牌残块	1	残	出土于后室北侧室扰土
125	铜泡钉	1	完整	出土于后甬道扰土
126	骨簪	1	完整	出土于后甬道扰土
127	骨簪	1	残	出土于前室扰土
128	A 型铜铺首衔环	1	残	出土于前室扰土
129	铜泡钉	1	完整	出土于后室扰土
130	骨簪	1	残	出土于前室扰土
131	A 型大玉珠	1	完整	出土于前室扰土
132	铜泡钉	1	完整	出土于后室扰土
133	金丝	1	残	出土于后室扰土

编号	名称	数量	残损程度	备注
134	D 型铜管	1	残	出土于后甬道扰土
135	骨簪	1	残	出土于后室扰土
136	鎏银铜饰片	1	完整	出土于后甬道扰土
137	A 型陶支架	1	完整	出土于后甬道扰土
138	陶卮	1	残	修复
139	圭形石牌残块	1	残	出土于前室扰土
140	石板残块	1	残	出土于前室扰土
141	B 型铜钉	1	完整	出土于前室扰土
142	微型 Cb 型铜泡钉	1	残	出土于前室扰土
143	铜泡钉	1	完整	出土于前室扰土
144	骨尺	1	残	出土于前室扰土
145	骨簪	1	残	出土于前室扰土
146	圭形石牌残块	1	残	出土于前室扰土
147	玉觽	1	残	出土于前室扰土
148	铜器残片	1	残	出土于前室扰土
149	D 型铜带扣	1	完整	出土于前室扰土
150	铁蒺藜	1	残	出土于前室扰土
151	Ab 型铁镞	1	完整	出土于前室扰土
152	B 型铜钉	1	完整	出土于前室扰土
153	A 型铜钉	1	完整	出土于前室扰土
154	铜环	1	完整	出土于前室扰土
155	铜盖弓帽	1	完整	出土于前室扰土
156	铜盖弓帽	1	完整	出土于前室扰土
157	B 型铁车马器	1	残	出土于前室扰土
158	骨质牙签	1	残	出土于前室扰土
159	骨簪	1	残	出土于前室扰土
160	Bb 型铁镞	1	残	出土于前室扰土
161	陶臼	1	完整	出土于甬道扰土
162	金丝	1	残	出土于前室扰土
163	叶状银饰片	1	完整	出土于前室扰土
164	铜器柄	1	完整	出土于前室扰土
165	青玉珠	1	完整	出土于前室扰土
166	骨簪	1	残	出土于前室扰土
167	A 型铜衔环	1	残	出土于前室扰土
168	水晶珠	1	完整	出土于前室扰土

编号	名称	数量	残损程度	备注
169	铜器残片	1	残	出土于前室扰土
170	白玉珠	1	完整	出土于前室扰土
171	鸟形铜钗	1	完整	出土于前室扰土
172	铜泡钉	1	完整	出土于前室扰土
173	铜泡钉	1	完整	出土于前室扰土
174	青玉珠	1	完整	出土于前室扰土
175	玛瑙珠	1	完整	出土于前室扰土
176	圭形石牌残块	1	残	出土于前室扰土
177	圭形石牌残块	1	残	出土于前室扰土
178	青玉珠	1	完整	出土于前室扰土
179	铜泡钉	1	完整	出土于前室扰土
180	中型 Bb 型铜泡钉	1	完整	出土于前室扰土
181	中型 Ab 型铜泡钉	1	完整	出土于前室扰土
182	微型 Cc 型铜泡钉	1	完整	出土于前室扰土
183	玛瑙饼	1	完整	出土于前室扰土
184	铜泡钉	1	完整	出土于前室南侧室扰土
185	弧形银饰件	1	完整	出土于前室扰土
186	骨质牙签	1	残	出土于前室南侧室扰土
187	微型 Cc 型铜泡钉	1	完整	出土于后室扰土
188	骨簪	1	残	出土于后室扰土
189	微型 Ce 型铜泡钉	1	完整	出土于后室扰土
190	六边形石牌	1	完整	出土于后室扰土
191	A 型云母片	1	完整	出土于后室扰土
192	铜匕	1	残	出土于前室南侧室扰土
193	鎏银铜灯	1	残	出土于前室南侧室扰土
194	微型 Cd 型铜泡钉	1	完整	出土于前室南侧室扰土
195	A 型铜衔环	1	完整	出土于前室南侧室扰土
196	A 型银环	1	完整	出土于前室南侧室扰土
197	D 型铁车马器	1	残	出土于前室南侧室扰土
198	骨簪	1	残	出土于前室南侧室扰土
199	微型 Ch 型铜泡钉	1	完整	出土于后室扰土
200	石板残块	1	残	出土于后室扰土
201	中型 Ae 型铜泡钉	1	完整	出土于后室扰土
202	玉璧	1	残	出土于后室扰土
203	铜泡钉	1	完整	出土于后室扰土

编号	名称	数量	残损程度	备注
204	铜泡钉	1	完整	出土于前室南侧室扰土
205	铜印	1	完整	出土于后室扰土
206	骨簪	1	残	出土于前室南侧室扰土
207	骨簪	1	残	出土于前室南侧室扰土
208	铜泡钉	1	完整	出土于前室扰土
209	铜泡钉	1	完整	出土于前室扰土
210	铜泡钉	1	完整	出土于前室南侧室扰土
211	A 型银环	1	完整	出土于前室南侧室扰土
212	铜泡钉	1	完整	出土于前室扰土
213	A 型铜铆钉	1	完整	出土于前室南侧室扰土
214	B 型铜铆钉	1	完整	出土于前室南侧室扰土
215	C 型铜带扣	1	完整	出土于后室扰土
216	铜伞箍	1	完整	出土于后室扰土
217	铜泡钉	1	完整	出土于后室扰土
218	铜泡钉	1	完整	出土于后室扰土
219	微型 Cf 型铜泡钉	1	完整	出土于后室扰土
220	铜泡钉	1	完整	出土于后室扰土
221	A 型铜钉	1	完整	出土于前室南侧室扰土
222	护肩铁甲片	1	残	出土于后室扰土
223	A 型铜环	1	完整	出土于后室扰土
224	骨质牙签	1	残	出土于前室南侧室扰土
225	铜杆帽	1	完整	出土于后室扰土
226	骨簪	1	残	出土于后室扰土
227	骨质牙签	1	残	出土于后室扰土
228	中型 Ac 型铜泡钉	1	完整	出土于前室南侧室扰土
229	铜钉	1	完整	出土于前室南侧室扰土
230	微型 Cb 型铜泡钉	1	完整	出土于前室南侧室扰土
231	陶俑	1	完整	出土于前室南侧室扰土
232	陶俑	1	残	出土于前室南侧室扰土
233	骨簪	1	残	出土于前室南侧室扰土
234	铜泡钉	1	完整	出土于前室南侧室扰土
235	A 型铜钉	1	完整	出土于前室南侧室扰土
236	玉剑格	1	残	出土于后室扰土
237	中型 Ab 型铜泡钉	1	完整	出土于后室扰土
238	铜剑格	1	残	出土于后室扰土

编号	名称	数量	残损程度	备注
239	方形石片	1	残	出土于后室扰土
240	微型 Cb 型铜泡钉	1	完整	出土于后室扰土
241	铜泡钉	1	完整	出土于后室扰土
242	微型 Ce 型铜泡钉	1	完整	出土于后室扰土
243	骨质牙签	1	残	出土于后室扰土
244	骨簪	1	残	出土于后室扰土
245	六边形石牌	1	完整	出土于后室扰土
246	石板残块	1	残	出土于后室扰土
247	六边形石牌	1	完整	出土于后室扰土
248	六边形石牌	1	完整	出土于后室扰土
249	石板残块	1	残	出土于后室扰土
250	珍珠	1	完整	出土于后室扰土
251	方形骨块	1	残	出土于后室北侧室墓道处扰土
252	铁镜	1	完整	出土于后室北侧室墓道处扰土
253	铜泡钉	1	完整	出土于后室北侧室墓道处扰土
254	六边形石牌	1	完整	出土于后室南侧室扰土
255	B 型铜铺首衔环	1	完整	出土于后室北侧室墓道处扰土
256	B 型铜衔环	1	完整	出土于后室北侧室墓道处扰土
257	A 型铜钉	1	完整	出土于后室北侧室墓道处扰土
258	小型 E 型铜泡钉	1	完整	出土于后室北侧室墓道处扰土
259	石板残块	1	残	出土于后室扰土
260	B 型铜管	1	残	出土于后室扰土
261	方形骨块	1	残	出土于后室扰土
262	方形骨块	1	残	出土于后室扰土
263	方形骨块	1	残	出土于后室扰土
264	骨簪	1	残	出土于后室扰土
265	骨质牙签	1	残	出土于后室扰土
266	骨质牙签	1	残	出土于后室扰土
267	管状铜器柄	1	残	出土于后室扰土
268	铜带钩	1	完整	出土于后室扰土
269	铁钉	1	残	出土于后室扰土
270	铁钉	1	残	出土于后室扰土
271	铜泡钉	1	残	出土于后室北侧室扰土
272	铜箱饰件	1	残	出土于后室北侧室扰土
273	小型 D 型铜泡钉	1	完整	出土于后室北侧室扰土

编号	名称	数量	残损程度	备注
274	微型 Ca 型铜泡钉	1	完整	出土于后室北侧室扰土
275	A 型铜铆钉	1	完整	出土于前室南侧室扰土
276	D 型铜管	1	残	出土于后室北侧室扰土
277	A 型铜管	1	残	出土于后室北侧室扰土
278	大型 B 型铜泡钉	1	残	出土于后室北侧室墓道处扰土
279	骨质牙签	1	残	出土于后室北侧室扰土
280	兽蹄形铜器足	1	完整	出土于前室扰土
281	B 型铜环	1	完整	出土于前室扰土
282	B 型铜环	1	完整	出土于前室扰土
283	铜泡钉	1	完整	出土于前室扰土
284	铜泡钉	1	完整	出土于前室扰土
285	铜器残片	1	残	出土于前室扰土
286	铜铆钉	1	残	出土于前室扰土
287	铜泡钉	1	完整	出土于后室北侧室墓道处扰土
288	六边形石牌	1	完整	出土于后室南侧室墓道处下部淤土
289	六边形石牌	1	完整	出土于后室南侧室墓道处下部淤土
290	六边形石牌	1	完整	出土于后室南侧室墓道处下部淤土
291	六边形石牌	1	完整	出土于后室南侧室墓道处下部淤土
292	六边形石牌	1	完整	出土于后室南侧室墓道处下部淤土
293	六边形石牌	1	完整	出土于后室南侧室墓道处下部淤土
294	六边形石牌	1	完整	出土于后室南侧室墓道处下部淤土
295	六边形石牌	1	完整	出土于后室南侧室墓道处下部淤土
296	六边形石牌	1	完整	出土于后室南侧室墓道处下部淤土
297	六边形石牌	1	完整	出土于后室南侧室墓道处下部淤土
298	六边形石牌	1	完整	出土于后室南侧室墓道处下部淤土
299	六边形石牌	1	完整	出土于后室南侧室墓道处下部淤土
300	石璧	1	完整	出土于后室南侧室墓道处下部淤土
301	六边形石牌	1	完整	出土于后室南侧室墓道处下部淤土
302	六边形石牌	1	完整	出土于后室南侧室墓道处下部淤土
303	六边形石牌	1	完整	出土于后室南侧室墓道处下部淤土
304	六边形石牌	1	完整	出土于后室南侧室墓道处下部淤土
305	六边形石牌	1	完整	出土于后室南侧室墓道处下部淤土
306	六边形石牌	1	完整	出土于后室南侧室墓道处下部淤土
307	六边形石牌	1	完整	出土于后室南侧室墓道处下部淤土
308	六边形石牌	1	完整	出土于后室南侧室墓道处下部淤土

编号	名称	数量	残损程度	备注
309	六边形石牌	1	完整	出土于后室南侧室墓道处下部淤土
310	六边形石牌	1	完整	出土于后室南侧室墓道处下部淤土
311	铜泡钉	1	完整	出土于后室南侧室墓道处下部淤土
312	青玉珠	1	完整	出土于后室靠近南侧室墓门处下部淤土
313	中型 Ba 型铜泡钉	1	完整	出土于后室北侧室下部扰土
314	铜泡钉	1	完整	出土于后室北侧室下部扰土
315	微型 Cd 型铜泡钉	1	完整	出土于后室北侧室下部扰土
316	六边形石牌	1	完整	出土于后室南侧室墓道处下部淤土
317	六边形石牌	1	完整	出土于后室南侧室墓道处下部淤土
318	六边形石牌	1	完整	出土于后室南侧室墓道处下部淤土
319	六边形石牌	1	完整	出土于后室南侧室墓道处下部淤土
320	六边形石牌	1	完整	出土于后室南侧室墓道处下部淤土
321	六边形石牌	1	完整	出土于后室南侧室墓道处下部淤土
322	六边形石牌	1	完整	出土于后室南侧室墓道处下部淤土
323	六边形石牌	1	完整	出土于后室南侧室墓道处下部淤土
324	六边形石牌	1	完整	出土于后室南侧室墓道处下部淤土
325	六边形石牌	1	完整	出土于后室南侧室墓道处下部淤土
326	六边形石牌	1	完整	出土于后室南侧室墓道处下部淤土
327	六边形石牌	1	完整	出土于后室南侧室墓道处下部淤土
328	六边形石牌	1	完整	出土于后室南侧室墓道处下部淤土
329	六边形石牌	1	完整	出土于后室南侧室墓道处下部淤土
330	六边形石牌	1	完整	出土于后室南侧室墓道处下部淤土
331	六边形石牌	1	完整	出土于后室靠近南侧室墓道处下部淤土
332	六边形石牌	1	完整	出土于后室南侧室墓道处下部淤土
333	石圭	1	残	出土于后室靠近南侧室墓道处下部淤土
334	六边形石牌	1	完整	出土于后室南侧室墓道处下部淤土
335	六边形石牌	1	完整	出土于后室南侧室墓道处下部淤土
336	铜三珠钗	1	完整	出土于后室南侧室墓道处下部淤土
337	小型 A 型铜泡钉	1	完整	出土于后室南侧室墓道处下部淤土
338	铜泡钉	1	完整	出土于后室北侧室墓下部淤土
339	微型 Ce 型铜泡钉	1	完整	出土于后室北侧室墓下部淤土
340	骨簪	1	残	出土于后室北侧室墓下部淤土
341	六边形石牌	1	完整	出土于后室南侧室墓道处下部淤土
342	铜泡钉	1	完整	出土于后室北侧室下部淤土
343	铜泡钉	1	完整	出土于后室北侧室下部淤土

编号	名称	数量	残损程度	备注
344	铜泡钉	1	完整	出土于后室北侧室下部淤土
345	石镶角	1	完整	出土于后室北侧室下部淤土
346	铜泡钉	1	完整	出土于后室北侧室下部淤土
347	铜泡钉	1	完整	出土于后室北侧室下部淤土
348	中型 Ab 型铜泡钉	1	完整	出土于后室北侧室下部淤土
349	铜泡钉	1	完整	出土于后室北侧室下部淤土
350	骨尺	1	残	出土于后室北侧室下部淤土
351	铜钉	1	完整	出土于后室南侧室下部淤土
352	铜钉	1	完整	出土于后室南侧室下部淤土
353	陶动物	1	残	出土于后室北侧室下部淤土
354	B 型铜带扣	1	完整	出土于后室北侧室下部淤土
355	石板残块	1	残	出土于后室北侧室下部淤土
356	鎏银铜拉片	1	残	出土于前室下部淤土
357	圭形石牌	1	残	出土于前室扰土
358	陶臼	1	残	出土于前室下部淤土
359	中型 Bd 型铜泡钉	1	完整	出土于前室北侧室下部扰土
360	六边形石牌	1	完整	出土于后室南侧室墓道处下部淤土
361	六边形石牌	1	完整	出土于后室南侧室墓道处下部淤土
362	六边形石牌	1	完整	出土于后室南侧室墓道处下部淤土
363	A 型云母片	1	完整	出土于后室南侧室墓道处下部淤土
364	微型陶耳杯	1	残	修复
365	C 型铜衔环	1	完整	出土于后室下部淤土
366	六边形石牌	1	完整	出土于后室下部淤土
367	C 型陶壶	1	残	修复
368	B 型酱釉瓷罐	1	残	修复
369	A 型青瓷罐	1	残	修复
370	白瓷罐	1	残	修复
371	三足中空陶盆	1	残	修复
372	B 型陶鼎	1	残	修复
373	B 型陶灶	1	残	修复
374	A 型陶灶	1	残	修复
375	B 型陶井	1	残	修复
376	大型长方形陶案	1	残	修复
377	A 型圆陶案	1	残	修复
378	B 型青瓷罐	1	残	修复

编号	名称	数量	残损程度	备注
379	A 型陶鼎	1	残	修复
380	F 型陶鼎	1	残	修复
381	E 型陶鼎	1	残	修复
382	圭形石牌	1	残	前室
383	D 型陶鼎	1	残	修复
384	D 型陶鼎	1	残	修复
385	C 型陶鼎	1	残	修复
386	F 型陶鼎	1	残	修复
387	石板	1	残	前室
388	A 型陶鼎	1	残	修复
389	E 型陶鼎	1	残	修复
390	酱瓷罐	1	残	修复
391	C 型青瓷罐	1	残	修复
392	Dc 型青瓷罐	1	残	修复
393	Db 型青瓷罐	1	残	修复
394	Da 型青瓷罐	1	残	修复
395	C 型陶罐	1	残	修复
396	A 型酱釉瓷罐	1	残	修复
397	Bb 型陶器盖	1	残	修复
398	Dd 型青瓷罐	1	残	修复
399	A 型陶灶	1	残	修复
400	A 型陶井	1	残	修复
401	陶圈厕	1	残	修复
402	陶磨	1	残	修复
403	陶熏炉	1	残	修复
404	陶多子榼	1	残	修复
405	陶饰件	1	残	修复
406	陶炙炉	1	残	修复
407	Bb 型陶盆	1	残	修复
408	Ba 型陶盆	1	残	修复
409	C 型陶灶	1	残	修复
410	Ba 型陶盆	1	残	修复
411	陶熨斗	1	残	修复
412	Aa 型陶甑	1	残	修复
413	Aa 型陶甑	1	残	修复

编号	名称	数量	残损程度	备注
414	Ab 型陶甑	1	残	修复
415	B 型陶甑	1	残	修复
416	B 型陶罐	1	残	修复
417	A 型陶罐	1	残	修复
418	Bb 型陶器盖	1	残	修复
419	A 型陶壶	1	残	修复
420	B 型陶壶	1	残	修复
421	A 型陶壶	1	残	修复
422	铁钉	1	残	除锈
423	Ab 型陶盆	1	残	修复
424	Ac 型陶盆	1	残	修复
425	Aa 型陶盆	1	残	修复
426	B 型陶釜	1	残	修复
427	A 型陶釜	1	残	修复
428	C 型陶釜	1	残	修复
429	Fa 型陶盘	1	残	修复
430	Fa 型陶盘	1	残	修复
431	三足陶盘	1	残	修复
432	Bd 型陶盘	1	残	修复
433	Ab 型陶盘	1	残	修复
434	Ea 型陶盘	1	残	修复
435	Eb 型陶盘	1	残	修复
436	C 型陶盘	1	残	修复
437	Bf 型陶盘	1	残	修复
438	Bf 型陶盘	1	残	修复
439	Be 型陶盘	1	残	修复
440	Ba 型陶盘	1	残	修复
441	Bb 型陶盘	1	残	修复
442	Fc 型陶盘	1	残	修复
443	Bc 型陶盘	1	残	修复
444	Fa 型陶盘	1	残	修复
445	Fb 型陶盘	1	残	修复
446	Fb 型陶盘	1	残	修复
447	Fa 型陶盘	1	残	修复
448	Fa 型陶盘	1	残	修复

编号	名称	数量	残损程度	备注
449	Fc 型陶盘	1	残	修复
450	D 型陶盘	1	残	修复
451	Aa 型陶盘	1	残	修复
452	Fc 型陶盘	1	残	修复
453	Fa 型陶盘	1	残	修复
454	微型 Cf 型铜泡钉	1	完整	出土于前室南侧室扰土
455	大型长方形陶案	1	残	修复
456	小型长方形陶案	1	残	修复
457	小型长方形陶案	1	残	修复
458	大型长方形陶案	1	残	修复
459	大型长方形陶案	1	残	修复
460	B 型圆陶案	1	残	修复
461	B 型圆陶案	1	残	修复
462	A 型陶樽	1	残	修复
463	B 型陶樽	1	残	修复
464	C 型陶樽	1	残	修复
465	陶卮	1	残	修复
466	陶卮	1	残	修复
467	Bb 型陶器盖	1	残	修复
468	陶卮	1	残	修复
469	Dc 型陶碗	1	残	修复
470	Be 型陶碗	1	残	修复
471	陶碗	1	残	修复
472	Da 型陶碗	1	残	修复
473	Ca 型陶碗	1	残	修复
474	A 型陶碗	1	残	修复
475	Db 型陶碗	1	残	修复
476	陶碗	1	残	修复
477	陶碗	1	残	修复
478	Cb 型陶碗	1	残	修复
479	Bb 型陶碗	1	残	修复
480	Bc 型陶碗	1	残	修复
481	Ba 型陶碗	1	残	修复
482	Bd 型陶碗	1	残	修复
483	Da 型陶碗	1	残	修复

编号	名称	数量	残损程度	备注
484	A 型陶豆	1	残	修复
485	A 型陶豆	1	残	修复
486	A 型陶豆	1	残	修复
487	A 型陶豆	1	残	修复
488	A 型陶豆	1	残	修复
489	A 型陶豆	1	残	修复
490	陶豆	1	残	修复
491	B 型陶豆	1	残	修复
492	A 型陶豆	1	残	修复
493	B 型陶豆	1	残	修复
494	B 型陶豆	1	残	修复
495	A 型陶豆	1	残	修复
496	A 型陶豆	1	残	修复
497	A 型陶豆	1	残	修复
498	A 型陶豆	1	残	修复
499	A 型陶支架	1	残	修复
500	A 型陶支架	1	残	修复
501	铁钉	1	残	修复
502	A 型陶支架	1	残	修复
503	A 型陶支架	1	残	修复
504	A 型陶支架	1	残	修复
505	A 型陶支架	1		修复
506	A 型陶支架	1	残	修复
507	A 型陶支架	1	残	修复
508	A 型陶支架	1	残	修复
509	铁钉	1	残	前室
510	小型 C 型陶耳杯	1	残	修复
511	小型 C 型陶耳杯	1	残	修复
512	小型 B 型陶耳杯	1	残	修复
513	微型陶耳杯	1	残	修复
514	微型陶耳杯	1	残	修复
515	微型陶耳杯	1	残	修复
516	微型陶耳杯	1	残	修复
517	小型 A 型陶耳杯	1	残	修复
518	大型陶耳杯	1	残	修复

编号	名称	数量	残损程度	备注
519	微型陶耳杯	1	残	修复
520	微型陶耳杯	1	残	修复
521	大型陶耳杯	1	残	修复
522	中型陶耳杯	1	残	修复
523	小型 A 型陶耳杯	1	残	修复
524	大型陶耳杯	1	残	修复
525	陶耳杯	1	残	修复
526	中型陶耳杯	1	残	修复
527	大型陶耳杯	1	残	修复
528	小型 B 型陶耳杯	1	残	修复
529	大型陶耳杯	1	残	修复
530	大型陶耳杯	1	残	修复
531	大型陶耳杯	1	残	修复
532	陶耳杯	1	残	修复
533	大型陶耳杯	1	残	修复
534	大型陶耳杯	1	残	修复
535	大型陶耳杯	1	残	修复
536	陶耳杯	1	残	修复
537	大型陶耳杯	1	残	修复
538	陶耳杯	1	残	修复
539	小型 B 型陶耳杯	1	残	修复
540	大型陶耳杯	1	残	修复
541	小型 B 型陶耳杯	1	残	修复
542	中型陶耳杯	1	残	修复
543	大型陶耳杯	1	残	修复
544	大型陶耳杯	1	残	修复
545	大型陶耳杯	1	残	修复
546	大型陶耳杯	1	残	修复
547	小型 C 型陶耳杯	1	残	修复
548	大型陶耳杯	1	残	修复
549	大型陶耳杯	1	残	修复
550	大型陶耳杯	1	残	修复
551	大型陶耳杯	1	残	修复
552	大型陶耳杯	1	残	修复
553	大型陶耳杯	1	残	修复

编号	名称	数量	残损程度	备注
554	陶耳杯	1	残	修复
555	陶耳杯	1	残	修复
556	陶耳杯	1	残	修复
557	小型 B 型陶耳杯	1	残	修复
558	陶耳杯	1	残	修复
559	A 型陶钵	1	残	修复
560	A 型陶钵	1	残	修复
561	B 型陶钵	1	残	修复
562	大型陶瓢勺	1	残	修复
563	大型陶瓢勺	1	残	修复
564	小型陶瓢勺	1	残	修复
565	小型陶瓢勺	1	残	修复
566	大型陶瓢勺	1	残	修复
567	大型陶瓢勺	1	残	修复
568	小型陶瓢勺	1	残	修复
569	陶盘	1	残	修复
570	陶耳杯	1	残	修复
571	大型铁棺钉	1	残	后室
572	大型铁棺钉	1	残	后室
573	大型铁棺钉	1	残	后室
574	B 型陶漏勺	1	残	修复
575	B 型陶漏勺	1	残	修复
576	A 型陶漏勺	1	残	修复
577	B 型陶漏勺	1	残	修复
578	B 型陶漏勺	1	残	修复
579	B 型陶漏勺	1	残	修复
580	A 型陶漏勺	1	残	修复
581	B 型陶漏勺	1	残	修复
582	A 型陶漏勺	1	残	修复
583	A 型陶漏勺	1	残	修复
584	陶叉	1	残	修复
585	陶叉	1	残	修复
586	陶汤匙	1	残	修复
587	陶汤匙	1	残	修复
588	陶笊篱	1	残	修复

编号	名称	数量	残损程度	备注
589	陶笁篱	1	残	修复
590	陶笁篱	1	残	修复
591	陶笁篱	1	残	修复
592	陶笁篱	1	残	修复
593	陶笁篱	1	残	修复
594	陶笁篱	1	残	修复
595	陶笁篱	1	残	修复
596	陶笁篱	1	残	修复
597	陶笁篱	1	残	修复
598	陶笁篱	1	残	修复
599	铜泡钉	1	完整	前室
600	铁剑残块	1	残	前室北侧室
601	微型铁刀	1	完整	后室
602	大型 C 型铁刀	1	残	前室
603	大型铁刀刀柄	1	残	前室
604	大型 B 型铁刀	1	残	前室
605	小型 Aa 型铁刀	1	残	前室南侧室
606	铁刀（大型刀）	1	残	前室
607	A 型铁匕首	1	残	前室
608	A 型铁匕首	1	残	前室
609	小型 Ba 型铁刀	1	残	前室
610	A 型铁刻刀	1	微残	后室扰土
611	中型铁刀残块	1	残	前室
612	小型 Aa 型铁刀	1	残	前室
613	B 型铁匕首	1	残	前室
614	铁剑残块	1	残	前室北侧室
615	中型铁刀	1	残	前室
616	大型 A 型铁刀	1	残	前室
617	环形刀首	1	残	前室
618	小型 Aa 型铁刀	1	残	前室南侧室
619	小型 Aa 型铁刀	1	残	前室南侧室
620	小型 Bc 型铁刀	1	残	前室
621	小型 Ab 型铁刀	1	残	前室南侧室
622	小型 Bd 型铁刀	1	残	前室
623	铁刀	1	残	前室

编号	名称	数量	残损程度	备注
624	小型环首刀首	1	残	前室
625	小型环首刀首	1	残	前室
626	铁刀	1	残	前室
627	小型环首刀首	1	残	前室
628	铁刀	1	残	前室
629	小型环首刀首	1	残	前室
630	Aa 型小型铁刀	1	残	前室
631	铁刀	1	残	前室
632	铁刀	1	残	前室
633	小型 Ab 型铁刀	1	残	前室
634	小型 Ba 型铁刀	1	残	前室
635	大型 B 型铁刀	1	残	前室
636	小型 Bb 型铁刀	1	残	前室
637	环首钉	1	残	前室
638	环首钉	1	残	前室
639	铁镊子	1	残	前室
640	铁夯锤	1	残	前室
641	铁剪刀	1	残	前室
642	铁剪刀	1	残	前室
643	铁锤	1	微残	前室
644	B 型铁铲	1	残	前室
645	B 型铁刻刀	1	残	前室
646	Aa 型铁镞	1	残	前室
647	铁蒺藜	1	残	前室下部淤土
648	铁蒺藜	1	残	后室下部淤土
649	E 型铁镞	1	残	前室
650	C 型铁镞	1	残	前室
651	铁蒺藜	1	残	后室下部淤土
652	Bc 型铁镞	1	残	前室
653	D 型铁镞	1	残	前室
654	大型铁棺钉	1	残	前室
655	集束铁箭镞	1	残	前室
656	Bb 型铁镞	1	残	前室
657	C 型铁镞	1	残	前室
658	Ba 型铁镞	1	残	前室

编号	名称	数量	残损程度	备注
659	Bb 型铁镞	1	残	前室
660	Ac 型铁镞	1	残	前室
661	Ac 型铁镞	1	残	前室
662	Ab 型铁镞	1	残	前室
663	B 型纺锤形陶器柄	1	残	前室
664	A 型铁铲	1	残	后室
665	大型铁帐架	1	完整	后室
666	中型铁帐架	1	残	后室南侧室
667	小型铁帐架	1	残	后室
668	铁帐架	1	残	后室南侧室
669	铁帐架	1	残	后室南侧室
670	铁帐架	1	残	后室南侧室
671	铁帐架	1	残	后室南侧室
672	铁帐架	1	残	后室南侧室
673	铁帐架	1	残	后室
674	铁帐架	1	残	后室
675	铁环	1	残	后室
676	铁环	1	残	后室
677	环首铁器柄	1	残	前室
678	小型铁衔环	1	基本完整	后室
679	大型铁衔环	1	基本完整	后室
680	中型铁衔环	1	基本完整	后室
681	大型铁衔环	1	基本完整	后室
682	大型铁衔环	1	基本完整	后室
683	小型铁棺钉	1	基本完整	后室
684	大型铁棺钉	1	基本完整	后室
685	铁钉	1	基本完整	后室
686	大型铁棺钉	1	基本完整	后室
687	大型铁棺钉	1	基本完整	后室
688	铁钉	1	基本完整	后室
689	铁钉	1	基本完整	后室
690	铁钉	1	基本完整	后室
691	铁钉	1	基本完整	后室
692	小型铁棺钉	1	基本完整	后室
693	小型铁棺钉	1	残	后室北侧室

编号	名称	数量	残损程度	备注
694	小型棺木衔环	1	基本完整	后室北侧室
695	中型铁棺钉	1	残	后室南侧室
696	中型棺木衔环	1	基本完整	后室南侧室
697	中型铁棺钉	1	残	后室南侧室
698	中型铁衔环	1	完整	后室南侧室
699	大型铁衔环	1	完整	后室
700	中型铁棺钉	1	完整	后室南侧室
701	大型棺木衔环	1	完整	后室
702	中型棺木衔环	1	完整	后室南侧室
703	铁钉	1	残	前室
704	大型铁棺钉	1	完整	后室南侧室
705	大型铁帽钉	1	残	后室
706	中型铁棺钉	1	残	后室
707	中型铁棺钉	1	残	后室
708	小型铁棺钉	1	残	后室
709	小型铁棺钉	1	残	后室
710	铁钉	1	残	后室
711	小型铁棺钉	1	残	后室
712	小型铁棺钉	1	残	后室
713	小型铁棺钉	1	残	后室
714	小型铁棺钉	1	残	后室
715	大型棺钉	1	残	后室
716	大型铁棺钉	1	残	后室
717	大型铁棺钉	1	残	后室
718	大型铁棺钉	1	残	后室
719	中型铁棺钉	1	残	后室
720	中型铁棺钉	1	残	后室
721	大型铁棺钉	1	残	后室
722	大型铁棺钉	1	残	后室
723	大型铁棺钉	1	残	后室
724	大型铁棺钉	1	残	后室
725	铁钉	1	残	后室
726	铁钉	1	残	后室
727	C型扁平条状陶器柄	1	残	修复
728	铁钉	1	残	前室

编号	名称	数量	残损程度	备注
729	铁钉	1	残	前室
730	铁钉	1	残	前室
731	铁马镳	1	残	前室
732	铁钉	1	残	前室
733	铁钉	1	残	前室
734	铁钉	1	残	前室
735	铁钉	1	残	前室
736	铁钉	1	残	前室
737	小型铁棺钉	1	残	后室
738	小型铁棺钉	1	残	后室
739	中型铁帽钉	1	残	前室
740	小型铁帽钉	1	残	前室
741	铁钉	1	残	前室
742	铁钉	1	残	前室
743	中型铁棺钉	1	残	后室
744	铁钉	1	残	前室
745	铁钉	1	残	前室
746	大型铁棺钉	1	残	前室南侧室
747	大型铁棺钉	1	残	后室
748	中型铁帽钉	1	残	后室
749	铁钉	1	残	后室
750	铁钉	1	残	后室
751	小型铁棺钉	1	残	后室
752	小型铁棺钉	1	残	后室
753	铁马镳	1	残	前室
754	小型铁帽钉	1	残	后室
755	中型铁棺钉	1	残	后室
756	铁钉	1	残	后室
757	铁钉	1	残	后室
758	大型铁棺钉	1	残	后室
759	大型铁棺钉	1	残	后室
760	铁钉	1	残	后室
761	铁钉	1	残	后室
762	小型铁棺钉	1	残	后室
763	铁钉	1	残	后室

编号	名称	数量	残损程度	备注
764	铁钉	1	残	后室
765	铁钉	1	残	后室
766	大型铁棺钉	1	残	后室
767	铁钉	1	残	后室
768	铁钉	1	残	后室
769	小型铁棺钉	1	残	后室
770	铁钉	1	残	后室
771	铁钉	1	残	后室
772	铁钉	1	残	后室
773	铁钉	1	残	后室
774	铁钉	1	残	后室
775	铁钉	1	残	后室
776	铁钉	1	残	后室
777	铁钉	1	残	后室
778	铁钉	1	残	后室
779	铁钉	1	残	后室
780	铁钉	1	残	后室
781	铁钉	1	残	后室
782	铁钉	1	残	后室
783	铁钉	1	残	后室
784	铁钉	1	残	前室
785	铁钉	1	残	前室
786	铁钉	1	残	前室
787	铁钉	1	残	前室
788	铁钉	1	残	后室
789	铁钉	1	残	后室
790	铁钉	1	残	后室
791	铁钉	1	残	后室
792	铁钉	1	残	后室
793	铁钉	1	残	后室
794	铁钉	1	残	后室
795	铁钉	1	残	后室
796	铁钉	1	残	后室
797	铁钉	1	残	后室
798	铁钉	1	残	后室

编号	名称	数量	残损程度	备注
799	铁钉	1	残	后室
800	铁钉	1	残	后室
801	铁钉	1	残	后室
802	铁钉	1	残	后室
803	铁钉	1	残	后室
804	铁钉	1	残	后室
805	铁钉	1	残	后室
806	铁钉	1	残	后室
807	铁钉	1	残	后室
808	铁钉	1	残	后室
809	铁钉	1	残	后室
810	铁钉	1	残	后室
811	铁钉	1	残	后室
812	铁钉	1	残	后室
813	铁钉	1	残	后室
814	铁钉	1	残	后室
815	铁钉	1	残	后室
816	铁钉	1	残	后室
817	铁钉	1	残	后室
818	铁钉	1	残	后室
819	铁钉	1	残	后室
820	铁钉	1	残	后室
821	铁钉	1	残	后室
822	铁钉	1	残	后室
823	铁钉	1	残	后室
824	铁钉	1	残	后室
825	铁钉	1	残	后室
826	铁钉	1	残	后室
827	铁钉	1	残	后室
828	铁钉	1	残	后室
829	铁钉	1	残	后室
830	铁钉	1	残	后室
831	铁钉	1	残	后室
832	铁钉	1	残	后室
833	铁钉	1	残	后室

续表

编号	名称	数量	残损程度	备注
834	铁钉	1	残	后室
835	铁钉	1	残	后室
836	铁钉	1	残	后室
837	铁钉	1	残	后室
838	铁钉	1	残	后室
839	铁钉	1	残	后室
840	铁钉	1	残	后室
841	中型铁棺钉	1	残	后室
842	中型铁棺钉	1	残	后室
843	B 型云母片	1	残	前室
844	C 型云母片	1	残	后室
845	A 型云母片	1	残	后室
846	A 型云母片	1	残	后室
847	A 型云母片	1	残	后室
848	A 型云母片	1	残	后室
849	A 型云母片	1	残	后室
850	A 型云母片	1	残	后室
851	A 型云母片	1	残	后室
852	A 型云母片	1	残	后室
853	A 型云母片	1	残	后室
854	A 型云母片	1	残	后室
855	A 型云母片	1	残	后室
856	A 型云母片	1	残	后室
857	A 型云母片	1	残	后室
858	A 型云母片	1	残	后室
859	A 型云母片	1	残	后室
860	A 型云母片	1	残	后室
861	铁刀残块	1	残	后室
862	方形骨块	1	残	后室
863	方形骨块	1	残	后室
864	A 型云母片	1	残	后室
865	D 型云母片	1	残	后室
866	D 型云母片	1	残	后室
867	D 型云母片	1	残	后室
868	B 型云母片	1	残	后室

编号	名称	数量	残损程度	备注
869	铜钉	1	残	后室
870	铜钉	1	残	后室
871	铜钉	1	残	后室
872	刀尺	1	残	后室
873	铜泡钉	1	残	后室
874	铜泡钉	1	残	后室
875	铁剪刀	1	残	后室
876	鎏银铜叉形器	1	残	后室
877	陶盘	1	残	修复
878	D 型铁甲片	1	残	前室
879	A 型铁车马器	1	残	后室
880	铁马衔	1	残	后室
881	"凹"字形铁质棺饰板	1	残	前室
882	微型 B 型铜泡钉	1	残	前室
883	B 型铁车马器	1	残	前室
884	C 型铁车马器	1	完整	前室
885	桥形铁棺板	1	残	后室
886	铁棺板	1	残	后室
887	铁棺板	1	残	后室
888	大型铁棺钉	1	残	后室
889	大型铁棺钉	1	残	后室
890	大型铁棺钉	1	残	后室
891	大型铁棺钉	1	残	后室
892	大型铁棺钉	1	残	后室
893	大型铁棺钉	1	残	后室
894	中型铁棺钉	1	残	后室
895	中型铁棺钉	1	残	后室
896	护胸铁镜残片	1	残	前室
897	中型铁棺钉	1	残	后室
898	中型铁棺钉	1	残	后室
899	中型铁棺钉	1	残	后室
900	中型铁棺钉	1	残	后室
901	中型铁棺钉	1	残	后室
902	中型铁棺钉	1	残	后室
903	中型铁棺钉	1	残	后室

续表

编号	名称	数量	残损程度	备注
904	中型铁棺钉	1	残	后室
905	中型铁棺钉	1	残	后室
906	中型铁棺钉	1	残	后室
907	中型铁棺钉	1	残	后室
908	中型铁棺钉	1	残	后室
909	中型铁棺钉	1	残	后室
910	大型铁棺钉	1	残	后室
911	小型铁棺钉	1	残	后室
912	长方形铁质棺饰板	1	残	后室
913	铁质棺饰板	1	残	后室
914	铁质棺饰板	1	残	后室
915	铁质棺饰板	1	残	后室
916	小型铁棺钉	1	残	后室
917	小型铁棺钉	1	残	后室
918	铁质棺饰板	1	残	后室
919	小铜环	1	残	后室
920	铜戒指	1	完整	前室北侧室
921	铜戒指	1	完整	后室
922	铜耳勺	1	残	后室
923	鎏银铜饰片	1	残	后室
924	B 型陶鼎	1	残	修复
925	C 型陶鼎	1	残	修复
926	Aa 型龙头陶器柄	1	残	修复
927	Aa 型龙头陶器柄	1	残	修复
928	Aa 型龙头陶器柄	1	残	修复
929	Aa 型龙头陶器柄	1	残	修复
930	Ab 型龙头陶器柄	1	残	修复
931	动物俑	1	残	后室
932	Ac 型龙头陶器柄	1	残	修复
933	C 型扁平条状陶器柄	1	残	修复
934	Ad 型龙头陶器柄	1	残	修复
935	陶簪	1	残	修复
936	D 型圆柱形陶器柄	1	残	修复
937	D 型圆柱形陶器柄	1	残	修复
938	B 型陶支架	1	残	修复

续表

编号	名称	数量	残损程度	备注
939	护肩铁甲片	1	残	前室
940	A 型陶器盖	1	残	修复
941	C 型铜铆钉	1	残	出土于前室扰土
942	E 型铜管	1	残	出土于甬道扰土
943	环首银器柄	1	残	出土于前室
944	菊瓣形银饰片	1	完整	出土于前室北侧室门口扰土
945	菊瓣形银饰片	1	完整	出土于前室北侧室门口扰土
946	Aa 型铁甲片	1	完整	前室
947	Ab 型铁甲片	1	完整	前室
948	Ac 型铁甲片	1	完整	前室
949	Ba 型铁甲片	1	完整	前室
950	Bb 型铁甲片	1	完整	前室
951	Bc 型铁甲片	1	残	前室
952	Ca 型铁甲片	1	残	前室
953	Cb 型铁甲片	1	残	前室
954	Cc 型铁甲片	1	残	前室
955	Ea 型铁甲片	1	残	前室
956	Eb 型铁甲片	1	残	前室
957	Ec 型铁甲片	1	残	前室
958	Cd 型铁甲片	1	残	前室
959	Fa 型铁甲片	1	残	前室
960	Fb 型铁甲片	1	残	前室
961	Fc 型铁甲片	1	残	前室
962	Gb 型铁甲片	1	残	前室
963	Ga 型铁甲片	1	残	前室
964	铁胄残片	1	残	前室
965	护胸铁镜残片	1	残	前室
966	陶盒	1	残	修复
967—1	Fd 型铁甲片	1	残	前室
967—2	护胸铁镜残片	1	残	前室
968—1	银丝图案	1	1	后室
968—2	Ad 型铁镞	1	残	前室
969	银丝图案	1	1	后室
970	银丝图案	1	1	后室
971	Gc 型铁甲片	1	残	前室

编号	名称	数量	残损程度	备注
972	圭形石牌残块	1	残	出土于前室北侧室扰土
973	石牌残块	1	残	出土于扰土

注：铜泡钉有95个，因为残损严重，无法分类的有16个。另外，标本M2：58与标本M2：139是一件石牌，标本M2：107与标本M2：124是一件石牌，标本M2：176与标本M2：177是一件石牌。

附表三　二号墓（M2）出土石牌文字统计表

编号	石牌类型	数量	完整程度	铭刻内容
55	圭形石牌残块	1	残	常所用……□二枚
58	圭形石牌残块	1	残	……□大戟
86	圭形石牌	1	残	……魏□
91	六边形石牌	1	完整	木墨行清
96	六边形石牌	1	完整	香囊卅双
98	六边形石牌	1	完整	绒二幅一
103	六边形石牌	1	完整	白练单帬一
104	六边形石牌	1	完整	木墨敛二合、八寸机一
107	圭形石牌残块	1	残	魏…
124	圭形石牌残块	1	残	常所用挌虎短矛……
139	圭形石牌残块	1	残	魏武王常所用挌虎……
146	圭形石牌残块	1	残	……大戟
176	圭形石牌残块	1	残	……挌虎短矛
177	圭形石牌残块	1	残	魏武王常所用……
190	六边形石牌	1	完整	镜台一
245	六边形石牌	1	完整	墨书衣枷一
247	六边形石牌	1	完整	紫绡披衫、黄绡袄一
248	六边形石牌	1	完整	沐具一具
254	六边形石牌	1	完整	勳二绛绯
288	六边形石牌	1	完整	蜜金廿饼、白蜜银廿饼、億巳钱五萬
289	六边形石牌	1	完整	樗蒲床一
290	六边形石牌	1	完整	绛白复帬一
291	六边形石牌	1	完整	白练单衫二
292	六边形石牌	1	完整	紫臂褠一具
293	六边形石牌	1	完整	黄豆二升、木 机一
294	六边形石牌	1	完整	墨画零状荐苹萷簟一具
295	六边形石牌	1	完整	竹簪五千枚
296	六边形石牌	1	完整	淶浆臺一

编号	石牌类型	数量	完整程度	铭刻内容
297	六边形石牌	1	完整	錞莱薗一
298	六边形石牌	1	完整	渠枕一
299	六边形石牌	1	完整	墨表赤里书水椀一
301	六边形石牌	1	完整	胡粉二斤
302	六边形石牌	1	完整	刀尺一具
303	六边形石牌	1	完整	木绳叉一
304	六边形石牌	1	完整	紫绮大□一、□補自副
305	六边形石牌	1	完整	长命绮复衫、丹文祄一
306	六边形石牌	1	完整	五尺涞薄机一、食单一
307	六边形石牌	1	完整	轩杆一
308	六边形石牌	1	完整	白缣畫卤薄、游观、食厨各一具
309	六边形石牌	1	完整	文锸母一
310	六边形石牌	1	完整	涞唾壶一
316	六边形石牌	1	完整	辟四
317	六边形石牌	1	完整	黄蜜金廿饼、白蜜银廿饼、億巳钱五萬
318	六边形石牌	1	完整	广四尺五寸绛绢升帐一具、構自副
319	六边形石牌	1	完整	三尺五寸两叶画屏风一
320	六边形石牌	1	完整	丹绡襜襦一
321	六边形石牌	1	完整	白练练一量
322	六边形石牌	1	完整	文藻豆囊一具
323	六边形石牌	1	完整	冒一
324	六边形石牌	1	完整	竹翣一
325	六边形石牌	1	完整	绛文复袴一
326	六边形石牌	1	完整	绛标（柸）文绮四幅被一
327	六边形石牌	1	完整	□□繁一
328	六边形石牌	1	完整	书案一
329	六边形石牌	1	完整	一尺五寸两叶绛缘錞屏风一
330	六边形石牌	1	完整	丹文直领一、白绮幇自副
331	六边形石牌	1	完整	黄绫袍锦领袖一
332	六边形石牌	1	完整	黄绮披丹绮缘一
334	六边形石牌	1	完整	绛疏披一
335	六边形石牌	1	完整	玄三早绯
341	六边形石牌	1	完整	珪一
357	圭形石牌残块	1	残	……大阿
360	六边形石牌	1	完整	墨研一

编号	石牌类型	数量	完整程度	铭刻内容
361	六边形石牌	1	完整	辒车上广四尺长一丈三尺五寸 漆升帐构一具
362	六边形石牌	1	完整	绒手巾一
366	六边形石牌	1	完整	墨廉薑函一
382	圭形石牌	1	完整	魏武王常所用挌虎短矛
972	圭形石牌残块	1	残	常所用长犀盾……
973	石牌（形状不明）	1	残	……魏……□

注：标本 M2：58 与标本 M2：139 是一件石牌，标本 M2：107 与标本 M2：124 是一件石牌，标本 M2：176 与标本 M2：177 是一件石牌。

英文提要

The tomb of Wei Wu Emperor Cao Cao is located on the south bank of the Zhanghe River in the northern part of Henan, just across the river from northern Hebei Province. The tomb is located in Xigaoxue Village, which is on high ground in the town of Anfeng, outside of Anyang City. Because there is no mound or stele marking the tomb, and due to nearly 1800 years of erosion, no trace of the tomb was left on the ground surface and knowledge of its location was lost after the Song Dynasty. The elusiveness of the tomb of Cao Cao has made its location one of the great and enduring historical mysteries, passing into legend and being the subject much reverie. People have dreamed of cracking this historical mystery for hundreds of years, but all ultimately failed. As a result, it has been commented that finding Cao Cao's tomb would be, in archaeological circles, the equivalent of solving Goldbach's conjecture.

The tomb of Cao Cao was discovered by accident during excavation for a kiln in Xigaoxue Village, which exposed the western part of the tomb and drew the attention of looters. During the 2005 Lunar New Year, when villagers were celebrating the New Year with firecrackers, looters excavated and robbed the tomb. After the Spring Festival, the looting hole was found in the village and reported to the Anfeng town government. The leadership of the town's government attached great importance to this and immediately notified the archaeological team captain of the nearby Henan Provincial Institute of Relics and Archaeology, Pan Weibin, who gave it his complete attention. From field investigation, team captain Pan speculated that it was the tomb of Cao Cao.

In order to prevent the tomb from being robbed again, and the resulting destruction and loss of the buried artifacts, the Institute began a rescue excavation in December 2008 and stationed a team, led by Pan Weibin, in Xigaoxue Village. Excavation continued until June 2011.

After two years of archaeological excavations, a total of two large tombs were discovered. Among them, tomb No. 2 is oriented west to east and has a "甲" plan shape. The tomb consists of two parts: a coffin chamber to the west and a tomb passage to the east. Its area is nearly 400 m^2 and is of brick construction.

The large sloping tomb passage is nearly 40 m long and 10 m wide. The tomb passage contains a set of seven steps on either side. Each side also has 11 neatly arranged pairs of *ching* (磬) – shaped and rectangular holes dug into the ramp itself, with one whole to the north and one to the south. Archaeological excavation indicated that the rectangular holes were dug after the *ching* – shaped holes, suggesting that the ramp was made after the *ching* – shaped holes as well. The *ching* – shaped holes are believed to have been made when Cao Cao was buried, while the rectangular holes and the ramp were created when the tomb was reopened to bury his wife, Bianshi.

The tomb is built of large grey bricks and has two main chambers connected by a corridor running east to west, and each has a small room attached to the north and south walls. The doors accessing these rooms are no longer there, so their material is unknown. The two main chambers had pyramid – shaped roofs about 6. 5 m above the floor. The bases of these pyramids were nearly square and had an area of about 15 m². The floors were made of large blue stones and were very smooth. The small room attached to the north of the eastern main chamber also has a pyramid – shaped roof, with a rectangular base running east to west. The three remaining small rooms had arched roofs with their long axis running north to south.

Skeletons of three individuals were found in the tomb. One was determined to be a male about 60 years of age, in line with Cao Cao's age at his death. The other two are female, about 20 and 50 years of age. Research suggests that the older is consistent with the age of Bianshi at the time of her death.

Although the tomb had been repeatedly looted, a large number of artifacts were recovered. The tomb was richly furnished with funerary objects of a variety of materials, including gold, silver, copper, iron, jade, mica, ceramic, porcelain, wood, stone, bone, lacquer, and others. Some objects were specifically for the dead, such as ceramic stoves, ceramic wells, a ceramic toilet, and so on, while others were practical and would have been used by the owner of the tomb in life, such as porcelain jars, knives, and swords. Many objects are inscribed with his funerary names such as *Ding* （鼎）, *Gui* （圭）, and *Bi* （璧）, including a large iron mirror inlaid with gold wire. The most important items found in the tomb were more than 60 pieces of funerary tablets. These were of two types: *gui* （圭） – shaped tablets and hexagonal tablets. Inscriptions on these tablets recorded the name and quantity of funerary objects, as well as ceremonial items such as a hearse and coffin bearers. Of particular importance is that the hexagonal tablet not only recorded funerary objects but also noted that they were used by King Wu of Wei （魏武王）, Cao Cao. Thus, these stone tablets provide direct evidence that he owned the tomb. The diversity of funerary objects, including many weapons, stationary, and a chess set for leisure, reflect the multiple identities of Cao Cao when he died and that he lived a colourful life.

On the ground around tomb No. 2 were found many architectural monuments. Literary sourcesrecord that these buildings were destroyed early in the third year of Wei Wendi Emperor Cao Pi's reign （A. D. 222）. Significantly, these archaeological discoveries are very consistent with historical documents. This provided ample evidence to support the claim that this was the legendary tomb of the Wei Wu King, and rule out that it may have belonged to someone else.

The other tomb that was excavated at the same time, tomb No. 1, was located to the north and slightly east of tomb No. 2 and had the same orientation. Tomb No. 1 is much smaller than No. 2, and also has two parts. It has a long, sloping tomb passage, with a row of rectangular pits arranged in orderly, paired rows on both the south and north sides of the ramp. The second part of the tomb is a chamber. Because the tomb has been looted several times, it has been severely damaged and few artifacts have been found, only an iron knife and an iron rod. Identification of the tomb's owner is pending further research.

后 记

　　曹操墓的发掘工作始于 2008 年 12 月，结束于 2011 年 6 月。期间由于受到一些影响，发掘工作受到严重干扰，中间不得不停滞不前。但是，考古队顶住了来自各方面的巨大压力，最后使这两座墓的发掘工作基本完成，为曹操墓的最终认定和曹操高陵位置的最终确认提供了充足的考古资料，并且得到学术界的普遍认可，这让我们深感欣慰。尤其重要的是，曹操墓现在升级为国家级重点文物保护单位，受到法律的保护，不再受到盗墓分子的盗掘和破坏，让我们备感宽慰。

　　但是由于种种原因，后来的考古工作发生许多变故，致使考古队不得不仓促撤离，原来我们的许多工作计划落空，许多工作没有在这次发掘中得以彻底完成，留下了许多遗憾。比如我们在考古过程中所发现的地面建筑遗迹，由于发掘面积过小，难以确定其范围、规模、结构和性质；又如陵墓前是否存在神道，其位置、长度和两侧的附属设施等问题，也没有得到解决；陵园范围的调查和最终确认，仍然存在问题；陵园内的陪葬墓没有调查清楚；高陵周边古地理环境及其变迁没有机会进行，等等。因此，准确地说，这本报告并不完全，所有这些不能不让人感到惋惜。不过，曹操高陵的考古工作是一个庞杂的系统工程，不仅仅上面所列的那些问题，需要解决的学术问题还有很多，工作量大，不可能在短期内一次性完成，未来的工作之路还很漫长，更需要有正确的工作思路。我们坚信，在各级政府的正确领导和大力支持下，在社会大环境改善的情况下，考古工作将会继续进行，上述的学术问题最终一定能够得到解决。

　　在曹操墓的发现和发掘过程中，我们得到了许多部门和专家、领导的大力支持和帮助，例如安阳县政府和安丰乡政府为考古队提供了经费支持和后勤保障，尤其是安阳县的徐慧前县长、冯家芳副县长、安丰乡的贾振林书记、张晓海乡长，做了许多工作。国家文物局、河南省文物局是我们的坚强后盾，给予我们考古队足够信任，始终坚定地支持我们的工作。国家文物局的单霁翔局长先后两次亲临曹操墓视察工作，给予工作高度肯定和大力支持，在我们受到社会舆论质疑之时，在我们遭受各方面干扰的情况下，他顶住来自内部和外部的巨大压力，高度信任我们，坚定不移地支持我们的工作，在政策上给予保证，成为我们精神上的坚强依靠。在我们最困难的 2011 年，考古工作面临中途夭折之际，年终岁末，春节即将来临之时，他不顾劳顿，不辞辛苦，在百忙中亲率国家局的相关领导莅临安阳市，召集有关部门协调工作，排除各种困难，推进曹操墓下一步的发掘工作。河南省文物局陈爱兰局长多次到曹操墓发掘现场指导工作，为我们排忧解难；孙英民副局长更是不厌其烦地来到工地，为我们解决具体困难。时任安阳市市委书记的张广智同志，对曹操墓的发掘工作关怀备至，多次前往考古发掘现场，指导发掘工作。在整个发掘过程中，安阳县文化局的同志始终和我们奋斗在第一线，十分辛苦。安阳市考古所的孔德铭所长派出本单位专家，参加我们的发掘工作，与我们并肩作战，为曹操墓发掘做了许多工作。

在曹操墓不断受到质疑的时候，各级政府都给予我们极大的支持，许多关心曹操墓的社会人士、新闻媒体和学术界人士声援我们，给予我们很大鼓舞。其中，中国社会科学院考古研究所的王巍所长，亲率所内专家前来曹操墓进行调研，考察我们的发掘工作和取得的成果，对我们的考古工作给予高度评价，对我们的成绩高度肯定。为了释疑解惑，消除社会上对曹操墓这一重大发现产生的误解，向公众普及考古和文物的基础知识，王巍所长组织多名中国社会科学院考古研究所的权威专家，专门举办了"聚焦曹操高陵——考古学家如是说"的公共考古论坛，从多学科、多角度介绍该墓为何是曹操墓，起到了非常好的宣传效果。中国社会科学院考古研究所的王巍所长、白云翔副所长、中国社会科学院历史研究所的梁满仓研究员到日本、韩国参加学术研讨会，报告我们在曹操墓发掘工作中所取得的成果。

中国社会科学院考古研究所原所长、学部委员刘庆柱先生多次来到工地，对我们的工作进行指导，提出了许多宝贵意见和建议。在我们遭受一些别有用心者质疑、诬陷、围攻的最困难时刻，刘先生挺身而出，在多个场合，用他渊博的学术知识坚持不懈地宣传曹操墓，在维护曹操墓这一科学成果、维护学术界这片净土和科学工作的严肃性方面，刘先生身上表现出来的正义感和大无畏精神让人感佩。当然，关心曹操墓、支持我们工作、给予我们帮助的人还有许多许多，在这里就不一一罗列。总之，所有这些都让我们既感动又温暖，在此，我代表考古队全体成员，向一切关心曹操墓和支持我们工作的人士，表示深深的感谢和由衷的敬意！

参加曹操墓考古发掘工作的考古队员，有潘伟斌、裴涛、任成磊、李秋华、潘金敏、潘金现、朱树奎、杨振、信应超、耿金亮、尚金山、贾慧娟、李竹亭、李西林等同志，以及安阳县配合人员郑虎山、芈亮、曹帅等同志，他们自始至终参与了曹操墓的发掘工作，为曹操墓的发现做出了巨大贡献。除了他们，曾经参加考古发掘的还有宋纪章、李永明、张迎玲、陈金鹤、赵明、李建海、潘亚琼、刘铸、范景瑞等人和郑州大学实习生雷晓伟、张家升、武庄三位同学，虽然他们因为其他原因中途离开，但是，他们同样为曹操墓奉献了自己的辛勤和汗水。南京大学的黄建秋教授和南京大学的博士生王异秉，不计报酬，甘愿奉献，多次来到工地，参加考古发掘、测量和相关研究工作，付出了辛勤汗水。河南电视台的霍宁同志，常年坚守在考古工地，义务为考古队录制资料，记录工地上的点点滴滴，为曹操墓和考古队留下许多宝贵的影像资料。

发掘工作结束后，随即展开了整理工作。但是由于种种原因，出土文物有相当一段时间被保存在安阳市博物馆仓库内，因为条件所限，整理工作无法开展，因此耽误了一年多。2011年9月16日文物被运抵郑州市后，整理工作才得以顺利展开，这也是本报告迟迟不能面世的原因之一。

在整理阶段，潘金敏、杨振、潘金现和朱树奎承担了文物的拼对和修复工作，任成磊、信应超、贾慧娟、陈金鹤在前期也参与了上述工作，李国响、陈钦龙承担了出土瓷器的修复工作。李永明、张迎玲、杨振、段云娜承担了资料的数字化处理、资料录入工作，李秋华承担了报告的全部绘图和描图工作，潘金敏承担了画像石的拓片工作。田野照相和文物照相由潘伟斌、潘金现承担，报告的编写由潘伟斌独立完成。

由于作者水平有限，对出土文物认识尚有欠缺，报告中难免会有错误和不足之处，敬请见谅。

由于时间仓促和人手、场地、技术力量所限，本报告并没有能够将出土文物全部收录进来。比如画像石，因为数量特别巨大，拼对和复原工作需要大量人力、物力，非短时间能够完成，因此，暂时没有完全收录进来，仅作简要介绍。出土的铁器也因为数量太大，锈蚀严重，极易毁坏，需要去锈和加固处理，大量工作需要在实验室内进行。由于目前单位条件所限，亦非短时间能够完成，个别铁器因为已经做了封存保护处理，因为担心打开后锈蚀损坏，在本报告中也没有进行详细介绍，缺少线图。对出土文物的深度研究和成分分析，也没有全面展开。这些都影响了读者对曹操墓的全面了解，在此敬请大家谅解。这些工作随后就会展开，请耐心等待我们的后续报告。

本报告的编写受到河南省文物局陈爱兰局长和河南省文物考古研究院贾连敏院长的特别关注和大力支持，陈爱兰局长多次过问整理和报告的编写工作。贾连敏院长更是亲自部署工作，为考古队创造一切必要的工作条件，为报告的顺利出版提供保障。对他们的关心和支持，我们再次表示由衷的感谢！

中国社会科学出版社的郑彤女士为本报告的出版编辑倾注了大量心血，在此深表谢意！

彩版一　曹操高陵周围地貌（由东向西摄）

1.曹操高陵西部的断崖（由北向南摄）

2.曹操高陵西部地貌，远处为断崖（由东向西摄）

彩版二　曹操高陵地貌

1. 盗洞

2. 被盗洞打破的墓室顶部

彩版三　在高陵内发现的盗洞

彩版四　高陵盗洞位置

1. 铜泡钉

2. 板瓦

彩版五　在高陵附近地面上采集的文物

彩版六　追缴回来的被盗的画像石

彩版七　工作人员进行考古钻探

彩版八　工作人员在仔细铲刮，寻找遗迹

1. 观察裂缝和支撑加固

2. 提取夯层标本

彩版九　考古发掘现场

1. 漆木器提取前的准备工作

2. 工作人员正在为漆木器定制木框

彩版一〇　考古发掘现场

1. 出土器物起取前的石膏加固

2. 出土器物起取前的特殊材料加固

彩版一一　考古发掘现场

1. 对后室南侧室的木棺进行现场拍摄

2. 对小漆木器进行现场加固处理

彩版一二　考古发掘现场

1. 遥感工作人员正在布线

2. 遥感测试电极

彩版一三　遥感测试

1. 遥感工作人员正在测试

2. 无人机航拍

彩版一四　遥感测试和航拍

1. 中国社会科学院考古研究所王明辉研究员在做人骨鉴定

2. 吉林大学朱泓教授在做人骨鉴定

3. 中国社会科学院考古研究所王巍所长、体质人类学专家
张君和王明辉等一起对曹操遗骨进行鉴定

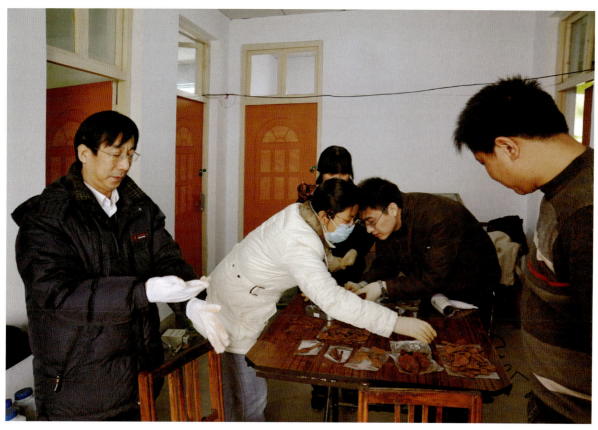

1. 国家博物馆文保中心的潘路主任和工作人员做出土铁器保护前的准备工作

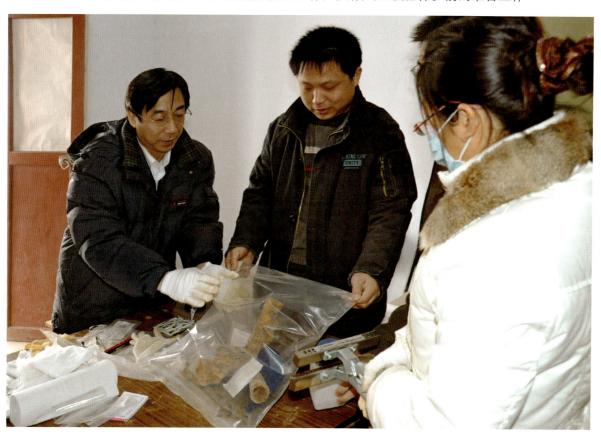

2. 潘路与其他专家正在对出土铁器进行封护保护

彩版一六　对出土铁器进行封护保护

1. 利用特殊设备对出土珍珠钻孔进行扫描

2. 利用特殊设备对出土小玉珠钻孔进行扫描

彩版一七　对出土文物进行钻孔技术扫描

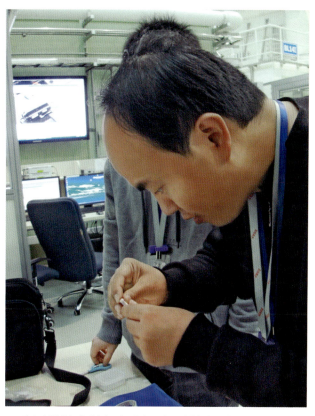

1. 中国科学院研究生院杨益民教授正在对出土玉器
和珍珠的制作工艺进行分析

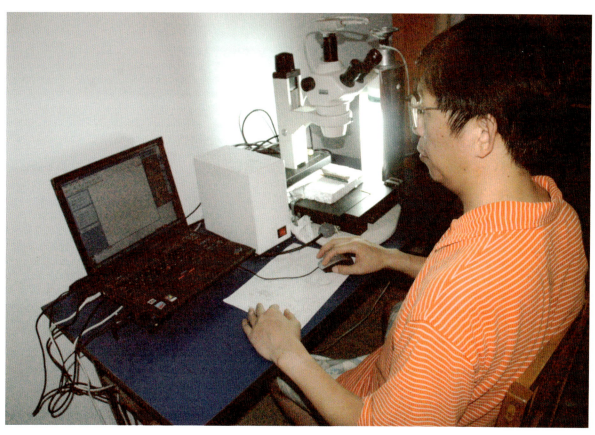

2. 南京大学黄建秋教授正在对出土文物进行微痕分析

彩版一八　对出土文物进行分析

彩版一九　曹操高陵周边环境

1. 高陵周围地貌（由南向北摄）

2. 曹操高陵航拍照片（由西向东摄）

彩版二〇　考古发掘现场

现代耕土层

明清地层

宋元地层

隋唐地层

魏晋南北朝地层

彩版二一　M2 地层关系

耕土层

明清地层

宋元地层

隋唐地层

魏晋南北朝地层

彩版二二　M2 墓圹与周围地层的叠压关系

彩版二三　M1 和 M2 西壁（由西向东摄）

1. M1

2. M1 和北部寝园地面遗迹

彩版二五　M2 地面遗迹

彩版二六　M2 西部遗迹（由西向东摄）

1. 墓室顶部的砖砌竖洞

2. Z53

3. Z54

彩版二七　M2 墓室顶部的砖砌竖洞

1. M2 墓道回填土中的夯窝痕迹

2. M2 门前坍塌所暴露出来的盗洞

彩版二八　M2 遗迹

1. 墓道及墓道内填土中的夯层

2. M2 号墓道两侧的安全柱

彩版二九　M2 发掘情形

彩版三〇　M2 号墓道两侧的砖砌护坡

1. M2 墓道两侧的护坡

2. M2 墓道下部暴露出来的龙骨遗迹

彩版三一　M2 墓道的护坡和龙骨遗迹

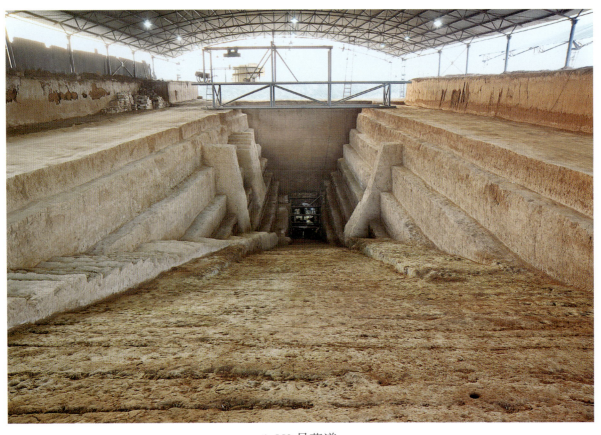

1. M2 号墓道

2. M2 墓道南护坡的龙骨遗迹

彩版三二 M2 墓道及龙骨遗迹

1. M2 墓道南护坡砖的横向龙骨原木痕迹

2. M2 墓道南壁护坡的竖立龙骨原木痕迹

3. M2 墓道清理场面

彩版三三　M2 墓道护坡的龙骨遗迹

1. M2 墓门已被砸开，此为墓道被盗掘情景

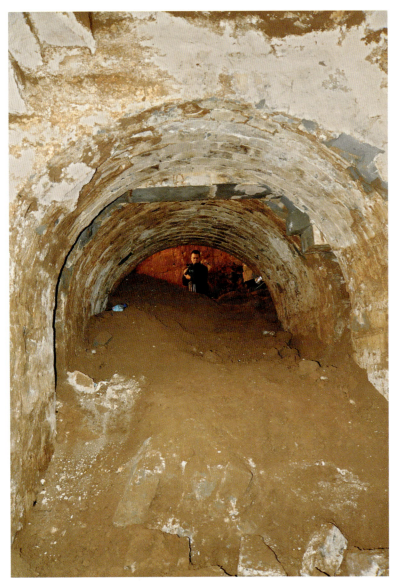

2. M2 墓室内堆积的扰土

彩版三四　M2 被盗扰情形

2. M2 墓室甬道内的扰土和散落的碎石块

1. M2 后室内的盗扰坑

3. M2 后室和北侧室内的淤土和扰土

彩版三五　观察 M2 被盗扰情形

1. 对墓室内的清理

2. 清理前室

3. 清理男性头骨

彩版三六　M2 墓室清理情况

1. K1 坑壁上的环状铁钉

2. 环状铁钉上的拴绳残痕

3. 环状铁钉上的套绳

4. 坑壁上的铁钉

彩版三七　M2 墓道 K1 出土的铁钉

1. 坑壁上的成排铁钉

2. 坑壁上的钩状铁钉

3. 坑壁上的铁钉及火烧痕迹

彩版三八 M2 墓道 K1 出土的铁钉

1. 前室扰土中出土的男性头盖骨

2. 后室散落的遗骨

3. 下颌骨及散落的牙齿

4. 散落于后室的遗骨残块

5. 2 号头骨及散落的残骨

6. 3 号女性头骨及散落的遗骨

彩版三九　M2 出土遗骨

1. M2 后室南侧室出土六边形石牌和其他文物

2. M2 后室靠近南侧室出土石牌和其他文物

彩版四〇　M2 石牌出土情况

1. 前室北侧室盗坑底部出土的圭形石牌残块

2. 清理石牌

彩版四一　M2 石牌出土情况

1. 散落在甬道的陶器

2. 后室底部出土的漆木器和画像石残块

彩版四二　M2 出土文物

1. 后室上部出土的石雕构件

2. 石壁残块

彩版四三　M2 出土文物

1. 铜构件和铜泡钉

2. 鸟形铜钗

彩版四四　M2 出土铜器

1. 金簧

2. 金丝

彩版四五　M2 出土金器

1. 铁镜

2. 扰土中出土的铁刀

彩版四六　M2 出土铁器

1. 后室被破坏的铺地石

2. 铺地石上被破坏的画像石

彩版四七　M2 铺地石与画像石

1. 墓道东端底部的沟槽和二次葬痕迹

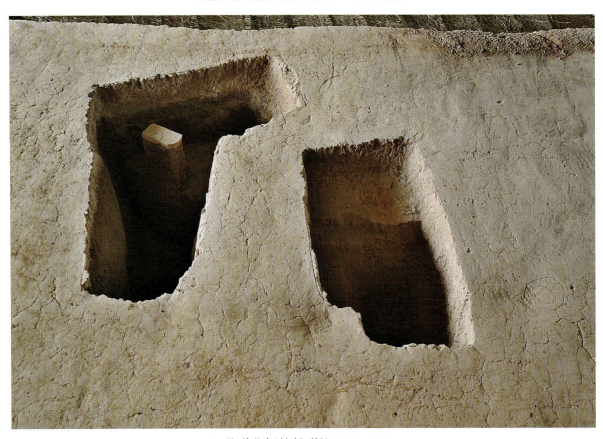

2. 墓道北侧的磬形坑 K15、K16

彩版四八　M2 墓道

1. 墓门上部的子母券顶

2. M2 墓门（由东向西摄）

彩版四九　M2 墓门

1. 前室

2. 前室墓顶

彩版五〇　M2 前室

1. 前室北侧室

2. 前室南侧室

彩版五一　M2 前室

1. 后室北侧室

2. 后室南侧室

彩版五二　M2 后室

1. 后室北侧室内的木棺残存

2. 后室南侧室内的木棺残存

3. 后室南侧室的门槽及门轴痕迹

彩版五三　M2 后室

1. 甬道券顶

2. 前室北侧室墓顶

彩版五四　M2 墓顶结构

1. 墙面白灰涂层和工具痕迹

2. 前室北侧室没有粉刷的墙面

彩版五五　M2 墓室墙面

1. 前甬道内侧墙上的彩绘痕迹

2. 脱落的墙皮

彩版五六　M2 墙壁彩绘痕迹

1. 后室铺地石及石棺床留下的痕迹

2. 后室南侧室残存的木棺、漆皮和棺旁边的帐架构件

彩版五七　M2 葬具

1. 南侧室内棺木底部的批灰层

2. 墓室内的铺地石残块

彩版五八　M2 葬具和铺地石

1. 白瓷罐（M2：370）

2.A 型青瓷罐（M2：369）

彩版五九　M2 出土瓷器

1.B 型青瓷罐（M2：378）

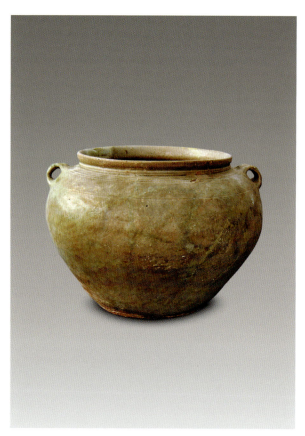

2.C 型青瓷罐（M2：391）

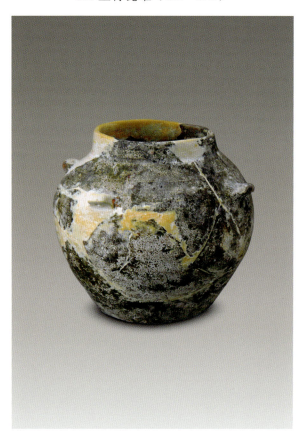

3.Da 型青瓷罐 (M2：40)

4.Db 型青瓷罐 (M2：393）

彩版六〇　M2 出土瓷器

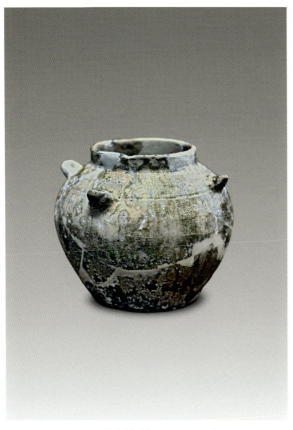

1.Dc 型青瓷罐（M2：392）

2.Dd 型青瓷罐（M2：398）

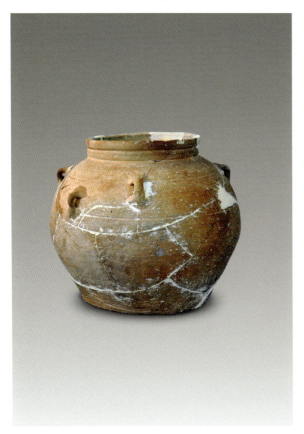

3.A 型酱釉罐（M2：396）

4.B 型酱釉罐（M2：368）

彩版六一　M2 出土瓷器

1.B 型陶鼎（M2：372）

2.E 型陶鼎（M2：389）

彩版六二　M2 出土陶鼎

1.A 型陶鼎 M2：388（侧面）

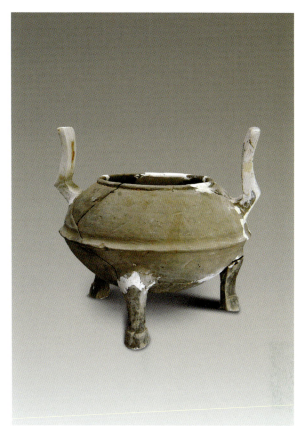

2.C 型陶鼎（M2：385）

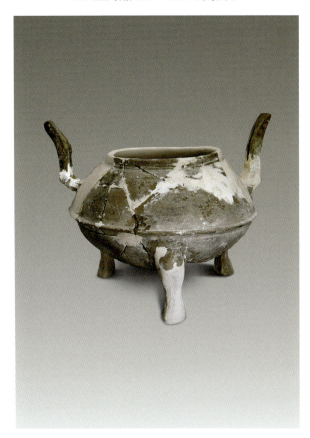

3.D 型陶鼎（M2：383）

4. F 型陶鼎（M2：380）

彩版六三　M2 出土陶鼎

1.C 型陶灶（M2：409）

2. 陶炙炉（M2：406）

3.A 型陶釜（M2：427）

4.B 型陶釜（M2：426）

5.C 型陶釜（M2：428）

6.Ab 型陶甑（M2：414）底部

彩版六四　M2 出土陶器

1.Ba 型陶三足盆（M2：408）

2.Bb 型陶三足陶盆（M2：407）

3.B 型陶罐（M2：416）

4.C 型陶罐（M2：37）

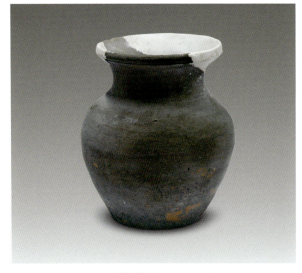

5.A 型陶罐（M2：417）

6.A 型陶壶（M2：419）

彩版六五　M2 出土陶器

1. 长方形陶案（M2：459）

2. B 型圆形陶案（M2：460）

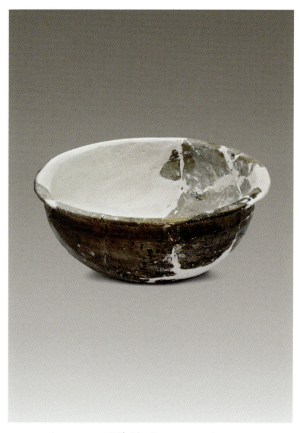

3. A 型陶钵（M2：560）

4. B 型陶钵（M2：561）

彩版六六　M2 出土陶器

1.Aa 型陶盘（M2：451）

2.Bb 型陶盘（M2：441）

3.C 型陶盘（M2：436）

4.D 型陶盘（M2：450）

5.Ea 型陶盘（M2：434）

6.Eb 型陶盘（M2：435）

彩版六七　M2 出土陶器

1.A 型陶碗（M2：474）

2.Ca 型陶碗（M2：473）

3.Cb 型陶碗（M2：478）

4. 陶三足盘（M2：431）

5.B 型陶壶（M2：420）

6.C 型陶壶 (M2：367）

彩版六八　M2 出土陶器

1. 陶卮（M2：138）

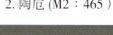

2. 陶卮（M2：465）

3.A 型陶樽（M2：462）

4.C 型陶樽（M2：464）

彩版六九　M2 出土陶器

1.M2 出土大、中、小、微型陶耳杯

2. 大型陶耳杯（M2∶527）

3. 小型 B 型陶耳杯（M2∶512）

彩版七〇　M2 出土陶耳杯

2. 小型陶瓢勺（M2：565）

1. 大型陶瓢勺（M2：562）

3. 大型陶瓢勺（M2：567）柄部

4.A 型陶豆（M2：487）

5.B 型陶豆（M2：494）

彩版七一　　M2 出土陶器

1. 陶笊篱

2. 陶汤匙（M2：587）

3. 陶叉（M2：585、M2：584）

彩版七二　M2 出土陶器

1.A 型陶器盖（M2：940）

2.Bb 型陶器盖（M2：44）

3. 陶盒（M2：966）

4. 陶熨斗（M2：411）

5. 陶多子榼（M2：404）

6. 陶多子榼（M2：404）内部结构

彩版七三　M2 出土陶器

1. 陶熏炉（M2：403）

2. 三足中空陶盆（M2：371）

彩版七四　M2 出土陶器

1.A 型陶灶（M2：374）

2.A 型陶灶（M2：399）

3. 陶圈厕（(M2：401）

彩版七五　M2 出土陶器

1.A 型陶井（M2：400）

2.B 型陶井 (M2：375)

3.陶砚台（M2：74）

4.陶磨（M2：402）

彩版七六　M2 出土陶器

1. 陶人物俑（M2：232）

2. 陶人物俑（M2：231）

3. 陶动物俑（M2：34）底部

4. 陶动物俑（M2：34）

5. 陶动物俑（M2：353）

彩版七七　M2 出土陶俑

1.Aa 型陶器柄（M2：926）

2. 陶簪 （M2：935）

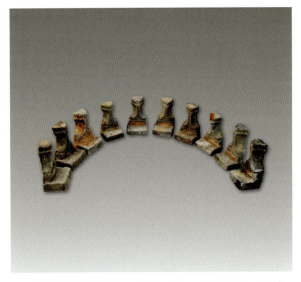

3.A 型陶支架（M2：137、499、500、502-508）

4.B 型陶支架（M2：938）

5. 陶臼（M2：358）

6.Ac 型陶盆（M2：424）

彩版七八　M2 出土陶器

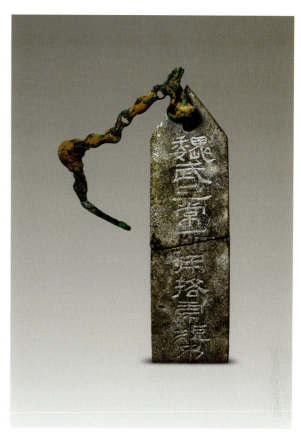

1. "常所用长犀盾" 石牌（M2：972）

2. "魏武王常所用挌虎短矛" 石牌（M2：382）

3. "魏武王常所用挌虎大戟" 石牌
（M2：58、M2：139）

4. "魏武王常所用挌虎短矛" 石牌
（M2：176、M2：177）

彩版七九　M2 出土圭形石牌

1.（魏武）王常所用挌虎短矛"石牌
（M2：107、M2：124）

2. "常所用□二枚"石牌（M2：55）

3. 残"魏"字石牌（M2：86）

4. "所用挌虎大戟"石牌（M2：146）

彩版八〇　M2 出土圭形石牌

1. "木墨行清"石牌（M2：91）

2. "香囊卅雙"石牌（M2：96）

3. "紁二幅一"石牌（M2：98）

4. "白練單帬一"石牌（M2：103）

彩版八一　M2 出土六边形石牌

1. "木墨斂二合、八寸机一"石牌（M2：104） 　　2. "墨畫衣枷一"石牌（M2：245）

3. "紫綃披衫、黃綃衼一"石牌（M2：247） 　　4. "沐具一具"石牌（M2：248）

彩版八二　M2 出土六边形石牌

1. "勳二絳緋"石牌（M2：254）

2. "黄蜜金廿餅、白蜜銀廿餅、億巳錢五萬"
石牌（M2：288）

3. "樗蒲床一"石牌（M2：289）

4. "絳白複帬一"石牌（M2：290）

彩版八三　M2 出土六边形石牌

1. "白練單衫二"石牌（M2：291）

2. "紫臂褠一具"石牌（M2：292）

3. "黃豆二升、木軞机一"石牌（M2：293）

4. "墨畫零狀薦苹翦簟一具"石牌（M2：294）

彩版八四　M2 出土六边形石牌

1. "竹簪五千枚"石牌（M2：295） 2. "涞漿臺一"石牌（M2：296）

3. "鐕（鏝）萊菡一"石牌（M2：297） 4. "渠枕一"石牌（M2：298）

彩版八五　M2 出土六边形石牌

1. "鏡臺一" 石牌（M2：190）

2. "墨表赤裏書水椀（碗）一" 石牌（M2：299）

3. "刀尺一具" 石牌（M2：302）

4. "五尺淶薄机一、食單一" 石牌（M2：306）

彩版八六　M2 出土六边形石牌

1. "文鍮母一" 石牌（M2：309）

2. "廣四尺长五尺絳絹升帳一具、構自副" 石牌（M2：318）

3. "三尺五寸兩葉畫屏風一" 石牌（M2：319）

4. "丹綃襠襦一" 石牌（M2：320）

彩版八七　M2 出土六边形石牌

1. "文藻豆囊一具"石牌（M2：322）

2. "冒一"石牌（M2：323）

3. "□□繋一"石牌（M2：327）

4. "書案一"石牌（M2：328）

彩版八八　M2 出土六边形石牌

1. "一尺五寸兩葉絳緣錫（鐊）屏風一"
石牌（M2：329）

2. "丹文直領一、白綺幝自副"
石牌（M2：330）

3. "絳疏披一"石牌（M2：334）

4. "玄三旱緋"石牌（M2：335）

彩版八九　M2出土六边形石牌

1. "墨硟一"石牌（M2：360）

2. "轀車上廣四尺長一丈三尺五寸漆升帳構一具"石牌（M2：361）

3. "絨手巾一"石牌（M2：362）

4. "墨廉薑函一"石牌（M2：366）

彩版九〇　M2 出土六边形石牌

1. "大阿"石板残块（M2：355）

3. 石圭（M2：333）

2. "魏……□……"石牌（M2：973）

1. 画像石上的"□重瓦车……王也"题刻

2. 画像石上的"梁高行"题刻

3. 画像石上的"宋王车"题刻

4. 铺地石背面用朱砂写的文字

彩版九二　M2 出土画像石和铺地石上的文字

1."文王十子"题刻

2."咬人"题刻

3."饮酒人"题刻

4."□□仁"题刻

彩版九三　M2 出土画像石上的文字

1. 鸟形铜钗（M2：171）

2. 铜三珠钗（M2：336）

3. 铜带钩（M2：123）

彩版九四　M2 出土铜器

1. 铜活动手柄（M2：21）

2. A 型铜带扣（M2：121）

3. B 型铜带扣（M2：354）

4. C 型铜带扣（M2：76）

5. D 型鎏金铜带扣（M2：149）

6. E 型铜带扣（左：M2：72、右：M2：95）

彩版九五　M2 出土铜器

1. 铜戒指

2. 鎏银铜张合器（M2：27）

3. 铜泡钉

彩版九六　M2 出土铜器

1. 铜印（M2：205）

2. 铜印（M2：205）印面

3. 剪轮五铢铜钱（M2：38）

4. 五珠铜钱（M2：51、M2：67）

5. 铜帐钩（M2：39）

6. 铜匕（M2：192）

彩版九七　M2 出土铜器

1. 铜灯盏（M2：53）

2. 鎏金铜盖弓帽（M2：3、M2：31、M2：18）

3. 铜伞帽（M2：29）

4. 鎏银铜伞箍（M2：216）

5. 铜栓（M2：100）

6. 铜杆帽（M2：225）

彩版九八　M2 出土铜器

1. 铜器腿（M2：137、M2：280）

2. A 型铜衔环（M2：167、（M2：195）

3. B 型铜衔环（M2：256）和 C 型铜衔环（M2：365）

4. B 型铜环（M2：281、M2：282）

5. A 型铜铺首衔环（M2：128）

6. B 型铺首衔环（M2：255）

彩版九九　M2 出土铜器

1. 鎏银铜拉片（M2：356、M2：32）

2.A 型鎏金铜钉

3. 带铆钉鎏金铜饰片（M2：36、M2：90）

4.D 型鎏银带铭文铜管（M2：134）

5.D 型鎏银带铭文铜管（M2：276）

6.E 型鎏银带铭文铜管（M2：942）

1. 金纽扣（M2：88）（正面）

2. 金纽扣（M2：88）（反面）

3. 金簧（M2：75）

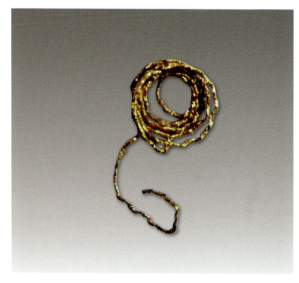

4. 金丝（M2：133）

5. 碎金丝

6. 铁刀环首上的金丝

彩版一〇一　M2 出土金器

1. 叶状银饰件（M2：57—1）

2. 弧形银饰件（M2：185）（正面）

3. 弧形银饰件（M2：185）（反面）

彩版一〇二　M2 出土银器

1. 银铺首衔环（M2：69）

2. 方斗状银器（M2：23）

3. 菊花瓣型银饰片（M2：944）

4. 银丝图案（M2：968-1）

5. 银丝图案（M2：969）

6. 银丝图案（M2：970）

1. 银环（M2：196、M2：211、M2：42、M2：65）

2. 银环（M2：211、M2：42、M2：65）

3. 环首银器柄（M2：943）

彩版一〇四　M2 出土银器

1. 铁质桥形棺饰板（M2：885）

2. 铁质 T 形棺饰板（M2：19）

3. 铁质"凹"字形棺饰板（M2：881）

4. 铁质棺钉

5. 大型铁帐架（M2：665）

6. 铁衔环（M2：679、M2：680、M2：678）

彩版一〇五　M2 出土铁器

1.Aa 型铁镞（M2：646）

2.Ab 型铁镞（M2：662）

3.Ac 型铁镞（M2：661）

4.Ad 型铁镞（M2：968-2）

5.Bb 型铁镞（M2：656）

6.Bc 型铁镞（M2：652）

1.Aa 型甲片（M2：946）

2.Ab 型甲片（M2：947）

3.Ba 型甲片（M2：949）

4.Bc 型甲片（M2：951）正面

5.Ca 型铠甲片（M2：952）

6.Cb 型甲片（M2：953）

彩版一〇七　M2 出土铁铠甲

1.Cd 型甲片（M2：958）

2.D 型甲片（M2：878）

3.Ea 型甲片（M2：955）

4.Eb 型甲片（M2：956）

5.Ec 型甲片（M2：957）

6.Fa 型甲片（M2：959）

彩版一〇八　M2 出土铁铠甲

1.Fc 型甲片（M2：961）

2.Ga 型甲片（M2：963）

3. 铠甲上的布纹

4. 铠甲上的漆片

5. 铠甲上的包边和针脚

6. 铠甲上的针脚

彩版一〇九　M2 出土铁铠甲

1. 护肩甲片（M2∶939）正面

2. 护肩甲片（M2∶939）反面

1. 头盔残片（M2∶964）正面

2. 头盔残片（M2∶964）反面

彩版一一〇　M2 出土铁护肩和铁胄

1. 铁蒺藜（M2：150、M2：647）

2. 铁剑残块（M2：13）

3. 大型 A 型铁刀残块（M2：616）

4. 大型 B 型铁刀（M2：604）

5. 大型 C 型铁刀（M2：602）

6. 大型 B 型铁刀（M2：604）上的铜箍

彩版一一一　M2 出土铁器

1. 小型 Aa 型铁刀（M2：605）

2. 小型 Ab 型铁刀（M2：621）

3. 小型 Ba 型铁刀（M2：634）

4. 小型 Bb 型铁刀（M2：636）

5. 小型 Bc 型铁刀（M2：620）

6.A 型铁匕首（M2：607）

彩版一一二　M2 出土铁器

1. 铁马衔（M2：880）

2. 铁马衔（M2：52）和马镳（M2：731、M2：753）

3. A 型铁车马器（M2：879）

4. B 型铁车马器 (M2：157、M2：883)

5. C 型铁车马器（M2：884）

6. D 型铁车马器（M2：197）

彩版一一三　M2 出土铁车马器

1. 铁锤（M2：643）

2.C 型铁刻刀（M2：24）

3.A 型铁刻刀（M2：610）

4.B 型铁刻刀（M2：10）

5.A 型铁铲（M2：1）

6.B 型铁铲（M2：644）

彩版一一四　M2 出土铁器

1. 铁镊子（M2：639）

2. 铁剪刀（M2：641、M2：642）

3. 错金铁镜（M2：252）

4. 错金铁镜（M2：252）背面

5. 微型铁刀（M：601）

6. 铁带扣（M2：9）

彩版一一五　M2 出土铁器

1. 小玉珠（M2：165）

2. 小玉珠（M2：170）

3. 小玉珠（M2：178）

4. 小玉珠（M2：312）

5. 玛瑙珠（M2：175）

6. 玛瑙珠（M2：175）背面

彩版一一六　M2 出土玉石器

1.A 型大玉珠（M2：131）

2.B 型大玉珠（M2：57）

3. 水晶珠（M2：168）

4. 玛瑙饼（M2：183）

5. 珍珠（M2：250）（侧面）

6. 珍珠（M2：250）（正面）

彩版一一七　M2 出土玉石器

1. 玉璧残块（M2：202）

2. 玉觿（M2：147）

3. 白玉剑格残块（M2：236）

4. 白玉剑格残块（M2：236）背面

5. 煤精虎雕（M2：12）侧面

6. 煤精虎雕（M2：12）正面

彩版一一八　M2 出土玉石器

1. 骨尺（M2：144）

2. 骨板（M2：20）

3. 骨刀尺（M2：350）

彩版一一九　M2 出土骨器

1. 方形骨块（M2：251）

2. 圆柱形骨雕（M2：43）

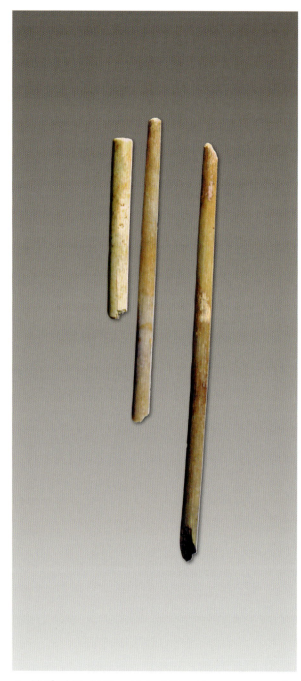

3. 骨质牙签（M2：224、M2：227、M2：243）

1. 1号头骨

2. 1号头骨残块

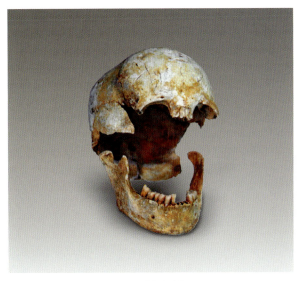

3. 2号头骨

4. 2号头骨残块

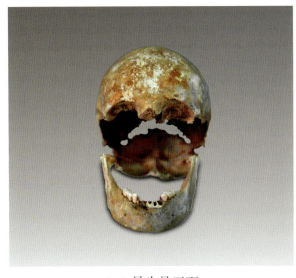

5. 3号头骨正面

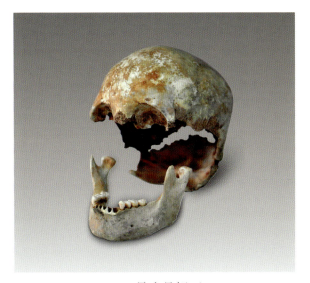

6. 3号头骨侧面

彩版一二一　M2 出土人骨

1. 石枕背面刻铭"魏武王常所用慰项石"

2. 石枕正面

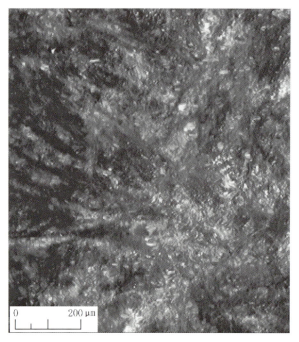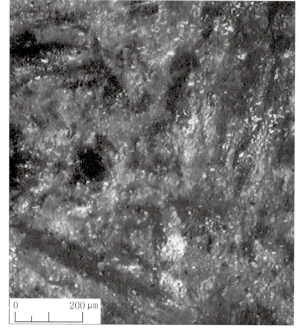

3. 石枕背面（左）、正面（右）显微照片

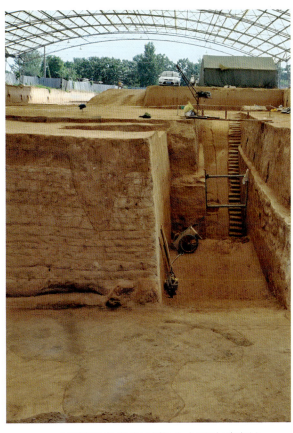

1.M1 西部断崖及墓局部（由西向东摄）

2.M1 墓道（由西向东摄）

3.M1 东壁的脚窝和台阶遗迹

4.M1 墓门东部的白灰面

彩版一二三　M1 墓葬形制

1.M1 北壁的上下台阶遗迹

2.M1 前堂南壁上的竖槽

3.M1 墓底（自南向北摄）

彩版一二四　M1 墓葬形制

1.M1 墓室上中部回填土中的竖放砖

2.M1 后室东部墓壁的铺砖残存

3.M1 后室东部墓壁铺砖残存（由西向东摄）

4.M1 前堂圆坑内出土的陶盆残片

5.M1 出土铁刀（M1：1）

6.M1 前堂出土的铁棒（M1：2）

彩版一二五　M1 墓葬形制及出土文物